法学方法论译丛

丛书主编：舒国滢 雷磊

The Rational as Reasonable:

A Treatise on Legal Justification

作为合理性的理性：

论法律证成

[芬兰] 奥利斯 · 阿尔尼奥（Aulis Aarnio）—— 著

宋旭光 —— 译

中国法制出版社
CHINA LEGAL PUBLISHING HOUSE

丛书总序

法治不止于宏观之“道”，也需要微观之“技”。自晚清修律以降，中国在国家层面对泰西之法移植与转化从未止息，学界经受“欧风美雨”之思想洗礼亦未有片刻歇息。时至今日，框架性法律已逐渐齐备，“民主”“法治”“权利”等大词至少在话语层面上具有了不容置疑的正当性。然而，对于建成真正之法治国家而言，相较于顶层设计与道路选择，以及法治理念与价值的宣扬，亦需要（甚或更需要）以一种微观法治或具体法治的姿态切入法律实践，“在具体的细节上，以逐步进行的工作来实现‘更多的正义’”（拉伦茨语）。因而，当我们念兹在兹于古罗马法学家杰尔苏（Celsus）的“法是善良与衡平之技艺”这一格言时，不仅要仰望“善良与衡平”的星空，更要脚踏实现善良与衡平之技艺的坚实道路。法学方法论，正在于铺就这样一条技艺之路。

我们这个时代需要方法。法律文本如何有效地与案件事实进行对接，进而具体化为双方当事人，乃至整个社会共同体（尤其是法律共同体）都能接受的正当裁判的依据；价值观念如何以“看得见”和“说得出”的方式转化为个案正义；依法裁判与个案正义、合法性与合理性、形式正义与实质正义如何均衡和协调，都有赖于一套成熟与规范化的方法。“像法律人那样思考”并非意指法律人群体垄断一套特殊的话语和知识，而更多在于掌握一套专门的解释、论证以及实现规范背后的特定价值追求的方法。

我们需要持续推进方法的研究。中国学界在总体上仍未达到一种可称之为“方法论全面觉醒”的地步。从第一本中文方法论专著——梁慧星教授的《民法解释学》（1995 年）算起，方法论研究至今不过二十余年的时间。虽然在新世纪的第一个十年颇有蔚为大观的局面，但尚有大量的西文法学术语未能统一地转译为汉语，一些基本概念的含义还不够清晰，理论发展脉络也不够明确。部分研究在中西的语境之间来回穿梭，臆想多于考据，数量高于质量，误解与疑虑丛生。近年来，至少在法理学内部，研究总体上又开始趋冷，似乎相关主题已无可深入，方法论研究看起来“已然终结”。这其中除去一系列外部环境的影响之外，一个重要的内在原因可能在于，我们对于西方原典的引介尚显不足，对于方法论诸主题、进路、理论资源的了解还不够全面，故而不知拓展的方向何在。但事实上，对于从发生学的意义上基本属于舶来品的法学方法论，我们依然处于观摩、学习的阶段，中国法学仍然没有走出“法律科学的中国表达”时期。

我们需要更全面地引介方法论学说。文明互鉴是世界历史发展的共同趋势和潮流所向，法学理论亦不例外。近十数年来，已陆续有一些法学方法论方面的译著在大陆出版，其中有一些堪称经典，如阿列克西的《法律论证理论》(2002年,新版2019年)、拉伦茨的《法学方法论》(学生版2003年,学术版2020年)、恩吉施的《法律思维导论》(2004年)、菲特丽丝的《法律论证原理》(2005年,新版2018年《法律论辩导论》)、《萨维尼法学方法论讲义与格林笔记》(2008年)、菲韦格的《论题学与法学》(2012年)、考夫曼的《法律获取的程序》(2015年)、佩策尼克的《论法律与理性》(2015年)、克卢格的《法律逻辑》(2016年)等。但这些作品显然无法完全满足国内学界的研究需要,而脱离了西方学术的整个传统,片段式的“截取”与“解读”也使得我们不了解方法论谱系的传承和不同进路的发展。在将某些“经典之作”奉为经典之时,前不见“古人”,后不见“来者”,左不知“同道”,右不明“对手”,缺乏问题意识和对理论发展之全貌的洞察。

本译丛意图更加系统全面地介绍法学方法论领域的代表性作品,以促进国内学界对该领域的研究。它在整体规划上选择这样一些主题或者说系列:首先,大体以二十世纪之前和之后为界点,将之前的著作归为“法学方法论学说史系列”。二十世纪之后依照理论进路的不同,分为“传统法学方法论系列”“法律诠释学系列”与“法律论证理论系列”。此外,二十世纪关于(法律)“规范与逻辑理论”的研究突飞猛进,颇有建树,可自成一专题。当前欧洲各大学法学院流行的“法学方法论教材”也可以独自成立一个专题。总计六个系列。当然,只有当译丛出版书目渐多,系列划分之概览才会渐清。此一志业,实有待学界同仁合力谋之。

最后要强调的是，方法论绝非仅仅是个技术问题，它同样与特定的法治价值相关。诚如德国法学家吕特斯（Rüthers）所言，法律的方法问题本身就是宪法问题。西方，尤其是德国方法论学说体系的成熟很大程度上就来自于其法治国（Rechtsstaat）精神的成熟。只有在这一背景的关照下，才不会导致“方法论上的盲目飞行”。如此，方法论研究同样也将具有促进制度反思、弘扬法治观念的意蕴，此即所谓“技可进乎道矣”。因此，我们的信条是：拥有了方法，大致能够明确达致远方的通途。

舒国滢　雷　磊

2020 年 11 月

目录

奥利斯·阿尔尼奥的法律解释之证成理论（代译序）

舒国滢*

对于汉语学界而言，当代芬兰法学家奥利斯·阿尔尼奥（Aulis Aarnio，1937— ）并不是特别有名和为人所熟知，他的法学著作也鲜有中国学者进行专业的讨论（其实，亚历山大·佩策尼克的学术目前在中国的境遇也好不了多少）。但这一在中国学界的冷遇现象丝毫不减弱他在法律论证理论研究上的学术水准和学术贡献。我们若想进一步在中观和宏观层面了解当代法律科学（法教义学）所遭遇的实践难题及其解答方案，就不可能不研究他的法律学说。本文重点评述其法律解释之证成理论。

一、奥利斯·阿尔尼奥的理论理路

奥利斯·阿尔尼奥于1937年5月14日出生在芬兰东南部的屈米省（Kymi），1958年中学毕业后进入赫尔辛基大学学习法学，师从民法学教授马蒂·维乔·埃尔奥斯塔洛（Matti Viljo Ylöstalo，1917—2002）和西莫·齐廷（Simo Zitting，1915—2012），〔1〕1961年

---

* 舒国滢，中国政法大学钱端升讲座教授，2011计划司法文明协同创新中心成员。原文发表于《语言与法律研究》2019年第1期。

〔1〕 See Aulis Aarnio, "The Systematisation and Interpretation of Statutes. Some Thoughts on Theoretical and Practical Legal Science", in: Luc J. Wintgens (ed.), *The Law in Philosophical Perspectives: My Philosophy of Law*, Springer Science + Business Media, B. V., Dordrecht/ Boston/ London 1999, p. 3.

获得法学硕士学位，1967 年得法学博士学位。1966 – 1968 年任赫尔辛基大学助教，1968 – 1970 年任该校家庭法与继承法副教授，1970 – 1996 年任该校民法学教授，其间于 1974 – 1982 年兼任芬兰科学院研究教授。1991 – 1996 年任坦佩雷大学（University of Tampere）社会科学研究所主任，1996 – 2002 年任坦佩雷大学教授、社会科学研究所主任。1983 年担任瑞典隆德大学科学院外籍院士，1988 年获第一届芬兰律师协会奖，1989 年获波兰科学院哥白尼奖章（Copernicus Medal, Polish Academy of Sciences），1995 年任俄罗斯科学院全职院士，1997 年获芬兰文化基金会奖、芬兰律师协会卡罗·尤霍·斯托尔贝里勋章（Order of K. J. Ståhlberg）、隆德大学荣誉博士和德国亚历山大·冯·洪堡奖（Alexander von Humboldt Prize），1998 年任欧洲科学院院士，1999 年获芬兰拉普兰大学（University of Lapland）荣誉博士，2003 年任世界法哲学与社会哲学大会荣誉主席，现为坦佩雷大学荣休教授。

阿尔尼奥治学领域主要在民法学（尤其是继承法）、法理论与法哲学。截至 1999 年，其以多国语言出版专著 30 部、论文集 12 部，[2] 发表学术论文 300 余篇。其代表作主要有《论法律推理》（On Legal Reasoning, 1977）、《法律的观点：法哲学六篇》（Legal Point of View: Six Essays on Legal Philosophy, 1978）、《法学的思维方式：法学研究理论导论》（Denkweisen der Rechtswissenschaft: Einführung in Die Theorie der Rechtswissenschaftlichen Forschung, 1979）、《法理学的哲学视角》（Philosophical Perspectives in Jurisprudence, 1983）、《作为合理性的理性：论法律证成》（The Rational as Reasonable: A Trea-

〔2〕 Aulis Aarnio, "The Systematisation and Interpretation of Statutes. Some Thoughts on Theoretical and Practical Legal Science", pp. 20 – 21.

tise on Legal Justification, 1987)、《理由与权威：论法教义学的动态范式》（Reason and Authority: a Treatise on the Dynamic Paradigm of Legal Dogmatics, 1997)、《法教义学研究论集》(Essays on The Doctrinal Study of Law, 2011）等。

总体上看，阿尔尼奥的法学研究经历了一个前后的变化。他自己承认，在其学术生涯开始阶段（1960 年代早期）曾经信奉斯堪的纳维亚法律现实主义（Scandinavian legal realism）代表人物、丹麦法哲学家、哥本哈根大学宪法教授阿尔夫·罗斯（Alf Ross, 1899—1979）的学说（经验主义的思维方式)，但其后来（尤其是 1980 年代前后的）所有著作开始与他所欣赏的这位“学术之父”（scholarly “father”）之间试图保持某种距离，原因在于：罗斯的学术刻意否定法律的认知中包含一种特殊的规范性认知（a special normative cognition)，而提出一种有关法教义学研究的有名的所谓“预测论”（predictive theory)。[3]阿尔尼奥过后认为罗斯的理论并不正确。法教义学研究的真正问题在于如何控制这种研究中的陈述命题，以使此种研究结果满足一种“社会合理性”（a societal rationality）要求，这

---

〔3〕 阿尔夫·罗斯的法律现实主义学说的哲学出发点植根于逻辑实证主义，他的基本观点是：任何有意义的科学语句都可以回溯至某种经验（知觉语句)。这样，科学理论仅仅包括 3 种句子：逻辑演绎，知觉语句，或从它们逻辑推导出来的语句。在此基础上，他发展出一套自己的法学理论，认为法教义学的研究目的是现行司法（the jurisdiction in force)。但他所提供的回答与（概念法学的）法律形式主义方案截然相反，而追随美国的法律现实主义，指出：一个法律规范只有当它是以某种权威的运用自发地适用或者包含在主流法官的意识形态之中时才是有效的。故此，法学的研究使命在于考察法院的实践，即使科学法律思维也必须回归到经验，必须依据经验，因为法院实践是法学必须考察的自然经验现实。他由此提出著名的“预测论”：实践法学的任务在于预测法院的行为，也就是说，预测一定的规范是否包含在主流法官的意识形态之中（See Aulis Aarnio, “The Systematisation and Interpretation of Statutes. Some Thoughts on Theoretical and Practical Legal Science”, pp. 12 – 13)。

种要求乃法律论证、经验论证和道德论证的混合体。[4]在他看来，司法系统之裁决不能放任自流，而应当强调对（司法过程中的）法律解释的证成，这种证成应符合法律和正义二者，其以一种权衡的方式同法律和道德的线索勾连在一起。[5]

阿尔尼奥在1987年出版的《作为合理性的理性：论法律证成》一书的开篇（“前言”）就提出了一个令其困扰多年的问题：“法律规范的解释在这个语词的某个本质意义上是否可以是正确的，我们能否有正当的理据去谈论与法律解释相关的知识。”[6]因为法律规范并不是描述现实（实在）的理论命题，那么，一个更为重要的问题值得考虑：即在何种意义上，那些适用法律的人（法官和行政官员）能够“认识法律”（“know the law”）。为此，我们必须面对一系列“如何”（how）的问题，这些解答方案涉及到的问题主要是方法论的结构：比如，我们应该如何去刻画法律解释的特点？[7]

阿尔尼奥评述自己的法学研究之路时注意到：在解释法律的过程中，法学方法（The method of legal science）不同于自然科学方法，后者乃是一种将相应数据（事实）输入系统而保证得出结果的“演算的制度”（an “institution of calculus”），即一组能够收集数据、将

〔4〕 See Aulis Aarnio, *Reason and Authority: a Treatise on the Dynamic Paradigm of Legal Dogmatics*, Ashgate/Dartmouth Publishing Company Limited, Aldershot 1997, “Prologue”, pp. 2 – 3.; ders., “Argumentation Theory——and Beyond: Some Remarks on the Rationality of Legal Justifation ”, in: *Rechtstheorie*, Bd. 14, Heft 4, 1981, p. 396.

〔5〕 Aulis Aarnio, *Reason and Authority: a Treatise on the Dynamic Paradigm of Legal Dogmatics*, pp. 15 – 16.; ders., “The Systematisation and Interpretation of Statutes. Some Thoughts on Theoretical and Practical Legal Science”, p. 5.

〔6〕 Aulis Aarnio, *The Rational as Reasonable: A Treatise on Legal Justification*, D. Reidel Publishing Company, Dordrecht/Boston/Lancaster/Tokyo 1987, “Foreword”, p. xiii.

〔7〕 Aulis Aarnio, *The Rational as Reasonable: A Treatise on Legal Justification*, “Foreword”, pp. xiii – xix.

其程序化、形成假设、检验假设并记录实验结果的概念、推论与规范，而前者重在解释规定或将规范用于实践，这不是一个遵循清晰规则进行数学演算的过程，说到底，它是一个权衡的问题（a matter of weighing and balancing）。按照冯·赖特的话说，自然科学“说明”（explain）现象，而像法学这样的人文科学则“解释”（interpret）和“理解”（understand）（人类的）行为和事件，因而与历史研究和文献研究相联结。〔8〕不过，“法学”这个概念是多元的（甚或模糊的），广义上包括“法教义学”、“法社会学”、“比较法学”和“法律史学”，可能还有所谓的“法理论”（legal theory）。在所有这些所谓的法学学科中，最古老、最重要的学科是法教义学，它本质上是一种解释性研究（interpretative research），分析的焦点也在于解释立场（the interpretative standpoints，缩写为：P_i），其任务包括两部分：(1) 解释法律（制定法/法律规范）的内容（或法律文本材料）并为所谓的“缝隙情形”（gap situations）提供答案；(2) 运用一定的明细标准将法律规范（或法律文本材料）体系化。前者强调法学的实践部分（实践法学），后者乃强调法学的理论维度（理论法学）。它们两者（法律解释和规范的体系化）各有自己的方法，但又处于互动关系之中。〔9〕

阿尔尼奥的方法是围绕两个支柱——理论法学和实践法学加以组织的：理论法学的方法是分析概念。在他看来，法律概念的语料库愈丰富，我们可以提出问题的方式就愈有用途，而一旦问题变得

---

〔8〕 Aulis Aarnio, “The Systematisation and Interpretation of Statutes. Some Thoughts on Theoretical and Practical Legal Science”, p. 1.

〔9〕 Aulis Aarnio, “The Systematisation and Interpretation of Statutes. Some Thoughts on Theoretical and Practical Legal Science”, p. 2. ; ders. , “Argumentation Theory——and Beyond: Some Remarks on the Rationality of Legal Justifation ”, pp. 387, 389.

愈有用途，则法律体系的内容图像也就愈丰富。这样，理论法学试图为实践法学必须面对的问题（关于法律事实和法律规范后果问题，即法律解释和法律适用问题）开启概念的可能性，而实践法学的方法则是论证性的。〔10〕

进而言之，实践法学（practical legal science）的基本任务是澄清事实与法律规范后果（F → S）之间的关系。然而，这一过程不可能像概念法学所想象的那样，法律后果可以仅仅从法律概念中推导出来，但法律概念又是我们观察“法律现实”（“legal reality”）的透镜（lens），透过概念，我们可以“抓住”法律规范，而不使其形象受到歪曲。故此，法律科学必须能够回应来自动态的、复杂的现代社会的挑战，这需要重新定位和阐述基本概念问题（basic conceptual questions），清除法律解释的障碍，重新评估我们传统的法学思维方式。〔11〕无论如何，在阿尔尼奥看来：“没有理论，审判就不存在。”（Jurisdiction without theory does not exist）〔12〕理论概念、理论法学、法的一般学科、法教义学、法律论证理论是每个法律人必备的工具箱。如果对一般法原理的掌握有所放松，那么，就会丧失对法的本质特征的理解，更糟糕的是，人类（法律）关系中的是非感也将失去。〔13〕为了解决司法实践中的难题，法学必须对法律体系的内容提出充分有据的论证，以便能够获得可靠的法律规范的解释。

---

〔10〕 Aulis Aarnio, “The Systematisation and Interpretation of Statutes. Some Thoughts on Theoretical and Practical Legal Science”, p. 19.

〔11〕 Aulis Aarnio, “The Systematisation and Interpretation of Statutes. Some Thoughts on Theoretical and Practical Legal Science”, pp. 6 – 7, 10, 12.

〔12〕 Aulis Aarnio, “The Systematisation and Interpretation of Statutes. Some Thoughts on Theoretical and Practical Legal Science”, p. 10.

〔13〕 Aulis Aarnio, “The Systematisation and Interpretation of Statutes. Some Thoughts on Theoretical and Practical Legal Science”, pp. 10 – 11.

这样，除了体系化之外，法律论证就成为阿尔尼奥之方法论研究兴趣的另一块基石。〔14〕

在阿尔尼奥看来，法律论证是这样一个过程：它利用一定的基础（法律渊源），旨在就证成判决或法律解释而说服反方（听众）。其对象在于论证的理性可接受性，即："尽可能采取法律共同体许多成员那样的方式维护你的主张，以理性方式讨论问题的人可能接受你的主张，他们会考量问题的所有可能的方面。"〔15〕为此，他与德国基尔大学公法与法哲学教授罗伯特·阿列克西（Robert Alexy，1945— ）、瑞典隆德大学法学院法哲学教授亚历山大·佩策尼克（Aleksander Peczenik，1937—2005）在1981年合作完成一篇文章"法律论证的基础"（英文：The Foundation of Legal Reasoning，1981，该文分3部分载于德国《法理论》杂志1981年第12卷第1－3期），试图为上述原则及法律问题的解决提供一套法律论证的理论框架（阿尔尼奥基于维特根斯坦生活形式概念而构建的论证合理性理论、阿列克西的实践理性商谈理论和佩策尼克的法律转化理论）、逻辑图式和结构等，为法律理论与法律实践架起一座桥梁。〔16〕1983年，阿尔尼奥又单独在《法理论》杂志第12卷第4期发表一篇文章"论证理论——以及超越：有关法律证成合理性的若干评论"（Argumentation Theory——and Beyond：Some Remarks on the Rationality of Legal Justifation），再访"法律论证理论"，以期在法律论证的元层

〔14〕 Aulis Aarnio，"The Systematisation and Interpretation of Statutes. Some Thoughts on Theoretical and Practical Legal Science"，p. 15.

〔15〕 Aulis Aarnio，"The Systematisation and Interpretation of Statutes. Some Thoughts on Theoretical and Practical Legal Science"，p. 17ss.

〔16〕 Aulis Aarnio，Robert Alexy，Aleksander Peczenik，"The Foundation of Legal Reasoning"，in：*Rechtstheorie*，Bd. 12，Heft 1－3，1981，pp. 133－158，257－279，423－448.

次（佩策尼克意义上的深度证成层次）上确立法律论证合理（可接受）性理论。[17]

二、奥利斯·阿尔尼奥的法律论证合理性理论

阿尔尼奥所建构的比较完整系统的法律论证合理性理论主要集中体现在1987年出版的《作为合理性的理性：论法律证成》一书之中。他指出，这本书的“主要目标并不是为实践法律解释提供方法论上的指导”。其更为重要的目的在于，从一般层面上尝试增进法律学者、法官与律师“认识你自己”（Know Thyself）的意识。因而，阿尔尼奥在许多方面力图使法律解释理论的研究更加哲学化，尤其是将佩雷尔曼的新修辞学、后期维特根斯坦的语言哲学以及尤尔根·哈贝马斯所代表的理性主义三种进路结合起来，在他们的哲学观念（诸如：把解释理解为语言游戏的总和，强调语言与生活形式的关联，借助生活形式的概念解释听众概念，考察作为解释命题之测量尺的融贯论和共识论，温和的价值相对主义理论，正义理论，以及尝试为解释的理性主义特征予以定位）和思维方式中，寻找对法律解释理论有益的关联点（profitable points of contact）。[18]

笔者从阿尔尼奥有关法律规范内容的科学研究进路（a scientific approach to the contents of legal norms）谈起。阿尔尼奥注意到，面对法律的适用，学者（尤其是法教义学者/the legal dogmatician）和法官的角色不同，但在解释法律这一点，他们具有某种类似的内部视角——认

---

〔17〕 Aulis Aarnio, “Argumentation Theory——and Beyond: Some Remarks on the Rationality of Legal Justifation ”, pp. 385 – 400.

〔18〕 Aulis Aarnio, *The Rational as Reasonable: A Treatise on Legal Justification*, “Foreword”, pp. xvi – xviii.

识论上的内部视角（an epistemologically internal point of view），其中最为重要的是他们受同样的认识论前提所拘束，具有相同的解释立场或法教义学视角（the perspective of legal dogmatics），有相同的论证类型和结构：也就是说，一方面，法教义学者必须使用与法官一样的法律渊源，他们应当诉诸同样的方法论（解释）规则。〔19〕另一方面，原则上，法官所采纳的解释，与法教义学者所提出的解释，具有同样意义的、同等程度的可信赖性。〔20〕在此意义上，法教义学视角以科学态度和科学方法的目标（体系化、一致性、可控性、主体间性、客观性）为标志，区别于在实践中完成某些技术任务的职业能力。〔21〕

阿尔尼奥指出：在科学上，法教义学视角本质上也不同于社会科学的典型视角，后者代表着对于探究主题的一种典型的外部视角，社会科学家将法律规范当作既有条件而接受，然后再去审视诸如法律规范是如何被遵循的问题。换句话说，他们的主要目标之一是对于行为之规律性（不变性）的说明。〔22〕法教义学活动的态度基本上集中于法律规范（规则），而不是公民、法官等的行为的规律性。也可以说，法教义学的研究旨趣是规范性的，完全不同于社会学的旨趣。〔23〕对于法律规范是如何被遵循（法律适用）的问题，法教义学采取体系化的方式、以（科学）认识论上的内在视角来对待（法律适用中的）法律规范内容的阐释。〔24〕

---

〔19〕 Aulis Aarnio, *The Rational as Reasonable: A Treatise on Legal Justification*, pp. 8 – 10, 13, 16.

〔20〕 Aulis Aarnio, *The Rational as Reasonable: A Treatise on Legal Justification*, p. 15.

〔21〕 Aulis Aarnio, *The Rational as Reasonable: A Treatise on Legal Justification*, pp. 14 – 15.

〔22〕 Aulis Aarnio, *The Rational as Reasonable: A Treatise on Legal Justification*, p. 10.

〔23〕 Aulis Aarnio, *The Rational as Reasonable: A Treatise on Legal Justification*, p. 12.

〔24〕 Aulis Aarnio, *The Rational as Reasonable: A Treatise on Legal Justification*, p. 16.

这样，就可以看到，法教义学的学科基质（disciplinary matrix）不同于社会科学或历史学，其有至少4类要素构成：（1）这一基质包括一个有关法教义学中的解释主题（即有关被解释的是什么）的假定。这意味着，存在着对于什么是法律规范以及人们应该如何思考法律的起源、效力等法哲学假定的承诺。（2）这一基质包括对于法律渊源的一系列合意。法教义学的实践者对什么是指“必须的渊源”、什么是指“应当渊源”或什么是指“可以渊源”，（几乎）有着相同的概念观。（3）法教义学的背景基质也暗含着特定的方法论规则和原则。它们大略地显示出在解释中法律渊源应当以及能够如何被运用。（4）在法教义学的基质中，也可以包含这一观点：即，价值和评价可以在法教义学解释（事实解释和规范解释）中被找到。法律的适用与法教义学，都会使用价值概念来作为解释的基础，或者在证成中间接地诉诸评价。因此，法教义学本质上是评价性的。在这里，它与（例如）社会科学的界限是相对清楚的。〔25〕进而言之，法教义学属于解释性科学（interpretative sciences），属于人文学科传统，而不是经验社会科学的近邻。〔26〕

在此基础上，阿尔尼奥力图对法教义学解释立场的证成结构（the justificatory structure of the interpretative standpoints of legal dogmatics）予以明证。在他看来，法教义学的证成理论可能是描述性的、分析性的或规范性的：描述性证成理论试图描述的是事实上的证成活动；分析性证成理论主要关注的是证成所使用的那些概念（比如，“类比意指什么?”或“判例意指什么?”）；规范性证成理论要

〔25〕 Aulis Aarnio, *The Rational as Reasonable: A Treatise on Legal Justification*, pp. 18 – 19.

〔26〕 Aulis Aarnio, *The Rational as Reasonable: A Treatise on Legal Justification*, p. 72.

阐明的是“法教义学证成需要什么样的理据才能实现合理性和可接受性条件”。[27]在此，本体论、认识论和方法论问题相互之间有着必然的内在关系，这样，法的本体论、法教义学知识的性质、法教义学的方法论、真理的概念与标准乃显示出证成理论所关注的领域。其中的研究在于寻找下列基本问题的答案：（1）真/假属性可以被归属于法教学解释吗？如果这是可能的，那么，真/假的标准是什么？或者：法教义学有哪些方法来确定真/假？（2）如果使用真/假概念是有问题的，甚或是不可能的，那么法教义学中是否有某种类似于真/假的概念？或者，通过何种方法才可能确定这种“真”？（3）在裁量案件中，是否有可能认识有关法律秩序的某些内容？或者，哪种方法可以被用来获取知识？（4）如果谈论与法教义学相关联的知识是有问题的，甚或是不可能的，那么使用一个类似的概念是否可能？或者，是否有某种演绎的方法，来表述这样的“知识”？（5）人们能够主张法教义学解释的基础是（内在地）适当的？或者，如果它是一个适当的基础，那么内在适当的证成标准是什么？[28]

阿尔尼奥尝试先从法教义学解释的本体论和认识论来破解上述难题。在他看来，基于本体论，法律规范可以被理解成一种通过语言表达的思想（即意义）内容，属于卡尔·波普尔所讲的“第三世

〔27〕 Aulis Aarnio, *The Rational as Reasonable: A Treatise on Legal Justification*, pp. 22 – 23.
〔28〕 Aulis Aarnio, *The Rational as Reasonable: A Treatise on Legal Justification*, pp. 24 – 25.

界”范畴（World 3，“世界 3”）。〔29〕在法律规范之本体论理解中，效力概念起着关键的作用。〔30〕他基于耶日·罗布列夫斯基和亚历山大·佩策尼克等人的论述（比如，罗布列夫斯基在 1979 年发表的文章“法学上的证实与证成”［Verification and Justification in the Legal Sciences, 1979］中把效力分为 3 种进路：“体系效力”［systemic validity］、“事实效力”［factual validity］和“价值论效力”［axiological validity］〔31〕），而分别从“体系性”、“实效性”与“可接受性”角度论述法律规范的效力问题。〔32〕按照罗布列夫斯基的理解，一个（法律）规范若满足了下列 4 个条件，则在体系意义上是有效的：（1）它业已适时地被接受并被公布；（2）该规范没有被撤销；（3）它并不与同一体系内的另一现行规范相矛盾；（4）若有矛盾，则有一个已然接受的规则用来解决这一冲突。〔33〕但应当区分“形式效力”的两个方面，即法律秩序的内部效力和外部效力（internal and exter-

---

〔29〕 1967 年，卡尔·波普尔在第三次国际逻辑性、方法论和科学哲学大会上作了题为《没有认识主体的认识论》的报告。在这次报告中，他提出了著名的第三世界（“世界 3”）理论，为他的客观知识的发展提供本体论基础。他在 1972 年出版的《客观知识——一个进化论的研究》一书中再次肯定和明确了世界三分的观点。波普尔认为，在所有存在的宇宙客体中，“可以区分出下列三个世界或宇宙：第一，物理客体或物质状态的世界；第二，意识状态或精神状态的世界，或关于活动的行为意向的世界；第三，思想的客观内容的世界，尤其是科学思想、诗的思想以及艺术作品的世界。”（［英］卡尔·波普尔：《客观知识——一个进化论的研究》，舒炜光、卓如飞、周柏桥、曾聪明等译，上海译文出版社 1987 年 9 月版，第 114 页）在这里，波普尔所指的“第三世界”（“世界 3”）是“概念东西的世界，即客观意义上的观念的世界——它是可能的思想客体的世界：自在的理论及其逻辑关系，自在的论据，自在的问题境况等世界。”（卡尔·波普尔：《客观知识——一个进化论的研究》，第 165 页）

〔30〕 Aulis Aarnio, *The Rational as Reasonable: A Treatise on Legal Justification*, pp. 30, 33.

〔31〕 Jerzy Wróblewski, “Verification and Justification in the Legal Sciences ”, in: *Rechtstheorie* , Bd. 10, Heft 1, 1979, p. 207ss.

〔32〕 Aulis Aarnio, *The Rational as Reasonable: A Treatise on Legal Justification*, p. 33.

〔33〕 Aulis Aarnio, *The Rational as Reasonable: A Treatise on Legal Justification*, pp. 33 – 34.

nal validity of legal order)：前者指体系“之内”的效力，后者所指的是体系本身的效力。〔34〕比如，由希特勒政权建立的法律秩序，在内部体系的意义上以及从形式外部视角看均是有效的，但在这一概念的外部体系意义上，它并不能被称为是实质（法律上）有效的。〔35〕有关实效性的典型观点是以法律现实主义为代表的。按照这种观点，一个规范在事实意义上的效力意指它反于（形式上）既定规范的实际实效性。也可以说，当且仅当公民们在其行为中有规律地遵循了在某个社会中的规范 N，即，当规范从这个意义上说在社会中是有效的，那么这个规范 N 是事实上有效的。〔36〕然而，并非所有形式有效且有实效的法律规范都获得价值论上可接受性的保证（a guarantee of axiological acceptability），如此说来，一个规范 N，尽管并没有在形式上被废除，若不符合一个被普遍接受的价值体系，则不具有可接受性。基于这一理由，将理性的可接受性作为讨论法律效力的一种相关的方式，就获得了证成。故此，整体上看：“规范 N_i 在共同体 C 中是有效的，当（1）N_i 属于那个由 C 的宪法所授权制定的规范体系；(2）该宪法因为基础规范 G_1 而必须被遵守；(3）规范 G_1 基于一个证成性（条件性）规范 G_1^j 而必须被遵守；且（4）在此意义上，N_i 于 C 中是可接受的：即，大多数成员，在理性考量这个事情之后，约束他们自己去接受 N_i 作为应被遵循的法律规范。”〔37〕

谈到法教义学解释的方法论，阿尔尼奥注意到解释难题可能出现在两种类型的法学研究情形之中：一是“以法律文本为中心的研

〔34〕 Aulis Aarnio, *The Rational as Reasonable: A Treatise on Legal Justification*, p. 34 .

〔35〕 Aulis Aarnio, *The Rational as Reasonable: A Treatise on Legal Justification*, p. 38.

〔36〕 Aulis Aarnio, *The Rational as Reasonable: A Treatise on Legal Justification*, p. 39.

〔37〕 Aulis Aarnio, *The Rational as Reasonable: A Treatise on Legal Justification*, pp. 43 – 44.

究策略”（a Law text centered research strategy），二是“以难题为中心的研究策略”（a problem centered research strategy）。以法律文本为中心的研究的出发点是特定的表达，在成文法体系中，这通常是一个法律文本。其任务是为这一文本的一个可选择的解释进行证成。解释的主题可能是文本的含混性或者可以通过不同方式来解释的事实。在实践中，这样的解释总是一个涉及选择的决定，即，一个在两种或两种以上语义上且法律上可能的选项中进行选择的问题。以难题为中心的研究的出发点是一个具体的法律难题，或者一个想象的、但在现实中可能的法律难题（Q）。对此，研究者可能要努力阐明的是，已知法律文本（L_i）的哪一个解释（I_1，I_2）可以用来处理待决的疑难问题（Q_i）。尽管上述两种研究策略的出发点不同，一个是文本，一个是法律难题，但就解释的结构而言，它们二者之间并没有本质的差别。以难题为中心的研究最终都会导向那些与以文本为中心的研究的问题相同的或相同类型的基本问题。在这两种研究中，学者们从事的都是对意义不明晰的法律内容（或者更准确来说，是对于形式有效的法律文本）进行阐明。[38]

为了更进一步说明上述问题，阿尔尼奥对不同类型的陈述的语义学进行了一般性分析，将所有的陈述分成两个群组：理论陈述（theoretical statements）和实践陈述（practical statements）。理论陈述可能是经验陈述或者逻辑陈述，具有真/假的属性。实践陈述则又有不同的类型，比如：（a）意在产生某种效果的语句（“效果语句”，包括命令和规范）；（b）表达性语句。分为两组：第一组既包括规定性语句（规范与命令），也包括说服性语句（例如，建言、操纵

〔38〕 Aulis Aarnio, *The Rational as Reasonable*: *A Treatise on Legal Justification*, pp. 47 - 49.

性表达，等等）。另一组是由“纯粹的”表达性语句构成的（例如，态度、意向的表达，等等）或立场（论点），而立场（论点）需要理由支持，即，只有立场是被证成的。[39]

在这个脉络里，阿尔尼奥提出“规范陈述”（the norm statement）和“解释陈述”（the interpretative statement）以及“规范立场”（a norm standpoint）和“解释立场”（an interpretation standpoint）两组概念。规范陈述是对于法律规范N的内容的陈述。例如，解释者可以提出这样一个规范命题，P_n：“具有内容I的规范N是芬兰（有效）法律的一部分。”[40]在这里，（内在意义上的）体系效力也可以满足规范命题（类型P_n）的真值条件，但作为效力标准的可接受性的概念却是颇成问题的，于是需要有表达理性可接受性有关内容的那些陈述。有关理性可接受性的规范陈述就被称为规范立场（规范论点）。这一陈述表达的是某些有关有效规范（有效法律）的内容，但它是一个立场，因为它不仅包含有关现实（实在）的命题而且包含了价值判断。由于规范立场不可能像有关现实（实在）命题那样具有真假，对于同一个解释难题，提出两个或两个以上的被充分证成的规范立场，是可能的。这样，规范命题只有在与特定群体的人（听众）的关系之中才能获得证成。“接受规范N是理性的”这个结论，对于那些共享着共同价值V的人来说，是一个技术性义务（a technical obligation）。也可以说，这一规范立场作为“技术性应当”（a technical ought），对于这个群体的人来说，是真的。但是，这种真并不是符合论意义上的真。规范立场表达的

---

〔39〕 Aulis Aarnio, *The Rational as Reasonable: A Treatise on Legal Justification*, pp. 49－50.

〔40〕 Aulis Aarnio, *The Rational as Reasonable: A Treatise on Legal Justification*, p. 51.

是有关有效法律秩序的论点。从这一点来看，法教义学解释作为规范立场，表达的是法律所调整的理想世界的东西。这一立场获得的可接受性愈广泛，它作为对于有效法律的一个解释，所具有的社会价值也就愈大。[41]相对于规范陈述而言，解释陈述是一种意义陈述（a meaning statement），即对核心表达之意义进行阐明的意义命题，其中包括规定性定义（a stipulative definition）、分析性定义（an analytical definition）、非分析性且非规定性的定义（nonanalytical and nonstipulative definitions，比如："继承份额的转让是指某位继承人将其遗产份额转让给其他继承人、死者遗产的另一共同所有权人或第三人的法律行为"）以及非描述的分析性定义（nondescriptive analytical definitions），对于它们的真或非真在原则上根本无法判断，它们可能是一个处在真/假范畴之外的立场——解释立场问题：比如说，"法律文本 L_i 中的表达'E_1'所意指的内容是与表达'E_2'相同的"，或者"根据有效的（芬兰）法律，在文本 L 中表达的规范 N 具有规范内容 E_2"。[42]

解释立场的焦点在于法律文本，规范立场的焦点在于（有效的）规范。规范是通过特定的语言表达（规范表述）与思想内容形成的（比如，"禁止偷盗"这个规范就包括两个方面："禁止偷盗"这个表达，以及表示人们不能偷盗的那个思想内容），法律文本以及相对照的语言资料，是帮助我们理解法律规范的素材。从法理论上看，规范中的法律事实和法律后果之间的关系（法律关系）与事

---

〔41〕 Aulis Aarnio, *The Rational as Reasonable: A Treatise on Legal Justification*, pp. 52 – 56.

〔42〕 Aulis Aarnio, *The Rational as Reasonable: A Treatise on Legal Justification*, pp. 56 – 61.

实和后果在本质上具有的（因果）关系是不同的。关联性要素“应当”将这种法律关系，与（自然因果意义上的）原因和结果的关系区分开来。在这里，“是”与“应当”有着截然分离的界限。[43]故此，法律规范的结构包括三要素——“法律事实”（F）、“应当要素”（O）和“法律后果”（G），其逻辑符号表达式：$N_i(x)(Fx \rightarrow OGx)$。这个公式读作：“对所有的（x）都是真的：如果某人（x）以方式（F）行为，那么，他将会被判处法律后果G。”[44]但法律文本并不是以这种方式书写的，它有可能表达两个或两个以上的规范，每一个规范都可能是法律秩序的一部分。解释者的任务是从这些规范选项中选择一个“符合法律秩序”的选项。解释的范围，要么与法律事实的描述相关，要么与法律后果的描述相关，或者与二者都有关联。当解释的范围与法律事实相关时，规范的逻辑符号表达式就是：$N_i(x)(F_1x \vee \cdots F_mx \rightarrow OGx)$；当解释的范围与法律后果相关时，规范就可以重述为：$N_i(x)(F_1x \vee \cdots F_mx \rightarrow OGx)$；当解释的范围涉及法律事实的描述和法律后果的描述两者时，规范的逻辑形式更为复杂：$N_i(x)(F_1x \vee \cdots F_mx \rightarrow OG_1x \vee \cdots G_mx)$，其中解释的规范选择情形也极为复杂。[45]

可以看出，此处的一个中心任务在于证成规范立场，即，证成为什么接受规范N作为一国（比如芬兰）有效法律的一部分是理性的和合理的。而作为一种解释陈述，解释立场则陈述法律文本的何

---

〔43〕 Aulis Aarnio, *The Rational as Reasonable: A Treatise on Legal Justification*, pp. 61–62.

〔44〕 Aulis Aarnio, *The Rational as Reasonable: A Treatise on Legal Justification*, p. 63.

〔45〕 Aulis Aarnio, *The Rational as Reasonable: A Treatise on Legal Justification*, pp. 63–65.

种意义内容是理性的和正确的选择。[46]不过，由规范（解释）立场构成的解释游戏（the interpretation game），却也并不是一个内在同质（homogeneous）的游戏，而是“援引法律文本（文义解释）”、“概念分析”、“经验资料或法律渊源的提出”和“评价的提出”等四种语言游戏的任意组合。因此，由解释立场构成的解释，并不能以任一个体部分或者任何这些部分的结合为基础进行界定。解释只是这些不同游戏构成的家族相似实体（the family resemblance entity）。[47]

阿尔尼奥接着对解释立场的证成进行了结构化分析，他把解释立场的证成看作是一个遵循理性商谈原则的商谈程序，即，提出证成的人（解释者 A）与判断这一证成之效力的人（解释者 B）之间的对话。B 可以是一个个人，但在实践中，证成却总是指向一个群体的，他们被通称为“听众”。对于解释的对象，A 和 B 之间可能存在分歧，它们可能是语言上的分歧，也可能是事实上的分歧，可能是实质分歧，也可能是表面分歧，可能是理论分歧，也可能是非理论分歧。在制定法中，一个术语可能是模糊的、含混的、在评价上开放的，规范之间可能有冲突，或者法律和法律体系中存在“缝隙”，其中也可能有价值缝隙、逻辑缝隙和技术缝隙。作为对话的结果，A 的解释立场得到了某个证成理据之组合的支持，基于这一解释立场的证成理据的理性基础，A 试图使接受方 B 信服，那么，A 和 B 基于理性基础就达成了合意，证成就成功了。[48]这一程序性

---

〔46〕 Aulis Aarnio, *The Rational as Reasonable: A Treatise on Legal Justification*, p. 67.

〔47〕 Aulis Aarnio, *The Rational as Reasonable: A Treatise on Legal Justification*, pp. 73, 74.

〔48〕 Aulis Aarnio, *The Rational as Reasonable: A Treatise on Legal Justification*, pp. 108 – 110.

机制可以被转化为法教义学机制：在证成的程序中，解释者 A 试图强化其所选择的可选择解释 I_1，并努力去消除解释者 B 的反对论据（the counter-arguments），而解释者 B 的反对论据将支持可选择解释 I_2。这样，在商谈中，就存在（解释者 A 和解释者 B）两个选项之间以及两组（支持与反对）论据之间同时进行的持续“竞争”。[49]

上述论据本身可以安排成一个由不同层次构成的层级体系（a hierarchy）：我们将使用 p 来表示“支持论据”，用 c 来表示“反对论据”。对上述论据的意义进行阐释的陈述（分析性陈述），可以表示为 p' 和 c'：对支持论据进行分析的陈述可以写作 p'p。论据的层次可以通过数字表达：支持论据的层次是 p_1，p_2……p_n（第一层支持论据，第二层支持论据，依次类推）。反对某一特定支持论据（例如反对 p_1）的论据将在同一层次上表述。而如果一个反对论据只是旨在寻求对某一分析性论据的阐明，可以用“?”来表示。在某些情况下，反对论据的提出将会迫使解释者提出论据来支持先前提出的论据。根据论据的层次，这些增加的论据也将会获得自己的索引。例如，p_1p_2可以理解为表示“论据 P_1，由论据 p_2所支持”。[50]

如果解释者 A 对所支持的法律文本 L_i的那个可选择解释表示为 I_1，解释者 B 的相反解释表示为 I_2，那么，A 和 B 之间的论证图式就可以表示如下（图解）：[51]

〔49〕 Aulis Aarnio, *The Rational as Reasonable: A Treatise on Legal Justification*, pp. 115 - 116.

〔50〕 Aulis Aarnio, *The Rational as Reasonable: A Treatise on Legal Justification*, p. 116.

〔51〕 Aulis Aarnio, *The Rational as Reasonable: A Treatise on Legal Justification*, p. 117.

L_i

I_1	(I_2)
p_1	?
$p'p_1$	c_1
p_2	c_2
p_2 p_3	c_3
p_4	

图解

继耶日·罗布列夫斯基（1974 年）〔52〕和罗伯特·阿列克西（1978 年）〔53〕之后，阿尔尼奥对解释立场的“内部证成”（IN－证成）和“外部证成”（EX－证成）也进行了区分：内部证成是指解释由某些已被接受的推论规则从前提中推导而来；外部证成是指前提以及推论规则的有效性要求证成。〔54〕举一个例子：制定法 L_i 表达了这样一个规范“如果 F_1，那么应当 G_1”，某位法律学者 A 以这种形式来表达其关于制定法 L_i 的意见（立场）：在 f 这个案件中，应该 G_1。这个立场称为解释 I_1。接着一个很自然的问题就是：为什么结果 G_1 应该与事实 f 相关联呢？学者 A 可能回答，在法律文本中，“F_1”这个术语意味着“f”且只有这一个意思。因此，A 给出了其证成中的第一层次的论据，可以通过三段论的形式（三段论 I）表述如下：〔55〕

---

〔52〕 Jerzy Wróblewski, “ Legal Syllogism and Rationality of Judicial Decision ”, in: *Rechtstheorie*, Bd. 5, Heft 1, 1974, p. 39ss.

〔53〕 Robert Alexy, *Theorie der juristischen Argumentation*: *Die Theorie des rationalen Diskurses als Theorie der juristischen Begruendung*, 2. Aufl., S. 273ff.（汉译，见罗伯特·阿列克西：《法律论证理论：作为法律证立理论的理性论辩理论》，舒国滢译，商务印书馆 2019 年版，第 270 页及以下页）

〔54〕 Aulis Aarnio, *The Rational as Reasonable*: *A Treatise on Legal Justification*, p. 119.

〔55〕 Aulis Aarnio, *The Rational as Reasonable*: *A Treatise on Legal Justification*, p. 120.

三段论 I　　PR$_1$：法律文本 L$_i$规定：如果 F$_1$，那么应当 G$_1$

PR$_2$：f ε F$_1$

C　：在 f 这个案件中，应该 G$_1$

这个证成是一个典型的内部证成。但阿尔尼奥指出：法律证成的核心难题与外部证成有关。在他看来，将解释者分为不同阵营（解释者 A 和解释者 B）的那个难题，一方面与前提的选择与内容相关，另一方面与相匹配的那些推论原则或价值被选择的方式相关。法律商谈的难题因而集中于外部证成。〔56〕这种证成的程序是一场在解释者 A 和解释者/听者 B 之间的实践论辩：当 A 提出一个解释立场（如三段论 I 所示），B 质疑该立场的可接受性时，他们之间就开始了一种论辩：比如，针对三段论 I，因为第二前提 PR$_2$把法律文本 L$_i$与其解释 I$_1$连接起来，假如 B 提出这一问题：为什么第二前提是 f ε F$_1$而不是 f ‘ε F$_1$呢？为了回答这个问题，A 必须增加论据来为“f ε F$_1$”这一陈述提供支持性根据。这一阶段的推理也是同样可以以三段论形式（三段论 II）表述：〔57〕

三段论 II　　PR$_1$：如果在 L$_i$的情况中立法准备资料表明“f ε F$_1$”，那么，L$_i$的适当解释就是 I$_1$，即：“如果 f，那么应当 G$_1$”

PR$_2$：立法准备资料表明“f ε F$_1$”

C　：根据立法准备资料，L$_i$的解释是：如果 f，那么应当 G$_1$

---

〔56〕 Aulis Aarnio, *The Rational as Reasonable: A Treatise on Legal Justification*, p. 120.

〔57〕 Aulis Aarnio, *The Rational as Reasonable: A Treatise on Legal Justification*, p. 121.

上述这个论证链中每一个步骤总是会有一个内部证成。更加准确地说，三段论 II 被描述为第二层次的论据，以同样的方式可以把支持某一特定论据的论据（例如，p_1p_2）写成三段论的形式。在这个意义上，内部证成与外部证成是相互联系在一起的。面对 B 的解释 II 立场，A 可能不断地提出“三段论 I，三段论 II，……三段论 N”等构成的论证链条，但构成链条的诸三段论之间并没有三段论式的内在关联，根据论据的复合性整体（p_1，p_2，p_1p_2，等等）并不能演绎地推导出解释 I_1。法律解释就其本质来说并不仅仅是三段论式的。这就是整个法律解释的关键所在。法律解释的外部证成根本就不是一个或一组演绎有效的三段论，而是一个使其他人（即解释的接受者 B）信服的问题。如果论证的整体（三段论链条）对于其他人来说是足够令人信服的，解释者（A）就算是成功的。〔58〕

证成是一个理性实践商谈的程序。在某种程度上，对于解释立场的证成就是要遵循这个理性实践商谈的程序。提出一个被证成的解释立场，是指解释者最终会找到这一证成所需要的一个支持性论据的组合和一个满足一定标准的融贯的陈述集，其结论为解释接受者，乃至为整个法律共同体理性地接受。〔59〕这样，解释立场的理性可接受性是法律证成程序之最终结果的一个属性。法律解释本质上是解释者和接受者之间的一个理性对话，人类交往的一种形式。因此，根据哈贝马斯的观点，这种涉及论证和信服的解释性论辩的理

〔58〕 Aulis Aarnio, *The Rational as Reasonable: A Treatise on Legal Justification*, pp. 121 - 122.

〔59〕 Aulis Aarnio, *The Rational as Reasonable: A Treatise on Legal Justification*, pp. 185 - 187.

性乃是一种交往理性。[60]而交往理性是人类理解的基础，也是可接受性的基础。[61]

交往理性至少可以通过下列两种方式理解：首先，理性可以指推理的形式。在这种观点看来，逻辑（演绎）推论总是理性的。这种推理模式遵循特定的法则，而且它是重言式的。从前提到结论是以演绎方式推进的所有推理链，都是理性的。内部证成在这个意义上就是理性的。我们把逻辑理性简称为L－理性。但这只是交往理性的一个方面而已。法律证成不仅仅是推理形式的问题，而且也是逻辑规则所不能约束的商谈程序问题。法律推理的理性商谈总是与外部证成相关联的，它处理前提得到证成所经由的那个程序。这种与商谈相关联的理性——商谈理性，简称为D－理性。这样，我们就有了理性的两种特征概括：(1) 狭义的理性 = L－理性，以及 (2) 广义的理性 = L－理性 + D－理性。阿尔尼奥在其理论中更关注上面 (2) 意义上的理性，它所指的是推理的逻辑形式以及对前提进行证成的商谈。[62]

阿尔尼奥提问：在法律证成中，为什么要是理性的？或者：为什么D－理性在法律推理的理论中是如此重要的背景要素？[63]理性的根基在于我们的文化，即我们在日常语言中使用这个概念的方式。

---

〔60〕 按照阿尔尼奥的看法，“理性”（rationality）这个概念可以通过许多不同的方式来使用：首先，我们可能谈及法律理性以及一般层面的理性。在这里，“法律理性”这个概念所指涉的是法教义学（审判）的范式。我们把它称为法律理性（legal rationality）。其次，还有其他类型的理性：比如，目的论理性（teleological rationality），即决定论理性（finalistic rationality），制度理性（institutional rationality），体系－理论意义上的理性，等等（Aulis Aarnio, *The Rational as Reasonable: A Treatise on Legal Justification*, pp. 188－189.）。

〔61〕 Aulis Aarnio, *The Rational as Reasonable: A Treatise on Legal Justification*, p. 189.

〔62〕 Aulis Aarnio, *The Rational as Reasonable: A Treatise on Legal Justification*, pp. 189－190.

〔63〕 Aulis Aarnio, *The Rational as Reasonable: A Treatise on Legal Justification*, p. 193.

我们的生活形式是以这样一种方式来建构的，以至于我们期待在人类的交互过程中人们是理性的。一种一致、融贯的思维方式是深深根植于我们文化之中的，我们将它作为评价其他人的行为的尺度。在这个意义上，一致和融贯的概念就是我们共有的理性概念的必要要素。它们属于人类交往的基础。我们的社会生活以及我们人类交往的互动，只有在这些前提条件被满足时，才可以进行。在这个意义上，理性是一个贯穿整个社会生活的理念。〔64〕

理性的诸条件和可接受性的诸条件均与法律解释相关联，因而法律解释的理性可接受性理论应当包括论辩性讨论的程序理论和内容可接受的实质理论。在程序理论中，应阐述理性论辩的一般条件；在实质理论中，应说明论辩结果何时可以为特定法律共同体所接受。〔65〕

在其理论的程序部分，阿尔尼奥在阿列克西研究的基础上把理性商谈的必要条件区分为五个要素："一致性"、"实效性"、"真诚性"、"普遍性"与"支持性"。〔66〕在此基础上，他提出商谈理性的5组基本原则和规则，即：（1）一致性规则，涵盖逻辑上的无内部冲突的要求、排除第三值法则以及可传递性规则等；（2）实效性规则，即，不仅解释的各方必须使用共同的语言，他们还必须以一种统一的范式来使用每一个表达；（3）真诚性规则，要求每一个使用当前语言的人，都有权利参与到这个讨论中来，禁止诉诸权威，讨论者不得诉诸其自知无效的证成，必须是不偏不倚的、客观的；（4）普遍化规则，即，讨论者不得援引一个他不愿意将之普遍化从

〔64〕 Aulis Aarnio, *The Rational as Reasonable: A Treatise on Legal Justification*, pp. 193 – 194.

〔65〕 Aulis Aarnio, *The Rational as Reasonable: A Treatise on Legal Justification*, pp. 191 – 192.

〔66〕 Aulis Aarnio, *The Rational as Reasonable: A Treatise on Legal Justification*, p. 196.

而涵盖其他类似情况的价值判断，必须接受所接受的规范的后果，满足某个人利益的规范后果必须对其他所有人来说也都是可接受的；（5）支持性规则，即，解释立场（P_i）必须与所有被用作 Pi 的支持性理由的素材（法律渊源）保持一种融贯的关系。〔67〕此外，阿尔尼奥还区分出专门用作法律论辩的两组证明负担（责任）规则：第一组包括证明负担的程序性规则；第二组包括证明负担的实质性规则。证明负担的程序性规则包括 3 项：第一项，证明负担归于批判通行现状并企图有所变化的人；第二项，某人为他的命题或立场提出了证成，只有在这个证成被质疑的情况下，他才有义务去提出额外的证成；第三项，诉诸与证成无关或者不具有任何证成力量的命题或立场的人负有证明负担，说明自己为什么使用这一证成。〔68〕证明负担的实质性规则包括 2 项：第一，类似的案件必须以类似的方式予以处理，违反了公平对待原则的人有义务为他的行动过程提出证成；第二，在法教义学中，如果立法准备资料被忽视了，那么，这样做的人必须对他的程序进行证成，如果某人没有援引有关这个问题的法院实践，那么，他必须对他的程序进行证成。〔69〕

在其理论的实质部分，阿尔尼奥讨论了解释论辩结果之可接受性的实质要素，重点在于探讨法律解释何时为特定法律共同体所接受。在此方面，他首先借用了维特根斯坦的“生活形式”概念来阐明解释立场的可接受性如何与特定法律共同体的规范和价值共识相关联。〔70〕在他看来，价值与评价（包括个人主观的评价）均可以通

---

〔67〕 Aulis Aarnio, *The Rational as Reasonable: A Treatise on Legal Justification*, pp. 196 – 201.

〔68〕 Aulis Aarnio, *The Rational as Reasonable: A Treatise on Legal Justification*, pp. 201 – 202.

〔69〕 Aulis Aarnio, *The Rational as Reasonable: A Treatise on Legal Justification*, p. 203.

〔70〕 Eveline T. Feteris, *Fundamentals of Legal Argumentation: A Survey of Theories on the Justification of Judicial Decisions*, Springer – Science + Business Media, B. V., Dordrecht 1999, p. 131.

过多种方式进入到解释程序之中，但这并不意味着，价值不能在主体间的意义上拥有客观性。在社会实践中，价值体系并不是通过某个个体或某个群体自主建立的，它是与特定的基础，即与生活形式相关联的。也就是说，价值体系是“受我们的生活所拘束的”，它们是与我们的“生活实践”关联在一起的。因此，评价的标准是在我们的外部被确定的。生活形式由共同体成员之间交往中进行的各种行为构成，包括社会共同体共有的整体价值和规范。属于相同生活形式的人有着相同的规范和价值，属于不同生活形式的人有不同的规范和价值。这样，只有当解释者和接受者属于相同的生活形式时，解释者才能理性地说服接受者，他们能够相互理解并达成理性共识；若解释者和接受者属于不同的生活形式，价值判断的语言游戏可能无法获得证成，因为生活形式之间不可能有理性地得到证成。从一种生活形式到另一种生活形式——且因此从一个价值体系到另一个价值体系——是一个说服的问题。在这种情况下，法律规范解释的可接受性并非是完全任意的：在各种生活形式之间，可能存在家族相似性的关系和价值判断标准彼此之间“重叠”的部分。如果生活形式（语言游戏）之间具有足够的家族相似性，那么，在那些属于不同生活形式的人们之间，就评价标准达成共识就是可能的。不仅他们可以彼此理解，而且他们也能够接受彼此的观点，即使这种接受并不是建立在理性根据之上的。我们可以称之为“妥协”(compromises)。[71]

---

〔71〕 Aulis Aarnio, *The Rational as Reasonable: A Treatise on Legal Justification*, pp. 204, 209, 211 -213.

三、奥利斯·阿尔尼奥的“听众”概念：简要的评价

为了更进一步说明法律解释立场如何与特定法律共同体的共识相关联，阿尔尼奥在佩雷尔曼的“听众”概念基础上发展出一套新的听众理论。他指出：解释是指向某种特定的接受人的。对于可接受性来说，我们假定，接受人是一种叫作“法律共同体”的群体。在论证理论中，这个接受的群体一般被称为受众或者听众。在某种意义上，这是生活形式的“人类”面向（the“human”side of the form of life）。听众是由那些共享着相同生活形式的个体构成的。而且，准确来说，正是在这个意义上，听众的概念处于一个关键的位置。〔72〕根据佩雷尔曼的说法，理性论证指向的是所谓的“普泛听众”。这是这样一种听众，其成员是在他们已经为这个立场的证成所信服之后，才以理性论据为基础接受这个立场的。虽然这一听众概念提供了一个很好的讨论延续的基础（佩雷尔曼所使用的普泛受众的概念，其中的重要之处在于，价值判断获得了客观的本质），但它在细节上尚有模糊之处：比如，“普泛听众”尽管是理想性的，但却在社会和文化上受到限制。这样，在一定程度上，普泛听众这个概念取决于偶然的事情。〔73〕阿尔尼奥认为，为了使普泛听众概念更为明确，就必须把听众的观念分为两个层次：一方面是“具体听众”（a concrete audience）和“理想听众”（an ideal audience），另一方面是“普泛听众”（a universal audience）和“特定听众”（a particular audience）。具体听众可以分为由一人组成的听众和由多人组成的听众，也还可以分为“普泛的具体听众”（a universal concrete au-

〔72〕 Aulis Aarnio, *The Rational as Reasonable*: *A Treatise on Legal Justification*, pp. 220 – 221.
〔73〕 Aulis Aarnio, *The Rational as Reasonable*: *A Treatise on Legal Justification*, p. 222.

dience，即，某一时刻生存在世的所有人类个体）和“特定的且同时具体的听众”（a particular and at the same time concrete audience，即，由实际存在的、履行听众职能之特征的人组成的听众）。相应地，理想听众也可以分为两类：“普泛的理想听众”（比如，佩雷尔曼所说的“所有的理性人”组成的听众）和“特定的理想听众”。后者主要通过使用两个标准来加以界定：首先，特定听众的成员受理性的商谈规则的约束；其次，特定听众的成员接受了共同的价值，用路德维希·维特根斯坦的话说，听众受制于“一定的生活形式”。[74]

总之，在阿尔尼奥看来，一个理想且特殊的听众（“特定的理想听众”）是一个可以达成理性共识的群体。从法教义学解释的社会关联性角度看，这具有重大意义。因为解释立场之证成的本质是对话，所以，当且仅当我们使得接受 D – 理性原则的接受人（听众）信服了下面这一点：即，接受这个被提议的解释是正确的，那么，证成获得了成功。这意味着，对话各方（解释者 A 和解释者/听众 B），在理性基础上，就这一问题取得了共识。根据这种观点，获得了最大理性共识之支持的解释立场具有了最大的社会关联性（the greatest societal relevance）。[75]由此，可以推导出下面这个调整性原则：“法教义学应该努力达到这样的法律解释，它们能够确保得到一个理性推理的法律共同体中大多数人的支持。”[76]“理性可接受性”作为法教义学的一个调整性原则，扮演着与“真理”在经验科学中所扮演的相同角色。与经验研究不断努力接近真理的方式一样，法教义学是要将理性可接受性最大化（to maximalize the rational

[74] Aulis Aarnio, *The Rational as Reasonable: A Treatise on Legal Justification*, pp. 222 – 225.

[75] Aulis Aarnio, *The Rational as Reasonable: A Treatise on Legal Justification*, p. 226.

[76] Aulis Aarnio, *The Rational as Reasonable: A Treatise on Legal Justification*, p. 227.

acceptability）。其次，理性可接受性也使得我们从法的安定性的视角来对规范立场进行评价（衡量）变得有意义了。〔77〕但这并不意味着对于某种“真理表决论”（“voting theory of truth”）的接受。这一理念并不是说，就某个规范立场，人们都必须有投票表决的机会，且如果大部分投票表决都支持这个立场，那它在那个社会中就是真的。此种思维方式中存在着许多错误，原因在于：理性可接受性的理论并不处理真/假二分法。相反，规范立场并不属于真理王国。社会中可以存在一个以上的“真的”规范立场，全然取决于出发点的不同。另一方面，这里所提及的大多数人是一个理想的现象。它是由那些共享着与待决法律难题相关的特定评价的理性人构成的。接受这一立场的理想听众中的理性成员越多，这一立场所具有的社会关联性就越大。如果这个立场为这些成员中的大多数人所接受，那么，在有关该法律难题的所有竞争性立场中，它就是最相关联的。在这个社会中，找不到更好的方式来对那一立场中所指涉的规范的正当性进行“测量”。这样来理解的话，多数决原则是与“合法性问题”（the legitimacy problem）而非与“真理问题”（the truth problem）相关联的。〔78〕

阿尔尼奥的法律解释之证成理论的主要关注点指向法教义学，但是，他所提出的诸多教义学规则和技术并非仅仅针对法律的适用，或者仅仅用来处理具体的案件。〔79〕他的理论的重要性在于：从法教义学视角将法律解释的三个维度——本体论维度、认识论维度和方法论维度联结起来，在总结他人研究成果的基础上（诚如上述，阿尔尼奥在其著作的论述中合理吸收了佩策尼克“法律渊源”理论，

---

〔77〕 Aulis Aarnio, *The Rational as Reasonable*: *A Treatise on Legal Justification*, p. 227.

〔78〕 Aulis Aarnio, *The Rational as Reasonable*: *A Treatise on Legal Justification*, pp. 227 – 228.

〔79〕 Aulis Aarnio, *The Rational as Reasonable*: *A Treatise on Legal Justification*, p. 230.

阿列克西的法律商谈理论，特别是内部证成与外部证成学说，罗布列夫斯基的“效力”理论，佩雷尔曼的“听众”概念，哈贝马斯的商谈理论，维特根斯坦的“生活形式”学说，等等），创造性地提出了一系列与法律解释之证成相关的理论洞见。比如，他对实践法学与理论法学、法教义学与法社会学、法学方法与数学方法之区别的辨析，澄清了法学上的诸多似是而非的看法；他从卡尔·波普尔所讲的“世界3”来讨论法律规范，对于认识法律规范的本体论性质也具有相当的启迪意义；他在法律解释理论中提出“规范陈述”和“解释陈述”、“规范立场”和“解释立场”等范畴，比较清楚地展示法律解释的诸逻辑维度，从而便于对法律解释的图式进行一定程度的逻辑刻画；其对解释立场的证成进行结构化分析，尤其是建立论据支持的层级体系，这对于细化法律解释中的“对话逻辑”步骤有一定的参考价值；他把听众的观念分成“具体听众”和“理想听众”、“普泛听众”和“特定听众”两个层次，并组合出相应的新的听众类型（如“特定的理想听众”），丰富了传统的修辞学（包括佩雷尔曼新修辞学）理论上有关听众概念的定义和应用范围；他提出法律解释的理性可接受性理论包括论辩性讨论的程序理论和内容可接受的实质理论，并就“理性共识”、“妥协”以及“（意见）表决”等理论难题进行了卓有成效的论述，对于规范评价与“真理”问题之间关系的讨论提供了独到的认识视角和认识标准。正如德国明斯特大学教授维尔纳·克拉维茨（Werner Krawietz，1933—）在阿尔尼奥诞辰六十周年的祝寿庆典致辞中所指出：“奥利斯·阿尔尼奥如今可以算作现代法理论上最杰出的人物之一……他试图将实践司法论证加以理性化并予以证成。由于在这一领域的成就——由于缺少时间妨碍我做更密切的描述——，奥利斯·阿尔尼奥确实必须被看作是新分析法学的创立者之一。最近十几年来，他一直致力于现代法律系统之性质、结构和功能的更为广泛的理论研究，其最终版本迄今尚未完全地予以利用。”〔80〕

〔80〕 Werner Krawietz, “Hommage à Professor Aulis Aarnio: To His 60th Birthday”, in: Werner Krawietz, Robert S. Summers, Ota Weinberger, Georg Henrik von Wright (ed.), *The Reasonable as Rational? Festschrift for Aulis Aarnio*, Duncker & Humblot, Berlin 2000, pp. ix, xi.

前　言

使某人确信真理，并不能充分地确立真理。我们必须找到区分真理与谬误的**方式**。 xiii

——路德维希·维特根斯坦（LUDWIG WITTGENSTEIN）

长久以来，我一直被这样一个问题所困扰，即法律规范的解释在这个语词的某个本质意义上是否可以是正确的，我们能否有正当的理据去谈论与法律解释相关的知识。安定性（certainty）——研究者借此表达他们关于法律秩序的观点——绝非是不重要的。这些观点是纯粹的猜测，还是更强一些的信念？它们可以以某种方式被当作是似然的（probable）吗，或者能将真这一属性归属于它们吗？一个更为重要的问题是：在何种意义上，那些适用法律的人（法官和行政官员）能够“认识法律”（know the law）。作为公民，我们很难接受这样的观念，即在法院中，在决策者对法律秩序所命令、禁止或允许之事并没有一个清晰图像的情况下，我们的事情就被裁决了。我们要求，我们的案件是以一种合法律（lawful）的方式被裁决的。

很显然，法律规范也并不是描述现实的理论命题。因而，一个解释法律的人，并不是在试图寻找其中的理论真理。法律不纯粹是一种认知。从社会的视角来看，裁判是权力的运用，法律的角色是为在这一权力运用程序中作出的那些裁决提供支持。而这恰恰正是难题所在。法律并非解释者（例如法官）能够根据自己的判断而选择遵从或忽视的金玉良言。它是裁决的权威根据。

但是，在很多情况中，这一根据，在另一种意义上来说，却是含混的（ambiguous）、满是漏洞的或是模糊的（fuzzy）。因此，解释者像是在一个“循环”中往返流转一样：法律对解释者构成拘束→
xiv 不是每一个解释都是符合（accords with）法律的→法律内容的阐明因此需要在不同的解释选项中进行选择→这一选择所选择的只能是有效的法律，等等。

若以这一特定的方式来表述的话，此一循环就包含了一系列真正的问题争论。效力（validity）是什么，法律如何与法律规范相区别，某事“符合法律”意指什么，且最重要的是，我们应该如何去刻画法律解释的特点？在法理论中，有着许多努力，它们试图通过为这些问题赋予一个规范性解决方案来打破这一循环，即在解释法律的过程中，人们应该以何种风格来进行。例如，人们应该遵循法律的文义，或它的意图，等等。规范性解决方案有许多缺点。其中一个缺点似乎最为关键。现实的生活并不会沿着这样一个单一的规范解释原理前行。这些原理也并不足以为法律思维提供指引。另一种解决进路关注的是技术方面，这一进路虽然并不是某种规范性态度的概念推论（conceptual consequence），却经常与规范性态度相关联。法律解释的理论被当成一种技术工具（“规准”［canons］、模式）的集合。有时候，法哲学问题甚至也会完全被还原为逻辑（分析）问题。这种理念所要努力阐明的是解释程序的形式结构。若走向极端的话，这种思考方式就是要力图断言，只有在某个法哲学问题能被以某种逻辑形式展现的时候，它才是有意义的。

在上述所有的解决方案以及与它们相关联的解决方案中，我们面对着一系列“如何”（how）的问题。这些解决方案涉及到的问题主要是方法论的结构。一旦这样的话，“为什么”（why）的问题很容易就被搁置了；而这些问题又常常是与法律解释的制度性目标以及解释的理念相关联的。

愈多地思考这一问题，对我来说，这似乎就愈加明显：在法律解释的理论中，我们必须将“如何”的问题与“为什么”的问题相结合。这又将与一个在法律解释理论中很少被提及的问题相联系。这个问题有着许多叫法。在当前语境中，我将它称为法律解释者的社会责任。

以简单的方式来说，对于责任的考量，无疑是法哲学与社会哲学讨论的一种时髦趋向。进一步来说，这一问题并不能仅仅从道德观的视角予以考量，即使法官或学者的道德责任会对法律解释产生影响。这是一个关涉更广的问题。责任难题是与全球性趋势相互关 xv
联的，当前这些趋势正在对所有人类产生影响。在这些趋势中，一个中心的问题是对人的地位的重新评估。人发现自己处于某种危机之中，这种危机既存在于人与他人的关系之中，也存在于人与自然的关系之中。由于人们之间的关系是通过法律规范以某种重要的方式进行调整的，因此，研究法律规范以及研究裁判的科学，都绝对不能在此束手旁观。之所以这样说，是因为在过去几十年里，尤其是在西方的法律文化中，对于权威的信仰，遭受了重创。此种现象，之于世俗权威和宗教权威来说，也都确实存在。这种态度的变迁背后有着许多不同的社会因由。这里可以给出一些因由，例如，科学知识的爆炸性增长、教育层次的提高以及社会发展导致的普遍世俗化。人们就是不再相信任何东西了。从本书的主题来看，这一情况的细节及其因由是次要的。关键的问题在于，我们要记住，替代了对于权威之信仰的是什么：对意见（opinions）进行证成的要求。事实证成（factual justification）的要求已然替代了对权力本身的信仰。

尽管作为法律解释的证成根据，法律（尤其是在制定法体系中）扮演着特殊的角色，但是，这样的法律并不总是一个充分的理由。十分常见的情况是，证成会诉诸且必须诉诸不同类型的实质性理由，要么是目标理由要么是正确性理由。在实践中，这意味着，法律还必须与价值和评价相关联。简短来说：在法律与道德之间存在着某种关联。这一特征为现代法律解释理论提供了特定的前提条件。

但是，社会责任的难题也与民主这一概念有着非直接的联系。在现代社会中，大多数人对权力的运用都没有产生实际的影响。他们生活在民主之中，但却没有实际有效的（effective）方式参与决策。这被称为异化（alienation）。与此类似的一种现象是官僚机构的不断强化。大量的行政事务都掌握在专家的手中。行政规则的网状体系如此复杂，而且它预设了如此专业化的知识，以至于外行人不
xvi 可能去控制行政活动。对于裁判的讨论来讲，也是同样如此的。如果行政与裁判系统都是封闭的，而决策者有着——从形式的视角来看——一个非常权威的地位，那么，整个系统就将是自足的。它是“反身性的”（reflexive），即唯一控制这一系统的就是系统自身。在这种情境中，打开这种控制并将之公之于众的一个机会就在于，要求为裁决提供恰当的证成。裁决结论背后的推理必须被公开以供公共审视。与一个封闭且不民主的系统相反，我们所要谈论的是“一个开放社会”。

为了应对前述种种挑战，学理解释以及裁判必须有一个对其自身的理论性认识。这也是本书的一个核心要点。本书的主要目的并

不是为实践的法律解释提供方法论指导。它更为重要的目的在于，在一般层面上努力增进法律学者、法官与律师的意识。“认识你自己”（Know Thyself）将一直作为本书的指南，尤其是在那些分析法律思维之基本假定的部分中。

基于这些理由，在许多方面中，我力图使本研究比法律解释理论的通常研究更为哲学化。强调此一特点是**非常**重要的，这是由于一个众所周知的事实，即近来有一种趋势，认为哲学之于法律思想的价值是微不足道的，甚至是会带来问题的。这一观点的主张者说，解释是一个技术性问题，需要的是职业技巧，而哲学只适合用来提供一般的教育背景知识。这样的观点，不仅是误导性的，而且也是非常具有破坏性的。它们之所以是破坏性的，尤其是因为上面所提到的那些社会性因素。那些并不清楚其责任的人，那些盲目实践其法律解释之职业的人，对社会的健康发展构成了某种威胁。如何强调这种威胁都不为过。当摆在这些人面前的难题，需要某种大胆的且（在积极意义上）有创造性的方法时，在法律的严格文义中寻找避难所，就成为他们积重难返的恶习。在其名为《作为一种生活态度的人文主义》（*Humanismi elämänasenteena*，1981）的文章中，G. H. 冯·赖特（G. H. von Wright）将这些漠视理论之人的特点描述如下：“在知识分子当中，有一类人，最近冒出来的越来越多；一个专业领域的研究者，原本应当是充满智慧的，但其对哲学、艺术以及其他处于其狭隘视野之外的一切事情，都抱有一种庸俗的蔑视。”我要再增加一点，这样的人完全没有发展的能力，因为发展 xvii
的前提条件是对于自身的理解。

每一个真正地、认真地关注这样一个专业领域（诸如法律科学）之命运的人，都必然会强烈反对这样一种反哲学的态度。基于这一理由，我有意地将我的研究定位在，对上面所描述的那种人进行反驳——这并不是为了动摇他，而是为了缓解他给予文化的危害。

本研究最好被看作是对诸多理念的一个综合，这些理念在过去十多年已经逐步得到了表达。在完成《法学的思维方式》（*Denkweisen der Rechtswissenschaft*，1979）的草稿之后，按照最初的想法，这种综合本来只是想提供给我自己看的。在我看来，芬兰同行们作出的多种评论，既要求我对它的解决方案进行进一步地精致化，也要求我回头审视之前（即在1970年代初）没有处理的那些问题。重新关注它的另一个理由在于这一事实：（例如）在欧洲的法理论中，解释（证成）理论以及上述所提到的社会责任的问题，已经得到了越来越多的关注。这一作品正是我对这一讨论的一种参与方式。

在当前的研究中，我尤其是在力图将以下三种观点结合在一起，即所谓的新修辞学、后期维特根斯坦的语言哲学以及尤尔根·哈贝马斯（Jürgen Habermas）所代表的理性主义（rationalist）进路。从1969年左右起，在我学术历程的不同阶段，这些观点就有着某些不同的分量。但是，在一般层面上看，可以说，我对于维特根斯坦后期哲学的兴趣，很明显地压倒了其他观点，尽管随着对法律商谈理论的关注，理性主义的观点也变得越来越重要。另一方面，我的目标并不是要讨论维特根斯坦或哈贝马斯“真正意指”的是什么。我将这些探讨留给职业哲学家。我的目标是更为中性的。我一直努力在维特根斯坦语言哲学以及哈贝马斯的思维方式中，寻找对法律解释理论卓有成效的关联点。某种特定的“哲学”或某种理论，就其自身来说，并不能被适用于法律语境之中。就此而言，例如，维特
xviii 根斯坦的语言哲学，只能在我们探索某种关于法律思维的妥当理论时，提供特定的一般框架或“接触点”。

正是根据前述基础，才得以建立起对于诸多理念的建构，这些理念包括：解释作为诸多语言游戏之总和的理解，对语言与生活形式之关联的强调，借助于生活形式的概念对受众概念的解释，融贯论和共识论作为解释命题之测量工具的探讨，温和的（moderate）价值相对主义，以及为解释的理性主义特点寻找定位的尝试。事实上，正是在与最后那个特点的联系中，我们可以找到当前研究的一个基本取向。

众所周知的是，沙伊姆·佩雷尔曼（Chaïm Perelman）在不同的脉络中已经讨论了术语“理性的”（rational）与“合理的”（reasonable）之间的关系。佩雷尔曼强调了它们的区分，同时也强调了法律解释与合理（reason）的领域更为接近。但是，这一问题并非完全没有疑问，也并不简单。相反，我相信，法律解释理论要求对这两个概念之间的关系进行更为精确的分析性洞察。这种讨论对我们理解这一点也是有帮助的，即除了理性特征之外，价值理论，特别是正义理论，在法律解释中也处于中心位置。如果对价值理论并没有抱持一定的立场，那么，对于正确的（“妥当的”）解释的讨论就是不可能的。

就我来讲，端赖于某些热心的支持，这些理念的萌芽和发展才成为可能。这也同样依赖于精神的、物质的工作条件。过去这些年，我有机会通过各种方式，与在这些领域的发展中留下了永恒印记的研究者们，进行了讨论。他们中的所有人都不能被忽视。与这一研究相关，在这里，我将特别地提及我多年的好朋友和合作者：亚历山大·佩策尼克（Aleksander Peczenik）、罗伯特·阿列克西（Robert Alexy）、尼尔·麦考密克（Neil MacCormick）、汉努·塔帕尼·克拉米（Hannu Tapani Klami）、维尔纳·克拉维茨（Werner Krawietz）、伊尔卡·尼尼洛托（Ilkka Niiniluoto）、恩里科·帕塔罗（Enrico Pattaro）、罗伯特·萨默斯（Robert S. Summers）、尤哈·托洛宁（Juha Tolonen）、奥塔·魏因贝格尔（Ota Weinberger）、耶日·弗罗布莱夫斯基（Jerzy Wróblewski）以及恩里克·苏莱塔·普切洛（Enrique Zuleta Puceiro）。他们理念的印记，特别是他们那些有理由的批判，在贯穿整个文本的许多地方都可以看到。但是，对于这些批判是否被正确地理解了，我将依然文责自负。我的这些理念，尽管有时候可能已经被重新表述并且可能也出现了新的路径，但我所得到的那些善意的建
xix 议，对于我原初的理念，在许多方面来讲，依然是正当的批判。

在1978年和1982年，我曾两次非常荣幸地受邀，在G. H. 冯·赖特院士教授于赫尔辛基大学（University of Helsinki）主持的（每月一次）研讨会上做主讲。这些机会以及有关这些论题的多次私下讨论，对于当前的这个作品，具有十分重要的意义。它们赋予了哲学的洞见和深度，我因而才敢去思考这些问题，同时这也增强了我发表这一作品的勇气。

1984年8月，在阿根廷，我曾在布宜诺斯艾利斯大学（University of Buenos Aires）做过系列研讨课，并在科尔多瓦（Cordoba）和罗萨里奥（Rosario）等大学做了讲座。尤其要感谢卡洛斯·阿尔乔龙（Carlos Alchourrón）、欧亨尼奥·布柳金（Eugenio Bulygin）以及罗伯托·贝尔嫩戈（Roberto J. Vernengo）等教授，不仅是由于这些研讨课和讲座的机会，而且由于在我演讲后的讨论中所接受到的那些有价值的批评。

奥利斯·阿尔尼奥

1986年1月，于坎加萨拉

第一章　导论

1. 研究的起点

1.1. 常规案件与疑难案件

巡警拦停了一位超速行驶的驾驶员。驾驶员被课予罚款。这个 1
案件是交通控制之常规流程的一部分。虽然它极为简单，但它也是法律规范适用于具体个案的一个例子。这是一个常规裁决，与其他法律对于实践生活之适用的许多案件一样，例如，工资支票中的税金扣取，养老金数额的确定，驾驶证的授予，等等。

我们之所以将这些裁决称为常规裁决，有两个理由。首先，这些案件会重复出现。我们可以举出众多的案件。但从本书的主题来看，这些案件的结构却远比它们出现的次数更为重要。毫无疑问，诸如某辆车是否曾以某一特定的速度行驶这样的必须被认定的事实，会根据将被适用的法律规范而定。换句话说，决策者要同时弄清楚有待适用的法律规范与已经发生的事实这两方面的详细情况。从字面来说，裁决就是法律的适用。卡勒·马柯宁（Kaarle Makkonen）曾使用“同构裁决”（isomorphic decisions）这一术语来指称这样的案件。[1]规范与事实之间的关系类似于客体与其映像（reflection）之间的关系。

我并非有意轻视常规案件。相反，它们是日常生活的一部分。没有它们，我们在社会中一起生活简直是不可能的。但是，从法律解释理论的角度来看，常规案件显得毫无意义。事实上，它们根本没有显现出通常被当作是法律决策之特点的那些特征。常规案件是机械的。它们未留有在诸多选项中进行裁量的余地。[2]因为这个理由，从理论的视角来看，常规案件展现出了它们自身的危险性。它们在数量上的优势可能会导致这一错误的观念，即所有法律适用的
2 案件都仅仅是对法律文字的遵守而已。但这并不是真实的。可以通过两个反例来证明这一点。

某些生态运动的支持者们将自己铐在了铲泥车上，以阻止后者被用来排干湖水，这个湖是一个重要的国际性的鸟类栖息地。从法律上来讲，这一事实可以通过不同的方式进行解释。某些人认定其为叛乱，而依据芬兰的法律，这将会受到非常严厉的处罚。也有人说，由于示威者们拒绝主动打开手铐，因而这是一起暴力抵抗官员行使职责的案件。第三个观察者说，这是妨碍官员行使职责的案件。另一个更为宽松的解释是，示威者涉嫌“故意损害他人财产”。而示威者本人则将自己的活动，要么解释为正当防卫，要么解释为出

---

〔1〕 Makkonen, Kaarie, *Zur Problematik der jurisdischen Entscheidung* pp. 175 ff. 对此，H. L. A. 哈特（H. L. A. Hart）使用的术语是“平常案件”（the plain case），参见 *The Concept of Law*, p. 123. 也可参见 Benditt, Theodore M., *Law as Rule and Principle*, p. 36.（汉译本将其翻译为“正常情况”，参见［英］H. L. A 哈特：《法律的概念》（第二版），许家馨、李冠宜译，法律出版社 2006 年版，第 121－122 页——译者注。）

〔2〕 参见 Benditt, *op. cit.*, p. 36. 也可参见 Saarenpää, Ahti E., *Rutiinijuttu*. 来自有关法学研究之探究这一课题的报告，pp. 2 and 5.

于被迫而行动，这两种解释都排除了对其行动的惩罚。先不管现行刑法中已采纳的实际观点如何，不同解释的可能性揭示了一个本质性的特征。这并不是一个将毫不含混的规范适用于清晰事实的问题。而是有着一个以上的法律条款可以适用于同一个活动。这一事件的法律归类，本身就是一个难题。〔3〕

第二个例子来自民法。芬兰遗产法第17章第3条规定，法定继承人在死者不动产中的份额必须通过书面形式才能完成转让。对于“书面形式”意指什么，这一法案的文本并没有提供更具体的细节。这就存在多种可能性，它可能是指文件、署名文件、有这一交易的诸参与者同时署名的文件、署名且有见证人的文件，等等。很容易就可以列出来一系列这样的选项。就此而言，哪一个选项被当成是正确的，并没有什么区别。〔4〕对我们来说，指出这一文本能够以不同的方式进行解释就足够了。这一文本指涉了一种以上的相异组合。

为了将其与常规裁决区分开来，上述类型的裁决被命名为裁量裁决。〔5〕它的一个典型的特征就是，要么有一个以上的法律规范能够被适用于同一个事实集合，要么同一个法律规范允许一个以上的解释。如果我们适用字母 L 表示法律文本，字母 F 表示这些事实

---

〔3〕 这和法律问题与事实描述的区分是相互关联的。参见 Aarnio，Aulis，*On Legal Reasoning*，pp. 63 ff.

〔4〕 参见 Aarnio，Aulis，*Perillisen oikeusasemasta*，pp. 313 ff.

〔5〕 裁量裁决的性质在芬兰东部上诉法院的一个判决（R 1974/99/496）中得到了非常好的展现，这一判决注意到，“拥有从事商务运输活动之运输服务许可证的一方，有关其权利的条款……的意义……可以被如此开放地**解释**，以至于不能认定 X 触犯了这一罪行……”芬兰东部上诉法院将刑事辩护人无罪释放，除了其他理由，根据还在于：我们不能假设辩护人已经熟知这一可能提供非常广泛之裁量范围的条款的具体内容。

对此，参见“疑难案件”的概念，参见 Hart，*op. cit.*，pp. 123－125，Benditt，*op. cit.*，pp. 36 and 38，以及 MacCormick，Neil，*Legal Reasoning and Legal Theory*，pp. 195 ff.

（或者相应的本质元素），我们可以将两个裁量裁决在图示 1 中如此
3 表示：

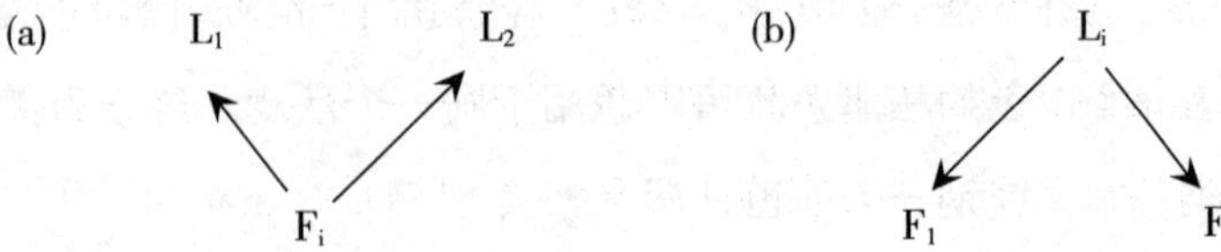

范例：生态主义者的案件

范例：芬兰遗产法第17章第3条的规定

图示 1

1.2. 决策者的困境

决策者，无论其正式职位可能如何，都被假设要依据法律秩序而行动。从字面上看，这是一种适用**法律**的情况。它给决策者施加了多种类型的压力。可以设想，例如，某位法官面对着这样一个案件，即 X 向 Y 要求赔偿。为每一个出现在他面前的案件提供裁决，是法官职责的一部分。可以说，法官有给出一个裁决的义务。〔6〕另一方面，法官的职位也给予他作出裁决的权力。〔7〕依据建立在西方民主之上的被普遍接受的法律意识观念（the generally accepted ideology），并不是每一次法律权力的运用都是可接受的（acceptable）。我们假定，决策者并不会基于一时冲动、完全随意地或以其他无法预期之方式的裁决模式作出裁决。我们预期，决策者会尽可能地坚守法的安定性。

---

〔6〕 对此，参见 Makkonen，*op. cit.*，pp. 25 ff.，以及 Strömholm，Stig，Rätt，*rättskälloroch rättstillämpning*，p. 135. 也可参见 Brusiin，Otto，*Tuomarin harkinta normin puuttuessa*，pp. 127 ff.

〔7〕 例如，考科·维克斯特伦（Kauko Wikström）对这一权力的评论。参见 *Oikeuskäytännön tulkinnasta*，pp. 98 ff.

法的安定性的概念在下面的阐述中占据着关键的位置。因此，我们应该暂时为这一概念给出一个更为具体的阐释。狭义的（*sensu stricto*）法的安定性的预期意指，每一个公民都有期待法律保护的权利，换句话说，法院或者其他审判机构，在公民要求法律保护的时候，都有给出一个解决方案的法律义务。[8]这是社会中每一个公民的（法定）基本权利。但是，法的安定性的预期还可以在一个**更广义的意义**（*sensu largo*）上来理解。它包括了两个实质性要素，即要求（1）避免武断（arbitrariness）且（2）裁决是“适当的”（proper）。这些要素中的任何一个都不能独自满足法的安定性的预期。裁决可能是非武断的，但在审慎的、体系的（实质的）意义上却是错误的。在这种情况中，裁决不能满足正当决策的标准。人们也可以很容易地想到，即使一个裁决是偶然作出的，但依然可以是正当的。 4
奥托·布鲁辛（Otto Brusiin）在他有关法官裁量权的研究中，对法的安定性的这两个要素都进行了深入的探讨。[9]

布鲁辛注意到，从传统上来讲，在芬兰—挪威的法律概念中，避免武断被当作是法官的一个基础规范。16 世纪期间，在所谓的“法官规则”中就可以找到这样的规范。奥劳斯·彼得里（Olaus Petri），即那些规则的制定者，当他说武断或暴力不是这片土地上的法律时，他指涉的是一个古老的谚语。在这里，武断等于偶然性和结果的不可预测性。

换句话说，法院必须守规矩，这样公民才能基于理性的基础来安排自己的活动。在许多情况中，法律裁决是未来规划的唯一适当

---

〔8〕 参见 Brusiin, *op. cit.*, pp. 92 ff.

〔9〕 Brusiin, *op. cit.*, pp. 95 – 98.

理由。理性的规划又是社会凝聚力的要求。如果缺少可预测的空间，社会将分解成无政府状态，这反过来又与公正和合法的根基相抵牾。

从定义上看（*per definitionem*），避免武断经常被理解为法的安定性的本质内容，但这仅仅是硬币的一面而已。让我们回想一下，当人们要求（广义）法的安定性的时候，他们期待的是什么。他们预设了，这些裁判不仅是非武断的，而且实质上是适当的。法律是（极度）可预测的，这还不够。例如，在专制体制中，法院的实践可能是非武断的，即可预测性程度可能真的很高，但可能甚至每一个裁决都是严重违反正义的基本要求的。

法的安定性的实质面向由两个要素构成。首先，每一个真正的（genuine）法律裁决都必须依据有效的法律。对于**法律**裁决来说，这是最小限度的前提。即使如此，法律规范在与社会中的其他规范的联系中也不是完全自主的。它们会从道德以及其他社会规范中接受（至少部分上接受）一些合适的内容。在某种程度上，法律是与其他规范（例如道德规范）以某种相互联结的方式运行的。在这里给出一个例子：在某一特定部门中，法律要求必须基于平等的基础对待一切个体。就其本身而言，法律文本并没有提供这一问题的答案，即什么是平等？法律的内容因而依赖于解释，而解释接着又预设了，关涉平等的诸多非法律规范也要被纳入考量之中。在这一情况中，法的安定性，除了包括避免武断之外，还包括其他两个方面
5 的要求：裁判必须是合法律的，且它也必须符合法律以外的道德规范以及其他社会规范。

基于前文所述，指出此一点可以使问题更为清晰，即上面所提到的法的安定性的预期并不是一个经验性概念，即从这一预期在社

会中是偶然存在的这一意义上来讲。法的安定性的预期是一个**文化**现象。例如，它深深地扎根于斯堪的纳维亚的生活形式之中。因此，上面对于这一概念的分析，可以被理解为，是对“隐藏”在西方常规思维方式中的那些元素的重构。这一重构，让某些仅仅隐含在我们语言实践中的东西，变得清晰起来。在这个意义上，法的安定性的预期并不是纯粹的概念性、语义性或规定性的定义建议。它是这样一回事，它与我们的语言游戏相关，因而与我们的思考方式相关——并且最终与我们的社会存在相关。就此而言，法的安定性的深度证成，与“理性”和“理性商谈”等概念的证成一样，属于同一类型。——参见 195 页。*

但是，也存在从完全不同的方向施加的压力。法官肩负着作出法律上恰当裁决的义务，且必须尽可能坚守法的安定性，在某种重要的意义上来讲，他处于一个奇怪的境地。法官可能常常并**不确定**案件必须如何裁决。从定义上来说，这就总是那种裁量裁决的情况。法律文字并没有提供一个毫不含混的解决方案。这一情境可以描述成图示 2 中所表现的那样：

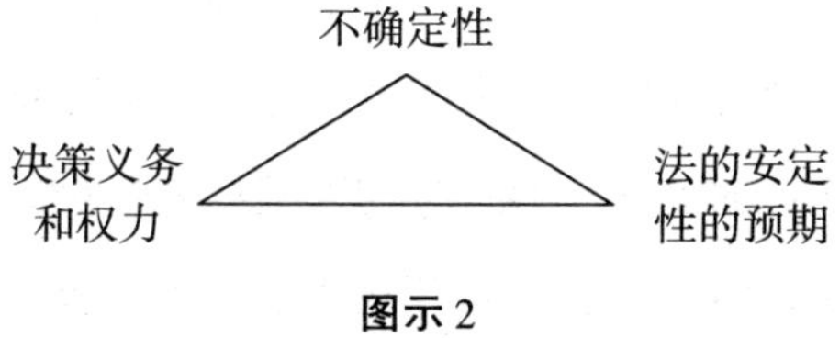

图示 2

---

* 这里指的是英文原版页码，见书边注，下文同——译者注。

1.3. 论证成裁决的责任

在这样的情境中，法官肩负着见证法的安定性预期被实现（或至少被充分地满足）的责任。这一责任可以通过不同的方式来履行。承担这一责任的一种方式是，借助其权威职位。这种对精制权
6 威的运用，使裁决的内容处于一个不太重要的位置。〔10〕决策者通过诉诸其权威来证成自己的裁决。此种理念可以被表述如下：这一裁决之所以是正确的裁决，是因为它是法院对有效法律的解释。

在芬兰，权威的意识观念还没有发展到这一地步。即使如此，我们依然可以在当今法院裁决获得证成的方式中，找到这一发展的一些线索。案件的事实可能被非常详尽地阐明，但法院对于相关法律问题的立场却可能以一种非常简洁的方式书写出来。〔11〕例如："正如所见，事实已被证明如下……根据刑法典的某条某款，X 被判决如下……"对于法律规范的可选择内容的选择，它并没有给出证成，甚至在法律文本可以通过多种方式进行解释是被当作是不证自明的时候，也是如此。

正如前文所述，决策者不能再仅仅依赖于形式的权威。在现代社会中，人们不仅要求权威性的裁决，而且要求裁决的理由。〔12〕这同样适用于司法行政之中。法官的责任已经进一步变成了正当化（justifying）裁决的责任。法官运用权力的基础在于其裁判的可接受

---

〔10〕 例如，可以参见 Aarnio，*Denkweisen der Rechtswissenschaft*，pp. 121 ff.

〔11〕 对于这一问题的一个出色分析，可以在卡勒·马柯宁的这一文章中找到：'Ajatuksia juridisen kielen loogisesta anlyysistä，' *LM*，1959，pp. 49 ff.

〔12〕 参见 Aarnio，Aulis，Robert Alexy and Aleksander Peczenik，The Foundation of Legal Reasoning，*Rechtstheorie* 2（1981）（Introduction），pp. 134 – 135.

性，而非他可能拥有的权力的形式职位。在这一意义上，这种给出证成的责任正是一种将裁决的公共控制最大化的责任。因此，这种对证成的展现，也同样是社会在理性基础保障法的安定性的一种方式。

对裁决的证成在两个维度上有特殊的体现。在裁量裁决开始时，由于可能有一个以上的解释，从上诉的角度来看，证成是重要的。首先，上诉人期待能够得到有关法律论据的充分信息，这些论据被看作是对当前问题产生了影响。只有在这种情况下，他才可能提出那些起到反对作用的要素。可以说，只有在决策者们之间存在某种对话的时候，上诉所诉诸的那个权威才能有效地履行其监督角色。这一因素在芬兰有着特殊的意义，因为如今向最高法院上诉的可能性有了某些限制，这意味着只有那些具有判例价值的案件才可能出现在最高法院面前。

另一方面，正是通过证成，决策者自身——无论他是法官还是
行政官员——创造了某种可信赖性，公民对他的信任就依赖于这种 7
可信赖性。例如，如果我们表示：芬兰人从未对法律本身产生质疑，这几乎不可能是错误的。另一方面，有时候，公民对那些适用法律之人的信任，却可能是有犹疑地作出的。〔13〕它部分上要归结于这一事实，即公民并不总是可以理解，当前的问题为什么要以它被裁决的那种方式被裁决。这样的说法似乎也是真实的，即只有以证成理由为基础，裁决才是完全可理解的，且最为重要的是，假如这一裁决是以适当根据为基础的话，当前结果对于败诉一方也是可接受的。

---

〔13〕 关于1960年代芬兰的这一情况，参见 Blom，Raimo，Tuomioistuimentoiminnan puoluettomuus rikosasioissa，Tampereen yliopiston tutkimuslaitos，*D tiedotteita* 40，1970.

与此一背景相比，这就不奇怪了，即法律思维理论的一个中心话题就是法律解释决定的证成理论。这一问题并不能仅仅从个体要求的法的安定性的视角来探讨。在更广泛的意义上，一般来说，对于裁决之证成的态度反映在关于法律和司法行政的信念之中。

1.4. 法律主义（Legalism）反对反法律主义

法律规范最重要的功能之一就在于建构法律关系的稳定性。可以说，胜出的利益与权力群在法律规范中得到了固化。在法律适用中，可预测性反过来又有助于维持法律关系的稳定性。但是，真实的生活是如此一个多面向之事，因而它不能在僵硬的法律规范之网中被完全地描画。常规来说，立法是基于典型范例而被建构的。〔14〕这些典型范例，使得典型情境之于相关个别情境的可适用性（applicability）这个问题，总是留有开放空间的。进一步来说，这些典型范例并不能涵盖所有可能的情境，正是因此，**弹性**才是法律适用所要求的。决策活动必须使僵硬的规则适应于那些不能被预期的案件。另一方面，正如前文所述，法律裁决必须保持可预测性。换句话说，裁决的趋向应该尽可能不出现摇摆。稳定性与弹性之间的某种特定张力就以这种方式出现了。使用奥托·布鲁辛的话来说，法律的文字与社会中改变生活的那些要求之间存在张力。在这方面，亚历山大·佩策尼克将法律的适用当作是可预测性与正义之间的妥协来探

---

〔14〕有关典型范例的概念，参见 Koch, Hans - Joachim and Rüssman, Helmut, *Juristische Begründslehre*, p. 209. 也可参见 Pöyhönen, Juha, *Juridisista teorioista*, pp. 41 ff.

讨。〔15〕

立法机制的运行如此缓慢，以至于它无法非常快速地对社会中 8
出现难题的情境作出反应，除非这些难题在社会中具有特殊的分量。基于这一理由，实现弹性的主要责任都被课予了那些适用法律的人。这极度依赖于决策权威所采纳的态度；这又决定了稳定性与弹性之间的张力将如何被释放。严格的法律主义趋向，强调立法者的权力和权威。有效的法律本身就是充分的证成基础。而有关法律文字之全能性（omnipotence）的一个更为中性的观点，则力促决策者在事实的基础上证成其裁决。如果法律并不能决定一切，那么就必须在他处寻找支持。在这里，也存在过度化的危险。如果作为裁决根据的法律的重要性受到了严重冲击，甚至被否定的话，那么，通往武断的道路就被打开了。〔16〕必须牢记在心的是，立法——即使有它的缺陷——被证明是一个在一般层面上引导行为的有效且有用的方法。其他法律证成的基础，并没有同样的官方性或同样的普遍可适用性。例如，在评价中或对目标的考量中，都没有法律所具有的那种典型的权威性，即使在法律裁决中，前者本身都是重要的。并没有一个控制裁决合理性之根据的普遍方法。因此，在制定法体系中，这是不可能的，即在不危及稳定性的前提下，不论法律如何，只是诉诸合理性、正义或者某些被认为有价值的目标来作出或证成某一裁决。

---

〔15〕 Brusiin, *op. cit.*, pp. 8 – 11 以及 Peczenik, *Wartosc Naukowa Dogmatyki Prawa*, 1966（根据作者所言，这一研究尤其是要分析本书中处理的这一问题）. 也可参见 Klami, Hannu Tapani, *Anti – Legalism*, pp. 37 ff.

〔16〕 参见 Holopainen, Toivo, 'Normien mukaista vai tavoitteiden suuntaista', *LM*, 1977, pp. 627 ff. 以及 Klami, Hannu Tapani, *Finalistinen oikeusteoria*, pp. 128 ff.

[17]在制定法的（或法典化的）法律体系中，法律裁决总是在法律的文字与其他在决策中具有重要性的根据之间的一种权衡。这是法律适用的问题，但它也在一般层面上以某种方式被承认了。我们也可以说，法律主义与反法律主义的态度要相互调适，这样，在法律秩序中，不同指向的预期才可以尽可能地都被满足。

2. 法律规范内容的科学研究进路

2.1. 学者与法官

适用法律的权威，对于被呈送给法律的每一个案件，都有给出
9 其解决方案的司法权力，也有作出裁决的义务。权威的官方身份使其负有遵循法律规范的应尽义务，否则就将有遭受惩罚的危险。另一方面，审判总是处理具体案件的。例如，法官并不会仅仅基于解释的缘故而去解释法律。

学者既没有作出裁决的权力，也没有作出裁决的义务，他也没有负担像法官承担的那种官方责任。学者可能会将当前的难题暂时抛在脑后，如果根据既有论据他无法给出一个令人满意的解决方案的话。在这方面，学者处于“一个旁观者”的位置。这意味着，从**组织化的**视角来看，法官在官方体系中工作，而学者从外部检视法律规范。法官，而非学者，是权力运行机制的一部分，因此，只有法官才拥有内部体系的视角。

但是，所有这些区别都只是法官与学者在社会功能上的区别。

---

〔17〕 正如克拉米所说，芬兰司法程序法第 24 章第 3 条已经要求裁判必须基于规范作出。Klami, *op. cit.* , p. 126.

一旦涉及的是法律**解释**，它们之间的相似点就比不同点更多。我们从一个例子开始。

法律裁决总是包括两个方面：案件事实的认定，〔18〕以及法律规范内容的阐释。这种裁决就依赖于事实可以被归属于规范所涵盖的事件范畴。在制定法国家中，传统法律思维方式强调事实问题与规范问题的区分。因此，许多作者都乐于认为，法律决策是一个**分步骤**的现象。决策者首先要认定案件的事实。这一阶段的中心任务是证据的证明。在认定事实之后，要将关涉这一事实类型的规范之内容阐释清楚。最后一步是涵摄：事实和规范将被“组合起来”。最终的解决方案就是这一涵摄过程的结论。这一传统模型至少在两种意义上是容易让人误解的。

（1）作为一个证成程序，裁判并不是一个简单的分步骤的现象，而是许多交错复杂的思维运行的演替（succession）。涵摄模型只能描述最后的步骤，即所谓裁判的事后（*ex post*）理性化。后文称之为内部证成。证成中最成问题的一部分（即外部证成）无法通过这一基础性模型来阐明。

（2）一旦本书的论题被纳入考量，那么，司法裁决的要点就在 10
于事实问题与规范问题的相互交错。如果不考虑这些规范信息，对于案件事实的认定是不可能的。这些信息为被我们当作是当前案件之法律事实的一切事物塑造了一个框架。作为法官的“前知识”，

〔18〕 有关事实问题与法律问题的内在关联，参见 Aarnio，*On Legal Reasoning*，pp. 63 ff. 以及 Wróblewski，Jerzy，‘Facts in Law’. In：*Meaning and Truth in Judicial Decision*，pp. 104 ff. 例如，法教义学的位置在这一文章中有所描述，参见 Strömholm，*Allmän rättslära*，7. 2. 2 小节。也可参见 Peczenik，*Juridikens metodproblem*，p. 54.

规范信息正如一个棱镜，决策者必然要通过它去审慎考察证据的证明。

学者并不处理具体案件。学理解释的内容是对于典型案件的考察。但是，法教义学和法律的适用，在某一特定的意义上来讲，也位于栅栏的同一侧。法官也必须解释法律。他要对法律规范的内容进行阐释，才能得到上面所说的规范信息。另一方面，法官的独特兴趣集中于这一问题，即作为现行法律机制的权威部分，哪些法律对**他**构成了拘束。在这方面，学者是“一个旁观者”。他感兴趣的是**一般层面上的**有效法律的内容。但是，在某一特定的意义上，法官与学者都有着某种类似的内部视角。[19]让我们将之称为认识论上的内部视角。法律学者的位置与（其他）社会科学家的位置的比较，以及他的位置与法官以及其他实践法律人的位置的比较，都由此得以阐明。

2.2. 法教义学与社会科学

法教义学的视角从本质上就不同于典型的社会科学视角。在后者的领域中，常规的问题是“发生了什么?”或“在这里我们可以发现什么规律?”社会科学家将法律规范当作既有条件而接受，然后再去审视诸如法律规范是如何被遵循的问题。换句话说，它们的主要目标之一是对行为之规律性（不变性）的阐明。以这些规律性

〔19〕 关于这一视角的一般论述，参见 Hart, *op. cit.*, p. 86 以及 Aarnio, *On Legal Reasoning*, pp. 3 ff. 还应当强调这一点，在两种研究中，内部视角与外部视角的区分，都是与规范的**接受**（换个说法，即人们自愿受它们拘束）联系在一起的。因此，哈特说道，内部视角是由那些“作为接受并使用它们（即规则）作为行为指引的那个组群之成员”而行动的人们所代表的。这也可以被命名为**组织上**的内部（与外部相对）视角。

为基础，它们可以推出关于某些规范之内容的信息："一般而言，人们遵循如此这般的规范。"

因此，常规来说，社会科学家代表了对于探究对象的一种典型的外部视角。这种视角曾被与纯粹通过观察其他人下棋来对国际象棋展开的研究进行对照。旁观者可以揭示出许多规律性，诸如这一事实：一般来说，被称为兵的那个棋子每次只能移动一格，但游戏开始时除外。但是，如果国际象棋是这个旁观者观察的**第一个**游戏，那么他能否通过这种方式学会如何下棋，却是有疑问的。同理，我 11
们也可以问，既然旁观者只对规律性感兴趣，那么，他是否能够理解这一游戏的（棋子的）移动呢，例如，为什么在情境 X 时兵要以 Y 的方式移动。

这些问题说明，对于社会和法律规范所秉持的一种截然外在的视角，并不是没有难题的。彼得·温奇（Peter Winch）已经以一种例证的方式对这一难题进行了分析。[20]他的论证起点是，所有科学的目标都在于阐明研究对象中的规律性。问题在于我们如何确定相似性的标准。温奇注意到，所有的事情，最终都依赖于科学共同体所达成一致的那些规则和原则。它们揭示了，在这种对现象进行的研究中，什么是被要求以及什么是不被要求的。根据温奇的说法，（自然）科学与社会（人文、道德）科学的不同之处在于，其规则的来源不同。在（自然）科学中，对象之于研究者（在这一语词的适当意义上来说）是外在的，且因此，相似性评价的基础是建立在科学共同体自身之上的。在自然中并不存在这样的规则。这些规则

〔20〕 Winch, Peter, *The Idea of a Social Science and Its Relation to Philosophy*, Sixth Impression, pp. 83 ff.

是力求趋近于真理的规则，在研究者所属的共同体中，它们是基于不同根据予以确定的。

对于社会的研究而言，这一情境又是不同的。在社会科学中，界定相似性的规则，是（至少部分上是）建立在对象或者社会之中的。例如，假如我们要确定两种形式的活动——祈祷和敬礼——是否是相同的，这些活动本身（移动、姿态）并不能揭示它们的不同点或相似点。对此进行考量的基础，必须要在这些形式的行为所发生的社会中去寻找。它们是由特定规则界定的社会习惯，更为重要的是，正是这些规则**建构了**（constitute）此种行为，且由此它才是（例如）敬礼。于是，要想阐明行为的形式，我们必须至少知道某些（构成性）规则。

对于温奇思想的具体内容，无论我们的看法如何，但从本书的主题来看，他都提醒我们注意到一个关键的理念。〔21〕即使是社会科学家，也并不是**纯粹**外部视角的代表。回头再看国际象棋游戏的观察者那个例子，借用路德维希·维特根斯坦的话，我们可以说，为了学会这一游戏，那个观察者必须已经会玩**另一种游戏**才行。〔22〕如果连其他的游戏都不会玩，那么，那个观察者必须理解，在一般意
12 义上，玩游戏是什么意思。对于社会活动的理解，也同样如此。可以说，在一般意义上来说，为了参与这些活动，我们必须以某种方式“内在于”它们之中，且只有至少曾经参与过一次这些活动，我们才可能理解它们。

---

〔21〕 这一点曾被以一种非常有趣的方式进行讨论，参见 Kauko Wikström，*op. cit.*，pp. 86 ff.

〔22〕 Wittgenstein，Ludwig，*Philosophical Investigations* § 30. 也可参见 § 31 – 32.

于法律规范而言，社会科学家的位置截然**不同于**法官或行政官员的位置。即使我们以温奇的方式对社会科学家的认知活动进行要求，依然是如此，即社会科学研究的是，**其他**主体是如何被法律规范所约束的。这些主体群体可能是律师、法官、行政官员、芬兰公民或其他展现出某些特定特征的公民群体。另一方面，社会科学家无需以法官这样的方式来表述他们的问题，即“在当前案件中，哪些法律规范对作为权威决策者的**我**构成了拘束?”从这一视角来对法律秩序的内容进行的探究，是迥异于社会科学家的。

这里也就展现了一个典型的社会科学（例如社会学）与法教义学之间的决定性区别。法教义学活动的关注点基本上是聚焦于法律**规范**（规则)，而非公民、法官等的行为的规律性。这种视角的区别也可以通过这样的说法来表达，即法教义学的研究旨趣是规范性的，是在一个完全不同于社会学旨趣的意义上来说的。通常来讲，法教义学，至少在北欧传统中，被界定为对法律规则（规范）的内容以及这些规则之体系秩序的研究。指涉这些任务的通用术语是“解释”和“体系化”。

很明显，社会科学典型的研究旨趣并不能扩展到对体系性关联的理解。这些关联的考量属于**认识论的内部视角**。它是这样一种视角，有关体系的内部结构的知识在其中占据主导地位。常常正是这种类型的知识，才使得法律人对一个待决法律问题进行裁决成为可能。在某种意义上，它是法律思维的核心，它是这样的框架，通过它，至少在一个粗略的层面上，可以发现案件的裁决。对体系性关联的理解，使得那些有着法律训练的人，与那些从体系外部来审视问题的人，相互分离开来。在这个意义上，社会科学家的进路是**认**

识论的外部视角。尽管在相当罕见的情况中，社会学也会对体系性关联投以兴趣，但这种兴趣依然是纯粹描述性的。例如，典型的法社会学并不会在法教义学所为之的那种意义上对规范进行体系化。

13 对于上述事实的忽视，在我看来，严重扭曲了有关这一问题——将法教义学“转化为”一种使用社会科学方法的科学的可能性——的既有讨论。

法教义学的第二个主要功能，即对法律规范内容的阐释，是这种**解释旨趣**的一种表达。体系化本身就对解释有影响，这将在后文中予以明证。在这里，这一问题可能要暂时放一下。法教义学中的解释总是有着两种面向的。它对某一特定表达（或者，相应地，某一规范）的**意义内容**进行了阐述；另外，它主张，依据（诸如芬兰的）法律，带有那一意义内容的规范是**有效的**。换句话说，研究者所陈述的正是有效的意义内容。尽管社会科学家，在温奇的那种意义上来讲，是在（社会）系统“里面的”，但其并没有这种解释旨趣。因此，与社会科学家相比，法教义学者是从**真正的内部**视角来看问题的。

这意味着，法教义学者审视法律秩序的方式，类似于诸如法官审视法律秩序的方式。他们都尤其对有效法律的内容感兴趣。即使如此，他们也并不是以完全一样的方式来处理这一内容的。法教义学者并不回答这一问题：“我忠诚于什么样的意义内容？”他们努力去阐明的是，在适用法律时，决策者**应当**遵守的是哪些规范；或者，从公民行为的视角来看，哪些规范应该对所有的（芬兰）公民都有约束力。但是，从认识论上来讲，法教义学者与法官处于类似的立场之中。

2.3. 法教义学与法律实践

这样的陈述带来了一系列难题。斯蒂格·斯特伦霍尔姆（Stig Strömholm）注意到，研究者必须**犹如**法官一般——受到同样的渊源和同样的解释原则的约束（“犹如他就是主体”）——为其立场而论说。〔23〕否则，研究者的立场就不可能成功。以这种方式，斯特伦霍尔姆本可以提出一个非常重要的视角。但是，他却让自己的观察部分地悬于半空摇摆。当我们说“犹如”的时候，这到底意指什么呢？我的答案是这样的。

我们常常说，法教义学是一个实践领域，或者是一项接近实践的研究。在某种意义上，它本身也**是**一个实践，它是这样的社会实践，通过它，我们可以获得关于依据法律秩序是什么这一信念的内容。但是，如果法教义学与法律实践彼此相等，如果法教义学与探 14
究法律秩序之内容的其他活动没有区别，难题就出现了。这些难题可以简单表述如下：法教义学具有一个独立于法律实践的立场吗？推至极端来说，它是这样一个问题，即纯粹实践的活动与法教义学之间是否还有任何区别。

2.3.1. 常规法律实践

我将以考察法教义学与常规法律实践之间的关系作为开端。在此，我将律师的活动、社会中以其他方式提供法律信息的活动以及工商业法律顾问的活动等，当作是常规实践。非职业律师的行政管理行为也属于这些活动；社会福利的行政管理中就可以发现这样的例子。

---

〔23〕 Strömholm, Stig, *Rättskällor och rättstillämpning*, p. 68.

寻求答案的一种方式是去分析，就**结果**（results）而言，法教义学的解释立场，比上面所描述的那些常规实践中产生的信念和立场，是否——在某种相关的意义上——“更好”。如果并不具有这样“优先性”的位置，那么，作为一种学术研究领域，法教义学的立场将变得令人生疑。在这种情况中，法教义学确实**仅仅**是实践而已。如果真实的情况是相反的，那么，我们必须探究，法教义学的结果所具有这种“更好的”性质意指的是什么，以及如何才能得到这样“更好的”性质。显然，这样一种优先性的关系事实上是存在的。

作为一种科学，法教义学显著不同于实践性的司法活动（例如，常规法律人的实践）。在一般层面上，这种区别可以通过此种说法来予以刻画，即法教义学研究是以一种**科学态度**为标记的，而正是这种态度被 G. H. 冯·赖特当作是面对一切现实的理性态度的核心。〔24〕科学态度，它不同于在**实践**中完成某些技术性任务的职业能力。从法教义学的视角来看，它是一个包括两种事物的问题。

首先，我们应当区分**实践**法教义学与**理论**法教义学。〔25〕在他处，我已经通过强调理论法教义学的体系化任务，对这种差异进行了界定。这种形式的法教义学对于理论的表述，确实可以与其他科学对理论的表述相提并论。可这种理论的表述与日常的司法实践活

---

〔24〕 参见 von Wright, G. H. , *Humanismi elämänasenteena*, pp. 96 ff.

〔25〕 Aarnio, Aulis, ‘The Significance of the Theoretical Element in Legal Research’. In: *Philosophical Perspectives in Jurisprudence*. pp. 119 ff. 实践法教义学的任务在于解释特定的文本（或者解决以某种抽象方式表述的特定难题）。它是实用导向的。与此对应，理论法教义学主要关注的是法律秩序的体系性结构。但是，在研究工作中，这两种导向模式存在连续的内在关联。

动是不同的。因此，就这种看法而言，实践法律人并没有**创造**理论。 15
在大部分情况中，他是将理论**适用于**当前的个案中，以此来准确描述其客户的权利（或义务）。

但是，科学态度也反映在（常规的）**实践**法教义学中，这一态度的内容和意义，可以通过对伊尔卡·帕托洛托（Ilkka Patoluoto）有关马克斯·韦伯（Max Weber）与保罗·拉扎斯菲尔德（Paul Lazarsfeld）的研究进行重述，从而得以阐明。[26]帕托洛托评论道：

> 为什么这些结果被认为可能比日常生活中的世界观更好或更值得信赖，理由在于这一事实：这些结果并不是假说，而是通过运用科学方法被证实了的假说……科学方法可以用来“清除”偏见，因此原则上可以说，这些研究结果比我们的日常信念更好或更加确定。在这里，研究结果必须被理解为那些正确适用科学方法所带来的结果……获得科学研究支持的命题比另一些命题更值得信赖，是因为科学方法的目标是体系化、一致性、可控性、主体间性、客观性，且它要将不确定性、精确性和相关性都纳入考量之中。

在他的考察中，帕托洛托能够展现许多值得关注的东西，这些东西也与法教义学解释相关联。对法教义学而言，还有许多**方法论上的保障**来实现上面所描述的那些目标。与常规实践相比，法教义学解释（至少在某种程度上）符合了伊尔卡·帕托洛托的标准列表中的每一项要求。正是在这里，我们找到了法教义学的**科学态度**。因此，一般来说，对于法律秩序的内容来讲，法教义学中的解释比

---

〔26〕 Patoluoto, Ilkka, Post scriptum, in: *Runciman*, *Social Science and Political Theory* (芬兰语译本).

常规实践的立场**更具有可控性**。正是基于这个理由，对于根据法律秩序什么是对的或错的而言，与实践性日常信念所能带来的结果相比，法教义学带来了“更好的”结果。对于司法实践来讲，也同样如此。法官以一种与法教义学者相同的方式得到了有关法律秩序的信息，而且，更为重要的是，原则上，法官所采纳的解释，与学者所提出的解释，具有同一意义、同等程度的可信赖性。

2.3.2. 司法实践

让我们回想一下法官的地位与法律学者的地位之间的比较，以此来对上文的分析进行总结。从功能上的内部视角来说，只有法官有权力行使权能（competence），只有他有义务解决诉讼中的每一个案件，而且法官（而非学者）处理的是具体案件。在现行的法律机
16 制中，所有这些都赋予了法官一个与学者截然不同的地位。正如前文所述，这些区别不过是**组织上**的区别。

一旦涉及的是法律证成的结果，那这一组织性视角就变得不重要了。不过，法官并不会有意地将法律规范素材进行体系化，确实是这样。获得一个比他之前所拥有的体系更为有用的概念体系，并不是他的功能所在。在这个意义上，他就处于如同上面所提及的那种常规实践那样的地位。法官只是**利用**（utilizes）法教义学已经完成的体系化，而且他是在解释法律规范时专门这样为之。

另一方面，法教义学者必然与法官一样，也为同样的认识论前提所约束。用斯特伦霍尔姆的说法，法教义学者必须**犹如**他就是法官一样，为自己的立场论说。这意味着，在两者的论说中，证成的内容必然属于同一种类型。法教义学者必须使用与法官一样的法律渊源，他们应当诉诸同样的方法论规则。只有在这些条件下，法教

义学才能为法律共同体提供法律秩序的相关信息。如果研究者使用的是完全不为这一共同体所知的解释规则，或者如果他的论据与这一共同体所接受的有效论据是不相容的，那么，他的结果，要么被当作非法律的结果，要么是作为被拒绝的法律结果。

总之，法教义学者并不裁决具体问题这一事实，适用法律之权威并不对法律规范进行体系化这一事实，或者（与学者的地位恰恰相反）只有法官（以及行政官员）才能运用当前体系中的权力这一 17
事实，都是与**认识论**视角不相关的。在下述两种情况中，证成（推理）的结构是类似的，即当对法律秩序之内容进行阐释时，法教义学者与法官是以类似的方式**思考**的。

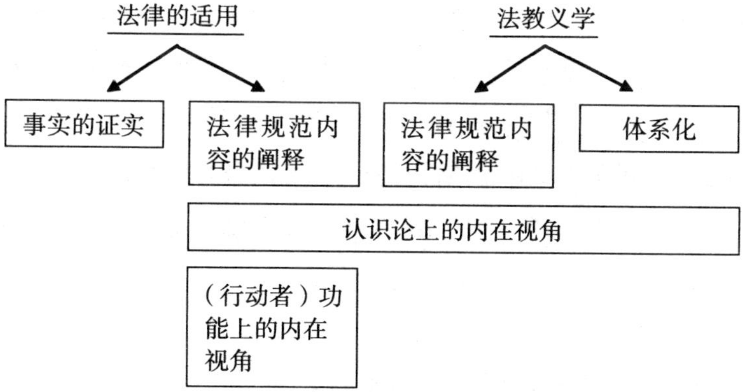

图示3

3. 法教义学的概念：一个更精确的表述

对于法教义学的概念而言，托马斯·库恩（Thomas Kuhn）有关科学范式（paradigm）的某些观点是值得注意的。[27]就其最初的形式而言，库恩的范式概念最终可以有着非常多的解释。例如，库恩没有充分地区分研究的模型（model）与研究的模本（exemplars）。后来，库恩又通过采用科学领域的学科基质（disciplinary matrix）这一概念，对他的一系列概念都进行了更为精确地表述。这一基质可以被理解为一个推进科学家们整合的框架：一个说明下列事实的框架，即科学家之间的科学交流相对来说并不是问题；对于既有研究的“专业意见”，科学共同体中有着相对较高的一致意见。换句话说，一般意义上的科学是什么，某一特殊领域意义上的科学是什么（例如，法律科学是什么），甚至好的科学是什么，我们为什么可以在某种层面上达成共识，学科基质使得对前述这些问题的理解成为可能。[28]因此，正是学科基质使得法教义学成为法教义学，而没有成为诸如社会科学或历史学。换句话说，就上面所提到的法教义学典型的认识论内部视角所指的究竟是什么，法教义学的基质帮助我们获得了一个比之前更为精确的理解。

例如，基质可以由下列诸元素构成：

（a）符号通式（generalization），

（b）对塑造对象的诸特定模型的承诺，

（c）共有价值与规范的合意，以及

（d）共有科学模型的承诺，换种说法，范式性难题解决方案的

---

〔27〕参见 Kuhn, Thomas S., *The Structure of Scientific Revolutions*, 1st ed., 1962，可以与本书第二版对照，pp. 66 ff. 也可参见 Brante, Thomas, *Vetenskapens struktur och förändring*, pp. 14 ff.

〔28〕有关这一点，Aarnio, Aulis, Jääskinen, Niilo, Pöyhönen, Juha and Uusitalo, Jyrki, *Paradigms, Change and Progress in Legal Dogmatics*, 第三章（即将出版）。

承诺。

与库恩最初提出的范式概念相比，基质具有更多的概念松散性、特定类型的弹性等特点。然而，在每一个特定科学领域中，都存在可以被找到的一般形式，没有它们，这一科学领域就不可能存在。18
也可以说，基质是科学的基础。

很显然，在某一特定的领域，这一基质越具体，它就越容易受到批评。当所有有意义的适用都被展现的时候，这一基质似乎就完全没有用处了。相应地，一个更为松散的基质，相对而言，能禁得起更多批评，它能使自己适应于新的环境，而且通过对这一基质进行适当的重新解释，很容易就能躲过那些可能会破坏这一基质的批评。

看起来，似乎基质这一概念也阐明了法教义学的某些特点，即使并不存在在法教义学中直接适用库恩术语的基础。可以想见，法教义学的基质至少由四种类型的因素构成：〔29〕

（i）首先，这一基质包括一个有关法教义学解释**主题**（即有关被解释的是什么）的假定。进一步来说，这意味着，对于有关法律规范是什么以及人们应该如何看待法律的起源与效力等法哲学的特定假定存在承诺。

一般来说，在这里，可以看出，这一盛行的观念有着某种特定

〔29〕参见 Aarnio, 'On the Paradigm Articulation in Legal Research', *Rechtstheorie*, Beiheft 3, pp. 51 ff. 也可参见 Zuleta Puceiro, Enrique, *Paradigma Dogmatico y Ciencia del Derecho*, pp. 11 ff. and pp. 139 ff. 以及 Zuleta Puceiro, 'Scientific Paradigms and Legal Change', pp. 331 ff. 参见 Wróblewski, Jerzy, 'Paradigms of Justifying Legal Decisions', pp. 253 ff. 在这里弗罗布莱夫斯基讨论的是审判问题。

类型的法律实证主义的色彩。[30]法律规范是由社会中行使权力的主权者给出的，这些法律规范的效力无需诉诸实证法之外的实体。在这个意义上，北欧法教义学的一般背景假定是反自然法的。

（ii）第二，这一基质包括对于**法律渊源**的一系列合意。就人们必须诉诸哪些渊源，以及人们应当或可以诉诸哪些渊源，法教义学的实践者（几乎）有着相同的观念。正是对于法律渊源的这些合意，才最为清楚地表明，在某一文化中，存在特定的法律概念类型与司法行政。法律渊源的有限清单是法律主义趋向的一个显证，而对于法律渊源的非常宽松的态度，则揭示了反法律主义的诸多阴影。

（iii）法教义学的背景基质也暗含了**特定的方法论规则和原则**。它们粗略地展现了在解释中法律渊源应当以及能够如何被运用。正如之前已经指出的那样，这些法教义学实践者所采用的方法论规则与原则，与（例如）社会科学中可以找到的那些方法论规则和原则，是不同的。方法论原则的急剧变迁，也象征着整个法教义学概念的巨大变革。

19 （iv）最后，在法教义学的基质中，也可以包含这一观点，即在法教义学解释中可以发现**价值与评价**。在这里，它与（例如）社会科学的界限是相对清楚的。诸如亚科·欣蒂卡（Jaakko Hintikka）曾经论述到，社会科学依赖于价值这一命题，意指如下：

（1）价值判断与评价性立场能够成为社会科学的主题，且

（2）价值判断与评价性立场是社会科学主题的必要组成部

〔30〕有关法律实证主义的概念，参见 Aarnio，'The Form and Content of Law：Aspects of Legal Positivism'. *Archivum furidicum Cracoviense* XII（1980）. pp. 17 ff. 也可参见 Hart，H. L. A.，'Positivism and the Separation of Law and Morals'. In：*Philosophy of Law*，pp. 49 ff.

分。〔31〕

后一观点带来的一个结论是，价值概念成为社会科学方法论装备库的一个本质组成部分，因为它的研究主题包括那些若不援引价值概念就无法被界定、被描述或被说明的现象。但正如欣蒂卡所强调的那样，适才所言并不意味着，社会科学家是为了表达其自身的评价才使用价值概念的。通过这种方式表达的是，社会科学是探究价值的，但它并不是表达评价性立场的研究。

另一方面，法律的适用与（在当前意义上的）法教义学，都会使用价值概念来作为解释的**基础**，或者在证成中它们会非直接地诉诸评价。换句话说，在某种比前文所述更根本的意义上讲，法教义学本质上就是评价性的。

借助这四种要素，且考虑到它与社会科学所代表的外部视角之间的对照，对于认识论内部视角的内容，我们可以给出一个更为精确的表述。法教义学总是会与（至少某种程度上的）实证主义背景假定相互捆绑，它以某一特定的法律渊源清单作为起点，它依赖于特定的方法论规则和原则，且在特定情境中它会作出基于价值的选择。

上文所描述的这四种元素也将本书研究的主轴变得条理化了。本书的目标是，在这些固有论点的基础上，对法教义学解释立场的证成结构予以明证。从另一个视角来看，本书的问题在于，对认识论内部视角这一概念中所隐含的那些东西给予清晰表述。

〔31〕 Hintikka, Jaakko, ‘Arvokäsitteistä sosiaalitieteiden metodiopissa’, *Ajatus* XX (1957), pp. 27 ff., esp. p. 39. 关于法律科学中的价值，参见 Makkonen, *op. cit.*, p. 220.

4. 探究角度与基本难题

20 正如前文所述，法教义学与法律决策都是**社会实践的形式**，这两者的对象都是将社会现实予以组织化的法律规范。这些法律规范（根据分类）属于不同的类型。与此相关，这里值得提及的第三种实践是立法，即创制法律规范（适用之框架）的实践。在广义上来说，我们也会谈及法律政策，即管理法律规范的社会规划。

这三种实践都可以在理论层面上予以考察。通过这种方式，我们可以得到研究的理论、法律适用的理论以及立法（法律政策）的理论。例如，研究的理论，可以是法教义学的理论、社会科学（法社会学）的理论，也可以是（法律）历史的理论或比较法的理论。法律的适用也能够通过有关法官或行政权威之活动的理论来予以考察。所有这些理论进路，都是从事法理论的方式，[32]也都是法哲学的一部分，且在最高的层面上，还都是一般哲学的一部分。例如，如果根据其一般形式，这种类型的理论与哲学没有任何关联，那它就不能被称为法律适用的理论。并不存在单独的“法律思想哲学”。想象一下，存在着这样一种建立在法律人自己形成的混合体之上的特殊哲学。

当前研究的焦点在于法教义学理论，正如图示4所展现的那样。根据前文所述，法教义学研究与法律适用，特别是法官的活动有着

---

〔32〕“法理论”这一术语也可以指涉**法律学**（juridical）**理论**，例如，有关所有权的理论，或者，更熟悉的，还可以指涉某种**理论进路**，诸如概念教义学（概念法学）。关于后一种意义上的使用方式，参见 Wimmer, Franz, ‘By What Criteria Can Progress in Legal Theory Be Determined?’, *Rechtstheorie*, Beiheft 3 (1981), pp. 35 ff.

某些关联。从这个层面上来讲，它也属于当前研究的范围。

根据法教义学理论的目标，至少有三种类型的活动可以区分出来。法理论可以对解释活动进行启发式描述，它也可以通过表述诸多概念集合以对解释活动进行说明，或者，它也可以考察解释的证成。在他处，我已经更具体地讨论了描述、说明与证成，因此在这里，我只是对描述进行简单的评论。〔33〕

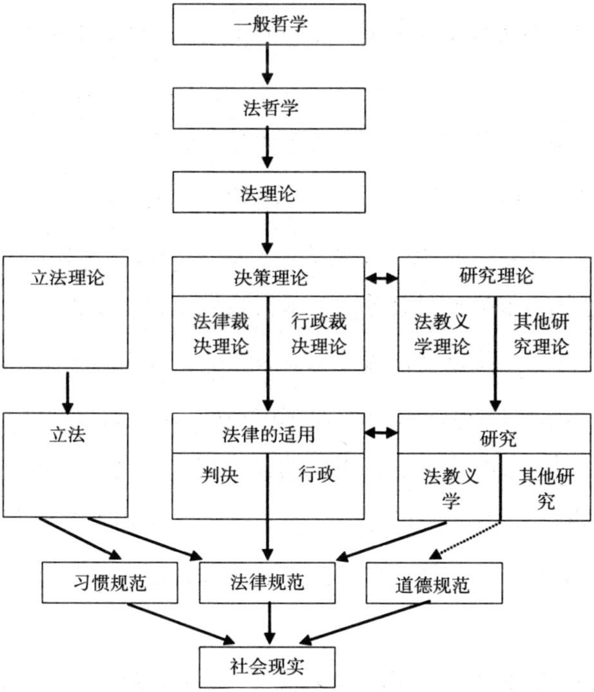

图示 4　21

〔33〕 Aarnio, *On Legal Reasoning*, pp. 47 ff. 也可参见 Klami, 'Legal Heuristics: A Theoretical Skeleton', *Oikeustiede* 1982, pp. 7 ff. 关于一般意义上的证成，参见 MacCormick, *op. cit.*, pp. 13 ff. 对于证成这一概念本身的一个出色分析，可以在这里找到：Wróblewski, Jerzy, 'Verification and Justification in the Legal Sciences', *Rechtstheorie*, Beiheft 1 (1979), pp. 195 ff.

当我们努力对法教义学的解释（启发式地）进行**描述**时，对象经常是裁决本身的达至。它的问题则是："解释的结果是如何被找到的？它究竟是如何发生的？"以这种方式来考虑问题，裁决的达
22 至与裁决的证成之间的区别就能够得到强调。从描述的视角来看，推理，要么是解释的真实方式（即推动裁决之达至的一种方式），要么是事后重建的证成表象（facade）。[34]

很难给出一个对于解释的启发式描述。它常常是一个涉及诸多因素的问题，即那些无法被观察到的因素，属于适用法律之人的心理思考过程的因素。例如，这个命题——即一个裁决（总）是基于直觉作出的且这一裁决只是事后通过证成才予以理性化的——是一个描述，是一个关涉个体心理的命题，对其来说，只有给出充分的经验证据后，它才能被接受。[35]因为缺少经验性基础，就这里所欲表达的意义来讲，法律推理的启发式图像常常是推测性的（speculative）。它是这样一个理论，它的可信赖性更多依赖于（如果它依赖于什么东西的话）理论的内部融贯性，而非理论之外发现的证据。

一个**说明**试图呈现的是一个可理解的事态、事件或过程。说明，要么是因果性的，要么是目的性的。因果性说明建立在原因与结果之关系得以确立的基础之上，而目的性说明的基础是行动者的动机

---

〔34〕 有关证成表象这一概念，参见 Benditt, *op. cit.*, pp. 4 ff.，以及 Ross, Alf, *Law and Justice*, pp. 167 ff. 罗斯说的是**正当性表象**，这多少都与真实裁决这一表述有所不同。也可参见 Aarnio, Aulis and Alexander Peczenik, *Mas a Ua del realismo*, pp. 131 ff.

〔35〕 这种基于直觉的进路以（诸如）杰尔姆·弗兰克（Jerome Frank）为代表，参见 *Law and the Modern Mind*, p. 125. 对此弗兰克使用的术语是"预感"（hunch），参见 Hutcheson, Joseph C. Jr., *The Judgement Intuitive*, p. 279. 准确地说，从这一理论验证的是什么问题并不很清楚这个意义上来看，汉努·塔帕尼·克拉米的"启发式"视角是有问题的。参见 *Legal Heuristics*, p. 36 ff，它强调的是启发方法的理性特征。但若如此的话，这一理论如若没有对理性重建进行探讨的话，它也将失去它的启发性内容。

以及关于现实的信念。在两种情况中，说明都为下述问题提供了答案，即某些事情为什么发生，某人为什么会如此来行动。一个范例是对于法官行为的说明。〔36〕就此而言，不仅活动（例如肌肉运动）得到了描述，而且也给出了一个理解行动的框架。在下文中，这一说明性面向将不再予以讨论。

法教义学的**证成**理论可能是描述性的、分析性的或规范性的。描述性证成理论试图描述的是事实上的证成活动。它要表明的是，哪一证成或证成类型被运用了，它描述的是被适用的推论规则。在这一意义上来说，描述性证成理论总是经验性的。因为这一理论是经验性的，所以它的效力依赖于用来支持诸命题的经验资料。这些资料可以是（例如）被细致分析过的诸多法院裁决。如果考察并不是建立在这一类型的资料之上的，那么，这整个理论都将是推测性的。

事实上，对证成的描述是评价性的，例如，是为了获取有关诸多成功实践是如何实现特定证成理想的比较性资料。因此，就对实践的矫正而言，这一考察可能是比较重要的。截至目前，斯堪的纳 23
维亚还没有开展这一面向的相关研究。

分析性证成理论主要关注的是证成所使用的那些概念。一个典型的问题是："类比意指什么，或判例意指什么？"

随后的考察，主要是所谓规范性证成理论的一部分。〔37〕但它的

---

〔36〕关于这一范例，参见 Aarnio, *On Legal Reasoning*, pp. 134 ff. 以及 Wikström, *op. cit.*, p. 124 ff.

〔37〕参见 Alexy, Robert, *Theorie der juristischen Argumentation*, pp. 225 ff. 参见卡拉米对于文中所提到的这种进路的规范性考察。Review of Aarnio, *Denkweisen der Rechtswissenschaft*, *LM*, 1980, pp. 180 ff. 也可参见 Klami, *Finalistinen oikeusteoria*, pp. 17 ff. and pp. 52 ff.

问题所涉及的并不是一种强意义上的规范性。它的意图也并不是为证成在解释中应当如何或不应当如何被使用提供规范或建议。因而，这一研究并不是要对适当解释的概念进行界定。它最好被当成是一种**弱的规范性**进路。这一概念还需要被进一步地阐释。

这一研究的出发点就是前文所说的那种对法的安定性的要求。北欧主流的法律意识观念是建立这样的预期之上的，即法律问题并不是被武断地或偶然地裁决的，而是要通过理性考量而最终达成一个可接受的结论。通过这样的方式，理性和可接受性就成为法的安定性意识观念的基石。正如前文指出的那样，它们构成了诸社会（诸如北欧社会）实际法律文化的本质部分。

以此为依据，理论研究的功能就包括了对于这一问题的阐明，即**为了它能够满足理性和可接受性的条件，对法教义学的证成有着哪些要求**。它并不仅仅是一个有关证成是如何在实践中发生的这种经验性命题的问题。相反，我们说的是一个“技术性规范”：如果你想要实现法的安定性的预期，你应当以某一特定的方式行动。对于这样一个技术性规范，最重要的要求是充分性（adequacy）。〔38〕从法教义学实践的视角来看，这一规范必须具有相关性，因为若非如此的话，理论和实践之间就会出现缝隙。从实践的视角来看，一个不充分的理论只是“为了理论而理论”。

另一方面，这一研究并不单单是（即使在一个弱的意义上而

〔38〕 在这一语境中，对于维特根斯坦有关认识历史之特定方式的恰当性的观点，G. H. 冯·赖特给出了非常有趣的评论：“我们不能把真与假说成是看待问题之方式（即问题视角［Betrachtungsweise］）的属性。但是，它可以从其要阐明的现象中获取它的意义，从它在多大程度上促进了我们对于历史的理解来获取它的证成。” von Wright, Wittgenstein inrelation to his Times. pp. 117 ff.

言）规范性的。它也是与分析性要素（即尤其是上文作为例子提到的那些问题）相结合的。因此，总而言之，只要我们记住这一相对较弱意义的规范性概念，我们就可以将这一研究归类为一种分析—规范性研究。〔39〕

即使通过这种方式进行限制，证成理论也包含了法理论中的经 24
典未决难题。基本范畴是由本体论难题产生的。法教义学的解释要想变得可能，某些东西必须被假定是存在的，对于这些东西，我们必须抱有一定的立场。根据这里所采纳的（或至少部分上与此相关的）本体论，我们确立了有关法教义学知识的性质与可能性这一问题的立场。习惯上把这一问题称为认识论问题。除此之外，人们是如何获取法教义学信息（information）的，也是一个重要的问题。那些获取信息的方法"自然地"走上前台。因此，本体论问题、认识论问题和方法论问题彼此之间都必然有着内在关联。只要关涉的是法教义学，这些关联就必须要被认真地对待。〔40〕

正如前文所考察的，法哲学也会涉及到真理问题。只要我们记得法的安定性的要求在我们的社会中扮演着多么重要的角色，这一关涉就一点都不令人惊讶。我们要求法律的冲突以一种适当的方式被解决（或者以一种稍微不同的方式被考量），我们要求解释必须符合法律。但是，如果以这种方式考察此一问题，那么以下面的方式来提问便是再自然不过的："我们是否要求解释是真的？"如果一

〔39〕 证成的重要性体现在这一事实之上，即如果没有可证成的依据，我们就无法解决结果是否是"正确的"的问题。结果本身可能有好有坏，但只有通过证成的方式，**品质**或结果才能被评估。

〔40〕 重要的是要看到，本体论、认识论和方法论彼此之间有着千丝万缕的内在关联。例如，本体论是与认识论相关联的。参见 Niiniluoto, Ilkka, *Johdatus tieteenfilosofiaan*, p. 139.

个如此强的要求并不能被置于解释之上，那么我们要处理的问题就将是：一个“适当的”解释实际意指的是什么。

法的本体论、法教义学知识的性质、法教义学的方法论以及真理的概念与标准，因此展示出证成理论所涉及的诸多领域。同时，它们也粗略表明了当前研究的内在结构。它的目标在于寻找下面这些基本问题的答案。

（1）**真/假**的属性可以被归属于法教义学解释吗？如果这是可能的，那么，真/假的标准是什么？	（1'）法教义学拥有哪些**方法**用来确定真或假？
（2）如果使用真或假的概念是有问题的或（甚至）是不可能的，那么法教义学中是否有**类似于**真或 25 假的概念？	（2'）通过哪些**方法**才可能确定这种“真”？
（3）在裁量案件中，是否有可能**认识**有关法律秩序的某些内容？	（3'）哪种**方法**可以被用来获取知识？
（4）如果与法教义学相关联的知识这一说法是有问题的或（甚至）是不可能的，那么使用一个**类似的**概念是否可能？	（4'）是否有某种**演绎**的方法，来对这样的“知识”进行表述？
（5）人们能够主张法教义学解释的基础是（内在地）适当的吗？	（5'）如果它是一个适当的基础，那么内在地适当的证成**标准**是什么？

稍后，我们将看到，对于问题（1）和（2），我们选择的是后一选项。我们必须使用解释的理性可接受性的说法，而非真理的说法。即使我们要求只能在真信念这一脉络中讨论知识，那么，对于问题（3），也很少会有人给出肯定性的回答。换句话说，我们必须

使用问题（4）代替问题（3）。这蕴含着一种让步，一种承认，即在法教义学中，人们只能展现与法律规范内容相关的或多或少已被证成了的立场（信念）。也许我们可以讨论某一信念的确定性的不同层面。最后一个问题与之前所有的问题都有着某种方式的关联。它的关键意义在于这一事实，即它将整个主题联结在一起。事实上，它也可以被重新表述如下："某一特定裁决从其内容来看是（唯一）正确的裁决吗？"正如众所周知的那样，在不同时代的法律思想中，唯一正确答案的学说都扮演着某种核心的角色。当前的研究，在很大程度上，是对于这些学说的批判。〔41〕

〔41〕当前研究的难题在于，如何建构这样的一种法教义学的证成理论，从**社会的**视角来看，它是充分的。

第二章　法的本体论

1. 总论

26 被命名为本体论的哲学部门考察的是世界的基本元素和结构。本体论的一个基本争议出现在唯名论（nominalism）与（概念）实在论（realism）之间。通过诉诸奥卡姆剃刀原则（禁止假设不必要的实体），唯名论者在其本体论中只接受个体的实体。D. M. 阿姆斯特朗（D. M. Armstrong）这样描述唯名论者的观点："唯名论的根本论点在于，所有存在者都只能是殊相者（particulars）。"〔1〕只有这些殊相者才是真实存在着的。而概念实在论还在更高层面上承认（然而并不必然承认）概念的独立存在，例如，某事物的球形。这些东西是存在的，而不管有意识的主体如何认为。概念论（conceptualism）代表了这两者之间的一种调和性立场：一般概念是在有意识主体的心灵中存在的。成规论者（conventionalist）的出发点是那种以被使用的语言为基础的本体论承诺。这就又打开了通向合意的

---

〔1〕 Armstrong, D. M., *Nominalism & Realism: Universals & Scientific Realism.* Volume I, p. 12. 也可参见 Niiniluoto, *op. cit.*, pp. 123 ff.

大门，它意味着本体论成了一个成规（convention）问题。[2]

对于本体论的不同立场来说，一个重要的试金石是**规范**的概念。如果我们采用了严格唯名论者的立场，作为理念实体的规范等诸如此类的东西就是不存在的。只存在以特定方式行为的个体。而依据另外一种思维方式，规范拥有一种理想性的存在，它与概念实在论之本体论中的一般概念的存在方式是一样的。

首先，应该强调一下接下来的背景性考察。路德维希·维特根斯坦的一个理念，如果我正确地理解了他的话，似乎是这样的，即**就其本身**而言，言说存在是没有意义的。这样一种言说方式并不是任何正在运作的语言游戏的一部分。正如亨利·勒罗伊·芬奇（Henry Le Roy Finch）所评论的那样，维特根斯坦并不是想论述，我们不能言说的东西无法存在。他想要表达的东西要更为有趣："存在不能使用语词来表达，因此，'纯粹存在的东西不能使用语词来表达'，我们所面对的世界，只要它是纯粹存在的，就是不可言说的……"[3]对于存在的言说只有在一个语言游戏的框架之中才是
有意义的，而语言游戏，正如我们随后将要指出的那样，是与生活 27
形式相关联的。换句话，可以说，我们归属给某一表达的意义是**通过**生活形式来获取的。因为这一理由，根本没必要将自己束缚于某些仅仅"纯粹存在"的事物之上。因为这样一种使用语言的方式，在日常语言的任何一个实践情境中，都不可能找到。

因此，当我们想要建构某种法教义学解释的本体论时，我们必

---

〔2〕 例如，参见 Tolonen，Juha，*Der allgemeine Erklärungshintergrund der wirtschaftlichen Ordnungund seine Anwendung auf das Aktiengesellschaftsrecht*，pp. 17 ff.

〔3〕 Finch，Henry Le Roy，*Wittgenstein – the Later Philosophy*，pp. 243 – 244.

须在某一正在运作的法律语言框架中去建构它。只有在这样的一个框架中，它才是有意义的。“当我们言说时，我们必须使用共同的语言，言说这个共同的世界”，正如亨利·勒罗伊·芬奇所言。〔4〕建构一种在我们共同的世界中没有根基的语言，这根本就是不可能的。因此，举例来说，对于法律规范之存在的言说，是在我们于法律语境中所参与的那些语言游戏中获得其意义内容的。进一步来说，如果以这种方式来思考的话，我们就很容易地既摆脱了规范存在之理解的困难，同时也摆脱了无保证的（unwarranted）形而上学。

让我们通过一个例子将这一问题带到具体层面上来考察。一位驾驶员A开车闯红灯了。我们可以说，他违反了规范N。这意指什么呢？答案显然是，A的行动已经违反了（例如芬兰的）有效法律的要求。换句话说，A所违反的规范N，属于芬兰的法律秩序。某一规范属于一个法律秩序，意指什么呢？例如，它意指，国会的议员以及总统已经按照某种特定的方式而行动，作为这一活动的结果，表达规范N的法律文本获得通过；或者，法律共同体已经接受这一规范作为行为的指引。我们也可以通过这个例子将讨论再推进一步。不过，这并不是必要的。在这一阶段，重要的是要记住，我们完全能够理解对于规范之违反的讨论，而**无需**一个额外的问题：“这个规范N是作为特定实体而存在的吗？”这种问题根本不适合那一语言游戏。在**这个**游戏中，**这种**问题是没有意义的。

即使如此，仍然必须有某些东西作为法律语言游戏的基础分布开来。那么，（例如）法教义学解释所必然要求的那种本体论的最

〔4〕 *Ibid.*, p. 243.

小承诺是什么呢?

2. 法教义学解释的本体论

个体的实体构成了存在的一个基本范畴，在这一方面，唯名论 28
者似乎是正确的。[5]在这一范畴中，我们可以纳入无生命的自然实体（物理对象），也可以纳入人类个体。在法律领域中，正是人类个体构成了一个重要的本体论范畴。它们构成了法律主体的范畴；人类个体创制、适用和服从法律。

我们可以将实体的属性，例如，硬度的属性，或人类个体的物理属性，增添到这样一个实体的本体论中。语言的结构以及作为其基础的生活形式也可以是这样的实体，因此，我们可以自由地言说属于这些范畴的事项。例如，我们可以自然地谈论坚硬的对象。伊尔卡·尼尼洛托将这种类型的本体论态度命名为“温和的实在论”。[6]

诸实体可以存在于彼此之间的特定关系中，因此，假如个体 A 根据 B 的请求而为 B 完成工作；一个劳动关系就被创制出来了。A 拥有受雇者的属性，而 B 拥有雇主的属性。他们之间的这种关系同时也是社会关系的一个例子。某些社会关系是法律关系。通过这种方式，某些属性也可以是法律属性。但是，是什么将社会关系转化为法律关系呢？答案很简单。正是法律规范在社会关系中注入了这种品质。它自然又带来了这一问题：法律规范是否应当也被接受为

〔5〕 在法理论中，这种类型的本体论是由奥斯维·拉赫蒂尼（Osvi Lahtinen）来捍卫的。参见他的文章‘Kuolinpesä – konstruktiosta’, *LM*, 1955, pp. 112 ff. 以及对于这篇文章的评论，Aarnio，‘On Finnish Legal Theory in the 20th Century’, in *Legal Point of View*, pp. 25 ff.

〔6〕 Niiniluoto, *op. cit.*, p. 129.

法教义学本体论的一部分呢。更进一步，以这种方式来看，一个规范的存在意指什么呢？这一问题是重要的，因为从存在这一概念的唯名论意义上来说，规范似乎根本就不存在。但是，如果规范是作为一个本体论范畴而被接受的，那么，它自然要在这一概念的某一相关意义上“存在”。在简述我的回应意见之前，我将简要描述一下汉努·塔帕尼·克拉米是如何探讨这一问题的。

根据克拉米的想法，法律规范只能被理解为规则与行为之间的某种本体论关联。“因此，有关法律的本质，我的看法是二元的。不指涉行为的法律是无法想象的；人类行为必须根据相关法律规范而被考察：很显然，行为本身是某种不同于法律规范的东西”，克拉米写道。[7]因此，规则指涉行为，行为从规范中得到内容。克拉
29 米的这个观点是有问题的。一个充分的解释似乎是这样的，规范与行为之间必须有着某种必然关系。意义内容这个概念是作为某种调和性因素起作用的。作为规则的规范，是通过规范语句（规范表述[formulation]）获得表达的。反之亦如此：规范是规范表述的意义内容。另一方面，行为总是要被解释的。社会行为不单是一种“无思想的”（brute）经验事实，它是为规范所指引的，因而这样的行为要通过规范获得它的意义。归属给行为的意义与“说明”行为的规范是相同的。那么，在这个意义上，意义内容将规范与行为关联在一起了。

所以，在克拉米的本体论中，法律规范是通过两种方式来表达的：以语言的方式，以行为的方式。这意味着，克拉米不得不扩大

---

〔7〕 Klami, *Finalistinen oikeusteoria*, pp. 3 ff. 也可参见 Klami, ‘Dualism of Law’, In: *Objektivierung des Rechtsdenkens*, pp. 475 ff.

本体论实体的集合，使意义也能包括在内。另一方面，他也并没有明确地表明，行为的概念包含着哪些内容，以及行为确切的本体论状态到底是什么样子的。例如，它属于“实体—属性范畴”吗？这是不可能的，因为作为物理实体的行为是纯粹的肌肉运动。但是，这些肌肉运动与行为并不相同，从本体论视角来看，行为要比物理实体“更丰富”。它是一个与诸多种类的“前知识”相互关联的概念性事项，它又是建立在（例如）该领域的有效规则之上的。因此，行为无法获得一个基本的本体论状态。

让我们将这些难题抛到一边，即使它们不应当在本体论视角中被忽视。与之相反，我们要作出限定，只去考察意义作为本体论范畴的状态。正如我刚刚论述的，克拉米并没有处理这个问题。我的探讨进路大体上可以表述如下。

卡尔·波普尔（Karl Popper）区分了三种本体论范畴，即世界1–3。第一种范畴包括的是物理对象，第二种范畴为意识和理念，第三种范畴则是人类心灵产生的不同产物。换句话说，世界3是由诸如命题、数字、理论、制度等构成的。依据波普尔的说法，世界3是相对独立的。没有其他本体论范畴，它也无法存在。[8]

通过其自身的活动，人类创造了世界3中的实体。它们是“人类心灵的产物”。另外，它们又是独立于个体的，正如语言独立于母语者。这些产物也已经与它们的生产者“分离”开来。用伊尔卡·尼尼洛托的话说，它们已经成为人类的共有属性。关键之处在于，正如抽象物一样，它们（至少在原则上）也能被重新生产。在这个 30

〔8〕 Popper, Karl R., *Objective Knowledge: An Evolutionary Approach*, pp. 74 and 154 ff.

意义上，它们不能仅仅作为人类心灵的心理事项而存在。〔9〕

在许多方面，波普尔的这些著名理念都是有吸引力的，它们似乎解决了许多激烈争议的本体论问题。对于法律推理来说，世界3有着特别的意义。它至少涉及到两个维度的问题。

第一，从概念上讲，世界3中的实体的存在意指什么？例如，如果我们考量的是实数，那么，在波普尔的方案中，它们既不同于人类心灵的理念，也不类似于数学符号。一个数字与写在纸上的一系列图形并不是同一种东西。但是，如果我们主张的是，从本体论上来说，与世界1和世界2中所包含的实体相比较，数字是人类的构建，且作为抽象物，它们只具有相对的独立性，那么，我们就没有讲任何有关存在意指什么的内容。因此，“存在”这个语词的语义学，根据讨论所在的世界不同，也是截然不同的。自然而然地，在哲学语言中，我们可以接受某个成规，依据这个成规，世界3的要素也“存在”。但是，这仅仅是一个成规，因此只是对那些基本的本体论问题的一种定义性解决方案而已。所以，对于获取一个基于法律目的而令人满意的答案来说，波普尔的解决方案，似乎不仅是简单的，而且有点太简单了。

尽管有着这些疑问，波普尔的理念依然为进一步的分析提供了

---

〔9〕 Niiniluoto, *op. cit.*, p. 129. 也可参见 Popper, *op. cit.*, pp. 156 – 160。有关世界3的客观性，以及它作为人造产物的性质，参见 von Wright, G. H., *Norm and Action*, pp. 107 ff. 在这里应当指出的是，如果该本体论接受了所谓的制度性事实而将其增添到实体和属性之中，那么，许多有关存在的传统难题都能够得以解决。但是，（在本体论意义上）事实获得其制度性属性却并不是不证自明的。例如，塞尔（Searle）将它们与构成性规则相关联，但在这种情况下，我们会再一次面临规则存在的难题。有关构成性规则与制度性事实的概念，参见 Searle, J. R., *Speech Acts*: *An Essay in the Philosophy of Language*, 以及 Searle, *What is a Speech Act*?, pp. 39 ff.

重要的依据。根据道义逻辑的一个众所周知的观点，一个规范命题是真的，当且仅当其对应的那个规范存在。从定义上来看，这也是卡勒·马柯宁规范理论的核心。〔10〕为了理解这种概念观，同时也为了解释波普尔的本体论观点，让我们以世界 3 作为讨论的起点。

规范可以被理解成**一种通过语言表达的思想（即意义）的内容**，正如在后文中予以明证的那样。这一思想内容与人类心灵中的思想并不相同，我们不能说，某一特定的心理状态是一个规范。人类的心理机制、思想内容（看起来像规范）指引人类行动，是另外一回事。就此而言，规范扮演着与动机或因果信念相类似的角色。规范与法案（或判例或内阁决定等）的文本也不是一回事情。文本是语言学层面的一个范畴，它只有在图形排列的意义上才是一种物理存在。但图形排列并不是规范；正如数学图形的线条并不是数字一样。

正如之前所述，语言表达的意义内容为我们提供了讨论更深一 31
步主题的基础。如果一般来说意义和语言是世界 3 的实体，那么，这里的问题就在于意义是**在何种意义上**存在的。让我们试着以维特根斯坦的语言哲学为基础来对这一问题进行探讨。那么，说“x 在世界 3 中存在”意指什么就是可理解的了。

一个表达本身并没有意义。假如我突然说道：“猫”，至少我的

---

〔10〕 参见 Makkonen, *op. cit.*, pp. 119 ff. 汉斯·凯尔森（Hans Kelsen）常常会将存在与效力相等同。他曾写到：“规范的‘效力’意味着规范的一种特殊存在。” *Reine Rechtslehre*, 2nd Ed., p. 9. 在下面的章节中（第三章第 2 节和第三章第 4 节）可以看到，语句（1）并不能在凯尔森所意图的那个意义上转化为语句（2）。有关规范的存在，也可参见 von Wright, G. H., *Norm and Action*, pp. 107ff. 以及 Sintonen, Matti, Problems of Interpretation and Truth in Legal Dogmatics, *Rechtstheorie*, Beiheft 2, p. 83. 从法律的观点，也可参见 Peczenik, Aleksander, *Legal Data: An Essay About the Ontology of Law*, pp. 99 ff.

同事们也会觉得我很奇怪。假如我在开着车时，对车上的乘客喊道："猫"，情境就将会不一样了。在这里，这一表达有着"我差一点轧到一只猫"的意义。跟随维特根斯坦的做法，这一问题可以表述如下：一个语词只有在与某个语言游戏相关联的时候，才能获取其内容。语言游戏又是所谓生活形式的一个面向。因此，语言游戏是从生活形式中获取其内容的。进一步来说，生活形式是行动的总和。因此，我们发现了一个建构物，在这里，语言本身是活动，这一活动根据更为初始的活动来获取自己的内容。当属于某一生活形式的诸多初始行动具有足够的相同点时，理解的共同基础就逐渐形成了。那些共享一个生活形式的人们之间可以彼此交流。

参考这些观点，我们认为，语言和意义的独立存在这种说法是令人误解的。它很容易带来这样的印象，即语言拥有意义，这种意义是"随着"语词而来的，而不管它们事实上是怎么被使用的。与此相反，在维特根斯坦的脉络中，意义是语词在语言中的用法。

让我们回到规范的存在这个问题，并举一个简单的例子，这个例子源于维特根斯坦所使用的一个更为出名的事例。A 和 B 正在玩某种营造游戏，当 A 指向某一特定类型的构件时，B 就将其交给他。这就是一个对于语言的非常简单的使用的问题。它是由命令以及对命令的回应构成的。在我们所理解的语词的那种意义上来说，这一语言并没有包含任何语词，但即使如此，我们依然可以说，A 向 B 发出了命令。不过，我们几乎不会说，A 的命令是在某种理想的意义上存在的。此一命令是这样一个事实，即在 A 和 B 之间存在着某种对于行动之理解的特定关系。当他们之间彼此理解的时候，这两个人都了解他们的命令游戏。命令"存在"于对于这些简单语言的

实际使用中。A 是如何在这一游戏中取得其所拥有的权力地位的， 32
这完全是另一个问题。这也可以通过一种稍有不同的方式来予以表述：在哪些条件下，B 受 A 的命令的约束？然而，这一问题并不是规范存在的问题，而是效力的问题。

即使我们将前一游戏进一步复杂化，但这一情境从根本上来讲并不会有什么不同。假设 A 告诉 B："根据芬兰的法律，当红灯亮时，车辆不能通过交叉路口。" B 理解 A 说的是什么，而且能够根据它来行动。A 表达了一个观点，在这里，A 试着使另一个人（B）按照特定的方式指引他自己。这一事实，即 B 按照这一规范要求他行动的方式来行动，仅仅是这一游戏的本质的一部分。这样说的目的，并不是要给出一个有关心理学机制调整 B 如何行动的经验性命题。它只是一个对语言游戏的结构进行描述的问题。在这个游戏中，规范的存在**意指**的是与一般意义上的语言的存在一样的东西。

很明显，刚刚所说的关于规范的那些主张，对于类似事项（例如，规范中涉及到的一般法律概念，或法律规范构成的法律制度）也同样如此。它们的存在与语言的存在属于同一种类型。然而，即使我们已经接受了波普尔的世界 3，且即使我们通过上文所述的方式来解释这一世界的实体之存在，一个规范是在何种意义上**合法地**存在的，依然不是不证自明的。如此的回答似乎是很自然的，即当一个规范属于这一规范秩序时，它就是"合法地存在的"。不过，如果这样说的话，就并没有什么新东西被引入到本体论中。一个规范 N 是一个规范秩序 O 的一部分，这一命题也可以被简单地表述如下："规范 N 在规范体系 O 中是**有效的**。" 因此，规范存在的问题就转变成了效力问题。这就逐渐引出了我们应当如何回应效力问题的难题。规范 N 在（例如）芬兰法律秩序中是有效的，这种说法意指什么？为了回答这一问题，必须接受何种本体论承诺为必然之事？

如果这里所关涉的（例如）是罗马法的“存在”，这个问题也同样是真的。问题在于我们的语言用法，这种用法是由诸如“罗马法作为一种历史事实存在”这样的表达所构成的。从我们所处的时代来看，罗马法不再是有效的了，即使许多有着罗马法根源的规范依然包含在现代法律秩序之中，这也包括芬兰的法律秩序。罗马法只是曾经在特定的时期内、在特定的地理区域内是有效的。从法律
33 的立场来看待问题的话，这一效力是一种通过多种方式控制的现象。因而，罗马法规范的合法存在的难题，与上面所讲的当前芬兰法律规范之存在的相关问题，是相同的。于是，效力的概念在本体论中就有着一个关键的角色，这一角色是独立于正在讨论的法律秩序的。

3. 法律规范的效力

在谈论现行有效力的法律（the law in force）（有效法律［valid law］）时，标准语言是以一种非常有意思的方式同义反复的。例如，韦伯斯特（Webster）词典将“有效的”（valid）界定为“拥有（法律上的）力量”（having［legal］force）。“这一规则是有效的”（This rule is valid）与“这一规则是现行有效力的”（This rule is in force）是相同的。这一定义并没有让我们知道更多的东西。如果我们以这种方式使用语言，那难题只会出现在效力概念自身之上。将这一点纳入考量之后，对于效力概念的三种不同意义进行区分，就是有道理的了。这一区分的重要性还在于，它反映了法理论的三种概念观。

3.1. 弗罗布莱夫斯基的三种进路

耶日·弗罗布莱夫斯基曾以**体系效力、事实效力**与**价值论效力**等术语来表示这些观念。〔11〕在下文中，这种区分将使用法律规范的体系效力、实效性（efficacy）与可接受性这些术语来表示。“现行有效力的”因此可以意指上述三者中的任何一个。在有保留意见的基础上（这些保留意见将在随后进行讨论），这些不同的进路也是可以被整合在一起的。

通过图示的方式来展示的话，这一概念的不同意义可以在图示5中表示如下：

现行有效力的法律（有效法律）		
体系效力（效力）	事实效力（实效性）	价值论效力（可接受性）

图示5

3.2. 体系效力

法律规范的体系效力常常是形式的。根据弗罗布莱夫斯基的观点，一个规范在体系的意义上是有效的，当它满足下面四个条件时： 34
（a）它是在适当的时候被接受且颁布的，（b）这一规范并没有被撤

〔11〕 Wróblewski, Jerzy, ‘Verification and Justification in the Legal Sciences’. *Rechtstheorie*, Beiheft 1 (1979), pp. 207 ff. 也可参见 Wróblewski, ‘Dilemmas of the Normativistic Concept of Legal System’, *Rechtstheorie*, Beiheft 5 (1984), pp. 320 ff. 在本文中，弗罗布莱夫斯基对这一难题进行了更为具体的分析。参见 Ross, Alf, Validity and the Conflict Between Legal Positivism and Natural Law, pp. 76 ff. 也可参见 Aarnio, Aulis, ‘On the Validity. Efficacy, and Acceptability of Legal Norms’. In: *Philosophical Perspectives in Jurisprudence*, pp. 152 ff. 参见 Guastini, Riccardo, ‘A Tentative Analysis of Two Juristic Sentences’, pp. 573 ff.

销，（c）它并不与同一体系内的其他规范相矛盾，（d）如果出现了矛盾，则有一种公认的（accepted）规则来解决这一冲突。〔12〕但是，对于体系效力这一概念，仍有着许多问题。

首先，"形式效力"这一概念有着两种不同的意义内容，它们必须被清楚地分离开来。我们称它们为法律秩序的**内部**效力和**外部**效力。其中，第一种效力概念指涉的是"内在于"体系的效力，而外部效力则揭示了有关体系本身之效力的某些内容。

在法律人的日常实践中，只有内部效力的问题才会被常规地提出——通常是在那些关涉体系效力的语境中。这一问题可以被表述如下：

"规范 N_i 属于（芬兰的）法律秩序吗？"在对这一问题进行回答时，人们可能会诉诸法律规范的统一体（unity）。N_i 属于这一统一体，如果它是通过一种适当的秩序（即根据某一更高的规范）制定出来的。这些规范中的最高者是宪法。这是狭义的内部效力。例如，对于被告来讲，知道这一规范在狭义效力的意义上是有效的，就足够了。

汉斯·凯尔森对于法律拘束力的看法，就以一种重要的方式反映了内部效力。根据凯尔森的观点，法律是由法律机构制定的规范所形成的总体。另一方面，法律规范也总是"应然"世界的一部分。任何属于"实然"世界（即现实世界）的东西都不能构成法律

〔12〕 Kelsen, Hans, *Reine Rechtslehre*, pp. 209 ff. 对于这个问题，塞波·拉克索（Seppo Laakso）给出了一个异常清晰的分析，In：*Oikeuden systeemiyhteys*, pp. 51 ff. 关于凯尔森的理论，可以参见 Raz, Joseph, *The Concept of a Legal System*, pp. 93 ff. 也可参见 Laakso, 'Puhta-anoikeusopin problematiikkaa', *Oikeustiede* 1980, pp. 150 ff.

规范之力量的基础。法律规范通常是从另一个法律规范中获得其效力的。〔13〕

在这个意义上，法律秩序通常是一个授权的统一体。一个特定的规范（在形式上）是有效的，如果它是由更高规范创设的权威制定出来的话。这就是我们在谈及所谓的规范层级时所意指的东西，一个以宪法为终点的层级。

但是，为什么人们必须要服从法律，这个难题依然没有解决。如何才能把这个法律上有效规范的授权统一体予以“锁定”呢？在凯尔森的理论中，内部效力的终极基础是位于规范金字塔顶端的基础规范（Grundnorm）。〔14〕这一基础规范的最简单形式可以表述为：“宪法必须被遵守。”我们将沿用亚历山大·佩策尼克的做法，使用符号 G_1 来表示这一类型的基础规范。〔15〕此一规范赋予了规范层级广义的内部效力。

根据凯尔森的传统，需要强调的是，宪法的条款实质上是以这 35
一基础规范为根据的，在这一意义上，基础规范并没有内容。它也不是一个被制定的规范。基础规范并不是由特定主权者在许多可选择的规范中挑选出来的。但凯尔森却并没有为这一概念提供一个毫不含混的阐明。他将基础规范称为假设的规范，也称为宪法效力的超验前提条件。基础规范还被（凯尔森）界定为一个假定（hypoth-

---

〔13〕 例如，参见 Kelsen, *Reine Rechtslehre*, pp. 206 – 208. 根据凯尔森的说法，基础规范具有逻辑必然性（“logisch unerlässich”）。但是，在凯尔森的理论中，这种观点是后期才提出的。关于这一点，参见 Laakso, ‘Puhtaanoikeusopin problematiikkaa’, pp. 152 – 153.

〔14〕 Kelsen, *op. cit.*, pp. 208 ff.

〔15〕 Peczenik, *Grundlagen der juristischen Argumentation*, pp. 42 ff.

esis）或者就是一个拟制（fiction）。〔16〕在有关凯尔森理论的文献中，卡洛斯·阿尔乔龙与欧亨尼奥·布柳金建议将基础规范理解为一个界定有效法律这个概念之用法的概念性规则。〔17〕

“内部形式效力这一说法意指什么？”如果我们是要为此一问题寻找答案的话，那么，就其自身的方式而言，所有的这些回答都是令人满意的。例如，如果我们只从（内部的）体系视角来处理效力问题，那么，概念性规则的观念以及假定的基础规范的论述，都是完全可以理解的。换句话说，通过被假设的规范这一方式来“锁定”规范体系是有充分根据的。

在特定的（经验上较少见的）情境中，对于规范体系的**外部体系效力**，也是可以提出问题的。这一问题具有这样的形式：“为什么规范体系 S 是法律上有效的？”

举个例子来说。假如有一个以上的规范体系（S_1 与 S_2）都可以被一个合适的基础规范所支持（S_1/G_1 与 S_2/G_2）。例如，当我们不得不去比较由黑手党建立的规范体系与国家的法律秩序时，就是这样一种情况。为什么是后一体系而非黑手党建立的体系是法律上有效的呢？在这里，问题并不是这一体系中特定个体规范的效力问题，而是这一体系的效力问题。

---

〔16〕在这里，尤其要参见赫尔曼·克伦纳（Hermann Klenner）所提出的有关凯尔森体系之空洞性的批评。Klenner, *Vom Recht der Natur zur Natur des Rechts*, pp. 139 ff.，以及 Klenner, *Rechtsleere*, *passim.* 也可参见 Peschka, Vilmos, *Die Theorie der Rechtsnormen*, pp. 224 ff.

〔17〕Alchourrón, Carlos-Bulygin, Eugenio, *Normative Systems*, pp. 94 ff. 一个更具体的分析，参见 Peczenik, ‘On the Nature and Function of the Grundnorm’, pp. 282 ff. 也可参见 Raz, *op. cit.*, pp. 95 ff. 以及 Vernengo, Roberto J., ‘La Funcion Sistematica de la Norma Fundamenta’, pp. 3 ff., especially pp. 17 ff.

汉斯·凯尔森试图通过提出下述主张来解决这一特定困境，即基础规范只能给予那些大体上**有实效的**规范体系以法律力量。[18]在许多可能的规范体系中，基础规范只会给予最具有实效的那个规范体系以力量。因此，属于“实然”世界的事项（即实效性），成为规范体系拘束力的一个必然条件。从这一观点来看，体系效力意味着，法律规范是一个有实效的法律规范层级的一部分，这一层次是以基础规范为顶点的。需要指出的是，凯尔森也要求每一个**个体**规 36
范都具有实效性。[19]通过这种方式，废弃（desuetude）的规范就被排除出他的效力概念之外。换句话说，规范 N 是有效的，如果它是（大体上）有实效的规范体系的一部分且它自身是有实效的。[20]

宪法是既有规范集合的最高规范。因此，宪法不像之前所举的那些例子一样，它并不从任何由特定权威制定的最高规范中获取其形式效力。凯尔森还着重驳斥了这种可能性，即规范效力可以在价值论上被确定。有拘束力的法律，它们的效力并不需要道德。因此，在法律语词的正确意义上来讲，自然法并不是法律。它属于道德的范畴。

为了阐明这一点，我们要接受下面的区分：**形式**意义上的外部

---

〔18〕 Kelsen, *op. cit.*, p. 219. 规范的制定及其实效性是规范效力（*Bedingung der Geltung*）的**条件**，但规范的基础（*Grund*）总是另一个规范，即更高的规范，且最终是基础规范。有关实效性，也可参见 Raz, *op. cit.*, pp. 203 ff. 也可参见 Petev, Valentin, ‘Rechtsquellenlehre und Reine Rechtslehre’, *Rechtstheorie*, Beiheft 5, pp. 274 – 277.

〔19〕 Kelsen, *Die philosophischen Grundlagen der Naturrechtslehre und Rechtspositivismus*, pp. 8 – 9 and 18. 也可参见 *Reine Rechtslehre*, pp. 1 – 3.

〔20〕 Wróblewski, ‘Verification and Justification in the Legal Sciences’, *Rechtstheorie*, Beiheft 1, p. 212 ff. 也可参见 Weinberger, Ota, ‘Logik, Wirklichkeit und Positivität in der Reinen Rechtslehre’, *Rechtstheorie*, Beiheft 5 (1984), pp. 425 ff. especially pp. 436 ff. 在本文中，魏因贝格尔从凯尔森的视角分析了法律存在的问题。

体系效力与**实质**意义上的外部体系效力。从纯粹形式的视角来看，关键点在于如何通过一种“外部”标准来对基础规范本身进行证成。在对这一类型的形式效力进行讨论时，必须面对规范体系作为一种**法律**秩序的正当性问题。证成（正当化）基础规范的旨趣很明显地具有社会性质。宪法与支持它（作为规范层级的规范体系）的基础规范，从社会视角来看，也必须是正当化的，且重要的是，它是作为法律秩序被正当化的。例如，对于当前的目的来讲，一个只是被假设的基础规范还不够。我们处于一个循环之中：宪法必须被遵守，因为宪法必须被遵守是被假设的。

让我们跟随亚历山大·佩策尼克的脚步，[21]从两个特殊的规范开始：

G_1：宪法必须（在法律上）被遵守；

G_1^j：如果特定的支持性理由（U）、特定的社会事实（F）以及特定的最低限度的道德标准（M）占据优势（prevail），那么，规范 G_1 必须被遵守。

正如前面所指出的那样，规范 G_1 是凯尔森基础规范的最基本表述。另一方面，规范 G_1^j 是一般正当化（justifying）（合法化［legitimating］）规范的一个范例。它是一个条件式规范，这个条件式规范使得从（社会的）“是”到（法律的）“应当”的转变成为可能。当以这种方式解释时，正当化规范 G_1^j 就是形式意义上的外部效力的

〔21〕 Peczenik, ‘On the Nature and Function of the Grundnorm’, *Rechtstheorie*, Beiheft 2, pp. 279 ff. 以及 Peczenik, *The Basis of Legal Justification*, pp. 2 ff. 以及 Peczenik, *Grundlagen der juristischen Argumentation*, pp. 5 ff. 有关转化的概念，参见 Aarnio, Alexy, and Peczenik, *Rechtstheorie* 2 (1981), pp. 136 ff.

一个表达。作为正当化规范，它“锁定了”诸规范之链条，且赋予宪法以正当性。

以这种一般化的形式来表述，正当化规范 G_1^j 并没有言及有关 37
这一实质性标准——借助此标准，某一特定的个体规范体系（例如芬兰法律秩序）可以获得作为法律秩序的正当性——的内容。只有变元 **U**、**F** 与 **M** 被特定的实质性标准所取代时，这一规范体系的正当性才能被评价。只有在这种替代的基础之上，我们才可以表述出规范体系的实质意义上的外部效力。

支持性理由指涉的是对社会秩序之必要条件的认可等诸如此类的理由。例如，一般来说，如果我们希望避免社会关系的混乱不堪，那就必须接受某一普遍有效的规范体系。[22]这种一般性理由，使得对于社会秩序（以及法律秩序）的讨论成为可能。

另一方面，由正当化规范 G_1^j 所假设的那些社会事实，有着许多类型，例如，

（a）宪法是由**主权者**（即在社会中行使政治权力的机构）制定的；

（b）原则上，同时存在两个或两个以上这样的权力中心是可能的。因而，条件（a）是不充分的。重要的是，宪法有**地域**效力。

（c）更进一步，宪法的规范集合必须是**一般性的**，在它作用于条件（b）所指涉之地域内的所有公民这个意义上来讲。

（d）法律的另一个必要条件是，规范具有**时间上的持久性**，换

---

〔22〕有关“支持性理由”这一概念，参见 MacCormick, *Legal Theory and Legal Reasoning*, pp. 64 ff. and pp. 138 – 140.

句话说，法律规范的内容不能连续地、任意地改变。

(e) 宪法的纯粹形式效力（例如，规范体系中的内在授权关系），并没有保证法律效力。正如之前在论及凯尔森的理念时所考察的那样，依然有着对于规范总体的**实效性**要求。一般来说，宪法规范必须是被遵守的。

(f) 另外，在某种程度上，宪法还必须满足**准确性**的要求。一个完全开放的规范集合，无法创建社会权力与法律权力之明智使用的那些条件。

这个清单是无法穷举的。它为理解何种**类型**的社会事实（F）是接受 G_1 的前提条件提供了一个指引。

38 根据佩策尼克的说法，正当化基础规范（G_1^j）至少也包括某些（最低限度的）道德要求。只有在这些道德标准被满足的时候，法律秩序才是法律秩序。让我们回想一下诸如希特勒或波尔布特（Pol Pot）政权时期的那些法律秩序。在这样的情境中，人们必须面对的严峻问题是法律秩序的可接受性。在极端的情况中，整个规范体系都不能被作为法律秩序而承认。[23] 实质意义上的外部效力属于可接受性的问题。它将在后面得到探讨。

总而言之，在这里所运用的形式效力的概念可以被界定如下：

(1) 规范 N_i 在**内部体系意义上**是法律上有效的

(a) 狭义上：如果规范 N_i 可以通过一个形式有效之规范的（内在）转化（transformation）而被推导出来，换句话说，它可以通过一个依据宪法制定的规范的转化而被

〔23〕 有关“最低限度的要求”，例如，参见 Hart, *op. cit.*, pp. 189 ff.

推导出来，且

(b) 广义上：如果宪法的法律效力可以通过基础规范 G_1 获得证成。

(2) 建立在基础规范 G_1 之上的规范体系在**外部体系意义上**是法律上有效的

(a) 形式上：如果基础规范 G_1 的正当性可以通过规范 G_1^j（如果支持性理由［U］、社会事实［F］以及道德标准［M］获胜了，那么，基础规范 G_1 应当被接受为法律秩序的根据）获得证成的话。

(b) 实质上：如果某一特定的规范体系（例如，芬兰的法律秩序）可以通过特定的被承认的支持性理由、社会事实以及道德标准来获得正当化的话。

根据这些论述，由希特勒政权建立的法律秩序，在内部体系的意义上是有效的，从形式外部视角来看也是有效的。只是在这一概念的外部体系意义上来看，它并不能被称为是实质（法律上）有效的。

3.3. 法律规范的实效性

必须对规范的事实效力与体系效力进行区分。在法哲学中，
“效力”这一术语常常被用来指涉上述**两种**现象。规范在事实意义 39
上的效力意味着它实际的**实效性**，它反于（contrary to）（形式上）制定的规范。尽管在语言使用方式上有点令人混淆，但“事实效力”这一术语已经为人们所接受。例如，在芬兰的法律语言中，这

是一种非常常规的用法。[24]但是，事实效力的概念本身又可以通过许多方式来理解。可以这样说，在某个社会中规范 N 是事实上有效的，当且仅当**公民**在其行为中规律性地遵循了它，即规范在这个意义上是有实效的。使用更为精确的术语来说，规律性意味着，当任意一人不得不就如何行为作为选择时，他很可能会选择符合规范 N 的行为。在这里，术语“任意一人”指涉的是，被这一法律规范所影响的个体范畴。

实效性也并不总是通过前述方式进行界定的。出发点也常常在于**权威**对于法律规范的适用。只有在法律被行使权力的适当组织所适用的时候，它才在社会中得到实现。这一理念是与这样的观点关联在一起的，即社会机构作出的反馈（reaction）可能通常被认为是关键因素，正是在这里，法律秩序作为强制秩序的地位得到了表现。这样的反馈恰恰是与强制的概念密切关联的。[25]

有关实效性的典型观点是以法律现实主义为代表的，这也被称为实用工具主义。与这里有关的基本观点，可以被奥利弗·温德尔·霍姆斯（Oliver Wendell Holmes）的这一至理名言妥当地描述：“有关法院事实上会做什么的预言，而非矫揉造作的东西，才是我所意

〔24〕 阿尔夫·罗斯在他的文章中指出了“效力”这一术语的含混性，‘Validity and the Conflict Between Legal Positivism and Natural Law’, pp. 77 – 78. 罗斯似乎倾向于认为，“效力”这一术语仅仅表示体系效力，而不包括实效性。但是，阿尔尼奥和佩策尼克也指出了罗斯自身术语的含混性，参见 Aarnio and Peczenik, *Mas alia del realismo*, pp. 132 ff. *passim.* 有关这一问题，可以参见 Illum, Knud, ‘Some Reflection on the Method of Legal Science and on Legal Reasoning’, *SSL* 1968, pp. 49 ff. 以及 Illum, *Lov og ret*, pp. 53 ff.

〔25〕 有关组织反馈，参见 Kelsen, *Reine Rechtslehre*, pp. 182 ff. 以及 Ross, *op. cit*, . pp. 66 ff.

指的法律。”[26]依照这种观点，对于这些权威之实践的探究，特别是对这些适用法律的权威未来将如何作为的预测，才是法律科学的目标所在。这种视角有时也会被称作所谓“坏人”的问题。[27]通过将自身置于违法者（“坏人”）的位置来揭示法律的内容，这总是可能的，这种方式所要寻求的并不是抽象规则的内容，而是在违法者所处的情况中，权威将会施之以何种惩罚。

G. H. 冯·赖特为法律现实主义增添了一个精确尽管未必真切的解释。[28]在他看来，说规范“存在”并**不**总是自然的。相反，例如，人们可能会说义务的存在。那么，个体 i 有做某事的义务（我们将称之为 O）意指什么呢？依据冯·赖特的说法，这意味着 i 属于行动者 C 的范畴，而就此而言，这是（极为）可能的：如果某个 40
C 不去履行 O 的话，那么，作为结果，某 A 就会做 R。

在这里，A 被界定为权威，而对于 C 来说 R 是某种令其不快的东西，某些“坏”的东西。根据冯·赖特的说法，这意味着，对于大部分 C 来说，R 的施行所带来的不快，是甚于不去做 O 所带来的收益的。

因此，如果 i 有去做 O 的义务，那么，根据冯·赖特的看法，

---

〔26〕 Holmes, Oliver Wendell, 'The Path of the Law', in *Collective Legal Papers*, 1921, p. 173.

也可参见 Summers, Robert S., *Instrumentalism and American Legal Theory*, especiallyp. 239 ff. 以及 Summers, 'Pragmatic Instrumentalism in Twentieth Century American Legal Thought – A Synthesis and Critique of Our Dominant General Thcory about Law and Its Use', *Cornell Law Review* 66 (1981), pp. 861 ff. and esp. pp. 904 ff.

萨默斯的评论，为美国现实主义趋势的目标和内容，给出了一个清晰的图像。也可参见 Krawietz, Werner, *Juristische Entscheidung und wissenschaftliche Erkenntnis*, pp. 97 ff.

〔27〕 参见 Benditt, *op. cit.*, pp. 12 ff.

〔28〕 von Wright, G. H., 'Normien eksistenssi', Lecture (mimeograph), *passim*.

这样的规范就是有效的，依据这一规范，每一个 C 都应当作 O。这一规范通常被称为主要规范（primary norm）。法律秩序也可能包括这样的规范：在某 C 不去施行 O 时，权威（A）有义务去施行 R。在规范理论中，次要规范（secondary norm）这一术语被用来表示这种类型的规范。有一个有效的次要规范，似乎并不是一个主要规范之效力的必然结果。但是，次要规范（在逻辑上）却蕴涵了一个相应的主要规范的效力。〔29〕

法律现实主义者并没有以如此精确的方式来展示他们的观点。即使这样，预测理论的核心，依然在冯·赖特的分析中得到了充分展现。另一方面，我们必须记住，法律现实主义有着一系列不同的影子。某些极端的美国式的现实主义者，在一般层面上否认了法律规范的“存在”。存在的只是行为的规律性。这一进路为（诸如）杰尔姆·弗兰克所主张，他强调，成文的制定法主要是一种手段、工具，法官可以利用它们以获取解决方案的暗示（无论好的还是坏的），假如他认为他需要这样的暗示的话。〔30〕关键之处在于，当法官面临着一个困难的裁量案件，他是基于直觉作出他的裁决的，其后只是（例如）通过诉诸制定法来证成自己的裁决而已。在这样的一个概念世界中，我们不能谈论规范的存在或效力。

阿尔夫·罗斯（Alf Ross），斯堪的纳维亚现实主义的一个代表人物，他从法律科学的视角分析了效力的概念。他的出发点在于，

---

〔29〕 关于这一区分，参见 Hart, *op. cit.*, pp. 77 ff. 罗斯（*op. cit.*, p. 46）指出，**主要规范**总是一个对法官的指令。

〔30〕 Frank, Jerome, *Law and the Modern Mind*, p. 134 ff. 也可参见 Benditt, *op. cit.*, pp. 1 – 11 以及 Summers, ‘Pragmatic Instrumentalism in Twentieth Century American Legal Thought’, p. 896 ff.

如果有关法律的知识想要成为科学知识，那它就必须建立在经验的基础之上。法律规范陈述表达的是有关现实的某些东西。

罗斯他自己说道：

“P（汇票法第28条）是丹麦当前有效的法律”这一断言，它的真实内容是对于这一效果的预测，即如果此条款中的给定条件被认为在某一案件中是存在的，如果这个案件被呈递给法院，且正当化P的那些条件也并没有任何改变，那么，包含在这一条款之中的对法官的指令，就构成了判决之**证成理由的必要部分**。〔31〕*

这句话必须与罗斯理论的其他部分相结合才能进行解读，特别 41
是要和下面这一表述相结合：

这一正在起作用的假设蕴涵着**法律**——如同国际象棋的规则一样——在这一意义上——即法律的行为模式构成了一个对许多人起作用的共同的意识观念——是**超个体的**、社会的现象。因此创制了一个意义与动机的人际间的复合体。**法律同时既是法律规范也是法律现象（行动中的法）**。法律规范构成了抽象的、规范的内容，它

〔31〕 Ross, *Om ret og retfaerdighed*, p. 55. 这是文义上的翻译，只在风格上做了微小调整。“条件”代替了“作为条件的事实”。参见Ross, *On Law and Justice*, pp. 42 ff.，在这本书（即1959年英文译本——译者注）中，译者省略了“证成”（justify）和“证成”（justification）等词，代之以“形成基础”和“推理”。

也可参见罗斯本人在这篇文章中的说法，‘Validity and the Conflict Between Legal Positivism and the Natural Law’, pp. 74 ff.

* 《论法与正义》2019年新英译本的相应译文是：“The real content of A = (§ 28 of the Danish Bill of Exchange Act) is currently scientifically valid Danish law is a prediction that if an action in which the conditioning facts, given in § 28 of the Danish Bill of Exchange Act, are considered to exist, is brought before a court; and if in the mean while there have been no alterations in the circumstances which motivate A, the directive to the judge contained in § 28 of the Danish Bill of Exchange Act will form an integral part of the reasons for the court's decision.” Alf Ross, *On Law and Justice*, edited and with an Introduction by Jakob v. H. Holtermann, translated by Uta Bindreiter, Oxford University Press, 2019, p. 54. ——译者注。

被作为解释型式来使用，使得人们可以将法律现象（行动中的法），理解为有意义的法律行为之复合体，使得人们可以在特定限制下也预测行动中的法。〔32〕*

这里的推理链是这样的。当国会制定规范时，它并没有提供任何特定事态的信息，它只是指示了社会行为。规范总是一个**指令**而非一个命题。通过这个规范，人们获得了特定的图像（“handleforestillinger”），用来对活动进行界定。作为社会活动，这些图像处于一个高于个体的层次，借由它们，就形成了一个联结人们的意义与动机的关联体。规范性意识观念（normative ideology）诞生了，而且这一意识观念被认为是有拘束力的。裁决是依照这一意识观念作出的。正如前文所述，从法律效力的视角来看，权威处于决定性的位置。

---

〔32〕 Ross, *Om ret og retfaerdighed*, p. 41. 这是带有风格上微小调整的文义翻译。在《论法与正义》（即1959年英文译本——译者注）中，罗斯是这样写的：

这一正在起作用的假设蕴涵了，法律规范——如同国际象棋的规范一样——是作为相应的社会行动的解释型式来使用的，即行动中的法。通过这种方式，它使得人们可以领会作为意义与动机之融贯整体的那些行动，使得人们在特定限制下也可以对它们作出预测。罗斯放弃了对“超个体”和“共同意识观念”的使用。

在整本书中，他系统性地省略了这一点。参见（例如）Ross, *On Law and Justice*, pp. 35, 36 and 71. 这本书的读者仅仅根据《论法与正义》（即1959年英文译本——译者注），并不能完全理解罗斯的理论。也可参见 Aarnio and Peczenik, *Mas alia del realismo*, Section 2.

* 《论法与正义》2019年英译本的相应译文是：“My working hypothesis implies that the law, like the rules of chess, is a supraindividual, social phenomenon, in the sense that the legal notions of action give rise to a common ideology which is active in most people's minds, thereby creatingan *interpersonal context of meaning and motivation.* The law is, at the same time, legal norm and legal phenomenon (the law working in the real world). The legal norms are the abstract normative ideas which, employed as a scheme of interpretation, make it possible to comprehend the legal phenomena (the law working in the real world) as a meaningful network of legal transactions and to make predictions, within certain limits, about the course which the law is going to rake when it is operating in a real world context.” Alf Ross, *On Law and Justice*, edited and with an Introduction by Jakob v. H. Holtermann, translated by Uta Bindreiter, Oxford University Press, 2019, p. 40. ——译者注。

因为这个原因，权威所采纳的**规范性意识观念**决定了社会中有效的法律是什么。〔33〕

一个（特定法律秩序中的）法律规范的效力指的是，这一规范能够在有实际拘束力的规范性意识观念中被找到。〔34〕在罗斯自己的概念集中，这一问题显然应当表示如下。规范是抽象性、规范性理念的内容，它表达了有实际拘束力的行动图像。在法律科学中，法律规范是作为**解释模型**（“tolkningsschema”）发挥作用的，通过这一模型，才可以理解在社会中占据优势的意义与动机的关联体。一个规范是有实效的，通过这种说法，我们可以充分地展现出，裁判者将之作为有拘束力的规范来予以实践的那种意识观念。因此，只有实际指引权威之活动的法律才是有实效的。

因此，作为实效性的效力这一理论，同时具有意识观念因素和行为因素。法律规范的效力依赖于权威的行为（根据罗斯的观点，尤其依赖于法院的行为）。一个规范是有效的，如果权威自身会以这一规范所要求的方式来行为，且只要权威将这一规范当作是有拘束力的，它就会如此行为；这个规范是以某种特定方式来激发权威的行动的。这是此一理论的意识观念面向。另一方面，我们也可以 42
通过考察权威的实际行为来获取有关规范效力的信息。因此，“法律规范 N 在法律秩序 O 中是有效的”这一陈述是否是正确的，依赖于权威是否以这一规范所规定的方式来行为。

〔33〕 Ross, *op. cit.*, pp. 48 ff. 也可参见 Bjarup, Jes, *Skandinavischer Realismus*, pp. 68 ff., Strömholm, *op. cit.*, p. 100 以及 Lauridsen, Preben Stuer, *Studier i retspolitisk argumentation*, pp. 125 ff. and p. 234 ff. 在一般层面上，也参见 Bulygin, Eugenio, ‘El Concepto de Vigencia en Alf Ross’, pp. 3 ff.

〔34〕 Ross, *op. cit.*, pp. 38 ff.

作为效力标准的实效性理念是一个非常自然的理念，它也可以在理论上获得证成。因而，毫无疑问，实效性与效力的相互联结，是对效力进行言说的**一种**可能方式。但是，在这种思考方式中，也隐含着一些特定难题。这些难题很显然也会出现在阿尔夫·罗斯的效力理念中。对于当前语境而言，唯一需要注意的是，效力这一概念及其对于当前研究的意义。而预测的难题将在后面进行讨论。

正如前文所述，罗斯是从**法律科学**的角度来考察这一事项的，他的基本问题是："理解有效法律在科学上是如何可能的?"相同的进路也常常与其他预测理念相关联。这意味着，以这些理论为基础，并不能为**法官**提供下一问题的答案，即一个特定的规范是否对他构成了约束。〔35〕即使如此，我们对于法的安定性的预期依然始于这样的假定，即法官其自身是以某种方式来对法律秩序的妥当内容进行阐释的。正如斯蒂·约恩森（Stig Jørgensen）所言，从法官的角度来看，获取关于法官（换句话说，即他自己）将如何行为的信息并不重要。〔36〕决策者在作出裁决之前必须已经知道，什么对他有约束力，什么对他没有约束。西奥多·本迪特（Theodore M. Benditt）中肯地写道："观察者可以预测你将会做什么，但法官在裁决案件的过程中，并不能仅仅预测他将要做什么；他是正在做这件事情。"〔37〕卡勒·马柯宁对这一问题也持有相同的看法。〔38〕

---

〔35〕 Aarnio and Peczenik, *Mas alta del realismo*, Section 7.

〔36〕 Jørgensen, Stig, *Law and Society*, pp. 86 ff. 以及 Jørgensen, *Argumentation and Decision*, pp. 381 ff.

〔37〕 Benditt, *op. cit.*, pp. 13 ff.

〔38〕 Makkonen, *Zur Problematik der juridischen Entscheidung*, p. 59. 也可参见 Hart, *op. cit.*, p. 143.

所以，法官的视角似乎强烈捍卫了这样的观点：法律的效力不能被定义为实效。如此来说，这一定义将失去它的内在逻辑，而只能涵盖特定的情境。根据这样一个定义，法官就会变成他自己必须当作是有拘束力的那些规范的实施手段。

某位法律现实主义者可能会打断我，且会说，在任一案件中，都总是由最高法院来决定在社会中什么是“正确的”、什么不是“正确的”。以这一视角来看，最高法院是不会犯错的。因此，所有的法律必须最终是被实现的法律。除了最高法院，没有哪个机构能够指示社会中“既有的”法律是什么呢。但 H. L. A. 哈特却说，最高法院也会在有关的类似案件中，对自己之前的裁决进行批判，[39]以此，他已经对前一论证链作出了回应。事实上，如果当前案件本 43
身在基点上并没有什么不同，但最高法院却作出了一个带有不同内容的判例时，它所作的就是这种批判。因为法官可以“从他的错误中吸取教训”，那就必须有理由去证明**这一点**，即错误已经被作出了，且要表明，**为什么**那一裁决被认为是错误的。

除此之外，我们还应当注意，作为一个事实问题，法律科学的

---

〔39〕 Hart, *op. cit.*, pp. 132 ff and especially pp. 141 – 142.

哈特还在其他方面对罗斯的观点进行了批判，即指出罗斯并没有处理形式效力这个事实。Hart, *op. cit.*, pp. 28 ff. and pp. 100 ff.

罗斯对这一批判进行了回应，他指出，这种混淆的主要原因在于，“效力”这个语词的含混意义。罗斯谈论的是（事实）效力，但哈特谈论的是规范的存在。在我看来，罗斯的这一观点是正确的。例如，哈特自己写到，当我们断言一个法律体系存在时，“我们事实上是把一些异质的社会事实，以一种压缩的、简化的语词说出来。”（Hart. *op. cit.*, p. 109. ——译者注。）这一断言的真实性是通过“诉诸事实上的实践；诉诸法院鉴别某规则是不是法律的方式”来确认的。Hart. *op. cit.*, pp. 245 – 246（应为 Hart. *op. cit.*, p. 105. ——译者注）。

另一方面，就罗斯他自己在其作品（《论法与正义》[*Om ret of retfaerdighed* 以及 *On Law and Justice*]）中所使用的术语而言，哈特的批评是正确的。参见这一部分的注释 31 和 32。

传统任务之一是，追随且批判法律实践。法教义学的研究实践并不是对已有裁决的描述（与接受），正如它（至少在很大程度上）并非纯粹的预测一样。如果我们不承认某一批判有着独立于法院裁决本身、“外在于”法律实践的证成理由的话，那么，我们就不能认为这一批判是正确的。因此，我们必须得转向价值论效力这一概念。

3.4. 法律规范的可接受性

价值论效力常常与所谓的自然法关联在一起。若如此的话，诸如正义这样的价值，就不仅仅是既有的（实在）法律秩序的标尺，而且也构成了赋予规范体系以最终法律效力的基础。这样的话，自然法就位于实在法之上，且构成了其力量的基础。

自然法诸理论并没有建构出此一工作的基础。尽管这里谈的是效力的外部实质标准，但其实并不存在实在法之外的法律上相关的标准，可以为诸如此类的法律秩序或者属于这一秩序的个体规范，提供正当性证明。但是，在法教义学中，在审判中，不同类型的价值标准，却扮演着一个重要的、有时候甚至是决定性的角色。如果我们将这一问题重新表述如下：“为什么法律规范 N，在社会 X 中是形式有效的，却并没有被体系化地适用?”那它就很好理解了。对此的一个说明，可以在这样的理念中找到，即这一规范，尽管并没有在形式上被废除，但却不符合一个被普遍接受的价值体系。〔40〕因此，不是所有形式有效的法律规范都能获得价值可接受性的保证。在这里，我们可以找到价值论效力的核心内容。

我们也可以说，一个被权威规律性适用的规范，与某一被当作与其相关的价值体系，二者处于相冲突的状态。换句话说，这个规范既是形式上有效的也是有实效的，但从特定的价值体系视角来看， 44
却不具有可接受性。

这个结果与法的安定性的概念密切关联，法的安定性由两种不同的要素构成。当：（a）避免了武断且（b）结果符合价值规范，即它在这一语词的实质意义上是“正确的”，法的安定性的要求（或预期）才得以实现。避免武断意指的大抵是与可预测性相同的东西。进一步来说，可预测性可以通过理性的方式予以界定。每一个满足理性商谈标准的程序都会带来一个可预测的裁决（参见185页）。

现实并不总是或者甚至通常都不符合我们的理想，这是另外一个问题。社会生活中充斥着诸多不合逻辑的因素、十分模糊的说服、

---

〔40〕对此，应当诉诸这一概念观，根据这一观点，法律规范是有效的，当它符合社会中普遍流行的法与正义的**一般**观念时。例如，参见 Illum，Knud，*Lov og Ret*，passim. 这一概念观容易遭受阿尔夫·罗斯所提出的那种批评。他指出，“法与正义的一般观念”导向了“有效法律的一种个体心理学基础”。

在这里，指出这一点也是**非常**重要的，即法西斯的有效法律观念也是基于“法与正义的一般观念”的。符合人们的意识，曾是（法西斯）德国法律的真实表达。例如，参见 Dietze，H. H.，*Naturrecht in der Gegenwart*，p. 184 以及（在一般层面上）Kaufman，Arthur，Rechtsphilosophie und Nationalsozialismus，pp. 19ff.

对于本书中所捍卫的观点来说，这种概念观确实是相异的，尽管有效法律与社会价值基础之间具有相互关联性这一**基本理念**与它是类似的。参见后文中对于奥托·布鲁辛观念的讨论（注释 44）。也可参见 Aarnio，‘Eternal and Changing Law’：In：*Philosophical Perspectives in Jurisprudence*，pp. 94 ff.

隐秘之事以及想要影响他人的企图。所有这些都是生活本质的一部分。但是，（我们乌托邦中的法律的）法律意识观念并不能建立在这样的因素之上，无论它们多么真实。我们追求的是更好的东西、更多内容的东西。基于这一理由，将理性的可接受性作为探讨法律效力的一种相关方式，就获得了正当性。

例如，当学者们对某个解释——这一解释的效力是建立在纯粹形式基础（诸如规则之类的东西）之上的，且/或它被证明或者被主张是在社会中有实效的——进行批评时，他们便依赖这样的视角。[41]

我们可以依据伊尔卡·尼尼洛托所勾勒的模型，[42]并对它进行重述，就得到了有关价值论效力的下列表述。规范 N_i 在社群 C 中是有效的，当

（1） N_i 属于那个由 C 的宪法所授权制定的规范体系；

（2） 这一宪法必须被遵守，因为基础规范 G_1；

（3） 基础规范 G_1^j 必须被遵守，基于一个证成性（条件性）规范 G_1^j；*且

（4） N_i 在 C 中是可接受的，它在这个意义上来说的，即大部分成员，在理性考量这一问题之后，都拘束自身去接受 N 是要被遵循的法律规范。

这一表述中的要素（1）和（2）关涉的是法律秩序的内部形式

〔41〕 Niiniluoto, Ilkka, 'On the Truth of Norm Propositions', *Rechtstheorie*, Beiheft 3 (1981), pp. 171 ff. 也可参见 Niiniluoto, 'On Truth and Argumentation in Legal Dogmatics', *Rechtstheorie*, Beiheft 2 (1981), pp. 53 ff.

〔42〕 Niiniluoto, Beiheft 3. p. 176.

* 原文为"*G*"，似乎有误——译者注。

效力。而前提条件（3）处理的是外部效力的标准，既包括形式意义上的外部效力标准也包括实质意义上的外部效力标准。这一表述中的最后一个要素（4）涉及的是价值因素（可接受性）。显而易 45
见，佩策尼克的外部效力的定义，与上面所展现的表述几乎是相同的。它也包含了诸如第（4）点这样的用来界定有效法律效力之特点的特定道德（评价）标准。

就我来看，两者的区别在于这一事实：对于佩策尼克来说，外部道德证成是对于如此这般的法律秩序的一种证成。但与此相反，这里的全部问题却是与个体规范相关联的。它的问题是这样的："在社群 C 中，**规范 N_i** 是否是可接受的（在这个意义上是有效的）？"

作为可接受性的效力是一种反事实事态。带有内容 I_i 的规范 N_i 在社会 X 中**将会是**有效的，如果人们在他们的论辩中是理性的，且当某一特定的价值基础是主流的。但情况并不总是这样的，可接受性仅仅是一种理想而已。可接受性是我们对于（西方）社会中一个"好的"法律是什么的解释。可接受性的内容将在后面的第四章中得到探讨。

关键之处在于这样的洞见，即我们可以在**所有的**这三种意义上讨论效力：形式效力、实效性和可接受性。如果我们想要将这一概念的任何一种面向当作是**真正的**效力类型，理论性难题就会出现。如果我们想要以上述三种意义的结合为基础来建构效力的定义，困难也同样会出现。"纯粹法学"就是试图通过使用概念的某个或某些意义来界定法律规范之拘束力的一种尝试。凯尔森的定义包含了形式效力，也在某种程度上包含了实效性。其他一些人也曾仅仅以形式效力为基础来对效力进行界定。如果除了形式标准以外，某一规范也满足了特定的基于价值的要求，那么，我们同样也可能将它当作是具有法律拘束力的。〔43〕

很显然，这种类型的定义，其弱点就在于，它们会与**我们所使用的日常语言的逻辑**发生混淆。在实践中，我们并不会像法哲学们所要求的那样，使用这样呆板的方式说话。意见的诸多分歧源于我们想要寻求语词的清晰定义这样的深层倾向，当我们开始进行哲学讨论时就是这样。在日常的法律语言中，存在着多种致力于讨论效力的相互连结的语言游戏。哪一种游戏是展现效力难题的最充分的方式，这依赖于语境。让我们举一个例子吧。

如果分析的起点是实效性的话，那么，形式效力通常都必然被包括其中。根据习惯法，只有那些以适当秩序被给出的规范才能是
46 有实效的。权威负有遵循具有体系效力的法律的应尽义务。在这种语言游戏中，并没有价值论效力的位置。只要我们的关注点仅仅集中于体系效力的话，无论是内部体系效力还是外部体系效力，情况也都同样如此。这个游戏已经发生了变化。在语言的这种用法中，

---

〔43〕 对此应当参考以奥托·布鲁辛为代表的那种效力概念。他的出发点的基础在于，法律规范是社会规范集合的一部分。这些“社会规范”是历史发展的产物。它们反映了公民的**价值意识**。它们不仅仅是一般性的意见。价值意识是历经数个世纪发展的结果；可以说，它们是从社会现实中孕育而出的。布鲁辛注意到，价值意识（法律确信）并不必然是一般性的；它是建立在事实性的权力关系之上的，这一点就足够了。

这种观点清楚地展现了基于价值的效力（价值效力）的核心内容，即效力与社会事实以及它与公民的价值意识之间的相互关联。另一方面，布鲁辛并不能使自己完全免受下一批评的影响，在本文中，这一批评是指向接受之偶然性的。价值意识是建立在事实性权力关系之上的，它可能会构成一个全然操纵性秩序的基础。如果布鲁辛有关价值意识之历史本质的观点被认为指的是：价值意识，它确切地、有正当理由地回到认识（awareness）的层面，可以成为法律秩序的基础，那么，它就很接近本文所主张的概念观。价值意识是一个必须在它不受偶然因素影响时方能达至的事项。

实效性和可接受性的概念就不再扮演任何角色了。因为这些理由，所以，在下文中，我们并不会试图对效力的这种观念进行界定。

但是，只要所关涉是**证成**，那么，价值论效力最终就是最有意义的效力概念。解释的证成基础，常常是由“法外的”论据构成的，它们会诉诸一个特定的价值法典。只有根据价值论效力，我们才可能理解（例如）解释的相对性。体系效力，无论是内在还是外在意义上的体系效力，都只是可接受性的一个前提条件。实效性也同样是可接受性的前提条件之一，虽然不是唯一的前提。尽管如此，论证理论所试图展现的依然是：如果一切都是被理性考量的，那么，通过通盘考量，哪些规范应当在法律共同体中被接受。从这一点来看，它将总是一个法律的批判理论。

无论效力的语言是如何使用的，就上述所讨论之事来说，都没有必要去扩增法教义学的**本体论**。那些处理效力的语言游戏，它们的运行并无增加新实体的必要。而且与之相反（*vice versa*）：如果所有的这些效力游戏都得到详细阐明，那对于效力这一概念的完全描述就是唾手可得的了。我们并不需要，为理解我们的这些语言游戏，而去假设法律规范的理想存在。在这个意义上，有关法律规范之独立存在的本体论难题就消失了，这时候，它变成了有关效力的难题，即有关效力观念在实践中参加的所有不同效力游戏的问题。

第三章　法教义学的解释方法论

1. 基本概念

1.1. 两种研究的策略

47 在法律研究实践中，解释的难题可能会在两种类型的情形中出现。我将它们称为**以法律文本为中心的研究策略**和**以难题为中心的研究策略**。[1]

以法律文本为中心的研究，它的分析起点是特定的表达；在成文法体系中，这通常是法律文本。它的任务是为这一文本的一个可选择的解释作出证成。解释的对象可能是文本的含混性或者它可以通过不同方式来解释的事实。它的问题可能会通过如下的方式表述："'以书面形式'这一表达，在芬兰遗产法第17章第3条中，指的是什么意思?"如果我们用字母L来指称法律文本，而用字母I指称可选择的解释，结果就如同图示6所示：

---

〔1〕 Aarnio, *Denkweisen der Rechtswissenschaft*, pp. 49 ff. 亚历山大·佩策尼克向我指出，以文本为中心的视角与以难题为中心的视角的区分，只涉及到所谓**发现的语境**。除了本文已经作出的保留意见之外，这种看法是正确的。但是，值得一提的是，根据某个人的研究起点的"目的"不同，研究策略可能会有微小差异。

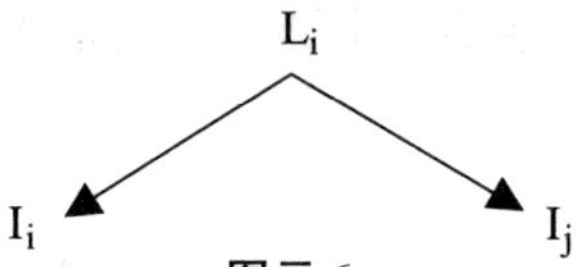

图示 6

在实践中，是可能存在两种以上的可选择解释的。这并不重要。从我们的研究主题来看，重要的是，在这里，解释总是**一个关涉选择的决定**。这是一个在两种或两种以上语义上且法律上可能的选项中进行选择的问题。就公认的法律意识观念来说，难题在于对作出的选择进行证成。从法的安定性的角度来看，只有以适当方式获得证成的解释才具有相关性。因此，法教义学的解释理论，部分上也是有关可选择解释之选择的证成理论。

以难题为中心的研究，其出发点是一个具体的法律难题，或者一个想象的但在现实中却是可能的法律难题（这在学理解释中十分
常见）。让我们用字母 Q 来指称这个难题。研究者可能要努力阐明 48
的是，已知法律文本（L_i）的哪一个解释（I_1，I_2），可以用来处理待决疑难问题（Q_i）。这一情景可以在图示 7 中得以展现。

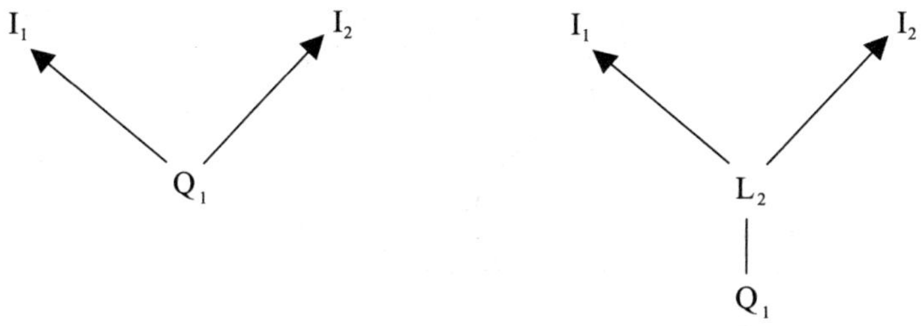

图示 7

这一难题也可能是这样的，在最开始，同样的难题可能为两个或两个以上的法律文本所调整。这可能是法律文本内容之间的冲突

问题。如果对于哪一个法律文本要被适用是不确定的，那么，情形也是一样的（图示8）。

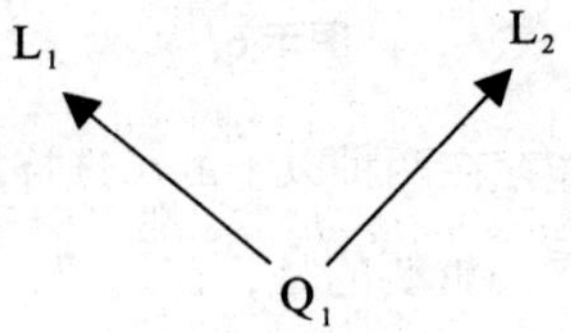

图示8

尽管两种研究策略的出发点是不同的，一个是文本，一个是法律难题，但就解释的**结构**而言，这二者之间并没有本质的不同。以难题为中心的研究，最终都会导向那些与以文本为中心的研究之问题相同的或相同类型的基本问题。在两种研究中，学者从事的都是对于法律的不明晰意义内容的阐明，或者更准确来说，是对于形式有效的法律文本的阐明。这种相似点可以在图示9中通过图解的方式来表明。

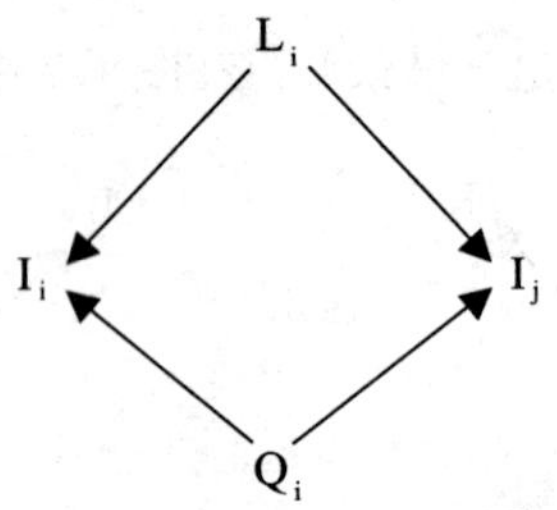

图示9

49 沿着这样的思维继续，前述两种研究策略之间的区别就在于这一事实，即它们是从同一问题的不同支端出发的，一个是从带有含混内容的法律本文出发，一个是从被证明有困难的难题范畴出发。

将这一点纳入考虑之后，下文就不再对以法律文本为中心的研究与以难题为中心的研究分别进行独立的分析了。除非另有说明，我们将只关注这样的情境：对于一个完全相同的法律本文，可以给出两个可选择的解释（I_1，I_2）。对于这种研究策略的论述，一般来说，只需要稍作改变（*mutatis mutandis*），都可以适用于更为复杂的情境，也都可以适用于以问题为中心的研究。

1.2. 规范陈述与解释陈述

1.2.1. 规范陈述的概念

法律秩序可以被界定为一种通过特定方式由法律规范形成的实体。如果我们使用字母 LO 来表示法律秩序，用字母 N 来表示法律规范，根据伊尔卡·尼尼洛托的看法，我们可以绘制出图示 10。

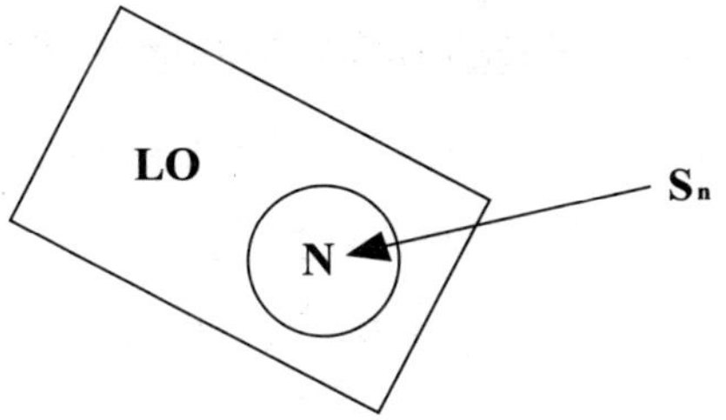

图示 10

在这一图示中，S_n 是对于法律规范 N 的内容的陈述（statement），N 是（有效）法律秩序的一部分。我将这样的陈述称为规范陈述。为了阐明这一概念（“规范陈述”）的意义，下面对不同类型的陈述的语义学进行一般性分析可能是有用的。

将陈述进行分类的通用方式是将它们分成两个群组：**理论**陈述和**实践**陈述。理论陈述可能是经验陈述或者逻辑陈述。常规来说，

这些陈述都可能被称作是命题。从语义学上讲，命题通常可以被定
50 义为语句的内涵。与此相关，“命题”这一概念的另一个特点也是重要的。**真/假**的属性是能够且必须被归属于命题的。另一方面，这个属性可以是经验属性或逻辑属性。在这个意义上，经验命题指涉的是现实。这一命题是否与现实相符合。因此，真这个概念，常常是在符合论（所谓的塔尔斯基真理）的基础上定义的。这其实就是命题与外在于命题的世界之间的符合问题。与此不同，逻辑命题完全不指涉现实。它们是在所有的可能世界中有效的。

实践陈述也有许多不同的类型。符合的概念并不能适用于实践陈述的相关问题。在当前语境中，将实践陈述（语句）分成两个群组就足够了，即：（a）意在产生某种**效果**（effect）的语句（“效果语句”）；（b）**表达性**（expressive）**语句**。第一组陈述既包括规定性语句（规范与命令），也包括说服性语句述（例如，建言［recommendations］、操纵性表达，等等）。另一组陈述是由“纯粹的”表达性语句（例如，态度、意向的表达，等等）或立场（论点［contentions］）构成的。只要关涉到内容，立场就可能是（例如）价值立场或规范立场（norm standpoints）。

“纯粹”表达与立场之间的区分，是建立在一个完全独立于上述分类标准之外的标准之上的。例如，效果语句与表达性语句的区别诉诸的是，这些语句在语言与人类交流中通常情况下的不同**功能**。人们通过规定性语句和说服性语句是想要对另一方产生影响。而表达性语句是居间将信息从消息的发出者传递给受信人（recipient）。纯粹表达与立场之间的差异（在上文所言的意义上）在于这一事实：后者是有理由支持的，即只有立场是可以被证成的。后面我们

还要看到，也存在不同类型的语句之间的特定“混合物”。但是，一旦涉及的是规范陈述这个概念的话，这就不再重要了。上面所说的分类形式可以在图示 11 中以图表的方式来予以展现，后面我们还要对规范陈述进行更为具体的探讨。 51

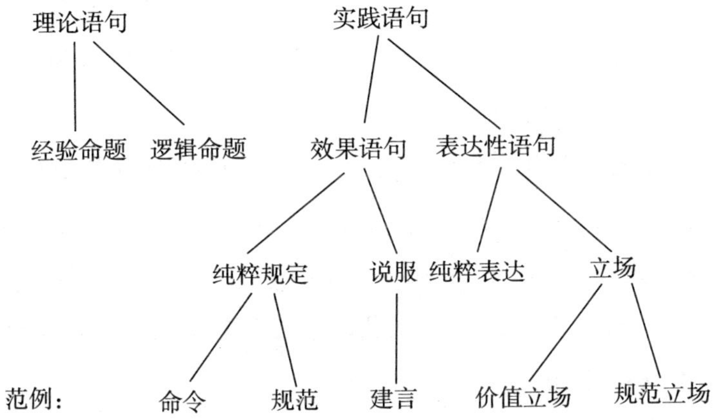

图示 11

让我们回过头来看规范陈述。它们可能（至少）具有如下的种类：

(i) 首先，解释者可以提出规范命题。〔2〕这个命题可能是这样的：

P_n “具有内容 I 的规范 N 是芬兰（有效）法律的一部分。”

在这种情况中，此命题——根据定义——会与某一特定社会事

〔2〕关于规范命题这一概念，参见 Niiniluoto，Beiheft 3，p. 172，Wróblewski，‘Verification and Justification in the Legal Sciences’，pp. 196 ff. and esp. pp. 201 ff.，以及 Sintonen，Matti，Problems of Interpretation and Truth in Legal Science，*Rechtstheorie*，Beiheft 2，pp. 77 ff. 也可参见 Klami，*Finalistinen oikeusteoria*，pp. 19 ff. 也可参见 Aarnio，Alexy，and Peczenik，*Rechtstheorie* 1982，pp. 427 ff.

态相互对应。这意味着，这一规范的效力必须通过某种经验上可验证的方式来界定。这个命题表达的是有关真实世界的某些事项。根据上文对效力概念的讨论，我们要指出，现实主义理论——它根据实效性来界定效力——满足了这一命题定义中的那些条件。不仅对于美国现实主义进路来说是这样的，而且对于阿尔夫·罗斯所提出的预测理论同样也是如此。伊尔卡·尼尼洛托的现实主义进路，也可以被归入这一组，这将在后面进行讨论。

（内在意义上的）体系效力也可以满足规范命题（类型 P_n）的真值条件。无论我们是否采纳汉斯·凯尔森有关规范层级的观点，或者是否赞成先前根据亚历山大·佩策尼克的理念来表述的结论（只要我们依然在向法律内的转化以及法律渊源的识别这些范围之内），情况都是如此。

52 作为效力标准的可接受性的概念却是很有问题的。可接受性不仅包括法律面向还包括法外面向。根据这一视角，（理性的）可接受性并不是一种经验事态，即那种通常与（例如）规范的接受或实效性相同意义的经验事态。因此，表达理性可接受性有关内容的那些陈述不可能是一个（规范）命题。作为一种事实问题，正是在这里，我们可以找到解释难题的整个核心。

（ii）有关理性可接受性的规范陈述，在本书中，被命名为**规范立场**（规范论点）。这一陈述所表达的是关于有效规范（有效法律）的某些内容，但它是一个立场，因为它不仅包含有关现实的命题而且包含了价值判断。解释者不只是表达了有关经验事态的陈述，更是**提出**了一个评价性立场。因此，规范立场可以通过（例如）如下形式来表述：

（1）P_s：“接受具有内容 I 的规范 N 作为有效法律的一部分，是理性且正确的。”

这种形式的规范立场可以被称为价值陈述。与规范立场纠缠在一起的价值判断，它并不像与经验现实相关联的有关事态的信念那样，它不是客观上正确的或错误的，因此，规范立场也不可能像命题那样为真或为假。规范立场的“正确性”——如果存在某个对于这一立场的证成的话——是相对的，正如下文中将要描述的那样。对于同一个解释难题，提出两个或两个以上的被充分证成的规范立场，是可能的。

让我们假设两个这样的立场 P_{s1} 与 P_{s2}。前者表达的是，对于规范 N_1 来说，接受内容 I_1 是理性且合理的。后者表达的是，对于规范 N_2 来说，接受内容 I_2 是理性且合理的。这两种立场之间的区别在于这一事实：即使我们自身严格地受同样的理性原则（与规则）的拘束，但对于在这种情况中什么是正确的，我们依然完全可以有充分正当理由地存在分歧。因此，对于 P_{s1} 或 P_{s2} 来说，当其与“法律现实”进行对照时，它们是否是真的，并没有一个说明这一点的普遍基础。

在特定情况下，说规范命题（P_s）为我们提供了有效法律秩序的信息，可能是奇怪的。正如伊尔卡·尼尼洛托所指出的那样，可能会存在立法的“欠发达领域”（例如环境法），以至于**如果**有人首 53
先构思且表述出新的制定法或解释（例如保护自然），大部分理性的人**就会**接受这些制定法或解释。“也可能存在这样的规范，它们是理性可接受的，但却根本没有人想到过它们”。这是正确的。因此，规范立场也可以在缝隙（gap）情境中被表述出来，在这种情境中，这个立场所提出的，实际上是有关其所建议的法律内容的“新信息”。

对于规范立场的定义（1），尼尼洛托也表示，这一立场无非就是特定**技术性规范**的后件（consequent）而已。[3]正如众所周知的那样，一个技术性规范（N_t）具有下述形式：

（2）N_t：“如果你想要 A，那么你应该做 B。”

根据尼尼洛托的看法，一个规范立场恰恰是一个演绎推论的结论：

（a）如果渊源 G 且价值 V 被接受了，那么规范 N 应当作为这一法律秩序中的有效规范而被接受；

（b）G 且 V；

因此，接受规范 N 是理性的。

正如第一个前提所示，规范命题只有在与某组特定的人（受众）的关系之中才能获得证成。因此，“接受规范 N 是理性的”这个结论，对于那些共享着共同价值 V 的人来说，是一个技术性义务。也可以这样说，这一规范立场作为技术性应当，对于这组人来说，是**真的**。但是，这种真并不是符合论意义上的真。倒是可以这样说，一个描述性陈述“对于个人 A 来讲，接受规范 N 作为有效的规范是理性的”，根据符合论是真的。

在他的论述中，尼尼洛托提出了许多值得注意的观点。法律学者可以表述技术性规范，也可以表述规范立场，确实如此。然而，规范立场却并不能被还原为作为技术性应当的那种陈述。规范立场

〔3〕 Niiniluoto, ‘Truth and Legal Norms’, In: *Conditions of Validity and Cognition in Modern Legal Thought*, *ARSP*, Beiheft 25 (1985), pp. 168 ff. and especially pp. 182 ff.

不仅仅表示，**如果**你理性地进行推理，而且如果你自身为特定价值所拘束，那么，你应当接受特定的规范或者特定的规范解释。一个真正的立场不是仅仅由理论性因素构成的，而且也有价值承诺包含在其中。规范立场只是论点：接受规范 N 为有效规范**是**理性的且合理的。因此，规范立场并不是上面所提出的那种三段论的结论；规 54
范立场表达的是有关有效法律秩序的主张。

从这一点来看，作为规范立场的法教义学解释，表达的是法律所调整的**理想**世界的东西。这个世界，对于那些自觉接受理性商谈规则之拘束的人们来说，是理性可接受的。这也是为什么这个世界可以被称为理想世界的原因。G. H. 冯·赖特指出，法教义学的任务恰恰是"对法律所展望的理想事态的准确性质进行详尽阐述并使其变得清晰。它对法律的内容进行阐释"。冯·赖特认为，尽管被建议的内容可以以真的或假的命题来陈述，但这一建议本身却不能被评价为真的或假的。"不过，它可以通过多种法律论证方式获得证成，它可以根据各种不同的标准被评价为合理的或不合理的，对于这些标准有时候并不必然是相互之间取得一致的。"〔4〕因此，即使规范立场的目标在于提供有关理想世界的信息，但它依然仅仅是一个建议而已。这一立场取得的可接受性愈广泛，它作为对于有效法律的一个解释，所具有的社会价值也就愈大。理性可接受性因而是一种"量具"，通过这个量具，才可能对立场的"成功"进行深入的讨论。

（iii）规范**建言**可强可弱，就它们的性质依赖于这一建言是否获

---

〔4〕 参见 von Wright, G. H., 'Is and Ought', In: *Man, Law and Modern Forms of Life*, 1985, pp. 263 ff. especially p. 272.

得证成这一点来说。

如果除了提出规范立场之外，某人还建言其他人也接受这个立场，那么，他就是在提出一个弱意义上的规范建言。某个特定表达本质上是一个建言，此一事实并不能移除对这一立场进行正当化的可能性。无论其建言看起来如何，这一观念是否是可接受的，也是建立在正当化论据的基础之上的。被他人建言这一因素，并不能增强或减弱这一观念的可接受性。

因此，弱意义上的规范建言包括两个方面：一种有关规范之内容（与效力）的正当化观念（a justified conception of the content [and validity] of the norm），**以及**一种对接受（说服）进行建言的要素（an element of recommending acceptance [persuasion]）。我们也可以说，在这一表达中存在一个建言助动词（operator）。[5]

另一方面，如果这个人只是提出自己关于规范内容的意见，而没有给出证成，那他是在——例如，基于他的形式地位——建言这个立场要被接受。这一立场就是强意义上的规范建言。也可以称它
55 为**真正的**建言。发起者想要说服其他人，但这一立场的相关性却是完全建立在陈述作出者的权威之上的。如果将法的安定性考虑在内的话，它的价值与“基于品味的判断”（taste - based judgement）是处于同一层面的。一个真正的建言并不能被理性地发问，因为缺少了证成，就不会有对它的内容和范围的理性讨论。

---

〔5〕 对于规范立场和规范建言之间的概念关系来讲，R. M. 黑尔有关语句的指陈（frastic）部分与首肯（neustic）部分的区分也是很有趣的。根据黑尔的看法，首肯构成部分表达的是，它是否是一个语言的指示性或命令性用法的问题。以一种对应的方式，说服性构成部分在规范建言中也有作用。参见 Hare，*Language of Morals*，pp. 15 ff. and esp. p. 18.

1.2.2. 结论

在法教义学的陈述中，规范立场并不具有特殊的身份。正如当前研究实践所明确揭示的那样，法教义学是由无数簇的规范陈述构成的，例如：

（a）经验陈述（“规范 N 被法律共同体接受了”）；

（b）技术规范（“如果你想要 V，那么你应当接受规范 N”）；

（c）规范立场（“接受规范 N 为有效规范是理性的”）；

（d）规范建言（“规范 N 应该被接受为有效规范”）。

就对法律解释的进一步分析来讲，在学术实践中，如果这些语句中没有哪种语句是最为**常见**的，那么，哪一种（哪些种）语句是最为**常见**的就是不相关的。更为重要的是对于这一点的提醒，即在法教义学中所有的这些语言游戏都能得到充分的运用。但在这里，我们要对规范立场（［c］组）投以特别的关注。这样做有两个理由。首先，对法律的适用来讲，说法官提出了（a）、（b）、（d）这些类型的规范陈述，是很不自然的。为了将法律适用于当前案件的事实，法官必须解释相关的法律规范。解释是涵摄的必要前提条件。为了这一目的，对于诸如技术性应当或纯粹的意见，法官并不感兴趣。他只是不得不在诸多解释选项中作出**选择**，这种选择表达了他对于“正确”答案的意见。

正如我们所见，从认识论角度来看，学者也处于一种类似的情境之中。在许多案件中，学者也必须采取立场。社会的适当功能预设了，学者要通过（例如）提供有关理性可接受事态的信息来“引导”法官。在这一讨论中所使用的规范立场仅仅是一个范例，通过这个范例，我们可以阐明理性可接受性在法律证成中的内容和角色。

56 也可以通过使用技术性规范或建言来澄清同样的难题。例如，在“如果你想要 V，那么你应当接受规范 N”这一技术性规范中，理性可接受性也扮演着关键的角色，在“规范 N 应该被接受为有效规范”这一建言中它也同样有着关键作用。

1.2.3. 意义陈述与解释陈述

每一个有关语言表达之意义内容的陈述都可以被定义为**意义陈述**。因此，意义陈述是一种表达，它告诉我们的是关于另一种表达的某些信息。换句话说，它的焦点在其本身的语言。意义陈述可能是下面（至少）三种类型的其中一种：

（i）它可以指涉另一个表达、术语或语句的**毫无歧义**的内容，例如，在遗产法中，“遗孀” = “未亡的女性配偶”。配偶这个概念又可以在婚姻法的适当条款中得到更精确的意义。

（ii）一个语义学命题也可以将展现一个表达的**诸多可选择内容**——这些内容是能够被纳入考量的或者在解释情境中能够进入问题探讨的——作为自己的内容。例如，常常被提及的，遗产法第 17 章第 3 条中“以书面形式”这一表达，它指涉的是未署名的文件、署名的文件、署名并经过见证的文件，等等。通过列举“文件”这一概念在逻辑上可能的选项，我们就能够对当前法律的可选择内容进行分析。在一个以这种方式对内容进行分析的陈述中，并没有对哪些内容是“正确的”、“合法的”或“最有正当理由的”采取特定的立场。

（iii）可以这样认为，通过对诸多可能选项或进入问题探讨的诸多选项进行裁剪，意义陈述被用来使得意义的范围**更为精确**。在这一范围变得更为精确之后，探讨的那个表达将会有一个或一个以上的可能内容。

在下文中，在部分（iii）中提出的意义陈述，将被称为**解释陈述**。因此，根据我们的定义，解释陈述是对核心表达之意义进行阐明的意义命题。解释陈述也有许多不同类型。

（a）在某些情况中，解释陈述可以表达一个**规定性定义**。〔6〕在这里，它是一个语言表达之意义的“成规”问题。规定性定义可以被比拟为小孩的受洗：某事被赋予了新的名字。

规定性定义不可能为真，也不可能为假：它的任务是对语言的“协定”用法进行补充、简化或阐释。从这一观点来看，规定性定 57
义是和规范建言相符的。更准确来说，它是这样一个问题，即通过规定性地界定法律文本的术语，以便提出带有相应内容的规范建言。因此，如果“未亡的配偶”被界定为是和“遗孀”这一术语相似的，那我们就可以得到这样一个规范建言，据此，所有与未亡配偶有关的法律指示，都表达了处理遗孀问题的规范。

就法教义学解释而言，规定性定义的缺点尤其在于这一事实，即它“对合意保持开放”。以此为基础建构的解释陈述，并没有解决这一陈述是否与法律秩序相符合的问题。对于解释陈述来讲，为了服务于前文所说的法的安定性的意识观念，它必须在某种意义上比规定性建言或成规的建议更为“丰富”才行。否则，即使一个完全任意的规定也能够满足解释陈述的适当条件。

〔6〕 关于一般层面上的定义，参见 Niiniluoto, *Johdatus tieteenfilosofiaan*, p. 160. 也可见 Koch, Hans - Joachim and Rüssman Helmut, *Juristische Begründslehre* , pp. 147 ff. and pp. 280 ff. 以及 Klug, Ulrich, *Juristische Logik*, 3rd ed. , pp. 87 ff. 尤其是关于解释陈述的分析性质，参见 Niiniluoto, ‘Language, Norms and Truth’, p. 177 ff.

（b）在某种特定意义上，解释陈述也可以表达**分析性定义**。这样的定义是建立在法律语境的概念体系之上的。某一特定法律表达的意义是通过其他法律表达的用法来进行分析的，因而这些表达的内涵是相同的。例如，在遗产法中，“遗嘱纠纷”意指的是“基于遗产法第 13 章第 1 条的案件”。“纠纷”这个术语由此获得了一个定义，这个定义，在本质上比它在日常语言中通常指涉的东西有了更多的限定。

如果通过这种方式来理解分析性法律定义的话，原则上来讲，它通常就是有真有假的。当且仅当这一表达在当前语言中（当前概念体系中）的用法，与这一定义所指涉的用法是相同的时候，这个定义是真的。因此，分析性定义的真可以被称为“经验性的”。

毫无疑问，在法教义学中，也有许多这样的情境，通常认为，在这样的情境中，语言使用的方式可以被分析地界定，且这一定义可以在上面所说的那个意义上是真的。虽然它可能分布广泛，但从本书研究的主题来看，表达分析性定义的解释陈述却并不处于关键位置。正如在刚开始所指出的那样，涉及裁量的裁决，对法教义学
58 的解释理论构成了更大的挑战。在这些裁决中，主要的问题是，解释者必须就表达的意义内容采取立场。他并不只是对语言的常用方式进行描述。

（c）解释难题也可以通过比“纯粹”分析性定义的方式更为有趣的一种方式——即**非分析性**且同时也**非规定性**的定义——来予以表述。这样的定义是描述性的。它要表明，某一特定表达的**外延**与另一个表达的外延是相同的。因此，这种定义在此语词的本真意义上陈述了某些有关现实的内容。于是，这种描述性定义表述的是，

有关所谓**现实定义**（real definitions）所意指之事的某些本质情况。它的真是综合的。

下面是描述的非分析性定义的一个法律范例：

（1）“继承份额的转让是指某位继承人将其遗产份额转让给其他继承人、死者遗产的另一共同所有权人或第三人的法律行为。”

这个定义也可以以另一种形式来表述，这种形式的定义比第一种定义更清楚地显示出这一定义的“现实定义”的性质：

（2）“在遗产法中，‘继承份额的转让’这一术语，指涉的是与‘某位继承人将其遗产份额转让给……的法律行为’相同的现象。”

在定义（2）中，已经表明，第一个术语涵盖的法律行为领域和第二个术语涵盖的法律行为领域是相同的。但是，**法律的**（legal）现实定义可能在以下两个方面是有难题的。

首先，它与分析性定义之间的界限并不清晰。界限划定的困扰同样会出现，当我们将定义（2）重新表述如下时：

（3）“在遗产法的术语体系中，‘继承份额的转让’这一术语，与‘某位继承人将其遗产份额转让给……的法律行为’这一术语，二者**意指**之事是相同的。”

最后的这个定义并没有直接表述任何有关外延的事情，即有关 59
属于“法律现实”的那些事态的事情。它是一个有关遗产法之术语体系的陈述，换句话说，是有关法律语言的陈述。正如刚才所说，从裁量裁决的视角来看，这样一种作为描述的陈述，并没有太大的意义。我们将看到，遗产法的术语体系以及一般意义上的法律术语体系，它们在语义上是如此开放，以至于对于它的真或非真在原则上根本无法断言。这是一个关于解释**立场**的问题，而不是关于解释命题的问题。

在定义（2）中还存在一个非常关键的难题，而不论这一事实——它看起来具有**现实**定义的形式……如何。作为一个法律行为，继承份额的转让并不是那种可以被归入“纯粹”观察之范畴的现实现象。它是一种由法律概念显著标记的制度。对我们来说，想要知道当前这一制度是什么，就必须已经知道了遗产法体系。因此，“继承份额的转让”这个概念是一个**被解释过**的概念。这一定义习惯上也是这样理解的。这个定义是一个有关法律解释的问题。在裁量案件中，解释假设了在可能意义选项之间的选择。因此，类型（2）的“现实”定义并没有为当前研究的进一步开展奠定理论上妥当的根基。

（d）还有第四种解释陈述，从我们研究的主题来看，这种陈述是最为重要的一种。这一范畴与解释立场联系最为紧密。在下文中，在我谈及**非描述的分析性定义**时，我指涉的就是这一范畴。因为这个术语也可能会带来误解，依然有必要至少在两个方面对它进行更详尽的探讨。

首先，术语“非描述的”和“规范的”所意指的东西并不相同。至少在这一术语的强意义上，它并不是一个有关规范之设置的问题。我们也不能将它看作是上面所讲的任何一种意义的规定性定义。它倒是可以与上面讨论过的规范立场进行对照。**可证成性**（justifiability）是规范立场的特点。它并不仅仅是一个建议或成规提议，而是关于体系内容的一个被证成的或者至少是可证成的立场。

另一方面，它并不单单对这个体系进行描述。它是一个处在真/假范畴之外的立场问题。

1.2.4. 规范立场与解释立场

为了阐明规范立场与解释立场之间的关系，我们有必要将有关 60
以文本为中心的研究策略的讨论记忆在心。根据成文法体系，法教义学的解释，作为一个规则，是对于法律文本的解释。学者的目的是为一个法律文本提供准确的意义内容。

根据这种观点，法律文本是解释的焦点所在。在不确定情境中，如果某一法律文本的一个可选择意义，被当作“正确的”意义挑选出来，那就是作出了一个解释陈述。如果有价值判断被增添其中，这就是一个解释立场的问题。它可以表述成以下这一形式：

(1) 法律文本 L_i 中的表达“E_1”所意指的内容是与表达“E_2”相同的。

以这一立场为基础，我们可以表述出**一个带有对应内容的规范立场**，换句话说，一个有关哪些规范内容是法律体系一部分的立场。因此，规范立场可能是如下这种类型的：

(2) 根据有效的（芬兰）法律，在文本 L 中表达的规范 N 具有规范内容 E_2。

如果以这种方式解释法律文本是理性且正确的，那么，在这一语言体系中且在这一法律体系中，接受带有此一对应内容的规范为（芬兰）法律秩序的一部分，就是理性的且正确的。在这个意义上，解释立场和规范立场只是言说法律秩序内容的两种不同方式而已。

1.2.5. 总结

在上面所说的那种意义上，解释性定义总是非描述性的。它并不纯粹是要对语言的主流使用方式即它当前的用法进行描述。第二项说明是有关分析因素的。解释总是一个语言事项。它总是一个对意义进行阐释的问题。这一点反过来也是通过其他表达来达成的。因为解释立场处理的总是（法律）表达之间的关系，它也可以被称作是分析性的。这个法律文本术语的内涵，与那一解释立场所提出的可选择表达的内涵，是相同的。换句话说，法律文本**具有**所提出的那一内容。因为这些内涵之间的关系正如刚才所述，所以，我们才能够言说定义，其证成理由是由事实命题和评价一起构成的。这个定义是分析性的，而不是描述性的。

61 总而言之，解释陈述的这些类型可以在图示 12 中被归纳如下：

解释陈述	
分析性且描述性定义	规定性定义
非分析性且描述性定义	分析性且非描述性定义

↑

解释立场

图示 12

1.3. 规范的概念

根据上文所采纳的术语体系，解释立场的焦点在于法律文本，规范立场的焦点在于（有效的）规范。法律文本是一个重要的信息部分，以这一信息为基础，对有效的法律秩序（换句话说，法律规范的内容），我们才能达成一个结论。根据这种观点，法律文本同样是重要的官方素材。根据芬兰司法程序法第 1 章第 11 条的规定，每一个有关有效法律秩序的裁决都必须（最终）建立在法律文本之上。换句话说，法律文本以及相对应的语言资料，是帮助我们**理解**

法律规范的素材。在前文中，我们已经指出，对于规范之存在的讨论都会变成对于规范之效力的讨论。同样，有关效力的**方法论**难题也会作为语言表达之解释的问题出现。即使从这种观点来看，法教义学方法论就是解释方法论，而且它的关键之处在于其与语言难题之间的关联，但是，将规范作为法教义学的主要关注点，却依然是最自然不过的。毕竟，根据通常的界定，法律秩序是法律规范构成的那个整体。从这一点看，法教义学的任务即是规范内容的阐明以及规范的体系化。

反过来看，规范是通过特定的语言表达（规范表述）与思想内容形成的。[7]例如，当我们写出“禁止偷盗”（Thou shalt not steal）这个规范时，它就包括两个方面：

（1）“禁止偷盗”这个表达，以及

（2）表示人们不能偷盗的**那个**思想内容。

这两个方面形成了一个东西，下文中我们简要地将之命名为 62
“规范”。[8]

具有“禁止偷盗”这种形式的规范，很容易就可以被理解为一个指向个体公民的禁令。这种类型的规范有时候会被称为**主要规范**。[9]稍后我们将要讨论的其他类型的规范，也同样如此。我们也可以把个体公民看作是它们的受信人。

另一方面，如果我们希望更为准确地阐明社会调整机制的结构，

---

〔7〕 Aarnio, *On Legal Reasoning*, p. 59 ff.

〔8〕 也可参见 Klami, *Finalistinen oikeusteoria*, p. 62. 以及 Peschka, Vilmos, *Die Theorie der Rechtsnormen*, pp. 44 ff.

〔9〕 Hart, *op. cit.*, pp. 77 ff., MacCormick, Neil, *op. cit.*, p. 229 以及 Ross, *Directives and Norms*, p. 91.

法律规范还必须被赋予其他的形式，即对应于主要规范的**次要规范**。[10]它指向的是权威。这种类型的规范总是包括两种元素：

(a) 对被要求之行为的描述；

(b) 对于以某种不同方式行为的人所面临之后果的描述。

在法理论的术语体系中，前者常常被称为法律事实的描述，而后者常常被称为法律后果的描述。使用简化的形式来说，我们的例子可以被表述为"任何偷盗的人，都将受到惩罚。"

法律事实和法律后果之间的**关系**，与事实和后果在本质上具有的（因果）关系是不同的。关联性要素"应当"将这种法律关系，与原因和后果的关系区分开来。在这一意义上，"是"与"应当"有着截然分离的界限。[11]

通过将这一型式适用于之前有关偷盗的例子，我们可以将次要规范表述如下："如果某人未经允许拿走了他人的财产，那么他应当被判决为监禁 X 时间单位。"一旦用这种形式来表示的话，那么下面的这种对应关系就呈现出来：

(1)	"如果某人未经允许拿走了他人的财产"	=	事实的描述（法律事实）
(2)	"他应当被判决为"	=	"应当的因素"（道义助动词）
(3)	监禁 X 时间单位	=	"后果的描述"（法律后果）

---

〔10〕 Ross, *op. cit.*, pp. 84 ff："次要规范被要求规定的是，那些违反实体法律的人们，可以被施以何种惩罚——这种规则指向的是法官……"

〔11〕 在这里，凯尔森使用的术语是"归属"（Zurechnung）。参见 *Reine Rechtslehre*, p. 22. 有关"是"与"应当"的关系，参见 von Wright, G. H., Is and Ought, in *Man, Law and Modern Forms of Life*, pp. 263 ff. 以及 Weinberger, Ota, ' "Is" and "Ought" Reconsidered', *ARSP* 1984, p. 454 ff.

正如图式所示，法律规范的结构是这样的：

法律事实（F）　　应当因素（O）　　法律后果（C） 63

这也可以使用符号以更为简短的形式展现出来：

$N_i\ (x)\ (Fx \rightarrow OGx)$

这个公式读作："对所有的（x）都是真的：如果某人（x）以方式（F）行为，那么，他将会被判处法律后果G。"符号"→"表示在"如果……那么……"中的应当关系。根据阿尔乔龙和布柳金的看法，我们可以说，一个规范是由两种要素"构成"的：

（a）命题要素（描述事实和后果的命题）；

（b）道义助动词（应当做什么的要素）。〔12〕

命题要素的**意义**内容是与规范的道义部分关联在一起的。一个命题P（例如，事实描述），当它仅仅对现实的一部分进行描述或者构成这种描述的一种要素时，与当它被用作一个规定性目的时，所具有的意义并不相同。道义助动词**对**这一现实进行了**限定**。

在其最简单的形式中，法律文本是以一种毫无歧义的方式表达规范的。这是这样的情况：法律文本包含了对术语的明确定义。但常规情况下，法律并不是以这种方式书写的。它表达了两个或两个以上的规范，每一个规范都**可能**是法律秩序的一部分。解释者的任务是从这些规范选项中选择一个"符合法律秩序"的选项。解释的射程，要么与法律事实的描述相关，要么与法律后果的描述相关，或者与二者都有关联。

（i）解释的射程会作用于法律事实。因此，当前规范就获得了

〔12〕 Alchourrón, Carlos and E. Bulygin, *Normative Systems*, p. 41 ff.

下面的这一形式：

$$N_i\ (x)\ (F_1x \vee \cdots F_mx \rightarrow OGx)$$

其中，符号“∨”既可以被读作“且”也可以读作“或”。因此，这些个体的典型要素要么是可选择的（且它们将彼此排斥），要么也可能将所有要素结合在一起。

例如，在许多民事案件中，这样的解释射程是较为常见的。尽管对于法律后果有着清楚的描述（法律后果是 G），但这一后果所
64 关联的事态或者事态的构造是什么，并不确定。例如，遗产法第 21 章第 11 条规定了死者的债务责任。这一条款规定：“如果遗产的继承各方……出卖、抵押**或者以其他方式**使用或毁坏不动产遗产……对于死者的债务……他们应当承担责任。”根据遗产法的体系，关于其责任后果，并没有任何不确定的地方。但是，对这一法律事实集合的表达中却有开放性的元素：“或者以其他方式”。

（ii）但是，这一情景往往也会有不同。解释的射程也会与法律后果被界定的方法相关联。通过图式来说，这一情景可以被表述如下：

$$N_i\ (x)\ (Fx \rightarrow OG_1x \vee \cdots G_mx)$$

在法理论的讨论中，有一个例子常常被使用，即刑法中的惩罚幅度（latitude），它非常适合用来阐释这种解释射程。量刑尺度只有最大刑和最小刑，于是位于这一限定之内的每一个裁决都是合法的。即使如此，我们依然不能说，法律后果是以一种精确的方式进行描述的。

一个更好的例子是那种存在不止一种后果的案件，例如，对于同一个事实，既规定了无效后果也规定了赔偿责任。另一个例子，

例如，规范对其事实集规定了罚金或者有期徒刑。

（iii）最具有难度的是，那些法律事实的描述和法律后果的描述都提供了解释射程的案件。可以表述如下：

N_i (x) ($F_1x \vee \cdots F_mx \rightarrow OG_1x \vee \cdots G_mx$)

在民法的核心领域，许多解释案件都是这种类型的。例如，根据遗产法第 7 章第 8 条的规定，以特定方式从死者那里取得财产者，有义务将继承人的“法律强制份额”中未能继承的那部分数额，归还给这个继承人。在这一情境中，解释难题因为这一事实难度加大了，即我们不仅必须决定“财产的取得使这个人有义务归还财产”指涉的是什么，而且还必须决定“归还财产”是什么意思。是归还“同样的”的财产，还是可以（例如）给予这一财产对应的金钱数额？

如果我们以对解释选项的选择（内容 I_1 和内容 I_2 之间的选择） 65
作为基础来归属内容的话，那么，我们就可以想象可能有着如下的情境：

（i）　N_i：(x) ($F_1x \rightarrow OG_ix$)

　　　N_i：(x) ($F_2x \rightarrow OG_ix$)

（ii）　N_i：(x) ($F_ix \rightarrow OG_1x$)

　　　N_i：(x) ($F_ix \rightarrow OG_2x$)

（iii）　N_i：(x) ($F_1x \rightarrow OG_1x$)

　　　N_i：(x) ($F_2x \rightarrow OG_2x$)

在上面的所有范例的情况中，解释的基本难题都是一样的。这是一个就两种选项进行选择的问题。但就解释的关注点来看，情况（i）、（ii）彼此之间仍有差异。在前一情况中，难题的关键在于事实的描述，而在后一情况中，难题的关键在于后果的类型。* 而情况（iii）则代表了一种非常复杂的情境（即使使用的是一个图式的形式）。为了简化这里的介绍，我们将只处理情况（i）中的解释方法论。在这种情况中，法律事实集的描述允许有两种不同的内容选项：解释 I_1 和 I_2。

根据它们的内容和功能的不同，法律规范可以以不同的方式进行归类。在前文中，我们已经讨论了主要规范和次要规范。比这种分类更为宽泛的一种分类是将规范分为**规则**和**原则**。[13] 当前的研究是将法律规范作为规则进行考察的。规范可能是**构成性**规则，也可能是**调整性**（regulative）规则。[14] 它们的区别可以通过游戏规则的例子来予以阐明。例如，构成性规则界定的是（在国际象棋中）哪个棋子是王。调整性规则界定的是游戏者应当如何走棋。在法律领域中，构成性规则被用来对（诸如）法律秩序进行界定。因此，（有效）婚姻制度是通过特定规则才构成婚姻的。

其中的一种构成性规则是**权能规范**。例如，它们界定了谁有（法律）权力去作出有效的事务。在行政法中，权能规范也被称为组织规范：它们确定了权能机构系统，例如，国家机构的系统。

---

* 原文为："在前一情况中，难题的关键在于后果的类型，而在后一情况中，难题的关键在于事实的描述。"似乎有误。——译者注。

〔13〕 参见 Dworkin，Ronald，'The Model of Rules'，In：*Taking Rights Seriously*，sections 1–4.

〔14〕 Searle，J. R.，*op. cit.*，pp. 56 ff. 以及 Ross，*Directives and Norms*，p. 53. 一个很好的分析可以参见 Riccardo Guastini in：'Six Concepts of "Constitutive Rule"'，p. 488 ff. 也可参见 Tuori，K.，Oikeusnormien asettamismenettelyt ja oikeuden，Kriisitendenssit，*Politiiikka* 3（1985），pp. 189 ff.

调整性规范也可以称之为**行为规范**。[15]它们界定了人们应当、不应当或可以如何行为。换句话说，它们是命令、禁止和许可。一个熟知的难题是由命令、禁止和许可之间的关系形成的。在其他范畴可以被还原成其中一个范畴这种意义上来说，是不是有一个范畴是主要范畴呢？在这里，我不准备处理这个难题。行为规范的“命令状态”（imperative status）的难题也会被一带而过，例如，行为规范是不是某一权威之意志的表达，如果是的话，那么它们是在何种意义上属于这种类型的表达的。 66

行为规范与权能规范之间的关系，在法理论中也受到了很多关注。有时候，权能规范的独立地位会遭遇质疑，而且会被认为，它们只是对行为规范适用的那些条件进行界定而已。[16]因而，一个授权 A 转让其不动产给 B 的规范，只是提供了那些行为规范——即界定买受人在其与第三方之关系中的地位的规范——适用的条件而已。我不打算对规范理论中的这一问题进行更深入的考察。

对于将规范分为行为规范、反馈规范（reaction norms）和反馈方式规范（程序规范）这种分类，也是同样如此。这一分类是卡勒·马柯宁着重提出的。[17]这些不同范畴之间的区分，对于法律决策情境之结构的分析是有意义的，但从解释的角度来看，这一分类却是不相关的。解释射程是归属于行为规范、反馈规范还是反馈方式规范，并没有任何差异。在任何一种情况中，对于这三种类型的规范，

---

〔15〕 有关权能规范，参见 Ross，*op. cit.*，pp. 130 ff. 以及 Zitting，Simo，‘Omistajan oikeuksista ja velvollisuuksista I’，*LM* 1952，pp. 394 ff.

〔16〕 对此参见 Aarnio，*Perillisen oikeusasemasta*，p. 71 ff.

〔17〕 Makkonen，*Zur Problematik der jurisdischen Entscheidung*，pp. 27 ff.

证成方式都是类似的。

在所有的现代西方社会中，人们都可以看到这样的一种发展方向，即各种不同种类的**裁量规范**正在变得越来越重要。裁量规范既不能被归类为构成性规范，也不能被归类为调整性规范，因为它们只是对行政机构的决策框架进行了界定。例如，某个法律可能只为特定权威提供了特定的财政资源，但这一法律却可能并没有对这些资源的分配标准作出规定。立法者将终审权赋予了比它更为低阶的权威。这种类型的立法会涉及到一大堆难题。从宪法的角度来看，
67 立法权的"开放"授权并不是没有问题的。另一方面，在这种裁量中证成的整体结构，与那些传统解释情况的证成结构相比，是完全不同的一种类型。首先，它的证成并不是来源于法律渊源的，其次，也并不存在适当的法律解释标准，为法律的适用提供指引。这种裁决仅仅是建立在权宜（expediency）的裁量之上的。

在这里，裁量规范日益增加的重要性并不相干，在本书的研究中，对于法律证成的整个分析，关注的只是构成性规范和调整性规范。这部分上是因为这样的事实，即司法管辖权（jurisdiction）这个概念并没有涵盖纯粹的权宜裁量。根据法院的功能，它必须得适用法律，而权宜裁量是属于行政机构的。更进一步来说，对于**法律证成的核心之澄清**，构成性规范和调整性规范都具有特殊的重要性，因为只有在这两者中，我们才会遇到可选择解释以及在它们之间进行选择的难题。因此，本研究的范围并不受这一范围的限制，虽然为了阐释的原因，只有构成性规范和调整性规范被选择作为证成情况的范例。

2. 解释与解释理论的一般特征

2.1. 作为诠释过程的解释

在前文中，已经看到，法教义学的中心任务在于规范立场的证成，换句话说，对这个问题的证成，即为什么接受规范 N 作为（芬兰）有效法律的一部分是理性的且合理的。解释也被理解成一种语言问题。它主要是通过提出解释陈述来对法律文本进行阐释。作为解释陈述的一种，解释**立场**所陈述的是，选择法律文本的何种意义内容是理性的且合理性的。因此，被创生出来的解释立场，也总是可以转变为规范立场。但是，由于解释是一个语言问题，法律（文本）的解释这种说法比法律规范的解释更为自然。

但是，从**程序的**观点来看，解释过程的本质并不是没有难题的。它是一个关于理性可接受的意义内容的正当化解释是如何被创制出来的问题。我们如何为它提供可信性（believable）即某一特定的意义内容是有理性正当理由且正确的呢？一种可依赖的视角是由所谓 68
的**诠释学进路**提供的。〔18〕

---

〔18〕 对此的一般性评论，参见 Weinberger，Christiane and Ota，*Logik*，*Semantikund Hermeneutik*，pp. 64 ff. and pp. 96 ff. 也可参见 Esser，Josef，*Vorverständnis und Methodenwahl in der Rechtsfindung*，*passim*，以及 Jonsson，Inge，'Riktningar inom 1800 – talets hermeneutik'，pp. 65 ff. Aarnio，*Denkweisen der Rechtswissenschaft*，pp. 150ff. 以及 Aarnio，'Outline of a Hermeneutic Approach in Legal Theory'，In：*Philosophical Perspectives*，pp. 47 ff. 参见 Villa，Vittorio，'Legal Science and Hermeneutic Point of View'，pp. 509 ff.，以及在一般层面上，Villa，*Teorie della Scienza Giuridica e Teorie delle Scienze Naturali*，*passim.* 斯蒂格·斯特伦霍尔姆强调了语言解释与文本法律解释的一般差异。他尤其指出这四个方面：（a）法律解释比其他形式的解释，与社会语境的关联更广泛、更紧密；（b）解释者中存在角色的层级差异；（c）法律解释必须满足特定的价值标准，例如正义；以及（d）解释的关注点在于法律规范及其构成的法律体系。参见 Strömholm，'Juridisk tolkningsmetodik före 1800 – talets "moderna genombrott"'，pp. 47 ff.

对于语言表达的解释是典型的诠释，或者，更具体来说，是一个属于文本诠释学领域的现象。它意指的是为语言归属意义的一般理论，以及意义归属的哲学条件的理论。我并不打算深入探究诠释哲学的发展状况或者它的不同趋势，不过，为了能够引导读者进入这一研究的主题之中，我将就作为文本解释的诠释学作出某些一般性评价。

诠释学的代表者认为，所有的理解都是基于**前理解**（“Vorwissen”）作出的。从一般诠释学的视角来看，前理解显然被界定为事前理解的意义实体或者意义整体。为了阐明这一点，我们将参考一下对于艺术作品的理解。为了鉴别艺术作品，我们必须已经对艺术的概念有了深入理解，对艺术是什么有些印象。这一印象可能比较粗糙、简化，只有不太明晰的轮廓。它可能包含许多偏见和未被证成的假设。但是，即使如此，我们依然**需要**某种对于艺术和艺术作品的印象，这样我们才能在一般意义上讨论这些事项。

对于其他文本的理解也是同样如此。甚至它们必须“在某处”进行切入。文本的理解并不能摆脱预设，可以说，它是不能在真空之间发生的。理解的艺术可以通过许多方式进行描述。一种方式可以是这样的。特定文本（例如，法律文本中的不清楚、含混的表达 L_i）是通过与其他表达相关联才可以被理解的。这些其他表达被用作解释的基础；例如，它们可能是在法律立法史、判例文本中的表达，以及法律著作采纳的书面立场。当与这些语句所指涉之物的关联建立之后，L_i 对我们来说就变成可感的（sensible）了。我们**理解了** L_i 的意义。

在这一情况中，理解是建立在两个因素之上的：部分与整体的关系，以及对新意义关联的洞见。在诠释学中，经常被强调的是，个体表达只有**作为整体的一部分**才能获得意义，且相应地，整体只有在部分逐渐得到理解之后才变得可理解。后一立场，看起来有些
难以理解，只有当我们认为不同表达彼此之间的相互关联会带来新 69
的意义关联的时候，它才变得可以理解。有待解释的表达以及构成解释之基础的表达，两者都以一种新的方式“逐渐被理解”了。这是由解释增添的。当我们正在解释的那一表达在整体之中逐渐被理解时，我们才相信，我们已经理解了那个表达的意义，至少在**那种**关联之中理解了它。其后，在与其他某些表达的关联中，通过新的意义实体的实现，我们准备着重新评估我们的立场。在之前解释的内容并没有任何减损的情况下，这一表达获得了一个新的微小变化。因此，解释——依赖于这些意义关联（整体）——获取了它要归属的诸层面的意义。每一层面都是与刚才所说的整体相关联的。

尤其需要指出的是，部分与整体的关系以及对新意义关联的洞见，都不是根据一系列封闭的程序规则才被发现的。我们必须要解释的那个表达的意义，并不是通过将毫无含混的规则适用于作为解释基础的命题集合而得到的。作为基础与结果（解释）的那些语句，它们之间是以一种非演绎的而是似真的方式相互关联在一起的。诠释因而并不是精确逻辑意义上的演绎。在这里，诠释哲学为法教义学解释提供了一个最为有益的基点。我们之后还将看到，为了使其符合法教义学的解释理论，这一观点还需要一些更为精确的元素。

表达之间的这种非演绎却可信的关联，常常会被表示如下。诸表达只有在与其他表达之间的关系中才能**有意义**：解读局部表达的方式依赖于其他表达如何被解读，且最终依赖于整体如何被解读。

诠释学循环形成了，一个可以与诗歌的阅读相对照的现象。当我们已经通读了整篇诗歌并能够对整体形成一个印象的时候，对具体内容的理解，与刚开始阅读时相比，可能会更好；这一具体内容又会影响整体阅读的效果，以此类推。我们将继续以这种方式进行下去，直到我们已经不再想阅读这篇诗歌。但是，总而言之，只有在我们已经作出这一切的时候，我们才能说，我们理解了这篇诗歌或者至少我们对它的理解比之前更好。

70 一般认为，诠释学循环的一个典型特征在于，解释者无法打破这个循环。可以说，他被语言加上了锁链。当我们希望为解释或者解释的解释提供一个证成时，我们必须诉诸语言，诉诸一个表达或者一个表达的解释。我们根本无法脱离语词和语句：语词**通过其他语词**而获得解释。没有经验观察或者其他任何类似的东西（例如，已经被证明有效的“现实的”法律论据）可以解决我们的难题；我们唯一的庇护之地就是语言。

可以说，只有当与我们对话的那个人，也以一种与我们理解表达 L_i **相同的方式**来理解它的时候，这个表达才被成功地解释了。换句话说：一个适当的解释是这样一个解释，它使得这一解释，之于接受者，之于解释所面向的那个人，都是可理解的。

诠释学循环也可以根据系统理论来予以描述。解释是一个反馈现象。在解释的特定阶段，反馈会出现，并且这一结果要根据先前的资料“被检验”。当反馈不会再为可得资料带来任何新东西的时候，我们就达至了在这些环境中我们可以达至的诠释学循环的临界点。

有时候，许多作者也想在（自然）科学使用的假说—演绎模型和诠释学解释（以及解释学循环）之间进行清晰的区分。[19]他们在做这项工作时，通常会设法借助一个螺旋（spiral）来对假说演绎模型进行阐释。以特定的初步洞见为基础，并基于特定理论性概念所设定的条件，可以形成一个假说。人们基于经验基础努力去支持或者拒绝这一假说。一个获得支持的假说，会根据其各组成部分，成为新假说和新验证的基础，换句话说，成为在经验上可控之理论形成之基础。如果使用图表的话，这一情境正如在图示 13 中所展现的那样。

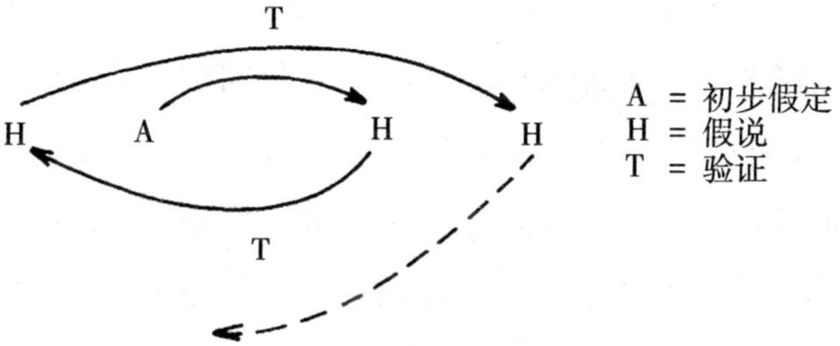

图示 13

我们很少会将这一点——即对于假说的支持/拒绝是在来自外部的特定证明或经验事实的帮助之下才达成的——当作是“假说演绎
螺旋”的一个本质特征。如果将经验观察的理论性内容纳入考量的
话，那它们并不能像逻辑经验主义者对观察性资料的想象那样，成
为一劳永逸的验证基础。相反，我们应该说，通过诉诸这些**理论性** 71
观念，某人打破了假说演绎方法中的螺旋。这些观念在科学共同体

〔19〕 在古典文本诠释学中尤其如此。参见 Aarnio，‘Philosophical Perspectives in Jurisprudence’，pp. 56 ff. 汉斯－格奥里格·欣德凌（Hans－Georg Hinderling）在《法律规范与理解》（*Rechtsnorm und Verstehen*，*passim*）对这个难题给出了一个很好的分析。也可参见 Larenz，Karl，*Methodenlehreder Rechtswissenschaft*，p. 85 ff.

中已被广泛接受，它们表明了，通过何种类型的资料，我们才能将这一假说当作是已经被确信的，即这些被检验的假设中，哪一个是科学的结果。

“理论观念”的这种属性，在诠释学循环中，所处的位置有些微不同。解释性科学中并没有——像在自然科学中那样的——作为检验基础的**统一**“理论”。但是，从这一点并不能推出，解释者必然会在解释学循环中没有目的地徘徊。如果解释在解释共同体中变成可接受的了，那么，在这一阶段，我们就最终拥有了——如同假说在自然科学中获得支持时——那样的位置。在这里，可接受性是建立在这样的（常常是含混的）观念——即有关表达是如何在当前关联中被理解的——之上的。

当这些观点被考虑进来之后，在假说演绎螺旋与诠释学循环之间进行类比，似乎就是有正当理由的了。在前者中，假说和验证之间存在某种辩证互换关系，而在后者中，解释者基于部分与体系之间的解释性关联对情境进行建构。作为出发点的解释立场是假说，在解释过程中，这一假设，一部分会被改变，一部分会被确信或拒绝。

通过参考彼得·温奇的观点，我们能够表明，这两种方法可以通过某种共同的“验证基础”结合起来。这最终是与人类共同体（科学共同体或其他的社会共同体）所采纳的特定成规联系在一起
72 的。从这一观点来看，科学研究与解释学理之间最为重要的区别似乎在于这样的事实，即：在前者中，验证活动背后的那些“成规”（1）是在科学共同体中取得合意的，且（2）是相对稳定的，而解释学理中的“成规”（1）是建立在整个社会共同体的立场之上的，

且（2）它们的内容常常是非常含混的。[20]在解释学理中，同时可以存在许多“成规”，它们相互排斥，但却都获得了证成。

但是，如果在解释学理中也可能就某一解释标准产生成规的话，那么，对于这一事实，我们必须给出一个自然的（natural）说明。在哲学上对成规本身的可能性进行证成，这必须是可能的。而且就此而言，在解释学理中，如果有许多有效成规是可能同时存在的，那么，有没有可能跨越这些成规之间的界限，去寻找更为一致的意见，这个问题就变得很重要。我的观点是，在法教义学中，这是诠释学解释理论最具有决定性的哲学难题之一。

2.2. 法教义学解释的特殊性质

下述两个见解，可以毫无疑问地归功于诠释学理论。这个理论以一种值得关注的方式证成了解释与语言之间的关联，且同时，它也表明了，解释是非演绎的，且至少局部上是非经验的。当目光投向法教义学的时候，如果在这种不同学科的基本分类中，为法教义学解释找到定位是可能的，那么，前述观察就是非常有意义的。通常，我们可以说，法教义学是属于所谓解释科学的，从这种观点来看，它属于人文学科，而并非经验社会科学的近邻。

这些一般特点可能会很容易导致误解。一个最重大的误解是这样的印象：法教义学解释是某种能够被明确分类的东西，即存在一种核心，它是适当解释的典型特征。根据这种观点，法律解释的提出与诸如经验陈述（预测、技术规范等）的提出是不同的。正如我

---

〔20〕参见 Aarnio, *Denkweisen der Rechtswissenschaft*, pp. 154 – 155. “成规”的哲学难题在拉尔斯·赫茨贝里（Lars Hertzberg）的文章中以一种非常有趣的方式得到了讨论，‘Science and Certainty’, pp. 60 ff. especially pp. 72 ff.

们已经指出的那样，法教义学是由一簇语言游戏构成的。这些语言
73 游戏具有家族相似性（family resemblance）：游戏 A 和游戏 B 彼此可能是极为相似的，B 和 C 以及 C 和 D 也可能是极为相似的。但这并不必然意味着，除了它们都是解释游戏这一事实之外，A 和 D 之间还将拥有重要的共同特征。描述性陈述、技术规范、建言以及规范立场都属于这些多样化的游戏。不过，由规范（解释）**立场**构成的解释游戏，却也并不是一个内在同质（homogeneous）的游戏。在实际的研究实践中，有着许多不同的方法可以获取解决方案。有时候，诉诸法律文本就足够了。而在其他情况中，解释的结果是可以从法律所关涉的那些概念中演绎出来的。但是，常规来讲，为了得到解决方案，不同种类的法律渊源和评价都是被需要的。就此而言，解释可以在图示 14 中得以阐明。

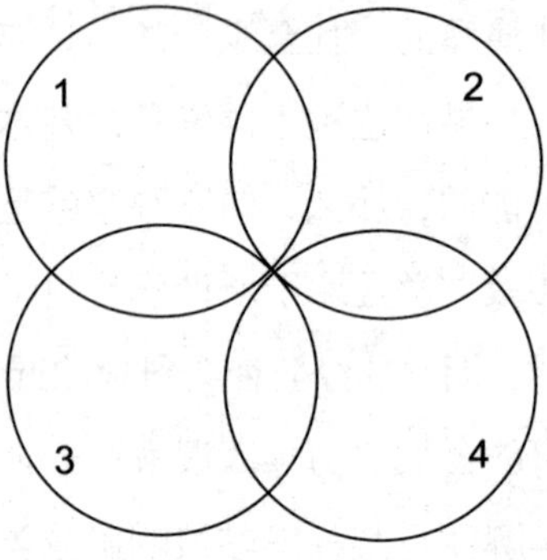

图示 14

图标中的数字的意义如下：

1 = 诉诸法律文本（文义解释）

2 = 概念分析

3 = 经验资料或法律渊源的表达

4 ＝评价的表达〔21〕

这个图示想要阐明两个问题。一方面，法教义学的解释可以与每一个数字标记区域的部分关联在一起。在某种意义上来讲，它是上图所示的这四种语言游戏的任意组合。一个特定语言游戏的分量，随着情境会发生变化，这里以概念分析为例。在某种情况中，概念分析可能是完全不必要的。即使如此，在其他解释情况中，概念分 74
析依然占有一定份额。另一方面，这个图示也表明，在这些语言游戏关涉其中的复杂情境中，有一块公共区域，在这一区域内，每一个局部因素都会依据其相对的分量而具有影响力。但是，人们不能说，这是法教义学解释的真实内容。举几个例子来说，在同等程度上，解释是某种只会受 1 和 2，2 和/或 3 和/或 4 等区域影响的事情。因此，由解释立场构成的解释，并不能以任一个体部分或者任何这些部分的结合为基础进行界定。解释只是这些不同游戏构成的**家族相似的实体**。〔22〕

即使如此，也必然有某种分析解释的方式。一种可能——即从语言游戏的建构中汲取洞见——是由维特根斯坦语言哲学的适用所带来的。让我们再次从法的安定性的理念出发。我们每个人都希望，裁决是理性的，结果是可接受的。因而，法律思想中就有了一个自然而然的观点，即想要建构一种解释游戏，在这个游戏中，无论情境多么疑难，都要努力将理性的期待予以最大化，并产生一个尽可能获得广泛接受的解释结果。这也为我们所要建构的游戏设定了特定的初步要求。

---

〔21〕 有关这些类型的语句，参见 p. ff.（此处引注出现了空缺——译者注。）

〔22〕 Aarnio, *Denkweisen der Rechtswissenschaft*, pp. 75 ff.

首先，我们必须假设偶然因素已经从证成情境中被清除出去了。我们必须建构一个语言游戏，在这个游戏中：

（i）所有可行的且相关的证成都是**可得的**；且

（ii）**即使有偶然因素**，但参与者也能够对他们正在使用的证成进行评价，并且达至一个结论。

正如我们已经注意到的那样，以这种方式建构的解释游戏是理想的。但是，为什么要建构这种理想的游戏呢？按照其在实践中的情况对法教义学解释进行考察，难道不更自然吗？原则上来说，我们真的应该按照这种风格进行研究。但是，这会遇到许多因素的阻碍。首先，研究常常并不精确。不同的解释者就一个难题有分歧或有合意，仅仅是因为他们使用的那些概念不够精确，以致难以区分分歧或合意的事实状态。解释不能被证成，或者只能非常简单地被证成，这也并不是不常见的。在某些情况中，解释实际上会被用以达至某个特定的目标，或者它揭示的是解释者对于有待解释之问题的前置态度。但是，更为关键的困难是由有待解释的语言本身所带
75 来的。如果我们想形成一个对解释游戏的整体图像，我们就应该试着对整组游戏进行描述。但这是不可能的。首先，作为一个整体的证成游戏形成了一个不断变化的、动态的全体。诸多个体的语言游戏被放弃了，其他游戏占据了它们的位置，而且这种整体的变化是渐进的，以至于在日常生活中不可能注意到任何清晰的界限。还有另外一个理由。这一组语言游戏是如此复杂，以至于如果我们不能努力对它进行人为地集聚和简化的话，那么对它的某个描述就可以因为其自身的因素而变得四分五裂。法教义学的解释游戏，带有

一层阻碍理解解释之性质的迷雾，隐藏在它所具有的多重阴影之中。[23]为了驱散这些迷雾，我们可以有意识地**建构**一个比日常语言更为初始的游戏，或者一个用于阐明这一日常语言的某些特征的游戏；根据我们已经讨论过的内容，这些游戏就是可能的且是恰当的证成游戏。

这种说法并不是要主张，一个被建构的语言游戏，能够代表如此这般的实际的证成情境。我们并不是在努力给出一个经验范例；而仅仅是在描述一种可能的分析方法。另一方面，它的目标也不在于提出一个法律解释的“深层结构”，这个“深层结构”是解释的“事物的性质”（Natur der Sache），隐藏在所有解释陈述的证成的核心之中。[24]这意味着这样的一种观点，即最终来说，每一个证成游戏与其他每一个游戏都必然有着某些共同之处。在这个意义上，语言游戏的建构并不是对可以整合不同解释方法的背后理由的体系化。

另一方面，正如已经说过的那样，这里的目标并不是（严格意义上的）建言的提出：这是指一个法律解释应该是什么样子的。它也不是一个方法论上的技术性应当的问题：这是指如果你希望正确地推理，你必须如何推理。一个理想化的范例也不会试图为适当的论证是什么给出某种定义。理想论证游戏的概念，表达了一个“更弱意义上的”技术性规范：**如果**你想要满足社会中最大限度的法的安定性的期待，**那么**，你应当遵循理性证成的模式。我们可以合理

---

〔23〕参见 Aarnio, *op. cit.*, p. 90.

〔24〕参见 Aarnio, *op. cit.*, p. 122.

地捍卫理性是法的安定性的核心这一立场。[25]在现实中的那些游戏，多多少少都与这一理想游戏有着家族相似性。这一模式（理想
76 游戏）的意义就在于它的这一属性，即可以提供某种单个的解释线路，使其可以进入到那个由日常实践的语言游戏编织的游戏之网。理想化的解释游戏，其目的在于为我们提供一种对于我们所使用之语言的**了解途径**，这样我们就可以以一种比之前更好的方式，来理解（且可以批判）我们自己的语言，以及我们通过语言在法律共同体中进行的活动；最终我们能够对作为社会成员的我们有一个更好的理解。维特根斯坦的名言："不要去想，而是去看"，从这种观点来看，它就类似于古典时期的古训："认识你自己"。[26]

诸游戏之间的对照，在另一种意义上，也有许多内容可言。每一种游戏的最小配置都得包括棋子、筹码或其他类似的东西与游戏规则两个部分。正如前述，游戏规则要么是构成性规则要么是调整性规则。解释游戏中的"棋子"是解释者赖之以给出解释结果（他的结论）的那一基础。它们是整体的构成部分，有待解释的那个表达就是要和这个整体发生联系，这些问题可以使用诠释学语言来表达。这种游戏的规则是由法律解释规则构成的。

在法理论中，解释基础通常被称为法律渊源。法律解释的规则（指令）是对在解释中如何使用这些法律渊源进行界定的规则。解

---

〔25〕也可参见下文第四章注释 32 中，就罗伯特·阿列克西对于这一难题的贡献进行的讨论。

〔26〕在这一语境中，有趣的地方在于维特根斯坦对于哲学性质的看法。安东尼·肯尼（Anthony Kenny）指出，维特根斯坦与我们时代的哲学家不同，他把哲学看作一种工具。我们每个人都会陷入哲学错误之中。因而，哲学分析对我们来讲具有治疗的作用。它增强了我们抵制特定诱惑的能力，这些诱惑根源于我们的语言。所以："认识你自己"。对此，参见 Kenny，'Wittgenstein on the Nature of Philosophy'，pp. 13 *ff*.

释的结果“来自”于这些法律渊源，当它们以解释规则所要求的方式被使用时。因此，解释游戏的出发点是这样的：

$$S \xrightarrow{TR} I_i$$

在这个公式中，字母 S 代表的是法律渊源，I_i 代表的是被选择的解释选项，TR 代表的是亚历山大·佩策尼克所使用的那种意义上的转化。根据佩策尼克的观点，它是一个从 p 到 q 的转化问题，当且仅当下面的条件被满足的时候：

（1）p 是对 q 的证成；

（2）q 并不是从 p 演绎推出的；且

（3）从 p 到 q 的转化不能通过增加一个分析命题而变成演绎的。

佩策尼克区分了许多类型的转化。最为重要的是对“法律**内部** 77
的转化”（transformation *into* law）与“**向**法律**内**的转化”（transformation *in* law）的区分。前一类型已经在有关体系效力的讨论中进行了探讨。规范 N 在体系意义上是有效的，当且仅当它属于某个规范层级且这个层级在法律上是有效的，这个规范层级在法律上是有效的，当且仅当它是建立在一个基础规范之上且是建立在一个正当化基础规范之上的。

后一类型之转化的一个基础范例是，从法律渊源到法律解释（证成）的“跳跃”，也就是，上面的那个公式。这个结果并不是证成素材的演绎结果，而是解释者从基础素材到结论的“活动步骤”，因而这个结论是：

1. 被理性考量的，且同时是

2. 普遍可接受的（合理的）。

因此，法律证成与从法律渊源（以及评价）到最终解释选项的转化是一样。证成理论中的难题也可以在这两个领域被发现：（1）证成的结构是什么样子的，以及（2）以什么来保障证成的理性和结果的可接受性？在我们处理这些事项之前，我将对解释的基础（即法律渊源与解释规则）以及法律渊源被使用的方式进行简要地介绍。

3. 法律渊源与法律解释指令

3.1. 论法律渊源的概念

3.1.1 资料渊源

从实践角度来讲，解释者需要不同类型的资料媒介。例如，制定法汇编（法律书）、教科书、判例汇编，等等，基于这种素材，解释者要努力识别出用于寻找解决方案或用于正当化这一方案的相关**文本**。在这一意义上，资料渊源也可以被称为法律渊源。但是，当我们想要分析法律推理的结构时，这一术语体系就不合适了。对于解释者来说，资料渊源只是一个技术性工具，而非实质性渊源。〔27〕

3.1.2 推理渊源

在发现的语境中，关注点主要集中于这样的标准，通过它，我
78 们可以找到法律难题的解决方案。这意味着，在这种标准与解释选项的最终选择之间存在着某种因果关系。换句话说，法律渊源是导

〔27〕对于法律渊源，参见 Peczenik，*Juridikens metodproblem*，pp. 109 ff. 以及 Strömholm，*op. cit.*，pp. 287 ff. 以及 Ross，*On Law and Justice*，pp. 82 ff. 也可参见 Makkonen，Kaarle（ed.），*Oikeudellinen lähdemateriaali*，1979，pp. 16 ff.

致解决方案的一个原因。正如前面所评论的那样，发现的语境已经超出了本书讨论的范围，因此，在下文中，“法律渊源”这个概念并不指涉解释活动的原因，而仅仅指涉那些用来证成法律解释的理由（证成的脉络）。

另一方面，法律证成的理由，可能在这一概念的宽泛意义上被理解，也可能在其严格意义上被理解（狭义对广义）。传统上来说，在制定法体系中，前一范畴只涵盖了诸如法律文本（制定法）这样的权威性理由，以及（例如）在芬兰还包括本土的习惯。随后我们还将会指出，这些理由就是法院裁决的义务性证成基础。可以说，这是最小限度的证成。在普通法体系中，相对应的一种权威渊源是判例。只要涉及的是芬兰法院的传统，那么，常规来说，制定法以及（在极少情况下）本土习惯就是法院裁决的唯一明确的证成理由。

但是，实际的法律证成，无论是在法院中还是在学者的作品中，都会使用除了制定法和本土习惯之外的其他渊源。在法律实践中，“法律渊源”这一功能性概念通常会在宽泛意义（广义）上被使用。“支持法律解释的理由”与“法律渊源”这两个观念是等同的。通过参考这一实践，在本书中，法律渊源的观念被界定如下：**根据法律共同体公认的规则，被用来当作法律解释的正当化基础的每一个理由都是法律渊源**。作为初步准备，下面将给出芬兰法律渊源的一份清单。

3.2. 法律渊源的清单

3.2.1 芬兰法律渊源的清单

（a）**法律文本**。在这里，“法律文本”指涉的是基于宪法权威制定的每一个制定法或条文。在芬兰法律秩序中，法律文本的范畴不仅包括议会的法案，还包括国务委员会（Council of State）的法令、部门的决议，等等。

法律文本作为法律渊源的使用，常常意味着会涉及到两个或两
79 个以上文本之间的**体系性关系**。法律文本以及它们所表达的规范被当作是构成了一个体系。在与这个体系的关联中，每一个条款都有自己的位置。因此，不仅个体的法律文本，而且体系性视角，都可以被作为解释的证成理由来提出。

（b）立法准备资料（*Travaux préparatoires*），也就是法律文本（制定法）的立法史。法律解释的目标在于达至立法者的意志（更一般来说：立法理由［*ratio legis*］），这一理念在 1750 年就已经被 C. H. 埃克哈德斯（C. H. Eckhardus）提出来了。例如，他写道，法律解释无非就是基于其语词和理念来阐明立法者的意志。在 19 世纪这一时期，蒂堡（Thibaut）与萨维尼（von Savigny）以及（20 世纪初）温德沙伊德（Windscheid）与比尔林（Bierling）都着重将这一理念当作是法律解释的基本策略之一。[28]

根据英国的传统学理，立法者的意志在法律渊源中是没有任何位置的。但是，在所有的普通法国家，立法准备资料的重要性都在不断增强。出现这一现象的原因也是很自然的：成文法的数目在不断增加，它涵盖了社会中更多的部门，且因而成文法作为一种社会调节机制的重要性，也变得越来越大。另一方面，社会动力学（dy-

〔28〕例如，参见 Bjorne，Lars，*Deutsche Rechtssysteme im 18. und 19. Jahrhundert*，especiallyp. 131 ff. 在这里，我们可以找到，对所谓的法律科学中的体系性思维的一个非常有意义的分析。

namics）已然如此，以至于起草出能够直接表达其适用领域的法律文本简直就是不可能的。立法程序常常会成为解释者可以据此获得额外资料的唯一渊源。

立法准备资料的概念涵盖了诸如下列作为资料渊源的文件：

——作为议会委员会报告、立法委员会报告、不同部门工作小组的报告、官方备忘录等予以公布的多项基础性研究材料；

——向议会递交的政府议案；

——议会诸委员会记录，以及在某些情况中这些委员会的报告；以及

——发布在国会文件之中的议会全会的讨论记录，以及议会就多种问题的投票结果。

除此之外，人们还会提到未公布的记事、（非议会的）会议记录、参与立法起草的个体的陈述，等等。经常被提及的还有诸如统 80
计报告等附随的素材，以此为基础可以阐述出议案中的某些趋向。

（c）习惯法也常常会作为法律渊源被提及。习惯法的一个子范畴是商业惯例。正如前文所述，习惯法作为法律渊源被接受，是基于“它持续被重复，以至于在一般观点中，它成了一个有拘束力的行为规则，尤其是在它被证明是适当的且合理的时候”。〔29〕

在芬兰司法程序法第1章第11条中，“本土的习惯”作为法律渊源被接受，但其必须服从于成文法：“若无成文法，且本土的习惯并非不合理的，则本土习惯应当作为他（即法官）的指引”。关

〔29〕 Alanen, Aatos, *Yleinen oikeustiede ja kansainvälinen yksilyisoikeus*, 1965. p. 56 以及 Peczenik, *Juridikens metodproblem*, pp. 136 – 137. 有关一般层面上的习惯法，参见 Klami, Hannu Tapani, *Gewohnheitsrecht als Rechtsquelle*, pp. 4 ff. and pp. 44 ff.

于习惯法在制定法体系中的起源与拘束力的基础，法哲学中已经有了持续的论辩。许多人都支持这样的观点，即习惯法的拘束性是基于立法者的默示认可的。在历史法学的学理中，这一点并没有被接受；他们认为，习惯法的拘束性依赖于公民的法律确信。〔30〕在后世的思想中，常常是这样认为的，它的拘束性只是建立在这一事实——即特定习惯长期在实践中被适用——的基础之上的。如果这样的话，那法的安定性的旨趣就会要求习惯必须“被合法化”，或者至少习惯也得被接受为有拘束力的法律规则才行。〔31〕习惯要持续到什么程度才能变成有拘束力的法律渊源，这有待个别情况的裁量。

有时候，本土习惯也可以排除成文法。这是指这样的情况，即环境发生了改变，而法律文本却没有剩下任何的适用范围。这就是所谓**废弃**（desuetude）的一个范例，但不是唯一的一个。法律文本表达的规范与通过习惯法产生的规范，二者发生了冲突，且前者被排除了。在法教义学中以及在法院的视角中，在某种程度上，这种废弃有着不同的意义。正如马柯宁指出的那样，每一个形式有效的规范事实上都会给法官适用它的可能。〔32〕根据“废弃规则”的力量而行动的可能并没有被消除。另一方面，在研究中，废弃事实上构成了一个证成理由，在支持或者反对某个解释的论证中，这个理由必须被考量进来。当研究者试图提前预测法院的行为时，这一点就
81 尤其明显。废弃强烈支持这一规范不能被适用的观点。不过，法官

〔30〕 Brusiin, *op. cit.*, pp. 7 ff. 以及 Alanen, *op. cit.*, p. 57. 也可参见 Strömholm, *op. cit.*, pp. 187 ff.

〔31〕 Alanen, *op. cit.*, pp. 58 ff.

〔32〕 Makkonen, *Zur Problematik der juridischen Entscheidung*, p. 65.

依然可以遵循那个规则，即使这是非常罕见的。

最后，还应当去看一下芬兰司法程序法第1章第11条的保留：本土的习惯必须是合理的。阿拉宁（Alanen）指出，这是有充分根据的保留，因为不成文法的规范，并不像成文法规范那样，它并不是建立在有规划的决策之上的。如此来说，合理性原则对本土习惯予以控制。〔33〕

（d）**法院裁决**。在这里，经常提及的是判例。〔34〕

如果某个法律裁决被当作是一个判例的话，那么这也总是应当从事后司法裁决的角度来作出判断的。先前的裁决总是先于后来的裁决的。我将举一个普通法体系中的范例。在普通法体系中，人们并不认为，司法部门能够决定其自身的裁决是否具有判例的身份。这将留给后来的司法权来决定。

在这一术语的最广泛用法上，判例也可以指涉任何一种可能会对后来的审判产生某种**影响**的裁决。例如，它可能是作为某种论据发生作用的，这一论据是在当前案件中达至某种结果的诸多理由之一。宽泛地讲，任何法律裁决对后来的审判都可能会有这样的意义。但是，从这一语词的严格（且正确）的意义上来讲，只有国家**最高级别的**法院作出的裁决才能真正被称为判例，在芬兰，这是指最高法院和最高行政法院的裁决。参见第85页。

---

〔33〕 Alanen, *op. cit.*, p. 60.

〔34〕 Aarnio, *Denkweisen der Rechtswissenschaft*, pp. 135 ff. 对于一般层面上的判例，参见 Brusiin, *op. cit.*, pp. 167 ff., Peczenik, *op. cit.*, pp. 104 ff., Strömholm, *op. cit.*, pp. 333 ff. 关于判例在美国法律中的位置，参见 Radin, Max, 'Case Law and Stare Decisis', pp. 3 ff. 一个卓越的分析，可以在这里找到：Saarenpää, Ahti E., 'Court Decisions as the Focus of Study', *SSL* 1984, pp. 123 ff.

判例的拘束力可能有两种：**法律的**（*de jure*）拘束力或**事实的**（*de facto*）拘束力。[35]前一种力量意味着，如果法官在对后来的类似案件作出裁决的时候忽视了这个判例，那么他可能会因官方不当行为而受到指控。换句话说，对于判例的遵守，在法律上是受保护的。另一方面，判例的事实拘束力只是指向性的。因而，判例的强有力的拘束分量意味着，如果判例没有在更低层次的法院中被遵从的话，那么，在更高层次的法院（即上诉法院或者最高法院）中，这个案件极为可能会被给予不同的裁决——而这个裁决将是符合判例的。

如果一个判例对同一司法实体（诸如最高法院）后来的审判具有拘束力（法律上或事实上）的话，那么，这个判例可以被称为是
82 有**水平**拘束力的。例如，根据最高法院的内部工作秩序法（第22条）的规定，最高法院对既有判例的偏离，要求这个案件必须通过法院全体会议或者所谓的法院庭室扩大会议作出决定。判例的**垂直**拘束力指涉的是，更高层级法院作出的裁决对更低层级的法院的审判产生的效果。例如，最高法院发布的判例对于上诉法院和初级法院的司法实践具有（法律上或事实上）拘束力。[36]

在芬兰（以及挪威）的法律文化中，有一条古老的原则：即使是国家最高层级的法院作出的裁决，对于低级法院的司法实践，也没有任何**法律上的**拘束效果（无论是水平上的，还是垂直上的）。对判例的偏离，并不会被认为是官方行为不当而受到惩罚。而且，

〔35〕 对于这一区别，Aarnio，A.，*Oikeussäännösten tulkinnasta*，pp. 89 ff.

〔36〕 但是，参见最高法院的裁决 KKO 2649/19. 10. 1966 以及 Miettinen，*Min Minutes of the XXI Annual Meeting of the Lawyer's Union in Finland*，1970，pp. 80 ff.

这一古老的原则在今天依然是有效的法律。所以，只要对于判例的偏离有着实质性根据的话，这样做总是被允许的，且因此司法实践才保持着活力和弹性。这一重要的法律原则事实上可以追溯到 17 世纪，它表明，法官不能仅仅按照早先判例的根据来裁决案件。每一个法律纠纷都被认为是具有如此这般的个体性特征的，因而，在法律裁量中，所有相关的法律渊源素材都要被纳入考量之中。〔37〕

另一方面，一般来说，这些判例的事实性拘束效果却是被承认的，根据案件的不同，拘束效果的力量也有不同。判例的拘束力依赖于支持这一裁决的**论据的分量**。在挪威，这个问题被非常清楚地表述出来，即只有判例的论据分量，对于更低层级法院的司法实践才具有裁决上的影响力。人们认为，判例的这种事实性拘束效果加强了国家司法的统一性，并且因此增强了公民所享有的法律保障。司法程序法也涉及到这一问题。纠纷一方长期享有要求许可他就他的案件向最高法院上诉的权利，如果这个案件可能会对其他有类似特点的法律纠纷具有重要意义的话。换句话说，这一案件具有的判例性质是向最高法院上诉的原因。但是，目前来说，这一体系有了些微不同。1980 年引入的法律改革（参见司法程序法第 30 章第 3 条）在相当程度上对诉讼当事人就其案件要求最高法院进行裁决的 83
权利进行了限制。向最高法院上诉的请求之所以被许可，是因为这一案件具有的判例特点，或者是因为国家司法实践的统一性证成了这一点。由于现在只有非常有限数量的案件才会进入最高法院，在这些案件中作出的那些裁决，其判例分量也相应增加了。

---

〔37〕 1682 年致约塔（Gōta）上诉法院的皇家批复，以及 Nehrman, D. , Inledning tilthen swenska jurisprudentiam civilem, 1729. p. 72.

只要涉及到公民享有的法的安定性以及判例这个概念，前一问题就有着非常重要的后果。在法教义学中，已经表明，诉愿人在其案件中提出的法律解释难题越**有意义**，他基于其案件的判例性质取得向最高法院上诉之许可的机会就越大。诉愿人的利益并不是关键争点，规范解释的“有意义”才是关键所在。因此，虽然对个体公民的权利保护可能会有所忽略，但只有这样，更为一般性的法律解释争点才可能被解决。因此，最高法院就获得了越来越多的一般规范解释与规范制定主体的身份。

就此而言，我们已经说过，最高法院似乎常常会在那些司法的统一性要求这一许可的案件中，赋予上诉的许可。但是，一个固有的危险就在这里被隐藏起来了。如果更低层级法院偏离了最高法院发布的判例，那么，人们总是认为，这会使得国家法律实践的统一性处于危险之中。最高法院尤其要紧密控制对于它们**自身**司法实践的遵从。对于整个法律秩序，这可能会带来一个“终结性”的效果：最高法院自主地规定在社会中什么才被认为是**正确的**。让我们再回到判例这个概念。

在有关裁决之拘束效果的讨论中，案件的要旨（rubrication）获得了核心身份。最高法院的代表在很多语境中都强调，只有在要旨中给出的才是判例性规范。它是对案件中被认为是**与法律相关**的那些内容进行的一个“概括性”描述。但是，案件的要旨可以通过（至少）两种不同的方式进行解释。

首先，可以很容易想到，案件的要旨只是表达了为某一个别法律难题提供的解决方案：因为事实 T_i 的存在已经得以证明，个人 A
84 与 B 之间的纠纷也已经以方式 R_i 予以裁决。这里涉及到的是对于个别法律案件的描述以及归属于它的裁决，而并不是具有一般性特征的规范。换句话说，案件要旨给出的是已经作出的裁决信息。案件的精简要旨的真正意义，必须在掌握了这一案件的全部文件素材（从法院令状到上诉书以及它们的附件）之后，才能得以揭示。这样一种解释，似乎非常符合强调每个法律案件之唯一性的理念。待决案件之所以以 R_i 的方式被解决了，**就是因为**这个案件的案件描述是 T_i。

如果案件的要旨以这种方式被理解的话，也就是作为对于单个案件的某种描述的话，那么，我们很难在这方面对判例进行探讨。这种描述与通过某单一“法则”来对历史事件进行的“说明”有着更紧密的相似性，后者通常以德雷（Dray）悖论而为人所知。在这里要提及的例子是第一次世界大战的爆发。这一事件的历史“法则”是这样的：战争总是这样一连串事件——即在诸如此类的环境中某某大公爵在其汽车内遭遇枪杀——的结果。这种描述与历史“法则”都是局限在特定情况范围之内的。于是，对于其他事件的说明，并没有因此获得某种可以遵循的规则。

判例这个概念事实上需要的是对于案件要旨的另外一种解释，这种解释似乎正是芬兰最高法院本身所要捍卫的。依据这种选项，案件要旨表明的是，这个**规范**（法律规则）在这个案件中得到了遵循。换句话说，案件要旨最终是一个规范表述，表述的内容是应当得到施行的法律规范。与事实的描述或这一案件中提出的论据相比，作为规范表述，要旨代表了一种更高的一般性。要旨界定了某类案件，并且为之归属了一种特定类型的法律后果。要旨是从最初的裁决中“分离”出来的，且由此开始了自己的生命。

在法律语言中，判例这个术语的意思常常是判例性**案件**，而非判例性法律裁决。不过，对于此一术语的选择，并没有影响这个问题的重要性程度。恰当地说，判例性案件的观念并不是非常适合作
85 为规范表述的案件要旨这一理念。案件本身，即案件事实的描述，并不具有任何判例分量，只有附属于这一案件的法律规则才有判例分量。更进一步来说，案件要旨并没有解释任何有关个案事实的内容，**如果**它被认为已经从最初的案件中分离出来且已经获得了独立规范表述的身份的话。为了理解有关作为规范表述的案件要旨这个问题，在使用判例概念时，我明确指涉的就是法律**裁决**。

根据这种思考方式，法律裁决的判例特点就体现在这里，即司法权力主体在其就后来的**类似**案件进行裁决时，要受到这一案件要旨中发布的规范的拘束。因而，这种事实性拘束效果的力量，依赖于法官在他们自己的司法裁量中事实上遵守这一裁决的概率。在某些法律领域中，例如在税法中，待决案件的重复性特征加强了判例的拘束分量。在其他一些法律领域，例如民法，事实描述通常是高度独特的，且因而判例的拘束效果就变得更加成问题。

案件要旨中发布的规范可能具有两种不同的类型。要旨可能会界定一个要被适用于特定**类型**的法律案件的明确规则。但是，要旨不给出这样明确的规则却也是常事。更常见的是，它会允许多种可选择的解释。例如，芬兰法院就拥有偏离有效民事法律合同的权威，如果这一案件中的规定被认为是违反衡平原则的。那么“违反衡平原则”这个表达的意义又是什么呢？此一表达的广度就成为关键的问题。

总结起来，人们可能会把下列类型的裁决当作法律渊源：

——**最高法院层级（最高法院、最高行政法院）的裁决**。就最高法院来说，需要指出的是，已经有立法对向最高法院上诉的可能性进行了限制。因此，主要是那些对法律适用有着一般性意义的案件，才有通道进入这一层级的法院。因此，这一立法将大规模的裁决置于此一情境，即低层级法院的裁决就成为最终裁决。这意味着，尤其是长远来看，最高法院裁决的实际判例价值将会上升。

——**中级法院层级的裁决**，例如，上诉法院的裁决，尤其是这 86
些裁决并没有被上诉到最高层级的法院时。这样的案件要么是由于上面所讲的对于上诉的立法限制，要么是由于法律明确就特定问题禁止上诉。当前来看，上诉法院裁决的实际判例价值也在上升之中。

——**低层级法院的实践**在某些案件中也具有判例意义，或者至少具有作为某一裁决的证成理由的意义。当待决事项只是在低层级法院这一层面上进行处理的，就是这种情况。遗产法中的一个典型范例是，就遗产管理人或执行人的任命作出的法院裁决。〔38〕这些裁决事实上独自创造了构成当前整个制度的实践。

（e）**一般的法律原则**与**道德原则**（价值）。在法哲学中，常常会讨论一般法律原则的性质、内容与地位。在这里，我将只涉及奥托·布鲁辛与卡勒·马柯宁就这一问题发表的观点。〔39〕另一方面，在法律推理中，也常常会诉诸诸如约定必须遵守（*pacta sunt servanda*）、诚实信用（*Treu und Glaube*）、法无明文规定不处罚（*nulla*

〔38〕 1682 年致约塔上诉法院的皇家批复，以及 Nehrman，D.，Inledning tilthen swenska jurisprudentiam civilem，1729. p. 72.（原文有两个引注 37——译者注。）

〔39〕 Brusiin，*op. cit.*，pp. 157 ff. 以及 Makkonen，*Zur Problematik der juridischen Entscheidung*，pp. 153 ff. 也可参见 Jørgensen，Stig，*Law and Society*，pp. 110 ff. 对于一般法律原则与司法归纳之关系的评论，参见 Aarnio，*Denkweisen der Rechtswissenschaft*，pp. 201 ff.

poena sine lege）这样的原则。一般认为，这些原则以及其他类似的原则是从现行立法中“推导”出来的。它们表达了不成文的但有效的法律规则。沙伊姆·佩雷尔曼说道：“因而人们可以说，这种制定法中的一般原则是有根据的。”[40]一般法律原则是法律传统的一部分，通过裁决及其证成理由，它们被一代代传承下来，即使它们并没有在法律中得到成文表述。

一般道德原则在某种程度上处于一个不同的地位。但是，在某些案件中，它们也拥有作为证成基础的价值，而且它们还可能会被援引。以有关堕胎的讨论作为范例，在这一讨论中，尊重生命的原则就扮演着重要角色。同样，我们可以想象，在特定方面，诉诸正义也可能成为裁量裁决中的一个论据。

上面提及的那些原则，在道德语境中，只具有道德价值。当这些原则被用作法律裁决的证成基础时，它们就获得了法律相关性。这表明，并没有什么东西，与诸如此类的这些原则相关联，为我们将它们分类为法律原则或道德原则提供证成基础。[41]它们作为法律渊源的身份，仅仅依赖于它们被使用的那个语境。这一事项具有的
87 重要性甚至超越了学理解释。我们有关道德原则受语境拘束之程度的范例表明了，如果从法律裁决的角度对法律与道德之间的界限进行考察的话，那这一界限是如此含混。道德原则可以成为法律渊源——在这一概念的某一相关意义上——这一事实已经表明了，从

〔40〕 Perelman. Chaim, *Juristische Logik als Argumentationslehre*, p. 109.

〔41〕 Aarnio, ‘Eternal and Changing Law’, In: *Philosophical Perspectives in Jurisprudence*, p. 100 ff. 就这一方面而言，罗纳德·德沃金（Ronald Dworkin）对于哈特的法律原则观点的批评是有趣的。重要的地方在于，是什么将原则转变为法律原则的。参见 Dworkin, *Taking Rights Seriously*, pp. 36 ff.

范畴上划出这样一个界限是不可能的。我将在对价值理论的分析中再回到这个问题。

（f）**学理意见**。在芬兰的法律解释中，常规来说，人们只会在学术工作中诉诸法教义学。诉诸个体的法律学者或者甚至所谓的主流意见，并不是法院传统的一部分。这并不意味着，在法院作出的审慎思考中，也可以说，在紧闭的门庭之后，法教义学中所表达的那些观点没有扮演任何重要的角色。属于这一范畴的，不仅包括有关有效法律的意见，还包括对于比较法、法律历史（例如，有关当前法律文本发展进程的资料）以及作为学理研究主题的其他素材（例如，诸如欧共体这样的国际组织的协议）。

（g）实践理由或者所谓的**现实论据**（real arguments）。尤其是从1950年代开始，在芬兰法律思想中，将多种类型的实践理由纳入考量，已经成为通常做法。从芬兰的视角来看，这种证成的出现，与二战之后所谓建构主义（constructivist）思维方式（概念法教义学；概念法学）的衰落密切相关。这一进路为所谓的分析法学所强烈质疑。〔42〕在19世纪末，建构主义趋势与德国法律科学曾经有着密切联系，但分析法学以及基于这种思考方式的法教义学，却从盎格鲁撒克逊分析哲学以及斯堪的纳维亚法律传统中获得了支持。〔43〕这种状况的一个（尽管是间接的）结果就是，法教义学以及一般层面的法律证成向实践理由打开了大门。

---

〔42〕对于这一批评，参见 Aarnio. 'The Development of Legal Theory and Philosophy of Law in Finland', pp. 9 ff. 也可参见 Aarnio, '150 anni di filosofia del diretto in Finlandia', pp. 809 ff.

〔43〕Aarnio, The Development of Legal Theory and Philosophy of Law in Finland, pp. 20 ff.

属于这组理由的，例如不同利益之间的多种比较：卖方/买方的利益，雇主/雇员的利益，等等。在特定案件中，这种比较主要集中于国家（或社会）利益与这一共同体中个体成员的利益的比较。

常规来说，这种论据的用法遵循着所谓后果推理的形式。〔44〕解释者诉诸后果（例如，卖方的利益），以一种积极的方式评价这一
88 后果，并以此为基础为达成特定结论而论证。例如：如果解决方案 I_1 被接受了，那么，其后果将是 C_1；如果 I_2，那么 C_2。最后的选择将是建立在 C_1 与 C_2 之间的优先性次序之上的。这种类型的推理将在后面 4.6.5 小节予以展示。

3.2.2 总论

法律思想史告诉我们，法律渊源的学理在法院的决策活动与法教义学研究的理解中都有着重要的位置。有关决策活动之内容以及相应的法教义学之内容的观点，在每一个时期，都决定性地依赖于其所采纳的法律渊源学理的内容。就这一点可以举出一些例子来予以阐明。

注释（exegetic）学派，在（诸如）拿破仑法典颁布之后的那段时期内（即 1800 年代开端）繁荣发展，它将自身局限于一种非常有限的法律渊源学理之中。根据其最极端的形式，这一学理只接受法律文本作为法律渊源。这一学理的一个自然而然的后果便是，对

---

〔44〕只要涉及到实用工具主义的目标推理，在这里就可以找出一个卓越的分析：Summers，Robert S.，*Instrumentalism and American Legal Theory*，pp. 60 ff. 有关一般层面上的后果的考量。参见 MacCormick，*op. cit.*，pp. 100 ff. 也可参见 Aarnio，*Denkweisen der Rechtswissenschaft*，pp. 84 ff，它处理是以所谓技术性规范形式展现的解释，Klami，*Finalistinen oikeusteoria*，pp. 42 ff. 以及 Peczenik，*Juridikens metodproblem*，p. 150ff. 佩策尼克展现了一般层面上的所谓目的论解释方法。

于纯粹形式的注释学派来讲，法律解释是陌生的。裁决的目的只是为了注明（note）法律的内容，并将这一条文适用于已经被证明为真的事实。对于那些注释学派的理论家们，佩雷尔曼这样评论到：他们试图让自己只关注案件事实的认定以及简单的涵摄。〔45〕

一个更为灵活（liberal）的法律渊源学理接受了这一可能，即当法律文本不清楚的时候，决策者可以转向立法者的目的。这种法律渊源学理的宽松性，在注释学派的那些观点刚刚萌芽的时候就已经存在了，它已经在诸如奥地利普通民法典（ABGB）第6条中得到了明确的表述。预设的立法者意志这一学理，随后就成为历史解释的补充：解释的目的是要阐明，**如果**这一类型的难题在立法程序中被讨论的话，立法者的意志**将会**是怎样的。就此一术语的当前意义而言，假设的立法者意志所处理的并不是立法历史（立法者的真实意志）。它是学理的展现，即说明法律规范是意志的结果（意志行为）。〔46〕

所有这些法律渊源的学理，就其方法论方面而言，大多都导向了三段论思维。根据这种理解，法律裁决就是将清晰优质的规范与描述事实的陈述关联在一起。因而，它的结论是逻辑操作的结果。 89
这里并没有必要进入对这一三段论思维的批判之中。对于这一主题的既有讨论已经清楚地表明了这些学理的限制。〔47〕只要我们强调了

---

〔45〕 Perelman, *op. cit.*, p. 79 and p. 109.

〔46〕 Perelman, *op. cit.*, p. 43 and Germann, O. A., *Methodische Grundfragen*, pp. 4 ff. 也可参见 Rahlf, Joachim, 'Die Rolle der historischen Auslegungsmethode in der Rechtsprechungdes BGH', pp. 27 ff. 在斯堪的纳维亚现实主义中，对于立法者意志的批评，尤其是由卡尔·乌利韦克罗纳（Karl Olivecrona）提出的，参见 *Law as Fact*, pp. 65 ff.

〔47〕 参见第三章注释21。

这一点也就已经足够了，即法律渊源学理的严格程度，与法律推理的理解方式之间是相互关联的，且借此，它与决定法教义学是什么以及它不是什么的方式也是相互关联的。[48]

从上面的法律渊源清单，可以很容易看出，芬兰（以及斯堪的纳维亚）法律渊源的现行学理是非常灵活的。[49]从我们的主题来看，这具有决定性的意义。灵活的法律渊源学理是本项研究所提出的此一类型的证成理论的必要条件。例如，受众的理念以及对于唯一正确解释学说的批评，在以注释学派以及类似学派为代表的那种受限的法律渊源学理范围内，都是不可能的。

3.3. 法律渊源的分类

根据那些与法律渊源相连接的规则的严格性程度，亚历山大·佩策尼克将这些渊源分为三组范畴。[50]换句话说，这一分类的基础是法律渊源所具有的拘束力强度。如果对于这些规则在证成中的一般意义，没有抱有某种存在偏见的立场的话，那么，佩策尼克所主张的这种分类，就可以作为法律渊源的一种基本分类。

3.3.1 法律渊源的拘束性

（a）在不同的法律共同体中都存在一个原则，无论是成文的还是不成文的，根据这一原则，在特定的情境中，人们必须援引某一特定的法律渊源。这种法律渊源是在一种强意义下具有拘束力的，

---

〔48〕 Aarnio, *Rechtstheorie*, Beiheft 3, pp. 51 – 53.

〔49〕 也是基于这一学理，这四种法律渊源是超越所有其他渊源的：成文法、立法准备资料、法律裁决与习惯法。也可参见 Aarnio, *Denkweisender Rechtswissenschaft*, pp. 133 ff.

〔50〕 Peczenik, *op. cit.*, pp. 48 ff., Peczenik, 'The Structure of a Legal System', *Rechtstheorie* 6 (1975), p. 7 ff. 以及 Peczenik, *Rechtstheorie* 2 (1980), pp. 150 ff. 参见 H. L. A. 哈特的“许可性”与“强制性”两个概念，*The Concept of Law*, p. 246 ff.

即对于这一渊源的漠视，将会带来由决策者（例如法官）承担的官方罪责。另一方面，就研究者而言，与前一背景不同，存在着某种遵循有拘束力的法律渊源的**认知**义务。正如已经论述的那样，根据芬兰司法程序法第1章第11条的规定，这样的法律渊源指的是法律（制定法），或者——从语言的角度来看——是法律文本。与这一规则相关联，在芬兰，人们强烈地感觉到，他们本身为诸如“法无规定不为罪”（*nullurn crimen sine lege*）这样的原则所束缚。这一刑法的基础性原则，在芬兰实践中是非常明显的，因为特定权威（上诉 90
法院的公诉人）密切监督着刑罚幅度的使用。

在民法中，并没有承认——就其最严格的形式来说——类似的原则，但是，如果存在着一个毫不含糊的法律文本，而且就其之于当前案件的可适用性来说也并没有任何的不确定性，那么，没有适用这一条款的法官就违反了官方义务。[51]另一方面，若援引了一个错误的条款，并不代表其没有履行法官的责任，只要这个行为不是主动为之就没问题。因此，在实践中，决策者很少遭受违反义务的指控。

根据司法程序法第1章第11条的规定，如果没有法律的话，裁决就必须要援引本土的习惯作出。法院不仅必须总是采纳关于已经通过法律实践而被确定的本土习惯的司法认知（judicial notice），也

---

〔51〕 就此，我们可以论及证成裁决的义务。这不仅是一个认识论义务，还是一个法律义务。首先，如果其裁决没有充分的证成理由，案件可以发回低层级法院重审（参见芬兰最高法院1980 ii 79）。其次，如果法院作出了一个没有任何证成理由的裁决，他将会被判罚（Brusiin, *Tuomarin harkinta normin puuttuessa*, pp. 59 ff.）。根据一份改革提议（Commitee Report 1966：B27），司法程序法第24章第5条应该以这种方式被修改为：法官负有援引法律且在含混的情况下援引解释理由的义务。直到现在，这项提议在芬兰依然不是有效法律。

必须总是采纳关于在社会实践中已经变得具有普遍拘束力的习惯的司法认知。后者的一个范例是——前文已经指出的——多种形式的商业实践。

作为法律渊源，本土习惯的拘束性与法律文本的拘束性的强度是不同的。首先，确认一个习惯是有效的，比确认一个法律文本是有效的，要更加困难。本土习惯并没有在任何地方被成文地表述下来，作为例外，某些原则的习惯可能在某些商业领域中得到了表述。其次，就习惯被遵循的程度来讲，它作为本土习惯的性质是很难进行研究的。第三个难题是与这部法典第 1 章第 11 条设置的“合理性”要求相关联的。即使我们能够发现就某一特定事项存在一个一般习惯是有效的，但依然可能会这样：通过对所有的环境进行正当考量，在当前的特定情境中，这一习惯是不合理的。如果这样的话，这一习惯就不能被当作是有拘束力的法律渊源而使用。因此，对于习惯法的拘束性，相关原则必须被以如下谨慎的方式表述出来：**如果**关于那一领域存在一个有效的一般习惯，且**如果**这一习惯并不是不合理的，且**如果**并没有法律文本处理这一事项，那么，法官**必须**采纳关于这一习惯的司法认知并且将它适用于当前的难题之中。

（b）第二组法律渊源是由在解释中应当遵循的规则构成的，也就是说，解释者只有“弱的义务”去援引它们。在裁决的证成中，对于这种法律渊源的漠视，并不会导致违反官方义务的责任。但是，“弱的义务”这一术语应该被具体界定。

91 就证成而言，这是一个**给出证明**的义务问题。如果属于第二组的某一理由并没有被援引，那么，裁量的理性便要求解释者给出为什么这一法律渊源被漠视的理由。由此来看，“弱的义务”是与理性裁量的概念关联在一起的。只要解释者努力在裁决中保持理性，他就必须遵循有关这种证明负担的规则。可以以这种方式来表述，援引这一理由范畴的弱的义务，其根源在于被（例如，芬兰）法律共同体所接受的法律意识观念。它被期待是这样的：解释要被证成，且只有可得的法律渊源以适当的方式被利用时，它才被证成了。

在法律文本的立法史中出现的素材和法院裁决属于第二种范畴（b）。对于法院裁决来讲，我们已经指出，在芬兰，法院裁决并不具有判例的特点。另一方面，司法程序法第1章第11条也并没有提及说，法律文本的立法历史中出现的那些准备素材是有拘束力的。因此，当法律文本并没有为当前事项提供一个最终裁决时，解释者必须援引立法准备资料，如果这一问题在后者那里有处理方案的话。所以，漠视立法准备资料并不能被归结为官方行为的违反，顺便说一下，立法准备资料在芬兰法院实践中极少被使用到。但是，一个漠视它们的人，其行为违背了理性裁量确立的证明负担规则。

就此而言，芬兰体系与奥地利体系显然不同。在奥地利普通民法典第6条中，有一个成文表述的规范："在法律适用中，不能作出有别于其用语在相关联系中的原本意义以及立法者的明显意图之解释。"其目标因而在于对立法者的历史意志的阐明。奥地利普通民法典第6条的字义是严格规范性的："不能……有别于……"它是一个有拘束力的规范。

只要上诉是可能的，那么，对于这种弱的义务的违反就意味着，这一裁决在更高法院中有可能会被改判，例如，如果存在最高法院的新近裁决，但决策者并没有依据它来解决当前难题，而待决案件与被最高法院的裁决所解决的案件有着清楚的类似之处，那么，这

一案件在上诉中被改判的概率是非常高的。对于第二种范畴中涉及
92 的其他渊源来说，也同样如此。但是，裁决被改判的概率根据情况的不同而会有不同。例如，如果这一渊源是含混的且/或这一渊源的可适用性是有问题的，那么，这一概率的程度就不可能非常高。

之所有上诉可能会改判，原因就在于这种展现为一种证明负担的弱的义务的本质。为了以一种理性的方式论说，即为了满足法的安定性的预期，我们必须援引这种类型的渊源。另一方面，上诉法院与最高法院都是社会制度，它们尤其是为最大化决策程序中的理性期待而设立的。因此，在上诉审中，这种弱的义务被满足的概率是极高的。这一概率的程度，由于总是以人类行为来体现的，因而很自然依赖于这些制度是否真的是以理性的方式运行的。

（c）第三组法律渊源是由那些根据既定实践可以援引的规则构成的。这是一个许可性法律渊源的问题。解释者并没有强的或弱的义务去援引它们。但是，许可性法律渊源在法律推理中拥有事实上的分量，因此，尤其在学理解释中，它们常常扮演一个重要的角色。

除了上面提到的那些渊源之外，所有的其他法律渊源都属于这一范畴。换句话说，它包括：一般法律原则、道德原则、法学教授的意见以及实践论据。它也可以由诸如这样的证成构成，即对于法律史、比较法方面的观点与法社会学中的证成以及“事物的性质”（*Natur der Sache*）的援引——不管其意指的是什么。

3.3.2 权威性理由与实质性理由

某些法律渊源具有权威性地位。[52]这样说，所指的并不是这一渊源的强或弱的拘束性。这一理念指的是，某些法律渊源所具有的相当于社会中的制度性地位那样的地位。这样的理由以其权威作为基础获取其法律渊源的功能。一个典型范例是法律文本。它是“官方创制的”，因为它是芬兰司法程序法第 1 章第 11 条专门提到的法律渊源。这意味着，法律文本作为证成依据拥有最高的权威。可以根据它们的拘束性，将具有权威地位的法律渊源分为多个范畴，正如前面所作的那样。法律是最具权威性的（有强的拘束力），立法准备资料和法院裁决有弱的拘束力，而（例如）法教义学只是一种被许可的法律渊源。毫无疑问，法教义学就其特性也是权威性法律 93
渊源。如果我们试着去想一下，在对法律秩序的解释中，其他在社会中表达的意见是否能够获取同样的重要性，就很容易观察到这一点。确实不能。就此而言，法教义学，当它与社会中的其他资料渊源进行比较的时候，无可否认地拥有权威的地位，不过相对于法律、立法准备资料与法院裁决来说，它的权威性要弱一些，因为教义学意见并不像（诸如）立法准备资料那样是官方的。

特定法律渊源是以其质料性（实质性）意义为基础，进入到证成的背后理由之中的。因此，它们可以被称为实质性理由，或者

---

〔52〕 对于这一问题的一个更为细致的分析，参见 Summers，Robert S.，‘The Types of Substantive Reasons：The Core of a Theory of Common Law Justification’，pp. 724 ff（也收录在 *ARSP*，Beiheft 11）. 也可参见 Summers，Robert S. and Leigh H. Kelley，‘“Economist Reasons” for Common Law Decisions – A Preliminary Inquiry’，pp. 213 ff. 参见 Golding，Martin P.，*Legal Reasoning*，pp. 39 ff.

——使用法律渊源的术语体系来说——实质性法律渊源。[53]即使一个法律文本是含混的，那它依然具有拘束力，不管它的内容在这方面是否能够让人满意。在这一意义上，法律文本的权威是不依赖于内容的。另一方面，实质性理由除了以其内容为基础之外就不可能再获得证成性力量。指出这一点也是很重要的，即以作为权威性法律渊源的法律文本为证成依据，已经足以满足司法程序法第 1 章第 11 条的最小要求。实质性法律渊源本身却并不足以满足法律证成的最小要求。实质性理由必须至少要与某一法律文本相关联才行，它必须支持赋予这一法律文本以意义内容的选择，或者某个法律文本优先于另一个法律文本的选择。

在图示 15 中，我们可以看到法律渊源的性质，在这里，拘束性强度以垂直方向表示，而权威性理由与实质性理由的区分在水平方向表示。

	强拘束性	弱拘束性	许可的法律渊源
权威性证成理由 （权威性法律渊源）	法律文本 习惯	立法准备资料 法院裁决（判例）	法教义学 外国法 等等
实质性证成理由 （实质性法律渊源）	习惯		一般法律原则 道德原则 实践论据

图示 15

94 罗伯特·萨默斯不仅区分了权威性法律渊源（理由）与实质性

〔53〕 Summers, *op. cit.*, pp. 726 ff.

法律渊源（理由），而且也区分了事实性理由、解释性理由与批判性理由。[54]但是，从法律解释的结构这一视角来看，这一补充的证成范畴似乎并不是必要的。

首先，萨默斯所使用的事实性理由的范畴，是与法律之于具体个案的适用相关联的。这是一个用于证实已发生事实之陈述的理由问题。科学的解释并不处理事项的事实性面向，因此从法教义学的视角来看，事实性理由对于这一事项并没有任何影响。所以，在当前这项研究中，它们就可以被抛在一边了。

就萨默斯所说的解释性理由来说，它们可以被还原为权威性理由或实质性理由。当我们要对有效的立法、特定的法院裁决或者有拘束力的学理性法律解释进行评价时，批判性理由才会进入问题之中。因此，在对法教义学解释之结构的阐明中，批判性理由也没有什么意义。因此，对于萨默斯所主张的五种范畴，我们只保留了两个，即权威性法律渊源和实质性法律渊源。

萨默斯还提出了一点，这一点应该被更具体的讨论。实质性理由要么是**正确性理由**（rightness reasons），要么是**目标理由**（goal reasons）。正确性理由包括：（a）一般法律原则；（b）出现在法律语境中的道德原则；（c）本土习惯。因而，这是一个关于内容与规范性理由的问题。一个范例即是对于正义的援引。这一范畴也包括作为某一事项（例如某一法律渊源）优先于另一事项之根据的价值判断。在目标理由的范畴中，我们只保留了一种法律渊源，即现实论据。它们之所以是这一范畴的一部分，是因为现实论据最终会进

〔54〕 Summers, *op. cit.*, pp. 728 ff.

入后果的考量之中，在其中，某些特定后果是优先于其他后果的。它们就是被寻找的那些后果。但是，我们应该看到，它们之所以变成了目标，是因为它们被优先选择了：它们不仅是有价值的，而且它们还优先于其他相关后果。因此，在目标理由与正确性理由之间存在某种内在的联系。这种联系与一般层面上的价值与目标的联系属于同一种类型。总之，我们可以为萨默斯最初所主张的这一范畴
95 集提供下面这样的说明性解释：

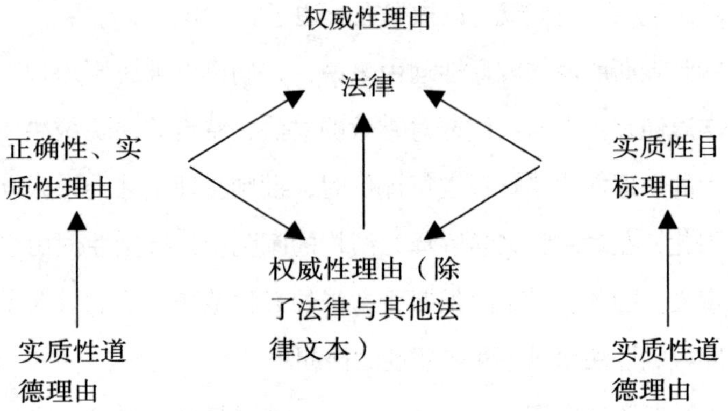

图示 16

图示 16 是努力要对解释的“策略”进行总结和体系化。任务**是**解释，理由要么是权威性理由，要么是实质性理由。根据当前情境，包含在后者之中的有正确性理由或目标理由。实质性道德理由，当它们进入法律语境时，换句话说，即当它们被用作正确性理由时，或者当它们界定了所要寻找的结果时，它们就“变成合法的”了。当其与法律语境分离的时候，道德原则就仅仅是道德原则。

3.4. 法律解释的指令

法律解释的指令由两种范畴的规则组成：**构建法律渊源**的规则

与**界定商谈程序**的规则。第一种范畴可以被称为法律解释的构成性规则，而第二种范畴是法律解释的调整性规则。

所有这些规则彼此之间都具有家族相似的关联。这种相似性的一个典型特点就是，**在这样的**规则之中，没有任何一个单独规则是解释能成为**法律**解释的必要条件。就此而言，使用一个解释规则作为标准，为恰当解释提供一个一般性定义，是不可能的。但是，根据相应的法律文化，这些规则的某种特定组合，却总是法律解释的最小限度之基础。这种组合属于法律推理的范式性特征，在讨论法教义学的范式时就已经指出过这一点。法律推理之所以是法律推理，正是通过这些规则组合才得以识别出来的。从这一观点来看，这样说——即法律渊源的构成性规则总是上面这一组合的必要要素——似乎是恰当的。如果所有的构成性规则都不存在了，那么这一解释 96
就根本不会是法律解释。何种程序规则属于这一组合，依赖于其时所在的范式。但是，如果所有的程序性规则（推论程序）都被诸如经验社会学的方法论规则所取代了，那么，这种研究活动就根本不再是法律解释了。在这个意义上看，对于真正的法律推理来说，至少某些解释的程序性规则是必要的。

有关法律渊源之用法的指令常常被称为解释的原则。这种表达提出了它们的规范性身份的问题。这些指令究竟是规则还是原则？众所周知，这一区分，在法哲学中已经获得了广泛的关注，它再次成为当前论辩的主题，还要感谢罗纳德·德沃金（Ronald Dworkin）。以要么是要么不的情境为基础，他对规则的概念进行了界定：一个规则要么被遵循要么不被遵循。而原则在逻辑上属于另一种不同的范畴。某个特定原则可能被遵循，也可能不被遵循，而无需任一程序被当作是对原则的违反。托尔施泰因·埃克霍夫（Torstein Eckhoff）与尼尔斯·克里斯蒂安·松德比（Nils Kristian Sundby）在某种意义上使用了一种相同的方式对这个难题进行了探究。他们所提议的术语是“规则”与“引导性标准”。

这两种区分都受到了批评。一个主要的论据是，规则与原则之间的这种被假定的范畴差异是一种幻象。一个更为中性的批评意见是从这样的观点出发的，即这种差异是一种程度性差异；而更强硬的批判者则会主张，规则和原则的性质完全是一样的。〔55〕规则确实具有是或者否的特点。在维特根斯坦的那种意义上，它们就像火车轨道一样。〔56〕让我们以规则“如果F，那么应当G”作为范例。如果事态F出现了，那么G从这一规则中“推出”，否则这一规则就被违反了。进一步来说，对于法官来说，这个规则是判决G的理由。法官以这种方式行为是因为规则具有这样的内容。

原则在性质上是不同的。根据罗伯特·阿列克西的术语体系，我们可以通过将原则当作格言（maxims）来刻画其特点：努力达至

〔55〕 参见 Dworkin, *Taking Rights Seriously*, pp. 25 and 44. 有关这些评论参见 Alexy, Robert, ‘Zum Begriff des Rechtsprincips’, *Rechtstheorie*, Beiheft 1, 1979, pp. 59ff., esp. pp. 63 ff. 也可参见 Eckhoff and Sundby, *Rettssystemer: Systemteoretisk innføring i rettsfilosofin*, 1976, pp. 128 ff. 对此参见 Jareborg, Nils, ‘Regier och riktlinjer’, *TfR* 1979, pp. 385 ff. 在有所保留的情况下，这一文本与亚勒堡（Jareborg）对这一事项的看法是一致的。但是，参见 Eckhoff, *TfR* 1980, p. 145. 关于“引导性标准”这一术语，参见 Eckhoff, ‘Guiding Standards in Legal Reasoning’, pp. 205 ff.

〔56〕 有关维特根斯坦的规则概念，参见 *Philosophical Investigations*, § 218－219. 在这里，维特根斯坦强调，服从一个规则类似于“盲目服从”。就这一问题没有选择。规则就像火车的轨道：“无限长的路轨相当于规则的无限制的适用”（§ 218）。另一方面，亨利·勒罗伊·芬奇注意到，我们并没有服从规则的义务（*op. cit.*, p. 197）。只有在我们开始服从它的时候，规则才会强迫我们。在这个意义上，这是一个“是或否”的问题。也可参见 Brand, Gerd, The Central Texts of Wittgenstein, pp. 125 ff. 对于维特根斯坦的规则概念的一个卓越分析，参见 Kripke, Saul A., *Wittgenstein on Rules and Private Language*, esp. pp. 7 ff.

原则的最佳化适用。例如，言论自由原则可以被理解为这样一个格言，根据它，这种自由应当得到**尽可能有效的**保护。如果这个原则与另一个原则（例如，保护隐私原则）发生了冲突，那么，两者之间的妥协就是必要的。两个原则不能同时以一种最佳的方式被遵循。 97
因此，即使一个特定原则（例如言论自由原则）被接受为有效规范，但对于这一原则的偏离却可能是被允许的，且无需面对任何惩罚的威胁。在规则被遵循的情况中却并不是这样的，如果规则“如果 F，那么应当 G”是一个有效的法律规则，那么，法官就有义务去遵循它。如果没能做到这一点，他就会由于违反了他的义务而被归责。根据阿列克西的说法，一个规则要么属于当前法律秩序，要么就在它之外（内在－外在问题）。但这却并不适用于原则。没有以最大程度被遵循的原则依然在体系之内。正如德沃金所说，原则具有的只是“分量的维度”，分量的维度会因为案件不同而不同。

所谓的法律解释规则——在法哲学中它们是被如此称呼的——就其身份而言显然是原则。它们只是指出了在法律解释中应该被纳入考量的那些因素。并不存在遵循它们的法律义务。但是，在这个意义上，它们却是**必要的**，即它们在最佳的法律证成中应当得到遵循。换句话说，如果在他的法律商谈中一个人想要成为理性的，那么他就应当尽可能遵循法律解释的原则。就此而言，这些原则是典型的上面所讲的那种意义上的格言。另一点也很重要，即法律裁决或学理解释并不是通过援引解释原则获得证成的。在证成中，只有援引法律渊源才是必要的（且常规的）。

从语言的角度来看，规则与原则之间并没有什么不同，规则与原则都可以以一种含混的或者不含混的方式**予以表述**。原则的表述常常比规则的表述更为一般化。但是，规则有时候也会是模糊的或者是很难阐明的。我们只需要回想一下弹性规范或者所谓的开放结构难题就知道了。就这一方面而言，规则可能和原则一样，解释起来是困难的。充其量，这两种范畴之间也就是程度的差别而已。

在下文中，**“解释标准”**这一术语将被当作是法律解释原则的一个特征描述。它与托尔施泰因·埃克霍夫主张的“引导性标准”这一表达是相似的，在我看来，它充分展现了这些原则的性质。

98 3.4.1 法律渊源的优先次序

芬兰解释共同体已经接受了关于法律渊源的特定的**优先性标准**。其中的两个标准，即下面的（i）和（ii），是在司法程序法第1章第11条规定的，在上面很多地方都曾引用过的一个条款。其他的标准（iii）和（iv）是通过实践予以表述的。

（i）**法律文本**（制定法）优先于其他法律渊源，无论这些渊源是权威性法律渊源还是实质性法律渊源。

就其内部的优先次序而言，诸如下面的这些标准已经在实践中得到接受：

——上位法优先于下位法（*Lex superior derogat legi inferiori*）：在层级上处于上位的条款可以排除下位的条款。例如，议会法案可以取代法令。

——后法优先于前法（*Lex posterior derogat legi priori*）：后立的条款可以推翻先立的条款，除非为后立条款之实施制定的那些条款作出了相反的规定。

——特殊法优先于一般法（*Lex specialis derogat legi generali*）：更不具有一般性的条款被当作是更一般化条款的例外，或者换句话说，特殊条款优先于一般条款。

——后来的一般法不优先于先前的特殊法（*Lex posterior generalis non derogat legi priori speciali*）：除非有相反的规定，否则，一般来说，后来的一般条款不能取代一个先前的特殊条款。

（ii）就当前事项，如果并不存在制定法，那么本土的习惯将优先于其他法律渊源。它因而优先于立法准备资料与法院裁决。但是，本土习惯只有在那些存在法律缝隙的案件中才具有这种特权地位。如果存在一个形式有效的制定法是可适用于当前案件的，只是它的内容是不确定的，那么，习惯法就不具有作为解释基础的特权地位；与此相反，这时候本土习惯与所谓的无特权的法律渊源是处于同样地位的。在解释中，它作为证成理由的分量，是在与诸理由的每一个个别组合的关联中，才得以确定的。

（iii）除了制定法和习惯法之外，还有立法准备资料处于其他法律渊源的前位。

但是，这种优先性与司法程序法第 1 章第 11 条所表达的制定法和习惯的优先性，并不属于同一种程度的优先性。佩策尼克已经注 99
意到，挪威的法律渊源学理中并没有包含这样一个已经确定的标准，即根据它，解释者（例如法官）要无条件地受到立法准备资料的拘束。[57]但是，与许多其他法律文化相比，在北欧国家中，立法准备资料似乎扮演着更为重要的角色。瑞典尤其是这样，在那里，1970 年代，立法准备资料在法律推理中就已经获得了一种特殊的位置。

---

〔57〕 Peczenik, *Juridikens metodproblem*, p. 86 以及有关优先性标准, pp. 118 – 120.

在有关这种推理的相关讨论中，对于立法准备资料的使用，已经提出了下列一些论据：

（1）将那些参与了立法程序的人们已经提出的观点纳入考量是民主的。在制定法体系中，从民主的角度来看，主权者的角色是决定性的。

（2）立法人员的专业意见处于一个较高的层次。因此，通过这些专业意见所表达的有关制定法之意义内容的那些立场具有特殊的重要性。

（3）并没有什么理由去主张，立法准备资料无法阐明制定法的意义内容。对这一目的有用的所有素材都必须得到利用。这尤其重要，因为常规来说制定法文本是以一种非常简洁的方式表述的。只要涉及的是意义内容，那么，自然可以认为，这些文本的作者是真正的资料来源。这种情况在所有的文义解释中都是一样的。

因此，挪威传统是建立在忠诚原则与民主原则之上的。在芬兰，准备性素材的角色显然更弱一些。司法程序法第 1 章第 11 条规定：法官负有考察法律的正确目的并依据这一目的进行裁决的义务。这里并没有诉诸准备性素材（历史目的）。根据主流的意见，第 1 章第 11 条所说的法律的目的意指的是法律的客观目的（理由［*ratio*］）。因此，法院并不会明确地或者甚至也没有隐含地援引立法委员会等组织创制的那些文件。但是，在最高法院，它的草案或最终裁决可能也会包含对于立法历史的援引，但这一论据只是其他诸多论据中的一个理由而已。与诸如判例或学理意见相比，它并不具有优先性。对于法院独立的强调，可以被看作这种保守性的背后理由。法院是独立于其他国家权力的。因此，它们不太容易接受一个这样

的情境，即特定官员（公务职员、立法委员会的书记或者其他个 100
人）的书面报告可以获得权威性理由的身份。政府雇员与法官之间的权力平衡将会受到干扰，因为现实的法律权力将掌握在少数官员的手中。

我们要记住，立法准备资料属于那些所谓的具有弱的拘束力的法律渊源。这意味着，**如果**解释者没有援引立法准备资料的话，**那么**他就负有去证成为何要以如此风格行事的证明负担。这一证明负担表述了一些未予确立的解释标准，例如，下面几个：

(a) 内在不一致或含混的立法准备资料不能被用作论据。

(b) 如果制定法的许多解释都符合日常语言，其中，明晰的立法准备资料所指向的那个解释必须被优先选择。而对于这一优先性的偏离必须有着特殊根据。

(c) 如果就所涉及的特定制定法的解释而言，立法准备资料是清楚的，当它与在它之前的法院裁决相冲突的时候，这一裁决不能被用作论据。

(d) 如果就所涉及的制定法内容或解释内容而言，立法准备资料是清楚的，当它与在它之后的法院裁决相冲突的时候，解释者必须证成其对于立法准备资料的偏离。

(e) 如果就所涉及的制定法内容或解释内容而言，立法准备资料是清楚的，当它与实质性理由相冲突的时候，对于立法准备资料的偏离必须被证成。

(f) 如果关涉当前事项的立法准备资料的立场是清楚的，它可以被用作偏离符合日常语言之制定法意义内容的基础，如果并没有特殊理由去维持这一文本的日常意义的话。

提出很多其他的标准也是可能的。但是，上面这个作为范例的清单已经明证了两个问题。立法准备资料的优先性是以一个在本质上比法律文本与习惯法的优先性标准更为复杂的标准集为基础来决定的。另一方面，这些立法准备资料的优先性标准是典型的证明负担规则。

101 （iv）对于法院裁决的优先性，我们可以援引附属于立法准备资料的那些标准。关于法院裁决的相应证明负担，可以形成这样的一个指引方针，即它是一个有关法院裁决与其他法律渊源之间的关系的问题。诸标准中的主要理念是，对于基于除了立法准备资料以外的法律渊源，而对法院所作解释的任何偏离，都要归属以证明负担。

（v）其他法律渊源具有相同的优先性次序。具有决定性作用的是相应渊源的推理力量，这可能是其自身的力量，也可能是在与这一组的其他渊源一起使用时的力量。

3.4.2 推理程序的标准

A. **语法解释标准**。就此而言，有时候，我们将其称之为文义解释。无论使用的是何种术语，它都明显是关于解释原则的问题。

语法解释标准的范例如下：

（i）法律文本不应当被如此解释，以致它的一部分无用或无意义。因此，语法解释是从所谓的规定经济原则开始的：法律文本中没有任何要素是没有意义的。

（ii）特定文本中的某一表达不应该在不同的关联中被赋予不同的意义，除非有充足的证成理由去这样做。人们可以想象到，在这一原则背后的是规定一致性的理念：如果可能，在不同关联中同样的表达是以同样的方式被使用的。

（iii）有待解释的那个表达不应当被归属以一个偏离其语言之一般用法的意义，除非有充足的证成理由去这样做。法律语言本身是日常语言，因此，在某种程度上，存在着一个“证明负担”，即对于日常语言用法（某些实际上十分经常出现的用法）的任何背离，都必须予以证成。我们将之称为日常语言的特权。

（iv）如果制定法的术语体系背离了语言的日常用法，那么，特殊的术语体系优先于日常语言。这一原则——即技术性术语体系的特权——是从原则（iii）中推导出来的，后者就其本质而言更为一般化。

B. **扩展解释**（Extending interpretation），它指的是制定法的适用
超越了其用法的核心。这一情景因此与类比是相似的，后者在下文 102
中还要讨论。在当代法理论中，扩展解释与类比之间的区别因此常常遭到质疑。〔58〕但是，原则上来说，人们能够在这两种形式的推理之间划出一条界限。在类比中，要么是法律存在缝隙，要么是当前案件是否为法律文本所涵盖具有真正的不确定性。根据佩策尼克的观点，扩展解释并没有跨越“真的法律意义”的限定，且因此它只能适用于那些还没有超出语法基础的情境。〔59〕但是，在实践中，这一限定却并没有那么容易划定。区分的困难在于这样的事实：例如，对于许多表达来说，语义的不确定性是如此地巨大，以至于从语法上在文本的解释与类比的使用之间划定一条界限是不可能的。在任何情况下，当把目光集中于论证时，对扩展解释与类比之间的这种

---

〔58〕关于一般层面的类比，参见 Frändberg, Ake, *Om analog användning avrättsnormer*, pp. 16 ff. , Koch and Rüssman, *op. cit.* , pp. 259 ff. 以及尤其是 Peczenik, *op. cit.* , pp. 74 ff. 也可参见 Aarnio, *On Legal Reasoning*, pp. 70 ff. 以及 Alexy, *Theorie derjuristischen Argumentation*, pp. 343 ff. 有关案件类比，参见 Golding, Martin P. , *Legal Reasoning*, pp. 44 ff. and pp. 97 ff.

〔59〕Peczenik, *op. cit.* , p. 76.

紧密关系的强调，都是有充分理由的。

C. **限缩解释**（Restrictive interpretation），它所关涉的情况是，法律文本被给予了某种比基于“常规解释的”字义而假定的意义更为有限的意义。一个范例是作为质量定义的“高质量羊毛货品”。如果我们假设——根据日常语言——（在问题所处的领域中）80%-90%羊毛的产品就被认为是“高质量羊毛品”，那么，此一术语只涵盖100%羊毛的货品就是一个限缩解释。

如果通过增添的特定质性条件来缩小这种意义，以至于超过了常规限缩解释所要求的范围，那么，极端形式的限缩解释就被建立了。佩策尼克将这种类型的解释称为缩小解释（reducing interpretation）。[60]在上述范例中，（除了羊毛的纯度之外）增添的质性条件还有纤维的长度、质量的均质性，等等。

如果扩展解释与类比可以被刻画为对法律文本适用领域的“扩展”的话，那么，这样说就是恰当的，即限缩解释和缩小解释是对一适用领域的削减。实际上，后两种形式的解释是与所谓反向推理（reasoning *e contrario*）互补的推理模式：意义内容的领域被塑造得更为狭窄，且同时处于解释领域之外的那些情况被排除了。

D. 还有两种形式的**当然论证**（*argumentum a fortiori*）。[61]一种是举重以明轻的论证（*argumentum a maiore ad minus*），即从大到小
103 的推理：如果法律文本L_i要适用于案件A，那么L_i更要适用于案件B，因为B是比A“更小的恶”。另一种形式的论证是举轻以明重的论证（*argumentum a minore ad maius*），或者从小到大的推理：如果

〔60〕 *Ibid.*, p. 74.

〔61〕 Koch and Rüssman, *op. cit.*, pp. 257 ff. 以及 Klug, *op. cit.*, pp. 132 ff.

行为 A 是被禁止的，那么行为 B 也是被禁止的，因为 A 是比 B“更小的恶”。

从结构上来讲，这些形式的推理与类比推理是绝对类似的。因此，这里也就没有必要进一步对它们的详尽情况进行探究了。

E. **类比原则**。在类比中，焦点在于相似性的比较。这种比较分为两种情境。我将它们称为案件类比和规范类比。前者处理的是，不同案件（即两个或两个以上的法院裁决）之间的相似性，以及以这些相似性为基础而对结论做出决定。后者，即规范类比，它的目的在于证明为两个或两个以上的法律规范所涵盖的案件范畴是类似的。通过这样，这些制定法（或条款）在彼此的关系中相互提供了解释性支持。

在这两种情境中，诉诸类比都需要使用两个不同的原则。首先，解释者必须知道类比推理原则本身，也就是说，他必须知道类比是什么。另一方面，他需要对类比是如何被利用的有一个了解。在下文中，类比原则本身将得到更细致的讨论，而对于类比用法的分析只是一笔带过而已。

（i）正如前文所言，案件类比是两个或两个以上的法院裁决之相似性的比较。〔62〕哪些案件作为这一比较的核心并不关键。比较若要可能，则必须对每一个案件的基本要素进行分析。换句话说，我们必须寻找每一个案件的事实描述的要素，以此为基础对这个案件进行重构。这意味着，那些事实描述的基础要素要被分割成重要的要素和不重要的要素。我们必须能够挑选出本质性要素。在对临终

〔62〕 Aarnio, *Denkweisen der Rechtswissenschaft*, p. 130.

遗嘱的相关裁决进行相互比较的时候，遗嘱人的性别和住所不是本质性的，而遗嘱的类型则可能是本质性的。[63]

如果在逻辑上属于同一类型的两个案件之要素彼此是相符合的，那么，根据这一条件，即通过对两个案件的基本要素在整体上进行观察，它们的相似点是重要的，我们就可以称，这两个案件是可类
104 比的。[64]但是，这样的可比较性要求有一个基础，基于此，这样的比较才可以进行。换一种稍微不同的表达来说，只有在与某个类比要点（analogy key）的关系之中，才会有可比较性。[65]类比要点告诉我们，案件 A 的哪些要素在某种重要的程度上与案件 B 的要素是相符合的，也告诉我们，从类比关系的视角来看，这些要素之间的何种可比较性是重要的。

前述问题可以通过一个范例来予以阐明。法院 X 曾作出三个裁决，裁决 A、B 和 C。在这些裁决中，A 与 C 代表了法律文本 L_i 的解释 I_1，而在裁决 B 中，同一法律文本 L_i 的解释却是 I_2。这些案件的元素如下：[66]

---

〔63〕 Aarnio, *On Legal Reasoning*, p. 72.

〔64〕 Alanen, *op. cit.*, p. 159.

〔65〕 例如，参见 Larenz, Karl, *Methodenlehre der Rechtswissenschaft*, pp. 255 ff., Engisch, K., *Einführung in das juristische Denken*, p. 256 以及 Zippelius, Reinhold, *Rechtsphilosophie*, pp. 221 ff.

〔66〕 参见 Aarnio, *On Legal Reasoning*, p. 76. 根据阿列克西提出的模型，这个类比推理的公式可以被表述如下：

(1) $(x)\ (F_x \vee F_{sim\ x} \rightarrow OG_x)$

(2) $(x)\ (H_x \rightarrow F_{sim\ x})$

(3) $(x)\ (H_x \rightarrow OG_x)$

或者，用一种简化的方式：（1）如果任一 x 是 F 或类似 F，那么 x 应当是 G；（2）如果 x 是 H，那么它类似于 F；（3）任一是 H 的 x，应当是 G。参见 Alexy, *Theorie der juridischen Argumentation*, p. 343. 也可参见 Klug, *op. cit.*, p. 120.

A：K_1，K_2，K_3 = I_1

B：K_1，K_2，K_4 = I_2

C：K_1，K_3，K_4 = I_1

从这一体系化中可以看出，如果我们选择 K_1 和 K_3 作为类比要点，裁决是不矛盾的。只有根据要点 K_1 和 K_2，案件 A 和 B 才有相似的事实集。相应地，案件 B 和 C，只有在与要点 K_1 和 K_4 的关系中才能相互比较。但是，在后两个情况中，我们要么必须承认法院是不一致的，要么承认法院改变了其裁决的倾向。另一方面，关键要点 K_1 和 K_3 使得案件 A 和 C 是可类比的：它们展示了对于法律秩序之内容的相同观点。案件 B 中缺少了事实 K_3，这成为其解决方案 I_2 的一个说明。

即使如此，这依然不是一个同构关系。〔67〕首先，案件 A 和 C 的元素并不是同一的，尽管它们被预设是属于同一种逻辑类型的。在案件 C 中，我们还可以识别出元素 K_4，它在第一个裁决的事实集中并没有出现。另一方面，前述事实描述的要素并没有完全地表征这些案件。正如之前已经指出的那样，它们仅仅是案件的本质性要素。

我们已经说过，只有通过某一特定的要点，两个案件才是可类比的。而这一要点并不是客观的，诸如某些可以通过观察获得证实的东西。因此，仅仅通过事实命题来证实有关类比关系存在的陈述，是不可能的。类比关系（部分上）是一个价值问题。〔68〕上面所提到

〔67〕 有关同构情境，参见 Stenius，Erik，‘Wittgensteinin “puhtaan kielenkritiikki” ’，p. 45 ff.

〔68〕 一般层面上，参见 Alexy，*op. cit.*，p. 342，Klug，*op. cit.*，p. 128 以及 Koch and Rüssman，*op. cit.*，p. 258. 参见 Golding，M. P.，‘Principled Decision – Making and the Supreme Court’，pp. 208 ff.

的“重要性”与“本质性”这些术语，以一种形象的方式证明了这些价值的程度。某人可能会将要点X当作是恰当的要点，而另一个
105 人却会选择要点Y。对于这些要点的优先性次序，并没有一个客观可验证的度量器。因此，类比总是“依赖于主体的”，至少在某种程度上是这样。

案件类比的常规推理链，与上面所展现的方式有着某种不同。它的出发点是一个裁决，我们已经知道了这个裁决的事实集和法律解释。我们用A来表示这一案件。解释I_1与由K_1、K_2与K_3构成的事实集是相关联的。现在，我们必须对案件B进行解释——在法教义学中，这个案件常常是以实际案件为基础想象或者重构出来的。这里的解释难题是以如下的形式表达的：在案件B中，法律后果是不是I_1呢？对此的裁决有赖于类比要点。如果以这个要点为基础，关键要素之间存在充分的相似性，那么，解释I_1也可以给予案件B，即使案件B的事实集与案件A的事实集并不是同一的。

（ii）在规范类比中，问题在于既有制定法L_i的内容具有不确定性。但是，L_i的适用领域与另一个制定法（我们用L_j来表示它）的适用领域是相类似的。我们已经知道后一个制定法的具体内容。因此，L_j提供的解释性支持就可以被用来确定L_i的内容。

可以再举一个继承法的范例。正如前面所说，在芬兰遗产法第17章第3条中，“以书面形式”这个概念是不清楚的。这一条款所指涉的法律行为，即遗产份额的转让，在重要的方面，是与遗产的部分分配是相似的。遗产份额的转让与遗产分配份额的放弃，在任何情况下都有着相当的相似性。我们已经知道，根据遗产法第23章第9条，遗产分配中所使用的文件必须是有署名且有见证的，那么，

遗产份额的转让也要使用同样形式的文件这种想法就获得了证成。因此，这一法案的第17章第3条，通过与同一个法案的第23章第9条相类比，就得到了解释。

F. **反向结论**（*conclusions e contrario*）。在这里，解释者要将法律文本明显没有处理的所有案件都从法律文本的适用范围中排除出去。这意味着，反向解释事实上是语法解释的一种形式。〔69〕

对于我们**何时**应该使用类比、何时使用反向论证，在法律共同体中并没有确立任何清楚的规则。阿拉宁注意到，实质正义（对于 106
他来说就是公平对待的原则）支持了类比的使用，而可预测性原则则为反向论证的使用提供了支持。另一方面，例如，在芬兰刑法中，一般来说，类比的使用是被禁止的，因此类比与反向论证的关系难题就尤其出现在民法、行政法或其他可比较的情境中。〔70〕为了简要地划出一条界限，下面界定了相对粗略的基础原则：

——与刚刚通过的法律相比，类比在相对旧的立法中的使用更容易获得证成。这是因为这样的简单事实，即社会的发展不断地创造新的情境，这些情境在表述旧的立法时并没有被考虑到。〔71〕

——在程序条款的解释中，对于法的安定性的保障是最为重要

〔69〕 Alanen, *op. cit.*, p. 159.

Alanen, op. cit., p. 159.（原文即有两个引注68。——译者注。）

〔70〕 68 Alanen, *op. cit.*, p. 159. 刑法中容许扩大性类比将会导致其与罪刑法定原则的冲突。另一方面，完全禁止类比将会导致适用的不均衡，因为类似案件不能通过类似的方式进行处理。因此在芬兰文献中，通常只是带有罪恶感（*malam partem*）地去警告不要类比。参见 Honkasalo, Brynolf, 'Suomen rikosoikeus', *Yleiset opiti*, p. 50. 也可参见 Peczenik, *op. cit.*, pp. 89 – 90.

〔71〕 Peczenik, *op. cit.*, p. 85.

的。对于程序条款以及所有关涉法律形式的规则来说，都是这样的。在与它们的关联中，类比必须被更加慎重地使用。〔72〕

——在对例外条款进行解释时，必须非常慎重地使用类比。〔73〕

在那些我们不能求助于类比的案件中，一个相反的结论就自然而然进入问题：如果这个案件不能归属于法律文本所指明的适用范围，那么这个文本就不能被扩展来覆盖这个案件。

佩策尼克曾使用圆圈来描述这些不同解释原则之间的（粗略）关系。〔74〕在这里，他的这种描述被再次复述来作为总结。这样的阐释并没有揭示这些原则的使用条件，也没有显示出对这些原则进行区分的困难。

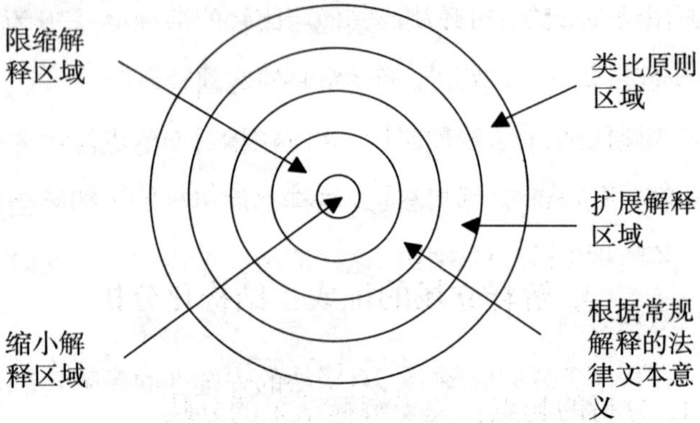

图示 17

〔72〕 Alanen, *op. cit.*, p. 161.

〔73〕 *Ibid.*

〔74〕 Peczenik, *op. cit.* p. 76. 有关法律解释方法的，通常参见 Bydlinski, F., *Juristische Methodenlehre und Rechtsbegriff*, pp. 437 ff., Larenz, Karl, *Methodenlehre der Rechtswissenschaft*, pp. 188 ff. 也可参见 Vernengo, Roberto J., *Cursode Teoria General del Derecho*, pp. 411 ff.

与其他推理的类似引导方针一样，这里所简要刻画的这些方法论原 107
则，也一样没有形成一个总是可以保证解释立场之可接受性的封闭体系。这里也没有精确的推理标准，这些标准本应该在法教义学中得到准确的表述。对于它们中的任何一部分来说，我们都很容易同意阿拉宁对于类比和反向论证所作的那些评论：它们更像是法律思维的路径，而非裁决的论据，后者通过它们的逻辑指令可以无条件地对解释进行界定。〔75〕这一问题也被阿列克西所提及，即他强调这些标准并不能保证结论的确然性，但它们却提供了一系列的可以作为引导方针使用的条件、标准和原则。阿列克西继续说道，即使如此，它们依然为在法律共同体中什么可以被当成是恰当的解释提供了一个框架。〔76〕例如，法教义学没有识别出任何这样的原则，这些原则可以毫不含混地表明：语义上含混的文本应该如何被解释，应该使用哪种特殊推理，如果存在指向不同方向的理由，人们**应该**如何**行进**，以及当对某一解释立场进行表述时，不同的证成因素应该如何进行组合。从这一视角来看，法教义学解释的结构是开放的。

4. 解释立场的证成：结构化分析

4.1. 分析的起点：关于解释结果的分歧

让我们回到这项研究的起点。法律规范可能在形式上是有效的且是有实效的，换句话说，是在其语词的这些意义上有效的，然而某些与法的安定性相关联的最终期待却并没有被实现。由此来看，

〔75〕 Alanen, *op. cit.*, p. 159.

〔76〕 Alexy, *op. cit.*, p. 319.

形式上有效且有实效的规范集，并不总是正当的。它在社会中并不是完全可接受的。进一步来说，为了根据一个有正当理由的基础来对法律的可接受性进行评价，这种裁量判断就必须是理性的，且这一裁量必须有实质性基础的支持。只有（经过理性考量）可以被接受为合理的法律秩序，才是合法的（legitimate）。

这项研究的第二个出发点是与法律知识的兴趣相关联的。这是
108 一个社会问题，它的内容是对有关法律秩序之知识的获取。在某种重要的程度上，法教义学通过提出关于有效法律内容的立场，满足了这一知识兴趣。它的一个结论就是，这样的一种立场（也）是指向合法性（legitimacy）的。法教义学的当然任务就是去回答，在社会中哪些规则是理性的且合理的，当它们要作为有效法律规范而被接受时。

从法教义学方法论的视角来看，一个核心难题是如何（在法律上）证成解释的结果。“核心的观念是为主张、辩护或裁决给出（那些被理解为、被表达为）充足正当化理由的观念，”尼尔·麦考密克（Neil MacCormick）写道。〔77〕在下文中，对于这一难题的探讨就是从这一理念开始的，即法律证成是一个遵循理性商谈原则的商

〔77〕 参见 MacCormick, *op. cit.*, p. 15. 汉努·塔帕尼·克拉米对推理在司法裁决中的一般功能进行了描述，它是通过区分下面的几个功能进行的：

——**资料**功能：最终结果是如何给出的以及为什么是这样的；

——**控制**功能：推理使得对结论的效力和牢固性的检验成为可能，克拉米认为，从上诉的视角看它是尤其重要的一个特点；

——**说服**功能：决策者努力去证成自己的裁决，以便它能够被受众同意；以及

——**教育**功能：裁决通过某种方式获得证成，这也使得它很容易被理解。

除了上面的功能之外，从本项研究来看，控制功能可能最为重要。当我们从证成的视角来讨论裁决的推理时，它实际上是一个有关这一难题——即为了满足法律保障的要求，对裁决进行控制并保障这种控制的可能——的问题。

谈程序。在这方面，似乎最简单的理解就是将商谈过程看作提出证成的人（A）与判断这一证成之效力的人（B）之间的**对话**。B 可以是一个个人，正如在我们简化的范例中将要假设的那样。但是，在实践中，证成却总是指向一个群体的。在下文中，这个群体将被称为受众。

作为对话的结果，A 的解释立场得到了某个证成理由之组合的支持。基于这一解释立场的证成理由的理性基础，A 试图用这个组合去使受信者 B 信服。如果 A 成功地做到了这一点，换句话说，A 和 B 在陈述发言之后基于理性基础达成了合意，那么这一证成就成功了。

如果我们通过这种方式来展现上述问题，那它可能看起来就很清楚了。但是，仍然存在与证成理论相关联的一系列难题很难解决。在下文中，我们将以证成程序本身作为开端，努力对这些难题进行体系化。因此，我们将首先勾勒出它们的起点，换句话说，即 A 和 B 最初所处的情境。在对证成结构进行考量之后，我们将努力处理证成的成功意味着什么这个问题。在向这一方向的努力中，一个预备性问题关涉的是证成之成功的先决条件，也就是，证成是如何成功的，即使它也是一个部分建立在价值之上的解释立场的证成问题。

以其最为简化的术语来说，这一对话的起点在于，对于解释的 109
对象，A 和 B 之间存在**分歧**。这一分歧可能是语言上的分歧，也可能是事实上的分歧（或者二者兼具）。[78]当人们使用相同的语言表达来指涉不同的事项，或者当他们使用不同的语言表达来指涉相同

〔78〕 有关这些概念，参见 Victor，Dag，*Rättssystem och vetenskap*，1977，pp. 21 ff.

的事项时，这就是一个语言分歧的问题。当人们就语言所指称的对象（事项）采纳了不同观点时（无论这些术语是如何使用的），就存在一个实质分歧。使用图示来表示的话，这种情境可以在图示18中得到表现：

	实质合意	实质分歧
语言合意	真的合意	表面合意
语言分歧	表面分歧	真的分歧

图示18

对我们的出发点而言，究竟是谁注意到合意或分歧是不相干的。这种分歧的难题，可能是由第三方引起了当事人的注意，也可能是当事人自身就意识到了这个问题。重要的是，这种表面合意或分歧以某种方式被注意到了。如果在表面分歧的背后找到了真的合意，那么，正如我们所言，这就不再需要证成了。只要指出这种“技术性”合意，即分歧仅仅是语言上的，就已经足够了。在后一情况中，当事人可以保留他们不同的语言使用方式，而且从我们的主题来看，只要又有合意是表面的，这也就不是关键所在。当存在一个真的分歧，或者在表面合意的背后可以发现一个真的分歧的时候，进一步的证成就变成必要的了。因此，可以指出，（“实质分歧”）右下角那一格为我们下文的讨论给出了一个初步性的概览。

存在着许多类型的实质分歧。首先，它可能是理论分歧，或者非理论分歧。粗略来讲，当A和B采纳的认知体系存在差异的时候，这就是一个理论分歧的问题。非理论分歧是建立在这一事实——即人们有着不同的价值或目标——之上的。而理论分歧又分为两种类型。对于现实中的事态是什么，或者，也就是，对于现实是什么，A 和 B 可能有着不同的观点。这可以被称为有关事实的争议。例如，当 A 和 B 就社会现象的经验普遍性有着不同观点的时候，这种争议就存在。另一种类型的理论分歧，用达格·维克托（Dag 110
Victor）的术语体系，可以称之为结构分歧。[79]当 A 和 B 采纳了不同的理论世界观的时候，这种分歧就存在。他们就自然与/或社会的结构有着不同的理论，或者他们对于相同的理论给出了不同的解释。进一步来说，根据维克托的观点，我们可以给出一个范例，即在某个特定社会中是否存在民主的实质性分歧。如果 A 和 B 分享着有关这个社会的相同事实，那么，他们的观点之间的差异就都要被化约为有关什么构成民主的不同理论。

众所周知，事实理论分歧与结构理论分歧之间的关系，问题很多。它最终要被转化为一个所谓理论术语[80]在人文知识中的地位和性质的问题。也就是，在哪些条件下，我们才能说某个事项是事实。这个难题，在社会科学中实际上比在自然科学中，要大得多。我们必须去发问：我们关于社会的理论观点是纯粹理论性的吗？或者，我们的理论是和评价以及在更宽泛的层面上是和意识观念交织在一起的吗？[81]就此而言，我们必须绕开这些难题，且通过下面这一术语树的形式列出不同的分歧情境，从而帮助我们弄清楚它们。

---

〔79〕 *Ibid*., pp. 25 ff.

〔80〕 *Ibid*., pp. 27 – 28.

〔81〕 关于所谓的“交织命题”，参见 Aarnio, The Significance of the Theoretical Element in Legal Research, In: *Philosophical Perspectives in Jurisprudence*, pp. 120 ff.

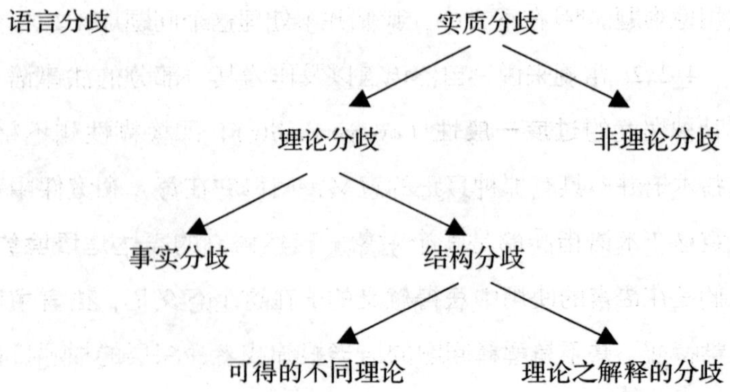

图示 19

4.2. 解释的范围：法律秩序的缝隙与冲突

解释者与受信人之间的一个真的实质分歧可能出现在这样的情境中，即 A 以 I_1 的方式来解释表达 L_i，相应地，B 却为相同的表达
111 L_i赋予了解释 I_2。从语言的用法来看，他们都没有任何错误。因此，就其性质来说，这种分歧不是表面的而是实质的分歧。这种实质分歧——一旦关涉的是法律秩序的内容，它就是实质的——可能是由多种因素造成的，所有的因素都和我们语言的深层性质有关系。

4.2.1. 如果制定法在语言上是精确且无歧义的，那么，对于这个文本本身的内容就无需证成了。这并不是一个裁量案件。不过，（例如，由法官作出的）一个法律裁决在这样的情境中最终也可能是有难题的。决策者必须总是决定这个无歧义的法律文本是否**适用于**当前的具体个案。这并不是一个解释性问题，而是这个文本的可适用性难题。[82]在下文中，我们并不处理这个问题。

4.2.2. 常规来说，自然语言以及作为其一部分的法律语言都具有某种程度的**过度一般性**（overgenerality），即模糊性和不精确性。这些术语并不具有那种真正的意义，使得它在每一个案件中都可以决定这一术语指涉的是哪个对象。自然语言的表达是**语境约束的**。它们是在语言的使用中获得意义的。在这个意义上，语言术语的语义学特征，并不是解释问题的恰当根源或者最深层的根源。在某些情况中，严格来说，一般性表达是可以因为语境环境而拥有一个没有歧义的意义内容的。另一方面，一个非常技术性的术语也可能在半影区域内带来解释困扰。

制定法的语境总是**体系化的**，也总是**政治化的**，即法律外的。每一个制定法都来自于政治活动并在社会中运行。通过适用程序，制定法的“输出”必然具有社会、文化或政治的本质。因此，解释一方面是与规范语境（作为规范体系的法律体系）相关联的，另一方面又是与社会价值和文化价值相关联的。

但是，根据它们给解释者造成的困扰的类型不同，这些语言术语至少可以被分为如下几个次类别：

（a）一个术语可以是而且可以经常是**模糊的**；它具有不准确的意义。语言表达常常会有一个特殊的半影区域，也就是，这个术语是否涵盖了特定案件是存在疑问的。在半影情境中，人们就遇到了模糊性问题。

一个典型的模糊性情境便是当某个表达**不清楚**时。这是这样一 112

---

〔82〕这是涵摄的问题。例如，参见 Koch and Rüssmann，pp. 64 ff. 参阅 Larenz，*op. cit.*，p. 256 以及 Alexy，*op. cit.*，pp. 274 ff.

种情况，首先，这一术语的意义内容是没有被准确确定的。[83]它是不精确的。解释者无法识别出可能的意义选项，因此也无法知道这一表达所指涉的是哪些案件。模糊性的另一个次类别是**开放性**：没有可得的充分标准能用来对意义的内容进行确定。范例就是："特殊情况"。[84]

在芬兰以及其他一些国家，与许多年前相比，所谓一般条款(弹性规范) 变得更加常见了。甚至不同类别的法律渊源都已经有了这样的条款。它们授予特定官员以解释权力，但却没有给出任何解释标准。在某些情况中，法律只是对程序的目标进行了界定。具体内容的界定都留给了解释者。

(b) 如果一个表达具有多种意义，它就是**含混的**。[85]我们知道符合这个表达之外延的（所有）可能选项，但却无法识别出哪一个选项才是**正确的**。例如，这可以通过术语"签署的"（signed）来予以阐明。[86]芬兰遗产法第23章第9条包含了一个有关遗产分配形式的条款。对于"签署的文件"这个概念，可以列举出超过15种

---

〔83〕 一般参见 Ahmavaara, Yrjö, *Informaatio*, p. 112. "某人"这一表达常常被用作范例，这是一个非特定的单数术语。参见 Jareborg, Nils, *Begrepp ochbrottsbeskrivning*, p. 94. 作为对本书的补充，可以参见亚勒堡这本书的第四章，pp. 93 ff. 也可参见 Hart, *op. cit.*, p. 4, pp. 15 ff. and pp. 122 ff., Vernengo, Roberto, J., *Curso de Teoria General del Derecho*, pp. 406 ff. 以及 Wróblewski, Jerzy, 'Fuzziness of Legal System', pp. 311 ff.

〔84〕 在这方面，应该回想一下维特根斯坦对于"家族相似性"概念之特点的界定。就开放性术语而言，准确来看，我们可以说，只有在一串的线绳构成了这串绳索这个意义上来说，个体意义内容是相关"关联的"。参见 *Philosophical Investigations*, § 66 – 75. 开放术语的难题被弗博格·马茨（Furberg Mats）以一种值得关注的方式所讨论，*Saying and Meaning*, pp. 72 ff. 也可参见 Hart, *op. cit.*, pp. 121 ff, 他谈及了所谓"开放结构"的问题。

〔85〕 有关这一概念，例如，参见 Regnell, Hans, *Semantik*, p. 69 以及 Ross, *op. cit.*, pp. 135 ff. 也可参见 Ekelöf, Per Olof, Semantik och juridik. *Svensk Juristtidning* 1966, pp. 497ff. 以及 Jareborg. *op. cit.*, pp. 98 ff.

〔86〕 Aarnio, 'Formal Incorrectness and the Invalidity of Legal Acts', *SSL*, pp. 19 ff.

可选择的意义：一个完全的且可辨识的签名；字迹模糊的签名；某人的“标记”，等等。另外，这个签署文件可能是：没有见证的文件；有见证的签署文件；无可置疑（unchallengeable）之人见证的文件，等等。这个条款本身并没有给出任何在这些选项中进行选择的标准。[87]因此，这种类型的含混性是解释性问题的一个真正根源。[88]

句法上的含混性涉及的是这样的情况，某个表达在句子或条款中的位置会决定它应该被解释的方式。例如，“他生活在一所房子里，在芬兰，它很漂亮”（He lives in a house in Finland which is beautiful）以及“他生活在芬兰，在一所房子里，它很漂亮”（He lives in Finland in a house which is beautiful）作为比较。[89]

（c）如果某个术语**在评价上是开放的**，那么，对于其意义内容的识别就预设了作为某种法外（extra－legal）解释基础的评价。因此，我们就可以根据社会价值规范部分地找到解释的标准。在芬兰，许多衡平规则已经变得非常一般化了，尤其在家庭法以及合同法之中。范例：根据合同法第36条的规定，法官拥有在将这一案件的诸多情况纳入考量之后对这个合同的衡平性进行考察的可能性。但这一制定法并没有包括任何调和（conciliation）的标准。

所谓的弹性规范也常常包含评价上开放的术语。例如，某个制 113
定法可能会涉及“合理的后果”。如果不对社会或文化价值采纳某种立场，对于什么是合理的根本无法界定。

---

〔87〕 Ahmavaara, *op. cit.*, p. 112 以及 Jareborg, *op. cit.*, p. 108. 也可参见 Regnell, *op. cit.*, pp. 75 ff.

〔88〕 Jareborg, *op. cit.*, pp. 121 ff.

〔89〕 *Ibid.*, p. 108. 当同一个术语指涉多种不同的事项时，在这里常常使用的是“多义性”（polysemia）这个概念。

4.2.3. 这里提及的规范体系的一个逻辑缺陷是**冲突**：法律文本 L_i将后果 C_i与法律事实集 F 相关联，但法律文本 L_j却为同一个事实集 F 赋予了法律后果 C_j。两个相矛盾的规范陈述因而形成。

我们已经注意到，在道义逻辑中，如果同一个规范体系允许冲突的存在，它显然是不能获得证成的。[90]一个且同一个规范权威不能拥有相矛盾的意志。在冲突的情况中，有两个相冲突的有效规范集合，这样的假设显然是很自然的。

实际上，在实践中，冲突的可能性是无法被排除的，不论从道义逻辑的视角来看究竟如何解释冲突的概念。例如，在规定的基本框架已经陈旧以及规范体系经过多次修改这样的情况下，冲突就可能进入立法之中。这里提及的一个冲突是，芬兰婚姻法第 103 条与遗产法第 23 章之间的冲突。根据芬兰法律体系的规定，夫妻双方的财产净值是共同计算的。在决定双方份额的归属时，净值总额会被平分为两份。婚姻法第 103 条赋予了占有更多财富的配偶一方一个这样的权利，即在对夫妻双方的财产进行分割时，由他来决定让渡给另一方哪些财产，以完成平等的分配。在遗产法第 23 章中，这一权力却被赋予了遗产的执行人，只要是这样的执行人已经被任命了。如果执行人对夫妻双方的财产进行分割是可能的话，那么，我们就会面临这样的问题：应当遵循哪个条款，以及在何种情况下要这样去做。就这一点而言，两个条款不能同时都被适用。一个必须让步，至少在部分上是这样。

这种规定中不存在冲突的理念——偶然也会在法理论中被提出

---

〔90〕 参见 von Wright, G. H., 'Norm it ja logiikka', *Ajatus* 1963, pp. 255 ff.

来——在我看来，是建立在某种特定类型的一般化（generalization）基础之上的。我们无需更具体地讨论，有关理性立法者以及他的不相冲突的（non - conflicting）活动，好像毫无含混地将他界定为一个在某特定时间点工作的能动者是可能的似的。[91]但是，这并不是实践中的情况。相反，这种有关立法者的拟制（如果这一术语可以 114
被如此使用的话），包括了许多类型的不仅在位置上不同而且在时间上也不同的活动。因此，立法冲突的可能，应该作为一种现实的可能而被承认。

如果将目光投向证成，那么，其实前文已经顺便提到了冲突导致的难题：相冲突法律文本中的哪一个文本应该被适用，或者从稍微不同的视角来看，这些条款应该如何被解释从而使得此一冲突可以被消除。

（d）传统来说，在法哲学文献中，会对法律的缝隙与法律秩序的缝隙进行区分。[92]可以这样说，法律中可以有缝隙，但在法律秩序中却不能有缝隙。在寻找论证的起点时，注意力常常会尤其放在法律的缝隙之上。[93]阿尔乔龙与布柳金从特定的视角出发，将这些缝隙称为规范缝隙。[94]这两位作者通过提出这个问题——即在哪些情境中，知识的空缺会阻碍个体裁决的表述——来开始自己的论述。

---

〔91〕 有关这一立法者的概念，参见 Peczenik, *Juridikens metodproblem*, pp. 112 – 113.

〔92〕 参见 Brusiin, *op. cit.*, pp. 24 ff., Coing, Helmut, *Grundzüge der Rechtsphilosophie*, pp. 328 ff., Makkonen, *Zur Problematik der juridischen Entscheidung*, pp. 122 ff. 以及 Peczenik, *op. cit.*, pp. 76 ff.

阿尔乔龙与布柳金对缝隙这个概念提供的一个完整定义，参见 *Normative Systems*, pp. 145 ff. 以及对这一定义的评论：Aarnio, *On Legal Reasoning*, pp. 60 ff.

〔93〕 也可参见 Wróblewski, Jerzy, 'System of Norms and Legal System', *Rivista Internationaledi Filosofia del Diritto* 2 (1972).

〔94〕 Alchourrón and Bulygin, *op. cit.*, p. 146.

它是指涵摄中的这样一种情况：要么缺少案件事实的资料（知识缝隙），要么被适用的文本具有语义上的不确定性（识别缝隙）。后者已经在前面进行了探讨。而知识缝隙在法教义学中并不会被讨论到，因为法教义学并不处理具体的个别案件。

另一方面，阿尔乔龙与布柳金相信，知识的空缺也可以归结于体系本身的缺陷。正如前文所述，体系中可能有冲突，或者就当前事项完全没有任何决定。这就是两位作者所称的规范缝隙。当我们将法律的缝隙与法律秩序的缝隙之间的区分考虑进来的话，规范缝隙就可以被理解为有关当前案件之条款的空缺。正如已经（确定地）为人所知的那样，找不到调整这一事项的条款，[95]甚至在细致的解释之后也是一样。

在这样的情境中，论证的任务就变成了对这一缝隙的弥补。这是真实的情况，即人们会认为，在缝隙的情况中，法教义学只需指出存在一个缝隙就行了。这一点可以有正当理由地被指出，即法律对一个如此这般的问题并没有给出解决方案。汉斯·凯尔森就是以这种方式看待法教义学的任务的。[96]很显然，阿尔乔龙与布柳金也倾向于以这种方式来思考。[97]但是，如果我们以法官的视角来看待
115 这个问题，并且询问他——他期望从法教义学中得到什么——的话，他的回答毫无疑问是不同的。法官在知识获取上的旨趣预设了，法教义学要为规范缝隙的问题提供一个有正当理由的答案。在我看来，对知识的这种兴趣，通常也符合社会赋予一项关于法律秩序内容之

〔95〕 *Ibid.* , p. 147.

〔96〕 Kelsen, Hans, *Reine Rechtslehre*, p. 348 ff.

〔97〕 Alchourrón and Bulygin, *op. cit.* , p. 51 ff.

研究的那些期待。根据维特根斯坦的观点，可以说，缝隙案件中的论证游戏，属于那些以法律语言进行的语言游戏。从社会的视角来看，将对缝隙填补进行的解释当作是日常法教义学的常规任务之一，是自然而然的，也是有正当理由的。

这也同样适用于价值缝隙和逻辑缝隙。阿尔乔龙和布柳金将价值缝隙界定如下：从价值立场的考量来看，这一规范所界定的行为模型是无法让人满意的。[98] 逻辑缝隙在法理论文献中更为少见。毫无疑问，这样的缝隙也会构成法律秩序的负担。有两种情境可能会被当作逻辑缝隙来探讨。这可能涉及到其中一种情况，即当立法对某一过程的诸多特定的行动作出了要求，而这些行动又是相互依赖的。在这种情况中，如果这一过程的部分 A 是依赖于部分 B 的，但却并不存在有关部分 B 的条款，这时候就存在一个**技术**缝隙。[99] 如果某个条款要求另一些条款被制定出来，但因为某些原因，这项工作却没有完成，那么，在这种情况下，我们就可以在这个语词的严格意义上说存在一个**立法**缝隙。

(e) 当有一个以上的法律文本处理同一个事项时，就存在一个**过度调整**（冗余）问题。过度调整不能被当作是一个“好的”法律秩序的典型特征。但是，从证成的观点来看，它并不具有与前面的那些情况同等的重要性，因而在本项研究中就不再对它进行更细致地分析了。

4.3. 商谈程序

法律解释的难题来源于法律**程序**的特点。例如，在民事案件中，

---

〔98〕 *Ibid.*, p. 146；比较 pp. 31 ff. 与 pp. 106 ff.

〔99〕 Peczenik, *op. cit.*, p. 77.

原告作出诉求，而被告则针对这一诉求努力提出诸多理由进行抗辩。这些理由可以诉诸当前案件的事实，或者诉诸这一制定法的另一种解释。因此，这些意见的争议可能是分类上的，也可能是法律上的。

这一程序性机制可以被转化为法教义学机制。在证成的程序中，
116 解释者试图**加强**其所选择的可选择解释，即 I_1；而且，另一方面，他也会努力去**消除**（eliminate）反对的论据。[100]这些反对论据，将作为支持可选择解释 I_2的论据来对待。那么，以这种思维方式来看，在商谈中就会存在两个选项之间，以及两组论据（支持与反对）之间，同时进行的持续“竞争”。在下文中，我们将从可选择解释 I_1 的视角来对这一问题进行分析，支持论据是指那些对**这一**解释进行证成的论据，而反对论据是那些对抗这一解释的论据。如果所涉及的是选项 I_2，这些论据的角色就将翻转过来。因此，某一特定解释（这里是 I_1）之反对论据的消除，是支持这一解释之证成陈述的一部分。

这些论据本身可以以层级来进行排列。第一层次的论据可能会要求进一步的证成。这指的是我们怀疑这些支持论据的力量的情况。那么，被提出的那些进一步的论据，就被称为第二层次的论据。在这里，我们就没有必要再对这些论据的结构和角色作进一步的分析了。第二层次的论据可能还需要进一步的支持，并因此我们会达到第三层论据，并依次进行下去。

某个论据可能最终被证明在语义上（或在术语上）是含混的。

---

〔100〕从一般视角来看，它是一个对这一表达的意义进行更为精确描述的问题。对于这一概念，参见 Naess, Arne, *Empirisk semantik*, pp. 6 – 13 and pp. 26 ff. 以及 Naess, Arne, *Interpretation and Preciseness*, p. 350 ff.

它可能是这样的，从其表现的形式来看，这个论据太过一般化了，而且就其本身来讲，也是不确定的或含混的。根据诸多反对问题，解释者必须确定这些论据所意指的是什么。

以此为基础，我们将通过下一方式对论证的一般结构进行阐释。首先，我们将使用字母 p 来表示支持性论据，用字母 c 来表示反对性论据。对这些论据的意义进行阐释的陈述（分析性陈述），可以通过为基本字母加上一个单引号的形式来予以表示，例如：p’ 和 c’。一个对某支持性论据进行分析的陈述因此被写作 p’ p。论据的层次可以通过数字来表达。支持性论据的层次因而是 p_1，p_2……p_n（第一层支持性论据，第二层支持性论据，依次类推）。另外，我们可以假设，反对某一特定支持性论据（例如反对 p_1）的论据将在同一层次上进行表述。而如果一个反对论据只是意在寻求对某一分析性论据的阐明，可以简单地用“?”来表示它。在某些情况中，反对论据的提出将会迫使解释者去提出论据来支持之前提出的论据。 117
根据论据的层次，这些增加的论据也将会获得自己的索引（index）。例如，p_1p_2可以被认为是表示“论据 p_1，它由论据 p_2所支持”。

如果我们像前文一样用 I_1 表示解释者所支持的法律文本 L_i 的那个可选择解释，用 I_2 表示对立的解释选项，我们可以得到两个论证图式，如图示 20 所示：[101]

---

〔101〕 参见 Aarnio, *Denkweisen der Rechtswissenschaft*, pp. 120 – 121. 这个表格的基础是内斯（Naess）对于支持性论据与反对性论据的陈述。参见 *Empirisk semantik*, pp. 67 ff. 伊尔玛·塔麦洛（Ilmar Tammelo）将这种类型的推理称为“探究过程”。参见 Tammelo, Zetetischer Verfahren für juristisches Aufweisen; *Rechtstheorie* 1978, pp. 421ff. 对此的评论，参见 Wimmer, Franz, ‘Überlegungen zu Tammelos Unterscheidungvon Euduktion, Produktion und Seduktion,’ *Rechtstheorie* 1979, pp. 338 ff.

L_i

I_1	(I_2)
p_1	?
p' p_1	c_1
p_2	c_2
p_2 p_3	c_3
p_4	

图示 20

在这个表格中，选项 I_2 已经用圆括号进行了标记，因为根据我们的起点来说，解释的受信人自己并不必然要代表任何可选择的解释。对于正在被辩护的解释 I_1 存在分歧，这就已经足够了。即使如此，由这一解释的受信人所提出的反对论据，依然会变成解释 I_2 的支持性论据。如果这样的话，正如前面所指出的那样，解释图式就会翻转过来；任何支持选项 I_2 的都是反对解释 I_1 的。

最后一个支持性论据后面的破折号描述了这样的情境，即在这一情境中推理链被截断了。

从这个图式中间接可见，在支持性论据**之中**，就解释 I_1 而言，这些论据之间存在着多种关系。某些论据是直接支持 I_1 的。它们因而可以被称为直接论据。其他的论据，例如 p'_2 以及第四行增添的论据 p'_1，* 只是为解释结果本身提供了间接性的支持。它们的重要性在于对推理链的特定部分提供了支持。为可选择解释提供支持的

* 第四行出现的是"p' p_1"，按照书中的表述方式，"p'_1"表示的是对论据 p_1 的意义进行阐明的陈述，而"p' p_1"表示的是对支持性论据 p_1 的意义进行阐明的陈述。——译者注。

论据可以在下面的图表中以图示的方式被确定位置，这个图表（图示21）以一种更好的方式明示了支持性论据之间的内在关系。

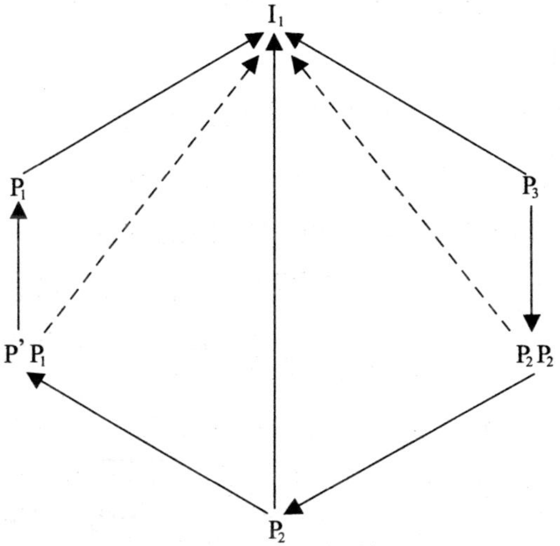

图示21 *

当然，这个论证链可以在某个方向上继续下去，超出在范例中所假定的这些步骤，而且它的形式会根据情况不同而有所不同。再一次强调，对于我们所称的论证并没有一个共同的结构，即使上文的假设限定在某些特定的语言游戏之中。我们可以看到，甚至在当前这个框架之中，一个正在运行的论证游戏，也是一个许多具有家族相似性的个体游戏的庞大总和。 118

但是，无论这些步骤的结合是什么样的，无论我们如何描述这个结合，在所有的法教义学的论证中，有一个批判性问题是开放的：何时截断一个论证链？在哪个阶段，支持性论据足以使得当前证成

---

* 原图中的"p_2p_2"令人不解，这里似乎应该是"p_3p_2"或者"p' p_2"——译者注。

是充分的？以及，在更为一般性的层面上来说，这样一个界限是存在的吗，还是这样一个界限甚至在原则上都不可能被识别出来？于是，我们就自然地回到了开头所勾勒的那些本体论、认识论和方法论的问题。

本书对这些问题的解答是很清楚的，尽管它看起来也可能既是激进的，也是有问题的。截至当前来说，本书的立场可以表述如下：即使在原则上我们都不可能使用一般性术语来证明这样一个精确的界限，即在这里，证成总是能够被截断。论据链的截断依赖于陈述 I_1/I_2 获得可接受性的那些条件在哪个阶段可以被创造出来。这又是与解释的受信人关联在一起的。使用更为一般化的术语来说，解释是指向某一特定的解释共同体的，或者，换句话说，是指向受众的。
119 因此，证成的“终点”是由受众确定的，或者使用佩策尼克引入的术语来说，是语境拘束的。[102]

这一理论观点的证成，不仅要求对证成程序的某些一般性特征进行阐释，而且也要求对实际法教义学中的某些范例进行阐释。在开始，我们将接受某些一般化的观点。现在，我们请读者来看一下有关法教义学的实践解释的一个范例。

4.4. 内部证成与外部证成

耶日·弗罗布莱夫斯基（罗伯特·阿列克西也跟随他）对解释命题（或者一般层面上的法律裁决）的内部证成和外部证成进行了

---

〔102〕 Peczenik, *The Basis af Legal Justification*, pp. 33 ff. 佩策尼克基于充分的根据对语境充分的证成与深层证成进行了区分。也可参见 *op. cit.*, pp. 1 ff., 28 ff, and 110 ff.

区分。[103]根据弗罗布莱夫斯基的观点，内部证成（IN－证成）指的是，解释是根据已被接受的推论规则从前提中推导而来的。“IN－证成的条件是这样一个规则的存在，根据这个规则，人们可以检验裁决的内在理性。而前提的有效性是被视为理所当然的”，他写道。例如，根据弗罗布莱夫斯基的观点，根据特定条件 MP_1……MP_n，解释命题“规范 N_i在语言 L_i中拥有意义 I_i”是真的，如果存在推论标准 DI_1……DI_n，且如果这个解释是建立在价值 V_1……V_n之上的，且规则 DI_1……DI_n是被以适当的方式使用的。使用图式来展现的话，下面这个简单的且从三段论视角来看是不完全的公式展现了内在证成的结构：

MP_1 …… MP_n

DI_1 …… DI_n

---

〔103〕　参见 Alexy, *op. cit.*, pp. 272 ff 以及 Wróblewski, ‘Legal Syllogism and Rationality ofJudicial Decision’, *Rechtstheorie* 5（1974）, pp. 39 ff., Wróblewski, ‘Legal Decision and Its Justification’, *Proceedings of the World Congress for Legal and Social Philosophy*. 1971, pp. 412 ff. 以及 Wróblewski, ‘Justification of Legal Decisions’, *Revue Internationalede Philosophie. La Nouvelle Rhetorique. Essais en hommage a Chaim Perelman* 127－128（1979）, pp. 277 ff.

根据阿列克西的观点，一个简单的三段论形式是这样的：

(a) $(T_x \rightarrow OR_x)$

T_a

OR_a

在这里，x 是个体变元，O 是应当算子，a 是个体名称，T 和 R 是随机谓词（random predicate）。这个三段论可以用下面这个范例来予以展示：

证人在法庭中应当说真话

a 是证人

a 在法庭中应当说真话

对于三段论演绎，一个更为广泛的分析，在这里可以找到：Tammelo, Ilmar and Helmut Schreiner, *Grundzüge und Grundverfahren der Rechtslogik*. I., pp. 110 ff. 也可参见 Aarnio, *On Legal Reasoning*, pp. 59－60, Koch－Rüssmann, *op. cit.*, pp. 14 ff. and pp. 59 ff. 以及 Makkonen, *op. cit.*, pp. 47 ff. 对于演绎推理，一个非常清晰的批判，在这里可以找到：MacCormick, *op. cit.*, pp. 19 ff.

$$\frac{V_1 \cdots\cdots \quad V_n}{I_i}$$

而根据弗罗布莱夫斯基的观点，外部证成（EX－证成）具有如下的特点：“一个裁决获得了外部证成，如果根据作出资格界定的人所使用的标准，它的前提被界定是好的前提。很显然，某个法律裁决是可能获得了内部证成却没有获得外部证成的。”换句话说，在外部证成中，这是一个有关前提以及推论规则之有效性的问题。
120 根据弗罗布莱夫斯基的观点，它们依赖于评估有效性所使用的那些标准。也可以说，外部证成最终依赖于我们在证成中用来拘束自身的那些规范和价值。

在下文中，我们将努力证明，法律证成的关键难题是与外部证成相关的。解释结果是否是逻辑上推导出来的——即是否是内在地建立在某些实质性条件与某些推论规则与价值的基础之上的——这个问题就其本身来说是无关紧要的。这样一个前提、规则和价值的背后结构，总是能够在事后（*ex post*）被建构出来。而将解释者分为不同阵营的难题，一方面与前提的选择与内容相关联，另一方面则与那些相匹配的推论原则或价值被选择的方式相关联。法律商谈的难题因而集中于外部证成。

4.5. 外部证成程序的结构

外部证成的程序——作为一种普遍实践商谈形式的法律商

谈——可以使用内部证成与外部证成的术语描述如下。[104]让我们举个例子，制定法 L_i 表达了这样一个规范："如果 F_1，那么应当 G_1"。某位法律学者 A 以这种形式来表达其关于制定法 L_i 的意见（立场）：在 f 的这个案件中，应该 G_1。让我们将这个立场称为解释 I_1。在这一情境中，一个很自然的问题就是：**为什么**结果 G_1 应该与事实 f 相关联呢？学者 A 可能回答，在法律文本中"F_1"这个术语意味着"f"且只有这一个意思。因此，A 给出了其证成中的第一层次的论据。推理的这一部分可以事后通过三段论的形式表述如下：

三段论 I　　PR_1：法律文本 L_i 规定：如果 F_1，那么应当 G_1

PR_2：$f \varepsilon F_1$

C：在 f 这个案件中，应该 G_1

前提 PR_2 将文本 L_i 与它的解释 I_1 关联在一起。因此，在这个三段论中第二个前提（PR_2）扮演着第一层次论据的角色（在图示 20 中的 p_1）。但是，受信人 B 会提出这一问题：为什么是 $f \varepsilon F_1$，而不是（例如）$f' \varepsilon F_1$ 呢？为了回答这个问题，A 必须增加论据来为 121
"$f \varepsilon F_1$"这一陈述提供支持性根据。这一阶段的推理也同样可以以三段论形式来表述：

三段论 II　　PR_1：如果在 L_i 的情况中立法准备资料表明"$f \varepsilon F_1$"，那么，L_i 的适当解释就是 I_1，即："如果 f，那么应当 G_1"

---

[104] 参见 MacCormick, *op. cit.*, pp. 19–52 and esp. pp. 100 ff.，他将"二阶证成"从裁决中的演绎推理中分离出来。这种证成与"外部证成"这个术语是对应的。在这一部分中，对于外部证成的描述，是以笔者与亚历山大·佩策尼克在 1984 年–1985 年期间的讨论和共同工作为基础的。也可参见 Peczenik, *Creativity and Transformations in Legal Reasoning*, pp. 280 ff.

PR_2：立法准备资料表明“f ε F_1”

C：根据立法准备资料，L_i的解释是：如果 f，那么应当 G_1

在法教义学的日常实践中，这个结论 C 常常拥有独立论据的角色。某个学者只是诉诸制定法的立法历史就可以。但是，这一论据的基础却是上面所提到的那个三段论。换句话说，对于这个论证链中的每一个步骤来说总是会有一个内部证成。更加准确地说，我们必须将三段论 II 描述为第二层次的论据（图示 20 中的 p_2）。*

同样，支持某一特定论据的论据（例如，p_1 p_2）也可以被写成三段论的形式。在这个意义上，内部证成与外部证成是相互联系在一起的。图示 20 也可以通过这一形式表现如下：*

L_i

I_1	I_2
三段论 I	?
术语的分析	c_1
三段论 II	c_2
三段论 III	c_3
某个论据（三段论 IV）的支持	—
三段论 V	—
—	—

图示 22

* 原文为“图示 22 中的 p_2”，似乎有误——译者注。
* 原文为“图示 21 也可以通过这一形式表现如下”，似乎有误——译者注。

（一般的）理性标准以及传统的法律解释标准，指明了某个特定的个体三段论是如何被构建出来的。那些三段论的逻辑规则对推论的形式进行了界定，但法律解释的标准却表明了（诸如）习惯法在特定的条件下必须被当作论据来使用。因此，每一次单个的转化——即每一次提出支持性论据（或者论据的论据）——都是由这种标准来引导的。 122

另一方面，这一论据的复合性整体（p_1，p_2，$p_1 p_2$，等等）并不能演绎得出解释 I_1。法律解释就其本质来说并不仅仅是三段论式的。我们无法识别出任何被法律共同体所接受的此类规则，通过它们，最终的结果（I_1）可以从**某些特定**三段论的整体中演绎出来（参照图示22）。在这个意义上，这一论据链中的不同三段论之间并没有演绎的内在关联。这就是整个法律解释的关键所在。外部证成根本就不是三段论式的。它是一个使其他人（即解释的受信人）信服的问题。这一点可以被如此简单地处理，即解释者增加了新的三段论来支持他的解释或他的论点，但是，每一个步骤却都只是以理性标准或法律解释标准所提供的某种“松散的”方式来指引的。并不存在任何准确的标准，基于此标准我们可以指出：这个论证（三段论）是正确的。如果这个论证的整体（三段论链条）对于其他人来说是足够让人信服的，解释者才是成功的。

就此而言，内部证成与外部证成是彼此联系在一起的，这种说法似乎是有正当理由的。如同图示22中的那种情况，外部证成就等于是为了支持前面的前提为这个论据链增加了新的三段论。

4.6. 证成程序的一个范例

对遗产份额的转让形式，可以提出许多不同的观点。我们假设解释者 A 捍卫着这样一个立场，根据这一立场，转让必须通过一份有两人见证的署名文件才能成立。[105]我将使用 I_1 来表示这个解释。在这种情况中，仅仅援引法律文本（L_i）是不够的，因为准确来说，这里的难题在于这一事实，即我们并不知道法律文本的内容。[106]

如果这里的问题是一个关于有着准确且无歧义之意义内容的法
123 律文本的问题，那么，进一步的证成就不再是必要的了。语法解释就够了。从法律适用的角度来看，在这样的情况中，我们可以说，它只是一个按部就班的裁决而已。法律文本是清楚的，案件已经被证实，那么法律的适用就没有任何困难之处了。但是，正如之前所言，我们当前的情况并不是这样的。我们必须继续推进这个论证链。

4.6.1. 立法准备资料

在实践中，首先出现的保证（warrant）几乎总是来自于对立法准备资料的援引。[107]在背后支持它的便是所谓的主观解释原则。[108]换句话说，它的假定（支援［backing］）是这样的，即当制定法的语法解释是不清楚的时候，应该根据其目的来进行解释。

但是，在前文中，我们已经说过，在芬兰的法律体系中，立法准备资料并不是有着强拘束力的法律渊源。将它们弃之不用，只会带来一个就为什么不使用这个素材进行证成的论证义务。因此，在芬兰，主观解释原则并不具有法律上的拘束力。[109]

---

〔105〕 Aarnio, *Perillisen oikeusasemasta*, pp. 362 ff.

〔106〕 Aarnio, *Denkweisen der Rechtswissenschaft*, pp. 133 ff.

〔107〕 Alexy, *op. cit.*, pp. 221 ff.

〔108〕 Larenz, *op. cit.*, pp. 198 ff.

〔109〕 对于这些原则，参见 Ross, *op. cit.*, pp. 164 ff. 以及 Peczenik, *op. cit.*, pp. 110 ff 以及 Strömholm, *op. cit.*, pp. 428 ff.

最为重要的是，这一原则的适用标准是开放的。立法者的意图（意志）是清楚的，这种说法是什么意思呢？一个意图什么时候是清楚的？只要我们想要对“清楚的意图”这个观念进行分析，其中的种种困难便是很容易理解的。[110]在许多情况中，立法准备材料都满是缝隙。对某特定生活部分进行调整的需要，以及这种调整的框架和基础结构，无疑会得到关注，但是，个别法律文本的个别解释难题，却不会被关注到。这部分是因为工作运行的效率问题，部分是因为不可能提前预设出所有的解释难题这一事实。社会的发展（例如技术发展）超越了立法准备资料的范围，是很常见的。将所有事情都纳入考量简直是不可能的，这一点在讨论解释的时候很重要。

但这还不是全部。立法准备资料是由语言构成的，因此，立法准备资料中的表达也会遭遇——如同法律文本本身所遭遇的那样——解释开放性。[111]有时候，这种解释还要求对其自己的论据再进行解释。因此，对于出现难题的法律文本的阐明而言，仅仅援引立法准备资料是不够的。我们至少还得需要额外的保证。这些额外的 124
保证有时候可能是这些事项：诸如立法者的个人生涯，有时候还会是“时代精神”，或者有时候也是立法的那个时代就这一事项进行的一般法律讨论。但是，在实践中，这样的额外保证并不能将立法

---

〔110〕参见 *Kommentar zum Allgemeinen Gesetzbuch*（hrsg. von Heinrich Klang und Franz Gschnitzer），p. 103 and p. 107. 对于立法准备资料在一般层面上的意义。参见 Strömholm, Legislative Material and Constitution of Statutes, *SSL* 1966, pp. 175 ff. 以及 Rahlf, *op. cit.*, pp. 28 ff.

〔111〕Aarnio, *Denkweisen der Rechtswissenschaft*, pp. 134 ff. 以及 Aarnio, *On Legal Reasoning*, pp. 109 ff.

准备资料的解释锁定为真正的解释。相反，尽管有这些额外的保证，但制定法的阐释依然需要对立法准备资料的额外证成。

我们不可能不提及这一事实——即在实践解释中，立法准备资料的识别也同样是个难题——就蒙混过去。〔112〕哪些**素材**能够充分表达“立法者”的意志？并不存在对此进行决定的清晰指引。〔113〕有时候议会委员会报告会被用到，有时候是政府议案，或者议会诸委员会的会议记录。如果我们谈论的是芬兰主流的实践，那么，下面的这种优先性次序似乎就是合适的。

如果议会诸委员会的会议记录中就有关问题有着清晰的表达，那么，它们就表达了主观的意图，这个意图就能够被当作是解释的基础。若非这种情况的话，那我们就可以使用政府议案中的推理。我们必然从这样的假设出发，即政府议案及其推理已经得到了议会的批准，除非对此已经作出了某种特定的修正。如果这些其他类型的素材就此一主题没有表述意见，我们才能转向（非议会的）委员会报告或类似的资料。不过，这只是一个关于理性商谈之**推定性**（presumptive）原则的问题。因此，对于议会素材的忽视，并不会遭到任何惩罚。不过，解释者依然负有就这一事项——即为什么他忽视了议会委员会会议记录中明显的相关陈述，而去使用（非议会的）委员会报告中的陈述，对自己的解释进行证成——提出证成的义务。

---

〔112〕 Aarnio, *On Legal Reasoning*, pp. 216 ff.

〔113〕 参见 Peczenik, *op. cit.*, p. 113，在这里，他指出，法律人知道哪些人的意图要被纳入考量。佩策尼克的观点似乎过度简化了这一情境，因为研究实践已经表明，有着无数的例子，在其中，就同一事项的不同裁决所使用的是基于多种立场的不同观点。

在大多数情况下，在立法准备资料中，并没有哪种特殊类型的素材为解释问题提供答案。相反，通常的情况是，解释者要努力从立法准备资料中建构出一个解释性总体。其结果是一种**重构**，在这里，不同素材中的陈述被整合形成了一个整体。根据这种重构的融贯性和整合程度，它的证成力量也会有比较大的变化。最好的情况也就是，这种重构成为一种只能以弱的方式来支持当前解释的渊源。它并不能终局性地证成这一解释陈述。

在我们的范例中，立法准备资料只有相对有限的意义。遗产法 125
的确是准备了将近30年的时间，因此在这一准备期中产生了大量的议会委员会报告、陈述以及其他的立法准备资料。但是，这些立法准备资料，却并没有为这一法案的第17章第3条的解释提供任何明确的立场。因此，这些立法准备资料与制定法本身一样，都没有为这一难题给出任何答案。在这种情况中立法者的历史意图无疑是不存在的。

在这样的情境中，有时候法律理由（*ratio legis*）——即对制定法内容进行证成的客观意图——就会得到援引。就此而言，有两种方向可以被纳入考量。[114]

这种客观意图作为立法者的假设意图——如若当前的事项在立法的时候就已经出现了，那么它将会被以如此这般的方式来决定——是有其意义的。换句话说，这一假设的意图也同样是一种重构的意图。[115]在任何时候都没有哪个主张表达过这种意图，也可以

〔114〕 Larenz, Karl, *Methodenlehre der Rechtswissenschaft*, p. 322. 拉伦茨使用的是“客观-目的论”论据这个概念。这一概念指涉的是法律秩序的客观目标。

〔115〕 例如，参见 Strömholm, Ratt, *rättskällor och rättstillämpning*, p. 405.

说，没有公开表示过这种意图。佩雷尔曼写道："如果在这种情形中，人们想要回溯到立法者的意图上去，那么他就是在寻求一种纯粹是任意预设的、通常完全是虚构的意图——他想将这种意图强加于正直的立法者——的帮助。"[116]因为它是事后重构的，所以这样一个假设的意图不能作为法律解释的证成理由。因此，这一假设意图想要在一般层面上具有某些证成价值，它就得依赖于具体事项而非立法准备资料。它不是历史的意图。立法准备资料最多也就只能作为一个指征（indication），以它为基础，其他证成性素材可以在这一假设意图的重构中获得其适当的意义。

当我们对另一个意义上的客观意图进行分析的时候，证成的性质就变得更加清楚了。使用客观意图，我们也可以意指此时此地的法律理由。它是通过对所有的要素进行适当的考量所形成的意义总和。

在这个意义上，它是一个有关在解释所处的时代中制定法的意义内容的问题。[117]它既不是主观的也不是历史的。它不是主观的，因为法律的理由或意图是在许多因素的基础上进行重构的，而不仅仅是在立法准备资料的基础上。后一渊源在这一证成中并没有任何优先的地位。另一方面，这一理由尤其是与解释所处的那个时代相
126 关联的。正是因为这个原因，它所说的也不是历史意图，即之前某

---

[116] Perelman, *op. cit.*, p. 79.

[117] 佩策尼克以一种适当的方式对这一事项进行了表达，当他写道，我们可以在两种意义上谈及"法律的真正意义"时：

(a) 语言意义上的意义，换句话说，字面、语句或语境的意义；

(b) 根据已被接受的解释与方法论原则进行的法律解释。

Peczenick, *op. cit.*, p. 191. 这也是本文中"客观"意义（解释）所指涉的内容。

个时代曾存在过的真实意图。

但是，在解释理论中，客观解释的概念，只是一个多余的附加物而已。对它的使用，就是在间接地言说与某种直接所述之事——即以法律渊源为基础，对被普遍接受的解释规则的使用——相同的事情。如果我们还是使用字母 S 来指称法律渊源，用字母 I 指称解释的结果，用字母 OI 指称客观意图，那么，客观意图理论似乎说的就是下面这个意思：

$$S_1 \cdots\cdots S_n \xrightarrow[D_i]{} OI \xrightarrow[D_j]{} I$$

在这个公式中，通过解释规则 D_i，法律渊源与客观意图彼此关联在一起，D_i界定了法律渊源是**如何**被使用的。通过规则 D_j，解释结果又和客观意图关联在一起。例如，这个规则是说，“法律必须总是根据客观意图来进行解释”。

但是，作为一个事实问题，这个推理可以更为直接。我们的起点是，根据特定规则，这一法律渊源支持了解释 I。这个解释是恰当使用法律渊源的一个“后果”。使用图式来表示的话，推理链因此是这样的：

$$S_1 \cdots\cdots S_n \xrightarrow[D_j]{\qquad} I$$

4. 6. 2. 体系解释

在法教义学中，如下的论说是很常见的：“法律文本 L_i必须以 I_1 的方式进行解释，因为这个法律体系是如此这般的，以至于非 I_1 的解释会使得此一体系变得不一致。”这些类型的论据在后面将被称为体系理由，使用它们的方式被称为体系解释。

援引体系理由是想要使当前制定法能够适切于它的“自然的”

体系语境。众所周知，这种推理曾被所谓的概念法教义学（概念法学）所采纳。它的一个范例是奥地利普通民法典第6条的明确内容。
127 在对这一条款进行评论时，海因里希·克朗（Heinrich Klang）与弗朗茨·克施尼策尔（Franz Gschnitzler）注意到，制定法中的某个语词，若脱离了这个制定法的背景，根本无法单独（以立法准备资料等为基础）被解释。它的意义应该根据其他所有的制定法来寻求，这些制定法与有待解释的条款是关联在一起的。[118]

体系解释的意识观念假设，有待处理的法律秩序的部门（例如遗产法）是内在一致的。[119]在这一整体的框架中，每一个条款都有其“自身的位置”。这意味着，它假设下列这些解释规则是要被遵循的：

（i）规范N_2对于规范N_1可能是补充性的，或者它可以使得N_1更为精确。实现这一效果的一个好的范例就是所谓的不完全法律（*lex imperfecta*）。它是一个只表达了一般性原则，而没有为对这些原则的违反提供任何惩罚的制定法。例如，在芬兰婚姻法中有一条制定法（第37条），它课予了夫妻任意一方妥善照看其自身财产的义务，以免其财产遭遇不当的增益损失。在同一法案的其他地方，一些条款为这一原则提供了更为精确的意义内容。例如第94条，根据

---

〔118〕 Klang and Gschnitzer, *op. cit.*, p. 104. 也可见 Zippelius, Reinhold, *Rechtsphilosophie*, 1982, pp. 199 ff.

〔119〕 对此，参见 Alexy, *op. cit.*, pp. 322 ff.，他区分了狭义上的体系解释和广义上的体系解释。前者是与有待解释的陈述与用来支持它的陈述之间的逻辑一致性相关联的。后者可以被界定为陈述之间的实践一致性。阿列克西将前者称为“一致性的逻辑控制”，后者称为“一致性的实践控制”。有关一般层面上的解释之体系观点，参见 Peczenik, *op. cit.*, pp. 99 ff. 以及 Strömholm, *op. cit.*, pp. 401 ff.

在芬兰法律科学中，萨伦佩（Saarenpää）一如既往地强调体系性观点。参见 *Tasajaon periaate*, pp. 18 ff, 以及 Aarnio, *Denkweisen der Rechtswissenschaft*, pp. 121ff.

这一条的规定，如果夫妻一方违反了第37条表达的原则，那么在财产的分割中另一方有权要求得到赔偿。

不同的制定法——例如某一特定法案中的各个条款——也可以构成一个层级，在其中“低层级”的制定法会使得“高层级”的制定法更为精确。例如，行为规范N_1使用了“合同”这一术语，而另一个规范N_2则为“合同”观念在这一语境中是什么意思提供了标准。

（ii）前面提到的规范类比也是基于这种假设的，即法律秩序是一个体系性联合。在可以类比的情况中，一个特定的规范为另一个规范的解释提供了支持。对于当然论证的推论也同样如此。

（iii）法律秩序被预设是逻辑一致的。如果规范N_1命令而规范N_2禁止一个相同的行为，那么，这两个规范之间就是相互反对的。另一方面，如果规范N_1禁止而规范N_2允许一个相同的行为，那么它们之间便存在一个矛盾关系。

除了逻辑不一致性之外，在法律秩序上还可能存在**身体的**不一致性。如果规范N_1要求雇员从下午1点工作到下午8点，而另一个规范N_2则课予其从下午8点到凌晨1点的工作义务，那么，同时遵 128
循这两个规范在身体上是不可能的，即使在这样的规范制定中并没有逻辑的不一致性。

在所有这些情况中，都可以识别出一个相同的理念：法律规范的复合整体是一个体系性联合。解释的目的在于找出这些规范之间的体系性关联，并且以适当的方式为作为这一整体之部分的每一个法律规范“找到位置”。根据这一理念，法律秩序犹如一张网，每个规范都能在这张网的某个特定网格“找到自己的位置”。

但是，体系性整体的形成标准，在这种类型的解释中占有一个关键的位置。[120]只有当我们真的知道，这个体系是所说的那个样子的，且被解释的规范是以一种适当的方式适切于这个体系性整体的，那么，从结论来看，我们的证成才能获得力量。这种力量在实践中常常因为这一事实——即被解释的规范本身也对这个体系性联合进行了塑造——而被减弱。部分上正是因为这个原因，此一体系才是所说的那个样子的。换句话说，解释的结果依赖于体系性整体，而体系性整体又依赖于被解释规范所能获取的内容。这一体系并不是提前（一劳永逸地）给出的，而在部分上是以解释为基础才表述出来的。在 4.7 节，这种相互性将从某种视角得到更为具体的分析。

4.6.3. 作为理由的法院裁决

在我们的范例中，体系性整体并没有终局性地决定这个解释要采用选项 I_1。这还需要进一步的证成。这里，对于法院裁决的援引是符合常规的证成实践的。就当前的范例而言，尤其是最高法院的裁决，在继承案件中，作为论据具有重大的价值，上诉的常规渠道是一直通到最高法院的。

让我们举一个例子，在这个例子中有三个最高法院的裁决，分别是 A、B 与 C。前两个裁决支持解释 I_1，而裁决 C 支持另外一个解释，我们称之为 I_2。我们再假设，这些裁决都是按次序作出的，也就是说，裁决 A 是最早作出的。在实践的法律推理中，可以想象，在我们的范例中，这些裁决至少可以通过下列两种方式被予以利用：

（a）我们可以说，裁决 A 与 B 表示的是一个特定的**政策**（趋

---

〔120〕 对于这一难题，参见 Aarnio，*Denkweisen der Rechtswissenschaft*，p. 137.

势)，而C为其作出了一个例外。因此，“法律实践”将支持解释 I_1。

（b）与前者相反，裁决C表示的是政策的一个变化，因为它是最近的裁决，而且它的结果背离了之前的裁决。所以，解释 I_1 **不再**能够从法律实践中得到支持。 129

对于这些裁决之间的类比，两种进路都假设了某一特定的立场，进路（a）包含着这一假设，即裁决A与B是可类比的——它们说明了解释 I_1——而裁决C中的事实与之前这些案件中的事实，是有某种不同之处的。因此，它的解释才是不同的。裁决C的例外性，因而要归结于其案件事实的特殊性，而非最高法院以不一致的方式行动这个事实。

法律实践的第二种进路假设了每一个案件的事实都被当作是可类比的。只有基于这个假设，裁决C才会被认为是对法院政策的背离。

因此，我们的范例表明，法律实践作为某一解释之证成理由的运用，要求我们要对案件事实进行细致的分析。这些案件必须被分解成基本要素，且必须找出可用的类比要点，以证实这些案件的相似性。仅仅诉诸实践中的“政策”或者“对政策的背离”，无异于空中楼阁，除非这些言语形式所依赖的可类比关系得到了证成。这最终意味着，我们必须能够证成，为什么这些事实中的特定要素会被当作是相关的，为什么它们会按照那个选择的类比要点中所涉及的方式被赋予分量。进路（a）与（b）之间的差异，因而可以被解释为，是所使用的相关性标准与类比要点的差异。而且如若真是这样的话，对于法律实践的援引，并不能将这一解释选项的证成予以“锁定”，以排除可能的分歧。相反，这个论据链还必须继续下去。

4.6.4. 学理意见

在这样的情境中，解释者可以转向一个新的、额外的保证，即对法律文献的援引。正如之前所言，法教义学可以被当成是一个事实性的法律渊源。虽然并不存在使用它的义务，但它的使用却是被许可的。[121]

常规来说，法教义学其自身是由一系列意见构成的。只有很少的情况下，我们才会承认这些意见的清晰指示或者分量。因此，这种说法——即关于特定之个别法律解释的"通说"（prevailing opinion）——几乎是不可能的。但是，在日常的学术实践中，这样的通
130 说却经常会被提及。就此来看，常规情况下，这种通说更多是作为影响受信人的一种方式，而非作为所主张之解释的理性证成来使用的。这基于一系列理由的考虑。

首先，在实践中，确定通说的内容是什么，常常是困难的。要想使其成为可能，就必须能在某个通说中对诸多不同观点整体上进行分析。我们必须证明，作为样本部分的那个解释，包含着什么内容；对于我们所要处理的这个条款，作者 X 究竟说了些什么。但这还不是全部，依然存在一个困难的问题：对通说之代表观点的鉴别。我们必须能够确定哪些意见实际代表了通说。"通说"**是**什么？它是由支持它的学者的数量来测度的某种立场的支配地位吗？意见被

---

〔121〕 阿列克西对于法教义学陈述在证成中的意义进行了一个有趣的分析。他将他的分析总结成一个理性原则："如果教义学论据是可能的话，它必须被使用"。参见 Alexy, *op. cit.*, pp. 320 ff., and esp. p. 334. 换句话说，一个理性解释者会援引法教义学的意见。同时，阿列克西将法教义学看作是有多种功能的，例如，稳定性功能，即促进法律素材的学习与教学的技术性任务，以及启发性功能，也就是运用实践适用来展现裁决模型的任务。参见 Alexy, *op. cit.*, pp. 326 – 332.

接受的时间长度在其中会起作用吗？我们是否应该将捍卫解释 I_i 的那些学者在科学共同体中的权威性纳入考量之中？很显然，并没有哪个因素单独就足以决定哪些意见是“通行的”。[122] 这依赖于相关领域的研究传统，问题的类型，等等。在实践中，我们已经指出，对于通说的援引更多是基于一种“感觉”，一种直觉，而非对标准进行某种详尽分析后的选择。

就当前的主题来说，关于人们应该如何去辨别什么是通说，表达我们自己的主张，并不是关键所在。这里重要的地方是，我们要探究，法教义学（最终是通说）的某个立场在法律证成中有着何种意义。

（a）如果法教义学的意见在法律渊源列表中有着某种权威性地位的话，那么，这里就没有什么难题。例如，在犹太律法中就是这种情况。在这一传统中，某个特定的解释立场，可以获得与司法程序法第 1 章第 11 条所规定的制定法或习惯法那样的身份。但在芬兰的法律秩序中，并不存在这样一个可以赋予法教义学如此地位的标准。所以，当法教义学的某个观点被用作权威性论据的时候，就真实情况而言，它只是一个想要影响受信人的解释的问题。它试图作出某些努力，想要为有关可选择解释的主张提供某种——与它基于理性证成而具有的分量相比——更大的分量。在这种情况下，法教义学应该被称为说服性论据。

（b）但是，解释者也可以以另一种方式用法教义学（例如）支 131
持对通说的援引。对它的援引可以展现出这种努力，即对被主张的

[122] Aarnio, *On Legal Reasoning*, pp. 183 ff.

那个解释的主体间性予以证成，换种说法就是，对它在这个意义上的客观性予以证成。可以说，通说正是以某种控制机制来发挥作用的。它证明的是，解释者的观点并不仅仅是其自身主观偏好的结果。就此来说，对于通说，我们并不是将它作为权威——既包括官方权威，也包括事实性权威——而予以援引的。不过，在学术实践中，在情况（a）和（b）之间进行区分是很难实现的。

（c）紧跟上面的观点，我们可以想到，通说可以被看作是对法律共同体中被普遍接受的观点进行的解释。此一理念是建立在这种意识的基础之上的，即在法律共同体中，法教义学事实上有着说服性分量。它假设，法教义学提出的解释，已经超越了研究共同体，而为法律教育者所接受，同时也在专家的陈述中被接受了。但是，通常来说，法律共同体对某个意见的接受程度的假设，仅仅是建立在某种猜测之上的。为了使这样一个命题的展现成为可能，它必须得有特定的经验性资料来予以证成。仅仅援引通说本身是不够的。只有当它以某种经验的方式获得证成的时候，它在理性论证中才是可接受的。

总而言之，我们可以说，与在（a）中所提及的那种意义相比，在实际的解释中，法教义学拥有更多的是说服性意义。对于某个意见在社会中的分量的界定，通常都是基于纯粹猜测的。因此，法教义学通常只能在（b）所提及的那个意义上为理性推理服务。法教义学中的个别意见与通说一样，都不是实质性理由。

法教义学的作用在于这一事实，即它为证成带来了主体间的可信性，因此消除了所主张的那个解释只是解释者的主观偏好的可能。一般来说，法教义学在理性论证中的意义是相对较弱的，无论如何都比实际解释实践所相信的那种意义更弱。

4.6.5. 实践理由

当目光聚焦于我们的范例时，还没有处理的就只剩下所谓实践理由的援引了。在前文已经指出，常规来说，这种论据都是被作为 132
后果的考量提出的。我们将之称为实践推理。这种推理涉及到两个“步骤”：（1）将可得解释选项的可能后果予以阐明；（2）将这些后果以某种特定的优先性次序进行排列。在“最佳后果”得以阐明后，推理将会折返过来，再次回到这些可选择的解释。可以带来最佳的可预见后果的那个解释，将是“获得最佳证成的”解释。

第一个步骤中，关于后果的观念，要么是因果性的，要么是非因果性的。当可选择解释与候选后果之间的某种因果关系得以建立的话，这个信念就是因果性的。一个范例是这种情况，即这个解释会导致贸易利益的风险、其中一方的经济损失或者法院或行政组织的经济负担，等等。

如果这个解释对法律秩序会产生某种后果（内部的，即体系性后果）的话，可以说，这里关涉的就是非因果性（横向［lateral］）信念。例如，如果我们采纳了解释 I_1，后果便是这个法律秩序的其他特定要素，将不得不以完全另一种方式来进行解释。[121]

只有当这种考量是基于因果性信念的时候，它才是一个正确意义上的实践推理的问题。作为一个事实问题，“现实的”（real）这一术语用来指涉的是这个面向：这个解释是根据属于社会现实的特定因素而被衡量的。

但是，实践解释并不是一种——诸如社会学命题的证成那样的——经验的推理方式。解释是与现实相接触的，确实如此，但同时人们也想通过选择一种根据非经验的标准而值得追求的后果，以此来对现实的建构进行塑造。这种解释是经验性的**且**是评价性的。它的结构是下面这样的。我们假设选项 I_1 会引起后果 $C_1 \cdots\cdots C_n$，且选项 I_2 的后果是 $C'_1 \cdots\cdots C'_n$。另一方面，后果 $C_1 \cdots\cdots C_n$ 被认为要优先于另一选项的那些后果：前者是好的，而后者是不好的；或者，两者都具有积极的（或都具有消极的）价值，但后果 $C_1 \cdots\cdots C_n$ 总体来看要比第二种选项的后果“更好”。在这一个语境中，“更好”意味着什么已经不重要了。

133 在美国法律现实主义运动（实用工具主义）中，这种推理模型常常会被讨论。他们常常谈论目标推理。法院裁决是实现特定目标的工具。在芬兰法理论中，同样的思维方式被称为终极目的（finalistic）解释。〔123〕在这一模型中，终极目的推理要么是启发式的，要么必须与裁决的证成联系在一起。从启发式的角度来看，这个理论说明的是解释是如何被发现的。而在证成中，终极目的模型提供了一种实践的方法，以此来为解释选项的最终选择进行论辩。在芬兰法哲学中，汉努·塔帕尼·克拉米讨论了这种类型的推理。根据他的观点，终极目的法律科学对目标证成与控制的一般条件进行了界定。但是，在克拉米的模型中，这种终极目的的进路主要是一种用

---

〔123〕 121 Aarnio, *On Legal Reasoning*, pp. 183 ff. 对于一般层面上所谓的终极目的解释，参见 MacCormick, *op. cit.*, pp. 129 ff. 也可参见 Alexy, *op. cit.*, pp. 295 ff. （它对所谓目的论解释的难题进行了探讨），Larenz, *op. cit.*, p. 322 以及 Peczenik, *op. cit.*, pp. 150 ff.

在芬兰法律科学中，这个问题尤其在这里得到了讨论：Aarnio, *Denkweisender Rechtwissenschaft*, pp. 84 ff. 以及 Klami, *Finalistinen oikeusteoria*, esp. pp. 61 ff. 以及 Klami, *Legal Heuristics*, pp. 20 ff.

对于实用工具主义（美国法律现实主义）的教学，参见 Summers, ‘Pragmatic Instrumentalism’, pp. 882 ff., esp. pp. 908 ff.

来对裁决（或者：一般层面上的解释）是如何被作出的进行描述的启发式工具。[124]

正如之前所注意到的那样，启发式视角在这项研究中并不重要。我们分析的焦点集中于证成的程序。而终极目的解释（目标推理）在法律证成中并没有扮演一个决定性的角色。它不能被称为法律推理的真正模型。即使如此，目标推理在许多意义上仍然是证成的一个相关因素。

当目光投向实践的时候，我们似乎可以有充分根据地表示，目标推理常常是证成程序的最后（最终）一个步骤。无论如何，我们当前的范例都是通过这种方式建构的。其他的法律渊源创造了法律的框架，解释选项的最终选择必然是在这个框架中完成的。制定法、立法准备资料、法院裁决等，在有待解释之文本的语义上的可能选项中，界定出了法律上的可能选项。在这种（初步）选择中，一般理性规则与法律解释的指令全程引导着证成程序。在裁决已经通过这种方式得到了勾画之后，**最终的**选择是以目标推理为基础的：具有“最好”（或“更好”）后果的那个选项在优先选择次序中占据了优位。[125]

因此，这样的目标推理——它与其他法律渊源是相分离的——无法成为法律证成的基础。解释只能（且尤其是）因为它与权威性法律渊源建立了联系，才能获得合法性。在制定法体系中，这意味着合法性总是依赖于有效的制定法（法律文本）的。解释是法律解释，当且仅当至少援引了一条制定法的时候。目标推理本身仅仅是 134

〔124〕 Klami, *Legal Heuristics*, esp. pp. 21 – 36.

〔125〕 对照 Klami, *Finalistinen oikeusteoria*, p. 62, 比较 pp. 128 – 129 and p. 133.

社会商谈的一种形式。从社会的角度来看，它可能是有用的，甚至是必要的，但它却并没有任何特殊的法律价值。只有当它与其他法律渊源即法律语境相关联的时候，它才获得了法律“色彩”。以这种方式来理解的话，目标推理在制定法体系中也是一种法律推理形式。[126]

4.6.6. 小结

总之，作为测验，在这个阶段，解释立场的证成几乎就可以被截断了。这种做法可能看起来有些牵强，但这样做，我们不仅可以对目前为止已经论述的内容进行总结，而且也可以为我们所探究的难题塑造一个更好的基础。这个难题就是：是否存在这样的一般标准，以它们为基础，可以截断这个理由链，并因此可以将解释立场看作是已经获得证成的？如果我们从一般观点来对解释立场的证成进行考察的话，这个难题在可理解的层面上是重要的。如果找出这样的一般标准是不可能的话，那么，我们就后退一步来看这个问题：法教义学中的所有证成都能被分解成指向不同方向的意见吗？以及，这些意见在某种重要的意义上是主观的吗？如果我们相信，对于这样一个一般标准集合的证明是可能的话，那么，我们就来到了唯一正确答案这个经典难题之上。在这一研究的结论部分，我们将对这些问题进行处理。为了达此目的，是时候草拟一个总结性的表格了。

〔126〕 这一情境可以被如此描述：其他的论据表明了，根据法律规定，哪些解释不能进入问题范畴，而终极目的解释锁定了剩下的这些解释中的其中一个，将其作为优先选择的选项。

	L_i	
	I_1	I_2
1. 法律文本	文本L_i的语义	文本L_i的语义
2. 立法者意图	议会报告R_1支持观点I_1	议会报告R_2支持观点I_2，或者至少会使I_1变成不可能的
3. 法律的理性	从体系上看，L_i必须与法律文本L_j相关联才能获得解释，以此，支持I_1的类比支持能够被推导出来	不存在这一类比的充足证成理由
4. 法院裁决	最高法院的裁决A和B支持观点I_1	最高法院的裁决C表明，这一政策发生了变化，开始支持I_2
5. 法教义学	学者A建议I_1	学者B建议I_2
6. 现实论据	I_1的后果C_1，与I_2的后果C_2相比，*更具有可捍卫性。因为这个理由，I_1比I_2更可取	

图示 23

图示23展现的是，一个——支持芬兰遗产法第17章第3条之内容的某种解释（I_1），以及反对它（且因此支持I_2）的——诸多理由的汇编。

图示最左一列表示理由（法律渊源）的类型。在这个范例中，本土习惯并没有被提及，因为它在这个范例中的角色就是这样的。

* 原文为"I_1的后果C_i，与I_2的后果C_i相比"，似为印刷错误——译者注。

习惯法只有在缺少成文法的时候才会成为强制性法律渊源。因此，第 17 章第 3 条排除了习惯法作为渊源的适用。

其他两列以一种简约的形式给出了在这一解释游戏中可以想象
到的理由。靠右的画线表示，这一理由链已经被截断了。在图示 24
中，我们的总结是以另外一种方式展现的。在这个图示中，箭头显
示的是推理的进程。当我们停在语法解释的时候，它就是一个常规
裁决的问题。若这一推理进一步推进的话，首先进入的就是主观解
135 释的问题，换句话说，就是对立法者意图的阐明。如果这还无法得
以确定或者主观解释提供的指示还不够的话，那么，我们就将进入
客观解释的领域中。就此而言，通过客观解释并不是要诉诸对假设
的或客观的目的的阐明，而是要通过将所有可得的法律渊源纳入通
136 盘考量，而诉诸法教义学中的解释立场的证成。〔127〕这一证成组合是
根据难题的类型和可得的法律渊源塑造的。理论无法给出这种证成
组合的一般形式。

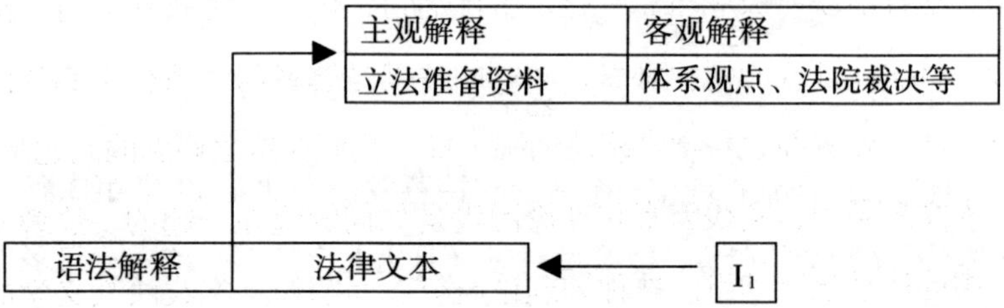

图示 24

〔127〕 参见 Peczenik, *Juridikens metodproblem*, p. 191. 对照 Walter, Robert, 'Das Auslegungsproblemim Leichte der Reinen Rechtslehre', p. 194 ff.

4.7. 法律规范的体系化与解释之间的关系

4.7.1. 体系化的概念

在他们的经典作品《规范体系》中，卡洛斯·阿尔乔龙与欧亨尼奥·布柳金将法律体系刻画为其基础是由法律语句构成的规范体系。[128]两位作者使用的是“法律语句”这个术语，而非“法律规范”或“法律规则”这些表达，理由在于，就规范概念的定义而言，前者具有中立性。若以这种方式进行界定的话，法律体系的观念就比法律秩序的概念更为一般化了。后者是由所有的根据特定识别标准而判定为有效的法律语句（规范）的集合构成的。就此而言，法律秩序作为法律规范的复合总体，是社会力量之运用的结果。正如奥托·布鲁辛所说的那样，法律秩序是一种权力秩序。[129]

另一方面，法律体系是某种认知活动的产物，通过这种活动，法律秩序（规范）的要素被置于某种特定的相互关系之中。在后文中，这种活动将被称为体系化。就此而言，体系化是解释的对应部分。从法律证成的视角来看，问题的关键是解释与体系化之间的区分。与一般层面之科学进路的情况一样，我们在这里遇到的问题是，在人文思考中，实践因素和理论因素是如何缠绕在一起的。法教义学中的体系化活动可以被称为理论研究，而解释是实践法教义学的

---

〔128〕 Alchourrón and Bulygin, *Normative Systems*, pp. 21 ff.

〔129〕 Brusiin, *op. cit.*, p. 195. 也可参见 Alchourrón and Bulygin, *op. cit.*, p. 53 and Krawietz, *op. cit.*, p. 88 and p. 153.

布鲁辛关于这一问题的立场并不是非常清楚，因为另一方面，他相信，所有的法律规范都是“出”自社会规范之现实的。即使如此，对于布鲁辛来说，“秩序”是一个意志性概念，而“体系”是一个认知性概念。关于法律体系这个概念的一个有趣分析是在这里提出的：Kerimov, D. A., *Philosophische Probleme des Rechts*, pp. 199 ff. especially p. 202 ff.

核心。对于本项研究的主要论题而言，理论因素与实践因素，体系化与解释，它们彼此之间具有交互关系。如果不将对这些规范的（具体）认识纳入考量，（法律）规范的体系化就无法被贯彻实施，反之亦如此。对于法律的变化与动态学，以及一般层面上法律知识的增长而言，这种体系化为法律解释提供了一个框架，每一个解释都必须在某个特定的体系化中得到实现。

137 这一相互关联的活动（体系化/解释）的产物就是法律体系，即一种有关法律秩序的体系化观念。进一步来说，法律体系化的每一次变化都会改变我们对于法律秩序的看法，法律秩序是体系化活动的主题—事项。对我们而言，法律秩序正**是**像展现它的那种体系化那般的，这是因为法律体系——作为体系化活动的结果——像一个“棱镜”一样，通过它，我们注定看到的是法律秩序。

根据阿尔乔龙与布柳金的观点，这种变化是可以出现的，而且在社会中经常出现。所有的法律体系都是相对于某个特定时刻的，即它们是瞬时的体系。作为例子，阿尔乔龙与布柳金提及了法国法。它不是“一个法律秩序，而是诸多（瞬时的）法律秩序的一个一时且不连续的承继体”。法律秩序的动态学最终是实践法律人所塑造的。从这一视角来看，这一体系最为重要的“创造者”——除了立法者之外——就是最高法院的法官。根据这两位作者的观点，科学的（法教义学的）体系化则完全属于另一种类型。它意味着要为某一特定法律体系替换一个不同的基础，而这个体系的规范后承（normative consequences）却保持不变。科学体系就其本质而言总是公理性的。因此，对这一体系的再表述（reformulation）在于这样的事实，即法律体系最初的扩展型（extensive）基础被另一个有着更多限定但道义上（deontically）相等同的基础所取代。这个体系将变得更简单且更为一般化。

在当前的研究中，法律体系化的这一特征在随后还将继续被讨论。首先，我们将对阿尔乔龙与布柳金提出的主要观点进行回述。[130]在他们看来，所谓“解释”的一个重要部分，可以被理解为“对关于特定难题或论题的法律语句集的规范后承的确定”。法学家只是想将已经隐藏在法律秩序中的内容阐释清楚。对于阿尔乔龙与布柳金而言，这就意味着它与一个公理体系的建构是一样的。在这里，体系化活动找到了它的奠基石。体系化的前提条件是对于这个体系的识别。“这预设了特定要素的存在，它们是体系化的起点。这些因素是：(1) 一个难题或者一组难题（一个论题），它们由法律规范调整，并引起了法学家的兴趣；(2) 一个与待讨论论题相关的法律语句集；(3) 法学家用于后承之推导的一个推论规则集。”

阿尔乔龙与布柳金所使用的是带有逻辑学家特有的清晰性 138
(sharpness) 的概念。下面的概念将有助于理解上面提到的那三组问题。[131]

UD（论域 [Universe of Discourse]）

UD是所有事态或情境的集合，它界定了将要被裁决的那些要素。

例如：一个这样的情境，特定某人A将第三人C拥有的不动产

[130] Alchourrón and Bulygin, *op. cit.*, pp. 50 ff. Alchourrón, Carlos, ‘Systematization and Change in the Science of Law’, *Proceedings of the XI World Congress on Philosophy of Law and Social Philosophy*, 1983 (in print), Bulygin, Eugenio, ‘Legal Dogmatics and the Systematization of Law’, in: *op. cit.* 以及 Aarnio, Aulis, ‘On the Change of Legal System’, in: *op. cit.*

[131] Alchourrón and Bulygin, *op. cit.*, pp. 9 ff.

所有权转让给另一个人B。

UC（案件域［Universe of Cases］）

在上面提到的那一框架之内，通过特定标准或属性予以界定的某个特殊案件。这些属性用F、G与H来指称。根据一个既有属性是否出现（例如F），我们可以得到2^n个这些属性的组合。阿尔乔龙与布柳金将案件域（UC）表述如下：

UP（属性域）（Universe of Properties）

UC（案件域）		F	G	H
	1	+	+	+
	2	–	+	+
	3	+	–	+
	4	–	–	+
	5	+	+	–
	6	–	+	–
	7	+	–	–
	8	–	–	–

在这个表格中，“+”表示某个属性的出现，而“–”表示某个属性的缺位。

UA（行动域［Universe of Actions］）

在已经指出了论域中的相关案件之后，很自然地要问，在某一特定情境中人们应当如何行动。换句话说，人们想要知道，某一特殊的行动是否是应为的、勿为的或可为的。行动域是由这种行动构成的。一般它们可以用字母R来表示（在上面的范例中：将不动产返还给财产所有权人）。

在阿尔乔龙与布柳金的概念设置中，R 具有所谓的道义内容。某一行动的道义特点可以是应为的、勿为的或可为的。如果我们使用“O”来表示某一行动的应为特征，用“Ph”来表示其勿为特征，用“P”来表示其可为特征，那么我们就可以使用符号 OR、PhR 与 PR 来展现出行动域。

US max（min）*

解决方案是一个带有道义特征的行动，它是作为一个关联（correlate）与某个特定案件联系在一起的，例如 OR（应将不动产返还给财产所有权人）。

规范体系的概念也同样可以通过这些背景性概念得到刻画。由 139
于它在阿尔乔龙与布柳金的概念网络中有着特殊的意义，因而还需要引入某些其他概念。

让我们使用（a）来表示一个语句集。其中的每一个这样的语句序对（ordered pair）（例如，p 与 q）——在其中，后者（q）是从前者（p）演绎推导出来的，而 p 与语句集（a）是并在一起的——都构成了这个语句集（a）的一个演绎关联（correlate）。如果这种语句集（a）的某个演绎关联是这样的：在语句对的两个因素中，前者（p）是一个案件，而后者（q）是一个解决方案，那么，这种关联就是阿尔乔龙与布柳金所命名的规范关联。如果在（a）的演绎关联中至少有一个这样的规范关联，那么，就可以说语句集

---

* 按照阿尔乔龙和布柳金的界定，US_{max} 是最大解决方案域（Universe of Maximal Solutions），US_{min} 是最小解决方案域（Universe of Minimal Solutions）（参见 Carlos E. Alchourrón and Eugenio Bulygin, *Normative Systems*, Springer - Verlag/Wien, 1971, pp. 39 - 41）——译者注。

(a) 有规范后承。[132]

在对这些必要概念进行界定之后，现在要对规范体系的概念进行界定了。一个规范体系是一个语句集，这个语句集至少有一个规范后承。非常粗略地表示的话，阿尔乔龙与布柳金所意指的那个意义上的规范体系是这样的一个语句集，在这个语句集中，我们可以从案件**演绎地**推导出解决方案。就此而言，规范体系也是一个演绎体系；而且，当基础语句被选定之后，规范体系也同样是一个公理体系。

一个解决方案（例如 S_i）可以从一个案件（例如 C_i）演绎地推出，当且仅当存在一个条件句（例如"如果 C_i，那么 S_i"），它将这个案件与这个解决方案关联在一起。这样的条件句可能是从法律文本、司法裁决以及其他的官方素材中获取的。与它们的起源无关，这样的条件句集合（a）就构成了这个体系基础。

阿尔乔龙与布柳金将这一体系基础的形成，刻画为一个双阶段的过程。在第一个阶段中，相关案件（UC）与解决方案（US）的集合得以界定。在第二个阶段中，属于（UC）的那些案件的解决方案，被演绎地推导出来。因此，我们可以得到这一体系的所有（可能的）规范后承。[133]

在阿尔乔龙与布柳金的概念用法中，体系化等同于对这一体系基础的再塑造，或者——换种说法——对它的再表述。最初的体系基础会被另一个基础所替代，后者包含具有更高抽象性的概念（术语）。它的清晰性和指示性因而得以改善。但是，我们并不期望体

〔132〕 *Ibid.*, pp. 54 – 55.

〔133〕 *Ibid.*, pp. 72 ff.

系化对这个体系的内容进行改变。换句话说，新体系和旧体系的规 140
范后承是相同的。阿尔乔龙与布柳金表示这两个体系是同一的，所表达的就是这一点。[134]

总而言之，一个体系的表述及其再表述都是完全理性的活动。唯一被接受的推论规则就是逻辑规则。

换一种稍有不同的说法，体系化的活动根本没有改变这个体系；它只是为我们提供了一种新的展现这个体系的模型。就此一学术工作来讲，这意味着对于体系的（真正）改变是在其框架之外的。对新体系基础的创造属于立法者——且在日常实践中——属于法官。

因此，为了使法教义学者的工作成为科学的工作，它必须具有逻辑色彩。从这些基础语句到后承的推导，是一个逻辑推论的问题，因为这些推论规则是逻辑规则。另一方面，最初的基础与新的基础之间的关系是一个逻辑蕴涵的问题。学者用最初的基础作为起点，通过演绎推论的方式，得到了属于新基础的那些一般原则。对于阿尔乔龙与布柳金来说，体系化不是一个纯粹机械的活动。这些一般原则的发现，需要的是“某种相当程度的创造性活动”，它与从作为前提的既有语句集中发现逻辑或数学结论是一样的。这种活动也预设了创造性的想象力。对于那种表明新的基础是可从初始基础之语句演绎而来的证明，也同样如此。但是，这两位作者又说，法教义学的创造性特点，关涉的并不是完全新的基础规范的创造。法律科学是不涉及这种社会功能的。

在法哲学中，阿尔乔龙与布柳金提出的观点，可以被称为是形

〔134〕 *Ibid.*, pp. 78 ff.

式主义的观点。在当前语境中，形式主义所意指的部分内容是这样的：所有妥当的（sound）规范后承，都可以通过有效演绎操作的方式从其基础中推导出来。（科学进路的）法教义学的唯一任务就是去发现法律体系中隐藏的内容，除此之外，还要以一种简单的、一般化的语言来展示这些结果。

这一点不仅是重要的，而且在许多方面都是可接受的。但是，
141 这种刻画并没有涉及到日常法教义学的所有本质特征。让我们从托马斯·库恩（Thomas Kuhn）引入的某些概念开始。[135]

对于库恩而言，科学在本质上是对概念工具的运用。在具体的科学工作中，学者要学会如何在实践中使用这些工具。作为这种学习程序的产物，科学家采纳了某个特定的统合性框架，正如前述，这种框架被称为范式或基质。每一种基质都是在科学理论中明确表达的。但是，在法教义学实践中，理论概念的当前用法在许多方面都是含混的。在这些地方——例如，在民法中，“理论”这个概念有时候可以指涉一般（法律）原则，有时候指涉解释具体难题的方式，有时候指涉某个学说，诸如所有权学说、授权学说，等等——含混性就会显现。根据前面所讲的内容，理论的这一宽松概念，既不能适用于法教义学的范式分析，也不能适用于对法律体系之变化的分析。因此，这里需要对概念进行具体化。在下文中，法教义学**中**的理论概念将通过体系化的观念来予以界定。

定义：法教义学中的理论是一个用来对法律规范进行体系化的概念与陈述的集合。

---

〔135〕 Kuhn, *op. cit.*, Chapt. 3 and e. g. Chapt. 9.

从另一个稍微不同的视角来看，法教义学中的理论也是体系化活动的结果。一种概念的网络（理论）是用来以某一特定方式对法律规范进行整理的工具。换句话说，法律体系化（理论）是法教义学范式的一个局部表达。就此而言，法教义学中的理论是可以与其他科学中的理论相比较的。正如已经指出的那样，体系化活动是法教义学的理论部分，而解释活动则满足了这一学术工作的实践功能。

每一个法律解释都是在某个特定的体系化框架之内才得以表述的。就此而言，体系化（法教义学中的理论）锁定了法律解释的界限。进而，这又意味着，带有体系化色彩的法教义学解释造就了（科学的）法律**体系**。这个难题面向可以被澄清如下。

我将以所有权理论作为法教义学理论的一个范例。根据阿尔夫·
罗斯和西玛·西廷（Sima Zitting）[136]的观点，所有权这个概念—— 142
在其他可以与其比较的概念之中——是一种对某个法律规范的复合整体进行表述的（实践）工具。我们可以通过少许的一般性概念进行交流，而不再需要对巨大数量的诸多不同规范进行描述。这种理论的抽象型式可以在图示25中得以展示。

理论 T_i

C

这一理论的理论性部分　　C_1　C_2　　理论性概念（与命题）

C'_1　C''_1　C'_2　C''_2

这一理论的解释性部分　　P_{n1}……P_{nn}　　规范陈述（规范立场）

〔136〕参见 Ross, *On Law and Justice*, pp. 211 ff. 以及 Zitting, Simo, An Attempt to Analyse the Owner's Legal Position. *SSL*, 1959, pp. 234 ff.

这一理论的规范性部分	$N_1 \cdots\cdots N_n$	规范（规范表述）
这一理论的事实性部分	$S_1 \cdots\cdots S_n$	规范中所要处理的情境

图示 25

我们将理论 T_i 作为法教义学理论（体系）的一个例解。概念 C 可以用来表示任何一种法律概念：所有权、授权、监护权，等等。据此而言，某个法律体系被改变了或者将要被改变，意指的是什么呢？法律体系的再表述又指的是什么呢？

在每一个立法法案的背后，都存在着一组多样化的因素：〔137〕

（a）**通式**（generalizations），它是以日常经验为基础、根据主流的事态（例如某一社会现象的存在与性质）而塑造的。例如，以日常经验或体系化的知识为基础形成的关于某一特定立法举措之运用效果的信念。再例如，这样的信念包括，将其与特定惩罚尺度相关联来对犯罪行为数量的变化进行因果性评估。

（b）由关于某一现象的支持理由与后果以及制度结构等命题组成的**似理论的总体**（theory-like totalities）。一个妥当的范例是——在很大程度上根据的是尤哈·托洛宁的分析——商法诸理论“背后”的经济学理论。〔138〕不同的法律学说与理论——诸如授权的学说以及合同的学说——都属于这一组。

143 （c）关于事情在社会中应该如何的**规范性观点和价值论观点**。就此而言，我们常常指涉的是意识观念。在法律语境中，这尤其是

〔137〕 对于这里的阐释，我要感谢尼洛·耶斯基宁（Niilo Jääskinen），在我们的讨论中，他证明了我早期作品中概念集的不精确性。参见 Aarnio, *On Legal Reasoning*, pp. 272 ff. 以及 Aarnio, *Denkweisen der Rechtswissenschaft*, pp. 50 ff.

〔138〕 Tolonen, Juha, *Op. cit.*, pp. 36 ff.，参见 pp. 174 ff.

指人们通过这些意识观念因素，勾勒出某种关于社会的图像。这些因素为我们提供了对下述问题进行评价的标尺：社会关系有哪些缺陷或错误，以及这些负面事态如何才能通过立法得到纠正。当我们拿普遍流行的情境与我们所希望的事态进行对比时，这样的问题才能被识别出来。立法是一种通过修正瑕疵或者至少降低它们的重要性而改善社会的方式。这体现了法律规范的工具性价值。

这个清单是无法被穷尽的。即使如此，它还是为我们提供了有关背景性素材的第一指征，每一个立法法案都是建立在这些素材之上的。我将它们的总体称为**立法的前理论**（pre-theory of legislation）（PT）。这个术语可以基于两个根据被辩护。表述立法的那些观点，它们彼此之间并不是处于一个虚假的联系之中的；相反，它们构成了一个在某种程度上已经完成了体系化的整体。这个整体也包括了可以被看作是纯理论的因素。但是，这些观点并没有构成一个符合科学标准的理论。一般来说，**从立法的角度来看**，这种体系化是充分的，但是，从诸如法教义学的角度来看，它只是一种“前理论”。正是在（且尤其是在）这种意义上，我们才可以说，法律体系是一种（前）体系化的权力秩序。立法是一种以某一特定的体系化的前观念（preconception）为基础的对于权力的运用。

但是，常规的社会情境是通过与传统相联系才得到标记的。立法的改革并不是无中生有的。新的立法是对旧的立法的改变、补充或阐释。从来都不会出现立法所聚焦的社会制度完全发生改变的情况。这些法律条款所处理的事项构成了一个总体，这个总体的某一个或某一部分事项的改变，并不是对这个总体进行了改变。换句话说，立法者并不能创制这整个（*in toto*）体系。它只能对它进行转化和再塑造。法律传统是由规范性结构构成的，这些规范性结构是独立于每个个体，也是独立于立法者的。

一个范例是1965年芬兰继承法的改革。那个时候，一些个别制度改变了（诸如）继承的法定份额与不动产的管理。另一方面，在立法中也创造了许多完全崭新的制度，例如，在世配偶一方从已故配偶一方继承的权利。尽管有这些改变，许多属于继承结构的基本
144 事项依然没有改变：依然可以通过遗嘱来转让遗产，不动产的产权必须是已经确定的，遗产必须通过某种方式进行分配，等等。作为一个事实问题，新规范集的基础体系化是在旧体系的基础之上通过某些改良完成的。继承法的体系就像一簇规范性解决方案。这一簇解决方案中的某些个别要素可能会被改变或废除，然而这个体系的主体结构依然保持原样。因此，我们还必须为上面的那个名单再加上一个要素：

（d）先前的立法及其体系结构为新的立法提供了框架。尤其必须提及的是，法教义学的体系化分析指向的是当时通行的立法。新立法的起草者通常会从当前主流的思维方式中获取其法律思想的基础概念。我将使用 S_i 来表示带有这些概念的体系。

总之，立法权力的使用是建立在前理论思想基础之上的。它有许多要素，它的一般任务也已在上文进行了描述。规范性观点和价值性观点扮演了一个重要的角色，但上面所提及的那些要素也无疑都是不乏重要性的。权力运用的结果是法律文本。作为语言表达，它们负载着特定的意义。这些意义构成了一个体系，这个体系是与前理论的体系化相符合的。它可以被称作**基础体系**。我们使用 S_b 来表示它。准确来说，这个基础体系究竟是什么呢？

所有法律思想的当然出发点都是法律文本的日常意义。但是，正如已经表明的那样，它并没有为决策提供一个充分的基础。除了日常用法之外，我们必须转向其他的理由。当目光集中于这个基础体系的内容时，立法者的历史意图获得了一个决定性的地位。它表达了在立法阶段已经被采纳的前理论观点。阿赫蒂·萨伦佩（Ahti. E. Saarenpää）使用了一个恰当的术语“意定体系”（intended system）来表达这一点。〔139〕确实如此。基础体系是一个意定意义的体系，或者就是意定体系。法律适用的一个功能就是在主流的社会情境中采用这样一个意定体系。而法教义学的任务是对这个基础体系进行塑造和修饰。这种改变要尽可能地给予证成。在这种任务中，法教义学必须进一步对这个基础体系进行发展。

正如奥托·布鲁辛极为恰当地注意到的那样，当我们对法律秩序与科学体系进行区分时，所意指的正是这个意思。法教义学的目 145
标尤其在于**科学**体系的表述。为了达到这个目的，法律规范要被再整理或再表述。这一过程的结果就是科学体系，将其标记为 S_j。

从理论上说，体系化会被看作是使用一个相等同的（科学）体系来代替那个基础体系。这就是阿尔乔龙与布柳金展现这个问题的方式。在他们看来，体系化的优点在于这样的事实，例如，一个更一般化的观点的提出，以及抽象程度的增加，使得这个体系更为简单了。基础术语更少了。而它们的范围更大了。

在这种观点的背后有着强烈的法律实证主义的特点。它的特殊难题在于同一性（identity）的概念。研究实践似乎表明，体系化的

---

〔139〕 Saarenpää, *Tasajaon periaate*, p. 22.

结果与基础体系并不是同一的。相反，体系化在其真正的意义上是一个创造性过程。体系 S_j 是某种比基础体系 S_b “更为丰富”的东西。这里有必要对此一陈述进行进一步的阐释。

人们通过法律规范，即通过法律秩序来安排自己的社会关系。根据亚历山大·佩策尼克的观点，法律规范对社会事态进行了资格界定。〔140〕规范反映的是那些立法决策者的观点，因而基础体系表达的是社会事态被意定限定的那种方式。基础体系是对社会进行干预且进行体系化的一种方式。这种体系化的基础是带有多种因素的前理论观点。当这个基础体系被再体系化（再表述）的时候，我们就获得了体系化的另一个基础。作为一个事实问题，再表述的整个关键就在于体系化**基础**的改变。在前文中，这个基础被称为（法教义学中的）理论。让我们用 ST 来表示这个理论；它意指的是体系化理论。〔141〕从前理论基础到科学体系化的变化，为实践法教义学提供了框架。这种理论的一个范例就是所有权的体系化。这样的概念框架界定了我们——关于根据（芬兰）法律秩序，所有权意指的是什么——的观念。

在科学哲学中，一个经常被重复且提及的观点是，每一个观察性陈述（在某种特定的意义上）都是有理论负载的。并不存在纯粹的观察，在它可以提前排除所有的理论性理解这个意义上来说。我

〔140〕 Peczenik, ‘Norms and Reality’, in *Essays in Legal Theory*. 1969, pp. 9 ff. 以及 Peczenik, ‘Empirical Foundations of Legal Dogmatics’, in *ibid.*, pp. 60 ff.

〔141〕 Aarnio, Aulis, Jääskinen Niilo, Pöyhönen Juha and Uusitalo Jyrki, *Paradigms, Change and Progress in Legal Dogmatics* (in print); Section 2. 也可参见拉尔夫·德赖尔（Ralf Dreier）的出色分析：‘Zur Theoriebildung in der Jurisprudenz’ in *Recht-Moral-Ideologie*, 1981, pp. 70 ff. 也可参见 Dalberg-Larsen, Jørgen, *Five Essays on Legal Science*, pp. 68 ff., especially pp. 80 ff.

们谈论的是有理论负载的观察。在法教义学中，它与有理论负载之 146
解释的概念是相对应的。这个概念还需要进行初步的阐释。体系化理论提供了一个基础概念的集合，在这个集合的范围之内，每一个有关法律规范内容的难题都必须得到安置。体系化理论界定了解释的界限。但这也将其他更多的内容锁定了。体系化理论是通过特定的方式在诸法律规范彼此的关系中对它们进行组织的。规范 N_i 是在由 N_j 和 N_k 创造的某个体系化关联中实现的，这种实现会影响规范 N_i 的内容被理解的方式。这不仅仅是一个关于它们的相对次序的问题；它同时也是关于每一个相关要素之内容的问题。换句话说，我们正在讨论的是，关于整体影响其部分的方式的一个例子。但是，我们必须记住这种反馈：规范内容的再解释可以迫使我们去检验和修正这个体系化理论。这种及时的再考察对规范的解释等诸如此类的事情都会有影响。

那种以体系化理论为基础被解释的意义，形成了上文提到的替代体系 S_j。“被解释的意义”这个术语已经表明，这个体系与意定的体系并不是同一的。意定的体系是建立在主观解释之上的，且自始至终都伴随着某种前理论观点。即使这种前理论观点可能而且也经常与体系化理论有关联，但根据这种理论进行的体系化与前理论的体系化并不是同一的。它不仅仅是提升抽象层次或其他类似之事的问题。这种体系化理论也改变了我们对于规范之间的关系的看法，作为结果，它又提出了新的问题，这些问题又需要我们给出新类型的答案。

指出这一点是重要的，即在体系 S_j 的框架中，我们不能提出在基础体系 S_b 中或者在这个基础体系更早的再表述中无法得知的问题。每一个体系化都会带来诸多新的解释可能。某些原则甚至在原则上也不能在某一特定的体系中出现，因为根本就没有用来展现这一问题的必要的术语集。

前理论与体系化理论的关系，基础体系与替代体系之间的关系，以及解释的创造性角色，在图示 26 中都可以得到展现，在这个图示中，PT = 前理论的体系化，ST = 体系化理论，S_i = 在立法 L 前提出的科学体系化，S_b = 基础体系或法律文本（L）所表达的意定的意
147 义体系，I = 法教义学解释，S_j = 替代体系或科学的体系化。

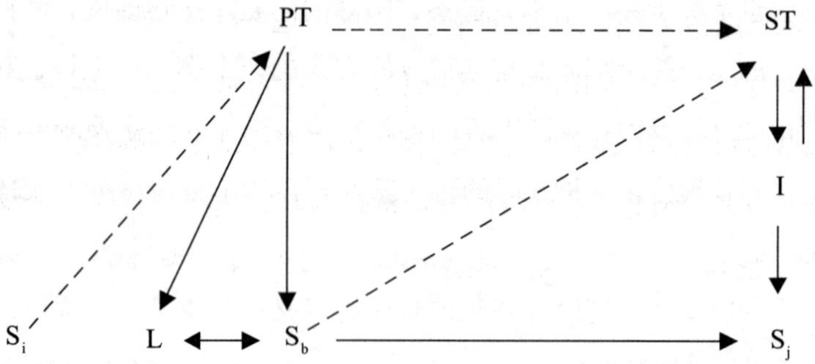

图示 26

这个图示可以解读如下。前理论的体系化（PT）与之前的科学的体系化（S_i），为立法（L）提供了体系的框架。属于 L 的规范组成了一个体系的统一体，被称为基础体系（S_b）。法教义学的任务是以一种（例如）更为一般化的方式对这个基础体系进行再表述。对于这种再表述，我们需要一个体系化的理论，即一个理论概念的网络，通过它，L 的规范可以被解释且被重新排列。这种活动的结果是一个新的体系（规范的体系化）。它被称为 S_j。此时，有关 L 的规范立场就在体系 S_j 中得到了表述。进一步来说，ST 是新的理论

性基础，是一个“棱镜”，通过这个棱镜，我们可以对法律秩序进行解释。

另一方面，还得着重强调这一点，即在同一时间点或不同时间点，我们可以为同一个基础体系（S_b）提供两个或两个以上的替代的体系化，例如，S_j与S_k。它们各自都有其自身的体系化理论。因此，两个替代的体系化不可能是同一的。S_j与S_k形成了两幅独立的（非同一的）基于理论根据而被解释的法律秩序的图像。

上文的观察让我们有必要再次回到**同一性**这个概念。正如前文所指出的那样，阿尔乔龙与布柳金的出发点在于，基础的体系化与代替的体系是同一的。若如前述，基础体系被界定为一种意定的体系的话，那么，阿尔乔龙与布柳金的观点就是不正确的。前理论观点（PT）与体系化理论（ST）是对法律秩序进行体系化的两种不同方式。当我们将体系化理论与解释的互动也考虑进来的话，替代的 148
体系（S_j）必然要获得与基础体系（S_b）不一样的内容。尽管如此，我们依然可以在一种“弱的”同一性上进行讨论。替代的体系努力去展现与法律相符合的解释。它对有效的法律秩序“进行描述”。即使它与意定的体系并不是同一的，但它依然表征了法律所表达的意义。芬兰法律（芬兰法律文本）具有S_j所展现的那些内容。对于其他的替代体系，例如体系S_k，也同样是这样的。它也并没有给出与最初意定的体系相同的解决方案，但是，即使如此，它依然给出了一种对既定法律文本的有效解释。S_j与S_k都涉及到创造性因素：因此，在体系化的同时，替代的体系会对意定的体系进行塑造，以使得法律的内容变成理性的和可接受的。

另一方面，阿尔乔龙与布柳金的观点，与图示26所描述的理念有着一个显然的矛盾。就其本质来讲，在某种程度上此矛盾是术语体系上的矛盾。这个问题是与人们使用“体系表述”与“体系再表述”（“体系化”）的方式关联在一起的。对于阿尔乔龙与布柳金来说，产生 S_j的那一过程被称为体系表述。因此，体系的再表述是以S_j作为基础的。在这一方面，图示 26 并没有涉及产生某个——在阿尔乔龙与布柳金对这一观点所界定的那个意义上——同一体系的体系化过程。体系化是在 S_j的表述之后“开始”的。因此，阿尔乔龙与布柳金无疑可以断言，图示 26 所描述的是体系表述而非体系化。

但是，从实践法教义学的角度来看，正是图示 26 中所描述的那个程序扮演着关键的角色。进一步来说，产生 S_j的那个体系也包含了——根据常规的法教义学术语体系——被称为体系化的因素。为了对 S_j进行表述，我们需要特定的体系化活动。例如，罗斯和西廷提出的所有权理论所力求阐明的就是这些活动。这种活动，在某种比阿尔乔龙与布柳金所允许的程度更为深层的意义上，是“创造性的”。

图示 26 的意义正是在于这样的事实，即它符合日常法教义学的实践。从基础体系（S_b）到替代的体系（S_j）的“步骤”，在常规情况下就是以这个图示所表达的那种方式发生的。当然，对于法教义学研究实践来讲，阿尔乔龙与布柳金所捍卫的这种完全理性化的
149 体系建构方式也代表了一种可能。但是，就这一实践而言，它是不充分的。更为重要的是，它使得整个术语体系混乱不清。如果我们将“体系化”这个术语的意义内容只局限于“逻辑”再表述的话，那么，我们也将失去对体系表述这一复杂的程序进行分析的可能性。这一程序的结果依赖于我们在整理法律素材时所使用的那种体系化。

这里，我们也将碰到理论负载的难题。从这一工作的视角来看，理论负载这个概念也是使得体系化与解释的相互关系变得可为人理解的中介性联结。若以阿尔乔龙与布柳金的理论为基础，这种相互关系是不可能被恰当描述的。它们并没有提供完成这种目的的概念性工具。而且，这就是上面所进行的批判的核心所在。

综上所述，我们也可以说，体系表述预设了某种特定的概念框架。这个框架是建立在当前法律素材被体系化的方式的基础之上的。换句话说，体系化是体系表述的前提条件。体系表述的结果自然而然地会是进一步再表述的主体事项。这种再表述，其中的一种类型就是阿尔乔龙与布柳金所捍卫的那种体系化观点。为了避免“体系化”术语令人困惑的含混性，我们可以作出下面的阐释：

（a）图示26中所处理的那种体系化，可以被称为**体系化**$_1$。这是一个通常在理论法教义学中使用的概念。当某位学者谈论体系化的时候，他事实上指涉的就是这种活动。

（b）体系的“逻辑”再表述——阿尔乔龙与布柳金所描述的——是纯粹的理论性建构。我们把它称为**体系化**$_2$。当体系通过体系化$_1$的方式被表述之后，此种活动才变得可能。

上面所描述的体系化理论，在法教义学日常实践的许多例子中都能得到生动地例解。在下文中，我们就将展现这样的一个例子，它来自继承法规范的体系化。〔142〕我们并不期待这个范例是完全的，

〔142〕 一个详尽地分析可以在这里找到：Aarnio, *Perillisen oikeusasemasta*, pp. 49 ff.（德文结语）以及对此的某些评论，Saarenpää, ‘Court Decisions as the Focus of Study’, pp. 128 ff. 也可参见 Aarnio, ‘En analys av arvinges rättsliga ställning’, *Tidskrift utgiven av Juridiska Föreningen i Finland* 6 (1980), pp. 363 ff.

即它将完全地代表法教义学中的体系化网络。即使如此，它依然为上面所说的理论概况的具体化提供了充分的素材。

4.7.2. 体系化的范例：继承人地位的一个分析

150 在大陆的继承法中，一个经典的基本问题是下面这样的：被继承人的遗产何时转移给了继承人？欧洲大陆以及斯堪的纳维亚的法学思想对此一问题已经提供了两种答案。它们可以被称为依法当然（*ipso iure*）继承原则和接受（*aditio*）继承原则。根据前一原则，遗产在被继承人死亡之时就全部转移给继承人，因此在那一时刻继承人就代替了被继承人作为所有权人的地位，但带有某些保留，因为继承人要为债务负责。接受原则假设，继承人要从事特定的法律行为，以此在遗产关系中获得一个受法律保护的地位。直到这一刻，遗产才从被继承人转移给继承人。

对于这两种思维线索来说，有一个方面是关键的，即它们都把遗产的转移看作是在某一特定时刻发生的。它是一个关于瞬时事件的问题。对于所有权的转移来说，这里存在一个显然的类比。众所周知，在经典的大陆法理论中，所有权是作为一个整体且是在某一特定时刻从转让人那里转移出去，或者转移给受让人的。

局限于这两种选项的一种非此即彼的思维方式，是无法让人满意的，尤其是当我们必须要能够处理复杂的特殊案件时。这个概念集实在太粗糙了，以至于无法给我们一个满意的解答方案。论证自我局限于两种选项，会使其很容易遭到批判，而且，在复杂的案件中，这一论证的结果很容易被推翻。因此，在斯堪的纳维亚，长期以来还有着另外一种进路。在继承法中，这一进路是由丹麦的 O. A. 博勒姆（O. A. Borum）以及瑞典的阿克·马尔姆斯特伦（Åke

Malmström）首先提出的。在所有权的一般理论中，阿尔夫·罗斯进一步发展这种思维方式。[143]在财产法领域，在芬兰，罗斯这种观点被西玛·西廷以某种方式采纳了，也已经引起了相当大的国际关注。[144]

这里虽然不会进一步地探究它的细节，但可以说它的基本理念在于对这一事实——即所有权是一个连续的系列事件——的证明。在这一系列的每一个阶段，特定的法律后果都会与特定的可独立识别的法律事实关联在一起。例如，在分期付款中，在时刻t，可能所有权的特定要素属于A、特定要素属于B，而毋需对这一说法——即在某种真的且毫不含糊的意义上，他们的哪一个才是真正的所有权人——进行证成。这同样适用于继承问题。根据这种思维方式， 151
继承是以被继承人的死亡作为开端的、以遗产的分配作为结束的一系列的连续事件。不同类型的法律后果是与不同的阶段相关联的，而且不严格地讲，我们可以说，所有权人的权利可以被看作是随着事件链的不断推进而不断增长的。

在这种思维的背后，有着特定的观点，法哲学中它们属于先在假设。其中可能最为重要的一个假设是这样的理念，即所有的权利都是在特定的人际关系中得到体现的。[145]法律规范就是以某种特定的方式安排人们之间关系的一个事项。例如，它赋予某人去做某事的权利，同时课予另一人去做某事的义务。就此而言，当我们说所

---

〔143〕 参见 Ross, *On Law and Justice*, pp. 199 ff. 参见 Borum, O. A., *Arvefaldet*, pp. 22 ff. 以及 Malmström, Åke, *Successionsrättsliga studier*, pp. 38 ff. and pp. 198 ff.

〔144〕 Zitting, Simo, An Attempt to Analyse the Owner's Legal Position, *SSL*, 1959, pp. 234 ff.

〔145〕 参见 Zitting, *op. cit.* p. 229.

有权人的法律地位时，我们所指涉的其实是某人在与其他人的关系中所拥有的受法律保护的地位。以这种思维方式来看，法律地位就是一个人际关系的复合体，它的典型性特征在于这个复合体是由法律规范调整的这一事实。

从所有权人的角度来看，这意味着，在时刻 t，个人 A 与个人 B、C……N 有着某种合法调整的关系。在时刻 t_1，如果一个不同的法律事实集——例如转让的事实——存在时，这种人际关系的复合体就会变得不同。A 与其他各方之间的关系，被以另一种不同的方式安排了。所有权的连续转移这种说法，就是对于这种不断变化的人际关系复合体的一个更准确的描述。每一个事态（法律事实）的结构都是与人际关系的特定安排关联在一起的。所谓的法律后果只不过是对两个或两个以上的私人之间的关系进行安排的一种方式。这种组织事项的方式在所有权的连续转移过程中也在变化。这一连续的转移相当于合法调整的人际关系的渐进变化。

只要涉及的是继承问题，那么，这就意味着，当被继承人死亡的时候，继承人与遗嘱中所涉及的那些人的关系，与被继承人的在世配偶的关系，与其债务人等人的关系，就以某种特定的方式被安排了，就被调整这一问题的法律条款锁住了。在继承人已经表达了他接受遗产的意图之后，这一情境又被以某种方式改变了。最后，遗产的分配塑造了这样一个阶段，在其中，继承人作为不动产所有权人的地位的最终形式得以确定。在这一阶段，就分配给他的财产而言，他接受了与被继承人在他之前所享有的那种地位相同的法律
152 地位。在这一语词的完全意义上，主体已经发生了改变。

与常规的所有权转移相比，继承法中的这一情境会更为复杂，

因为可能会有很多继承人：例如，同一世代中的两个或两个以上的继承人，或者一个继承人、一个一般的受遗赠人，或者两个一般的受遗赠人，等等。在这种情境中，在被继承人的死亡和遗产的分配之间可能存在一个中间阶段；在这个中间阶段期间，这一财产有“多个所有权人”，且没有一个人拥有被继承人曾拥有的那种程度的所有权。

这里所指涉的法律状态可以用不同的术语来予以描述。在德国法律文化中，它常常被称为“共有”（Gesamthand）关系。[146]在斯堪的纳维亚国家，这一事项的通常说法是继承人享有共同的所有权。继承人共同体的法律本质是与这一同样的概念基础联结在一起的。这里的问题在于，在这个中间阶段，共同继承被继承人遗产的这些人是否形成了——可以与公司相比较的——一个独立的法律人格（主体）？如果我们可以说它是独立的法律人格的话，那么，这种法律构造的独立性可以达到什么程度？

在芬兰语文献中，直到1960年代末期，有关观点还依然被分为两个相对立的阵营。这些阵营彼此展开激烈的批判。一方面，有一部分人相信，继承人的共同所有权是不可分的，即这一所有权有许多主体但没有任何一个主体是这一财产的唯一所有人。第二个阵营反讽地诉诸这样的一个情境，他们认为，与其说继承人是汤姆和杰瑞，还不如说第一阵营的人相信继承人是一个不可分的整体：汤姆杰瑞。第二种理论被贴上了“有固定份额的所有权”的理论这一标签。它是从这样的观点出发的，即被继承人遗产的所有权因为他的

〔146〕　参见 Aarnio, *Perillisen oikeusasemasta*, pp. 89 ff. 这里对这些学说进行了分析。

死亡就已经被分成了诸多想象的固定份额。每一个继承人都是这样一个想象份额的所有权人。他“拥有”这个部分。

这两种进路在日耳曼法中都有其原型，它们——尤其是在1800年代末期和1900年代早期的德国继承理论中——看起来是绝对对立的。让我们将它们称为理论 T_1 和理论 T_2。在这里，我们不可能对这些理论的细节进行探究。对于体系化难题的证明来说，只要提出一个特征就足够了，此一特征被认为是继承人法律地位之讨论的关键
153 难题。这个难题可以被表示如下：“在遗产分配之前的中间阶段中，继承人可以怎样处分他对于遗产的权利？”在许多法律秩序中，这个问题通常被称为遗产份额的转让问题。

根据理论 T_1，份额的转让确实存在，它关涉的是属于这位继承人的整体的主体权利的转移。继承人转让其权利给受让人的方式与公司的共同出资人转让其作为出资人的权利的方式是一样的。主体发生了改变，遗产权利整体转移了。理论 T_2 表示，这样的整体转移是不可能的，因为继承人并没有完全的主体权利；他拥有的只是一组想象的固定份额。根据这种理论，份额的转让实际上是这些属于继承人的想象的固定份额的转让。虽然并没有任何事情会阻止继承人去转让他所拥有的之于不动产中的不同对象的固定份额，但是，即使如此，他所转让的也只能是他的所有份额，而不是某种“神秘的”主体权利。

这种意见的分立，被转移形式这个问题进一步扩大了。根据芬兰（以及瑞典）的法律体系，不动产的转移必须依照特定的程序才能完成。根据理论 T_1，即使不动产是属于被继承人的不动产，但这种转移依然可以以任一形式发生，因为转移的焦点是一个独立的主

体权利（不动产的“资格”）本身，而非特指那种直接指向不动产的权利。继承者并没有转让不动产，而是转让的“资格权利”。理论 T_2 则代表了一种相对立的观点。根据这种观点，转让的适当对象是有关不动产所有权的想象的那个份额。因此，转让各方也必须遵循不动产转移的特定程式。

这幅图像会被这样的事实所干扰，即根据理论 T_1，这位继承人也可以有条件地转让他所拥有被继承人遗产的某个对象中的份额。这种理论将之称为“对未来之对象的处理”（未来标的［*res future*］）。如果我们试着去看这个行动与“对想象的份额的处理”有何区别，那么，我们将会惊奇地发现：二者并没有本质的区别。两者的区别被化约为这样的事实，即理论 T_2 并不同意这种转移可以以任一形式成立。

1965 年，芬兰遗产法提出了一个局部的解决方案。根据这个新的法案，某一份额的转让，不需要满足有关不动产转移的任一程式就可以成立。但是，即使如此，两个理论之间立场的相悖立场看起 154
来也是没有正当理由的。这种相悖是建立在这样的理念基础之上的，即存在一个所有权，它自身从被继承人转移给继承人。根据其中一种理论，这种权利是不可分的整体，但根据另一种理论，它却是被分割成诸多部分的，尽管是想象的份额。但没有一种理论就此发问，即这里所说的转移意指的是什么，以及这种说法——这种所有权作为一个整体，以如同物理对象转移的相同方式，从一个主体转移给另一个主体——意指的是什么。根据上面所说的有关斯堪的纳维亚所有权理论的内容，我们很容易就会看到，对于所有权传统观点的批判，同样可以适用于共同所有权的传统理论。如果所有权是一个不可分的整体这个观点通常容易受到批判的话，那么，对于有关遗产的传统观点也会有批判的空间。

我们无法在这两个选项之间进行选择，而必须超越这些选项。我们不应该去问，遗产是否在被继承人死亡时或者随后的某个时刻从被继承人转移给继承人。这个问题必须被表述成这样，即我们要问，在遗产的连续转移中，与不同阶段相关联的、在不同的人际关系中得以显现的是哪些不同的法律后果。并没有什么理由停止对共同所有权之不可分性或可分性这一永恒问题的权衡。不过，与此不同，我们的问题应该是这样的：我们可以如何描述继承人在法律上所处的人际关系复合体——这不仅包括其与第三人的关系，而且包括其与其他共同继承人的关系？共同所有权的问题展开成为一系列有关继承人地位的法律关系问题。这些问题可以而且必须使用常规的法律工具、通过可利用的法律渊源和法律论证技巧来予以解决。简单来说，共同所有权的可分或不可分这样的问题是被错误提出的，是一个**不必要的问题**。对于这样一个问题的考量，不过是一个学术游戏而已。通过改变问题的起点，我们可以直接进入对被适用于不同情境的那些法律规范的解释之中。打个比方来说，阻碍对法律规范进行理解的那些概念素材已经被移走了。

因此，我们来到了这一研究的核心陈述之中。对于继承人法律地位的分析是对法律规范进行体系化的一种新的方式。虽然理论 T_1 和理论 T_2 是相竞争的理论，但它们的概念工具都是带有某种更为粗
155 糙本质的体系化。在复杂的法律关系中，它们为理性商谈提供了一个令人满意的基础。我们需要一种对继承法规范进行体系化的新方式；一种能够比之前的方式更为充分地展现这一规范集的方式。

作为总结，这一体系化将通过下列的概念要素的形式予以展现。继承人的地位可以与图示 27 中所展现的带有分支的“概念树”相对照。

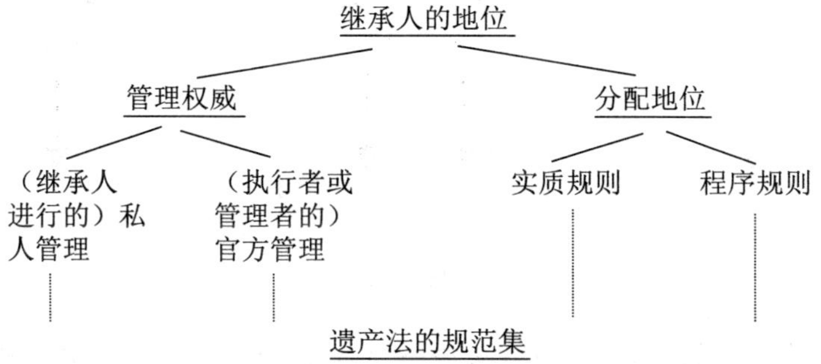

图示 27

这三个主干中的任何一个都可以被分解成诸多次级要素，这些要素又可以再被分解成其他的要素，等等。最终，所有一切都被还原成遗产法的规范集及其解释。换句话说，上面的概念树描述的是有效的法律。这些概念是与法律条款“联结在一起的”：它们并不是任意图像的任意汇编。

这个体系化的模型可以通过使用符号（而非概念的文字描述）来予以一般化。这种一般化可以在图示 28 中展现如下：

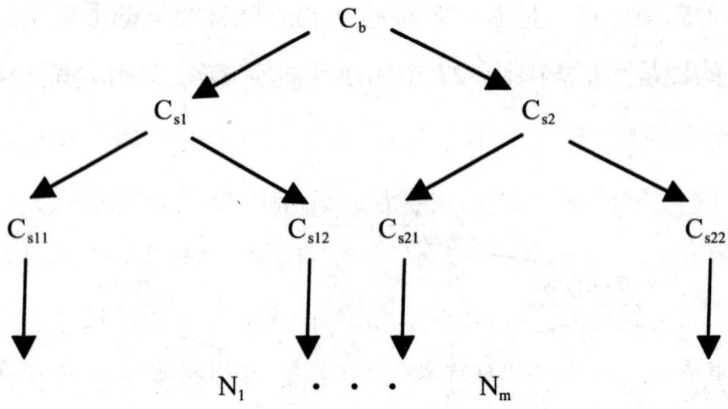

图示 28

156 在本项研究中，这种整理概念的方式被称为体系化理论（ST）。最终，这一体系化的概念集合是与法律秩序关联在一起的。ST 的目标就是以一种充分的方式展现某一特定的有效法律规范的复合体。这种活动（ST 的适用）的结果是一个新的体系，在本书中被标记为 S_j。

从另一个视角来看，每一个概念元素都可以对某种人际关系复合体进行展现，这些人际关系是由法律调整且在某一关联中出现的。让我们将参与遗产共同管理的权利作为范例来进行探讨。在这里，继承人是处在与其共同继承人的某种关系之中的。在芬兰和瑞典，这种关系是由遗产法第 18 章所严格调整的。同时，继承人也是处于与第三方的某种关系之中的。另一方面，遗产法的规范和所有权的一般规范两者都对这些难题进行了调整。通过准确展现这些规范（N_1……N_m）的内容，我们就可以得到一个——有关参与遗产共同管理的权利（作为继承人地位的一个基本要素）意指的是什么的——图像。换句话说，根据芬兰的有效法律，这一要素的内容是什么？

对于调整这一难题的那些规范的“描述”，反过来又是依赖于在这些规范的体系化中所使用的那一概念集的，即依赖于 ST。这种描述是有理论负载的。我们准确获取了关于这一概念集所给予的有效法律秩序的图像。体系化理论可以被比作是一个棱镜，这个棱镜可以对我们的观点进行限制和塑造。因此，ST 是一个法律框架，它对我们有关法律秩序的观念进行界定，在当前的语境中，它指的就是有关继承法的观念。我们不可能超越这一框架所允许的范围，而提出其他的问题。因此，这个框架也就锁定了之前那些问题我们所能得到的答案。另一方面，社会的知识旨趣界定了有关法律秩序的哪些信息是重要的（且相关的）。这种提问题的旨趣是在社会中逐渐形成的。社会实践因而成为对这一概念框架的持续检验，而这一检验是通过法律解释（法律推理）才得以实现的。有时候，这一情境会要求对我们的描述工具进行改善，甚至也可能要求对它们进行改变。这种改善或改变就是诞生于体系化与解释的动态互动之中的，即一个在法律生活中持续取得进展的现象。作为这种互动之结果的，正是那种为社会所表述的法律难题随时提供答案的观念。对于法教 157
义学是否能够完成它的任务——即满足我们在解释知识上的共同旨趣——这个问题，也将因此获得解答。〔147〕

〔147〕 努力建构一个体系化框架的法教义学被称为理论法教义学。参见 Aarnio, *Denkweisen der Rechtswissenschaft*, pp. 69 ff. and pp. 231 ff. 也可见 Aarnio, ‘The Significance of the Theoretical Element in Legal Research’, in: *Philosophical Perspectives in Jurisprudence*, pp. 123 ff. 还可见 Peczenik, Aleksander, ‘Legal Research, Growth of Science and Moral Theory’, pp. 137 ff. , especially pp. 146 ff.

第四章　解释陈述的可接受性

1. 唯一正确答案的原则

1.1. 术语上的澄清

158 即使在我们已经对所有的法律素材进行仔细检查之后，也依然会有两种可能存在：这个解释是那个唯一正确的解释，或者原则上存在一种以上的可选择解释。后一种可能似乎动摇了证成理念的根基。如果甚至在最乐观的情况下，也只能产生一系列同样有效的解释建议，那么，一般而言，对于证成来说，这究竟是何意味呢？我们再次走近了这样的理念，即证成为武断留出了空间。对于法教义学的解释立场的证成并没有理性的基础。

因此，毫无疑问，长久以来，唯一正确答案问题一直困扰着法哲学家和法理论家。这个问题也已经从许多方向进行了探究，但是，关于我们究竟应该如何对待这个理念，依然没有达成一致意见。在下文中，我们的主要内容将绕开这一问题之研究的历史面向。把焦点放在有关法教义学解释的唯一正确答案原则的某些特定问题之上。根据耶日·弗罗布莱夫斯基的说法，有关唯一正确答案这一理念的讨论至少涉及到三个问题：

(a) 唯一正确答案原则是与社会中的三权分立相关联的。这是常识知识，即孟德斯鸠 (Montesquieu) 对于立法权、司法权和行政权的区分。[1]佩雷尔曼又提醒我们注意，权力分立原则，作为一个事实，是建立在关于人的特定观念之上的：意志与理性的分立。[2]立法的通过属于意志的王国，事实上也属于社会权力的相应运用，而法律的适用则更多是一个理性的问题。进一步来说，由于法律与法律秩序之间彼此是可以画上等号的，那么，它的结果便是对法律解释抱持一种完全理性主义的观点。一方面，这种解释是对于制定法的澄清（法教义学），另一方面，制定法的适用是通过涵摄适用 159
于被证实的事实的（决策）。因此，从这个视角来看，唯一正确答案的学说是对某种特定的人之图像以及“特定社会意识观念”的表达。根据这种学说，适用行为并不是创造性的人类工作。它是一个机械的行为。

(b) 唯一正确答案原则也在另一方面上具有某种意识观念的特色。某些作者特别强调了，法的安定性蕴含着每一个法律问题将只能以一种方式予以裁决。如果对于同一个案件可以提出来两个或者两个以上的“同样正确的”裁决，法律实践就将会充满随机性和任意性。公民的平等将受到威胁，而且我们也不可能充分准确地对未来的行动进行预期。

但是，当它通过这种方式予以表述时，唯一正确答案原则便具有两种意义：要么对于每一个案件都存在唯一正确答案，要么对于

---

〔1〕 Wróblewski, 'Legal Syllogism and Rationality of Judicial Decision', *Rechtstheorie* 1974, pp. 33 ff.

〔2〕 Perelman, *Juristische Logik als Argumentationslehre*, p. 40.

每一个个别案件，都有发现唯一正确答案的实际可能性。因此，对于唯一正确答案学说，我们将可以获得三种带有不同力量的意义：

（1）如果我们说存在唯一正确答案且它又总是可以被发现的，那么，这里所采纳的便是强的意义上的这种学说。这种观点暗指，每一个具有适格职业技能的解释者，都能够根据法律解释指令，通过法律渊源的运用，达至这样的唯一正确答案。

（2）在一种稍弱的意义上，这个学说采纳了这样的观点，即总是存在唯一正确答案，而且它是可能被发现的，尽管在实践中我们可能并不能总是成功地发现它。

（3）如果我们承认唯一正确答案的存在，但同时，我们却否认发现它的原则上的可能性，那么，我们就是在弱的意义上采纳这个学说的。就此而言，唯一正确答案是一种理想，虽然难以达至，但它却构成了所有法律解释的一种调整性目标。

上面所述意味着，对于唯一正确答案学说的否定，也必然假设了对于弱的意义上的此一学说的否定，即不存在唯一正确答案，这样的答案也不可能实际被发现。

从认识论视角来看，如果我们一方面接受这一理念，即发现一个唯一正确答案是可能的，另一方面们又怀疑解释者是否能够知道他已经发现了这样的答案，那么，这样的唯一正确答案学说就是以一种非常有趣的面目出现的。〔3〕

160 根据传统的定义，主体 S 知道某些事情，如果 S 展现了有关这

〔3〕 参见 Niiniluoto, Ilkka, 'Fallibilismista', *Sosiologia* 5 - 6 (1974), pp. 275 ff.，在此处，他探讨了这样的问题：在逻辑推理之外，是否可能取得确定无疑的知识。就此方面，参见 Hertzberg, *Science and Certainty*, p. 63 ff.

一事项的一个有正当理由的且为真的信念。而在这一情况中，此种定义包含了下列条件，即 S 拥有一个有正当理由的且为真的信念，据此他就已经发现了某个法教义学解释问题的唯一正确答案。

如果我们采纳了这样的立场，即发现唯一正确答案总是可能的，且同时我们接受了这样的观点，即解释者也总是可以知道他已经找到了唯一正确答案，那么，我们就是采纳了一种非常强的版本的唯一正确答案学说。而一个更为中性的观点是以这样的观点作为代表的，即知道某人已经发现了唯一正确答案（原则上）是可能的，但在实践中并不总是能够得到这样的知识。

如果我们承认找到唯一正确答案的可能性，但却否认这个答案总是可以被发现的（情况 2），那么，我们作出了一个类似的区分。这种观念的最弱的要点就是，即使唯一正确答案（有时候）会被发现，但我们却无法确定我们知道我们已经发现了这个答案。可以说，这个答案可能是因为偶然事件才被发现的，这个偶然事件是独立于我们已经发现了它这个意识的。

（c）唯一正确答案学说的最为常见的理解方式可能就是将它与法律推理形式的问题联系在一起。在这里，解释是从内部视角进行分析的，换句话说，是作为三段论操作来进行分析的。次阶（inferior）语句与高阶（superior）语句之间通过涵摄的关联，带来了“正确的”解释。因此，可以认为，这种三段论形式可以适用于解释结果之产生的（启发式）描述，或者适用于裁决的（证成性的）溯及既往的（*ex post facto*）理性化。

在下文中，唯一正确答案学说将主要在上面所说的（b）的意义上进行考量。这自然会将唯一正确答案学说与本书的主题相联系。

人们可能会提出这样的问题，即推理链是否能够在某个阶段被完全地截断。**如果**唯一正确答案学说是真的，对前一问题的答案必然可以简述如下：当解释者可以证实其解释陈述的真实性时，证成就可以被截断。换句话说，根据这个学说，证成是指向对于真的解释陈述的展现的。〔4〕

为了能够理解这个问题，我们将首先审视一下某些对于唯一正确答案学说的适用。
161 这里并没有主张，下面的样本代表了不同的历史版本。这个选择只是意味着，这些被考察的进路以一种重要的方式反映了唯一正确答案学说的核心理念，且是从真理问题的视角准确反映了这些理念。

1.2. 唯一正确答案学说的几个范例

1.2.1. 罗纳德·德沃金的理论

德沃金阐述这一主题的著作题目是非常恰当的："认真对待权利"。这个题目预示了两个方向的批判。一方面，德沃金反对的是法律实证主义，根据他的说法，后者只允许个体拥有法律（实在法秩序）赋予他们的那些权利。另一方面，他与任何一个版本的功利主义都是相对立的。根据功利主义的理念，法律应当努力带来最大多数人的最大的善。根据德沃金的想法，这是与少数人的权利相悖的，因为少数人并不处于"最大多数人"之中。〔5〕

德沃金将权利分为两大范畴：制度权利和基本权利（背景权利）。这两大范畴都是政治权利。法律权利是制度权利，即从法院

---

〔4〕 参见 Aarnio, *On Legal Reasoning*, pp. 55 ff.

〔5〕 Dworkin, *Taking Rights Seriously*, pp. 85 ff.

可以得到有利裁决的权利。例如，作为一个权利，所有权是可以为避免特定侵害而从法院那里得到保护的权利。从这个视角来看，个体权利就是法院相应活动（权力的运用）的对应物。在我们看来，德沃金理论的关键要点在于，权利是事先（*ex ante*）就属于公民的。个体拥有权利，而不管权威当局是否支持它们。权利在法院就这一问题作出裁决之前就已经通过某种方式“存在”了。它们作为得到有利裁决的权利而“存在”。这是为什么德沃金相信我们必须认真对待权利的一个理由。

在下文中，这些问题只在它们关涉唯一正确答案之理念的时候，才会被讨论，特别是在它们是从上文 1.1 小节的（b）情境中所勾勒的那种观点来处理这一理念的时候。首先，就德沃金有关法律适用的想法，我们要评论几句。

根据德沃金的观点，权利的问题必须主要是通过法律所要求的方式来予以裁决的。如果法律的文义是含混的，裁决就必须根据法律意图作出。另一方面，决策者必须将平等对待的要求纳入考量： 162
类似的案件必须根据类似的方式予以处理。但根据德沃金的观点，这个原则并不能从实在法中获得它的意义，直到它被适用于个别案件。很显然，我们可以说，对于德沃金来讲，那些使这一原则得以实质化的实在法规则，构成了裁决的最终证成理由。[6]事实上，准确来说，正是这个特点使我们对德沃金的理论产生了兴趣。让我们来进一步看一下这个理论。

德沃金是从他（根据传统术语）称之为“疑难案件”的案件开

〔6〕 *Ibid.*, e. g., pp. 88 – 89.

始的。[7]这种案件是根据下一事实进行分类的，即没有法律条款为它提供一个清晰的答案，法律的意图无法被识别，而且法院的判例以及其他的解释素材指向了不同的方向（“两个答案都有可能”）。作为范例，德沃金使用了这样一个案例：X 的一位雇员意外地截断了通往 Y 的工厂的电缆线，因此对 Y 造成了损失。

然而，却是 X 要对这个损失负责。这里有必要指出，从芬兰法的视角来看，相对来说这个案件也没有什么困难之处。它将被归属到所谓“雇主责任”的适用范围之内：雇主要为其雇员的行为负责。但是，在我们处理德沃金的推理问题时，这并不重要。

可以说，德沃金的一个基本理念来自这样的论证，即在这种情况中，双方都有其自身的权利。双方彼此之间享有权利（“主要权利”），而且双方之于权威当局也都还享有权利（“次要权利”）。在裁决中，由于某方的权利将不得不落败，因此，能以最佳的可能方式来对这个裁决进行证成就是非常重要的。德沃金的那些问题就是通过这种方式与唯一正确答案理念缠绕在一起的。

毫无疑问，德沃金并不是主张在每一个案件中都存在正确答案，但是，他相信，唯一正确答案原则上是可能的，并且在大多数案件中都存在这样的一个解决方案。就此而言，对于下文来说这就足够了。德沃金承认，存在这样的情境（“势均力敌的判断”），在其中，原告的权利和被告的权利都能获得证成。在这样的情境中，我们不可能去回答这个问题的正确答案是哪一个。但是，也存在这样的案件，在其中，唯一正确答案的理念是可以被清楚地捍卫的。应当如

〔7〕关于这个概念，参见 MacCormick, *op. cit.*, pp. 195 ff. 也可参见 Benditt, *op. cit.*, pp. 36 ff.

何去界定这样的决策情境呢？德沃金提出了下列的答案。

当我们决定通过支持 Y 的权利来解决法律冲突的时候，这个裁 163
决可以基于这里存在一个法律理论的假设而被有正当理由地作出。我将称其为基础的法律理论。在对德沃金的理念进行考察时，尼尔·麦考密克强调，这并不是一个有关法律的描述性理论，而是一个法律的正当化理论。〔8〕

根据德沃金的观点，这样的理论扮演着一个尤其具有决定性的角色。它带来了可理解性，也赋予法律条款和法院裁决以意义，后者作为一个体系，一方面保护了个体的权利，另一方面也会将集体权利纳入考量之中。基础的法律理论包括了提供抽象的平等理论之内容的那些原则。正是通过这一点，我们才可以说，基础的法律理论是对法律裁决进行正当化的理论。

但是，在德沃金所使用的那个意义上，基础的法律理论不仅表达了那些对个体权利与集体利益的相关目标（“政策”）予以保护的原则。而且它也为它们提供了一个优先性的次序，“通过评估它们的分量确定的优先性次序”，正如麦考密克对于这一观念的表述。〔9〕

从法律推理的视角来看，基础的法律理论的重要性在于这一事实，即它使得我们能够以“最佳的可能方式”对裁决进行正当化。它是这样一种情况，即这一表达有关个体权利（例如，Y 获得赔偿的权利）之内容的立场与在这之前的所有有关权利的内容是相融贯

〔8〕 MacCormick, ‘Dworkin as Pre - Benthamite’, *Philosophical Review* LXXXVII/4, pp. 585 ff. , esp. p. 591.

〔9〕 *Ibid.* p. 592.

的。换句话说，如果当前的命题是与基础的法律理论相**融贯的**，那么，我们就得到了最佳可能的证成。但是，德沃金并没有说，我们总是能够确定这一理论的内容。法律学者以及法官是会犯错的。另一方面，德沃金强调，发现“最佳可能的理论”应该是法官和学者的目标。这样的理论是可以被建构的，即使在实践中我们并不知道它应当如何被建构。

指出这一点也是重要的，即对于德沃金来说，基础的法律理论并不是某种可以通过诸如直觉或者喜爱而被发现的事物。对于他来讲，基础理论通常是一个被建构的理论，或者最好是说，一个能够被建构的理论。由于它依然是“最佳可能的”，所以，德沃金的理论遇到了难题。

这些困难可以通过类比于半人半神“赫拉克利斯”（Hercules）而被适当描述，他具有超人的能力，能够创造一个使法律秩序的不同要素彼此之间保持协调的理论。任何单个人都不可能是赫拉克利
164 斯，但毫无疑问，每个人都可以明智地预设这样一个超人存在。因此，每一个法官都可以而且应当尽其可能地接近赫拉克利斯。[10]

让我们接受这种描述。但我们依然必须面对德沃金理论的这一基本问题。在其对德沃金理论的考察中，马克斯·奥凯尔－布卢姆（Max Oker－Blom）将德沃金的理念与卡勒·马柯宁的理念以一种非常有趣的方式置于相互对立的位置。在这里，这种对立中的某些关键问题也应当得到探讨，因为它们不仅适合用于对德沃金理论的

〔10〕 *Ibid*. p. 593.

评价，而且适合用于对一般层面的唯一正确答案学说的评价。〔11〕

马柯宁的一个主要论点是，法律解释并不是建立在二值逻辑的基础之上的。这是完全可能的，即我们证明有一个以上的正确答案，而毋需证明其中一个是假的。这种情况不仅出现在刑法中关于量刑尺度的决定中——一个德沃金也讨论过的问题，而且也出现在（比如）我们适用的是所谓的开放结构（弹性规范）的那些情境中。它们采用诸如合理性、便利性、案件具体情况等事项作为裁决的标准。

很显然，德沃金乐于承认，在这样的情况中，存在多种可选择的裁决。但只有其中一个是正确的答案。让我们举一个例子。A 表达了观点 T_1，B 表达了观点 T_2。从逻辑上来看，存在三种可能性：T_1是正确答案，T_2是正确答案，或者两者都是正确答案。德沃金的出发点是它们之中只有一个是正确答案。例如，一个遗嘱要么是有效的要么是无效的。当存在多种选项的时候，正如在存在弹性规范的那种情况中一样，这一问题也并没有什么不同。在所有的情况中，这些选项的其中一个是正确的，即使我们不知道是哪一个。

据我们的推定，马柯宁对此可能会回以这样的批判，在“势均力敌的判断”情况中，德沃金的理论是建立在这样的理想主义的假定之上的，即有一个正确裁决隐藏在法律之中，只需要揭示它即可。这一点隐藏在德沃金的这个理念之中，即权利事先就存在，不管权威的裁决如何。这个理念是站不住脚的——正如马柯宁所想——因为立法是一个意志行为，在此并不存在一种将所有可能的实践情境都纳入考量的方法。但是，德沃金几乎不可能承认这样的批判是有

〔11〕 Oker - Blom, Max, ‘En enda riktiga lösning trots alit? Dworkin mot finl ändsk bakgrund’, *JFT* 1968, pp. 251 ff., esp. p. 310 ff.

正当理由的。他可能会说，这样的批判忽视了对于整个法律秩序来说很关键的一些东西。立法绝对不是以此——即立法者有关这些条
165 款处理的是哪些情况的实际表达（不同的立场）——为基础的。在立法中，我们是通过条文和典型情境进行操作的，而且某个条文也可能会覆盖立法者事实上并没有纳入考量或没有虑及的一系列情境。

即使我们接受了德沃金所主张的这个反驳性论据，不过，依然有两个问题，德沃金显然并没有处理。更进一步来说，他的语义学并不允许他分析这两个问题。他根本没有处理这种可能，即某个表达是**真正含混的**，换句话说，对于这个表达，可以表述出多种等值的可选择意义。这就是马柯宁在说到弹性规范时显然要表达的意思。一个更为困难的问题是与唯一正确答案本身的假设关联在一起的。让我们回到临终遗嘱的那个范例之中。德沃金很显然会假设，这个遗嘱要么是有效的要么是无效的。这正是所有可能想到的情况。但是，如果某人必须就某个个别案件 T_i 进行裁决又该如何：A 的临终遗嘱是有效的，**或者**（or）无效的？在这样的案件中，裁决总是会与某个价值基础联系在一起的，裁决不可能超越（整个社会的）这些评价而是正确的。这种可能必须被认真、完全地纳入考量之中，无论上述关于遗嘱的情况是否是这样的。德沃金所要证成的唯一正确答案学说太粗糙了，以至于无法适合于不同类型的情境。德沃金假定了某些在实践中我们难以达至的东西。“最佳可能的理论”是一个被假定的理想，它授权我们去声称某个特定裁决是唯一正确的裁决，因为它符合这个理想。不过，与此同时，它只是一个被假定的理想而已。

因此，通过某种方式，我们已经来到了德沃金有关唯一正确答

案之理想的关键节点之上。对裁决进行证成的那个基础理论可能包含有诸多评价，且这些评价必须至少在某种意义上被假设是绝对的。只有基于这个假设，我们才能（甚至在一般层面上）将“最佳可能的理论”的建构当作是可能的。但是，这个绝对价值的假设是一个非常强的起点。如果我们不接受这样一种价值理论，唯一正确答案的整个理念都会失去它的根基。“最佳可能的理论”只是一个难以获得证成的哲学假定而已。进一步来说，我们（西方的）法律文化并不是建立在这样的绝对理念之上的。因此，德沃金的唯一正确答案理论并没有满足实际的法教义学的需求。

1. 2. 2. 作为规范命题的规范陈述

1. 2. 2. 1. 作为预测的规范陈述

1. 2. 2. 1. 1. 法律预测的特性。

传统上来说，在法律科学中，有关预测之可能性的讨论，关注 166
的焦点都局限于法院（或其他权威机构）的活动。对于法院行为的预测被看作是自然而然的，因为——与其他的活动相比——它与法的安定性原则是紧密关联的。对于个体，法的安定性要求权威机构作出的行动，至少在某一既有的确定性边界以内，是可以被预期的。这又是与同等对待的要求相关联的。如果某种特定的案件在某一时刻是以方式 A 来解决的，但在另一个时刻却是以方式 B 来解决的，那么，在社会成员之间就没有平等可言。另一方面，这是很明显的：如果我们无法对法律的适用进行预期，那么，我们的活动就无法以一种合理的方式得到规划。

如果我们从这样的理念出发，即我们确实可以观察到权威行为的不变量，而且这些不变量本身就可以构成预测的基础，那么，那种型式——根据它可以作出预测——似乎就是相对简单的。它将是这样运行的：对于属于裁决 A_1……A_n 系列的每一个裁决，事实 f_1 被认定了且法律后果 g_1 得以确认：因此，在案件的事实属于同一种类型的后续裁决 A_{n+1} 中，法律后果 g_1 得到确认，就是极为可能的。与这样的预测相关，至少有两种基本的问题：

（a）在法律生活中，是否可能发现预测所要求的这种不变量，以及（b）是否可能以这些不变量为基础对未来的行动进行预测？在回答这些问题之前，我们应该指出，我们所能想到的预测本身是属于两种主要类型的。

（1）研究者已经确定，在法律共同体中下面这一法则是普遍适用的："当 X 具有品质 f_1 时，g_1 就总是与它相关联的。"这样一个"法则"与"所有乌鸦都是黑的"这个经典陈述属于同一种类型。因此，在司法实践中，一个预测所表明的是，如果某个事态出现了且在其中可以发现特性 f_1，那么，结果 g_1 总是会与这个事态确立关联。

这样的一种预测，很容易就使得自身遭到——与通常适用于所
167 有 - 语句（all - clauses）之可证实性的那些批判一样的——批判。如果我们想要证实上述"法则"意指的内容，我们必须实际地考察它所覆盖的所有情况。一个单个的情况（A_{n+1}）——若它是以另外一种方式被解决的——就证伪了这个法则，证伪的方式与一个单个的白乌鸦证伪了所有乌鸦都是黑的这一陈述的方式一样。很明显，当我们努力去预测权威的行为时，一个表征了这种确定性的"法则"是无能为力的。被预设的不变量是建立在对过去作出的裁决的考察基础之上的；很显然，这些裁决并不能使我们可以表达任何有关未来案件的确定内容。我们应当真正地去努力在其他地方发现预

测的理论根基。

上面所描述的“所有-命题”，就其本质来说，当然也可以是分析性的。例如，我们可以对给乌鸦定义的那个语句进行思考。换句话说，黑色，根据定义，就是乌鸦的特征。很明显，作为一个分析命题，这个语句并没有告诉我们任何有关现实的东西：任何证据都不能证实或推翻这个语句。例如，根据这个定义，看起来像乌鸦的白色的鸟，它并不是“乌鸦”，而是其他东西。

“所有-命题”这种类型的语句无法在司法预测中被使用。实际上，分析语句只能表明某些具有定义本质的真理。

（2）这种观念——即预测涉及的只是归纳概率——提供了一个自然而然的起点。在下列两种情况之间作出区分似乎是有用的。〔12〕

（a）首先，我们可以想到，预测是建立在数据概率的基础之上的，所谓黑球、白球的情况常常被当作是这种情况的当然范例。如果十个球中有九个是白色的、一个是黑色的，那么，黑球出现的概率就是十分之一。以同样的方式，我们可以根据我们所考察的司法裁决来确认案例 A_i 的发生有90%的概率。我们应该注意到，在这种案件中，有关发生概率的预测可能是非常真实的，尽管关于个别案件之特点的某个预测，可能最终被证明是假的。但很自然的是，即使很高的概率，也不允许我们将其一般化为“所有的案例都是 A_i”。

（b）实际上，我们可以暂时地通过下面的方式对司法预测的特点进行界定。这样的预测说的是：如果事态 f_i 发生，它具有如此如此的特点，那么，权威被推定会确认后果 g_i。

〔12〕 关于预测的一般讨论，参见 Aarnio, *On Legal Reasoning*, pp. 237 ff. 从社会学角度对预测进行的分析，参见 Kerimov, D. A., *Philosophische Probleme des Rechts*, pp. 278 ff.

在这里，概率意指的并不是后果 g_i 发生概率的数据评估，而是意指可信性，它是建立在一种更为中度层次的确定性之上的，而且
168 它不能被还原为数值上的数量。就此而言，司法预测与日常生活中频繁碰到的诸多预报都是属于同一种类型的。作为这种日常预测的范例，我们要提到这一陈述："我很可能是能够独立管理这项事务的"。它可能仅仅蕴含着说话者有充足的理由相信他将能够独立管理这项事务。

另一方面，我们应当注意到，我们所涉及的并不是有关某个个体事件的预测。并不像诸如出庭律师在为他的客户评估法律诉讼的最终结果时所作的那样，法律研究不处理个体事件。在法律研究中提出的预测，就其本质来讲，总是一般性的，因此，它并不告诉我们，法官对于某个个体事项的个人态度等诸如此类的内容。正如我们在上文中指出的那样，预测所表明的只是，如果某个属于种类 F 的事态发生了，那么法院（被推定）将会确认某个属于种类 G 的法律后果。甚至根据这种被阐明的形式，司法预测在许多方面也是含混的。大部分难题都是与上面所提到的规律与规则之间的对立联系在一起的。让我们首先简要对问题的这一方面进行考察。

当我们对司法预测和（例如）自然科学中提出的预测进行比较时，我们就会注意到，它们各自所依赖的素材的类型在许多方面都是不同的。首先，这是法律研究的典型特征，即作为预测之基础的那些情况总是以言语的形式出现的。因此，它们需要解释：换句话说，提出某个"通式"的法学家，在他作出预测之前，总是有义务为相关司法裁决中出现的那些事实赋予一个意义 - 内容。对此，自然科学家可能会表示反对，但它——例如，在微生物物理学中，事

实并不是以"纯粹"形式将其自身展现给研究者的——也是真的。它们常常是作为对不同的测量工具和设计的解读，或者作为应当被进一步解释的讯息出现的。毫无疑问，这是真的，但尽管如此，在这两个科学之间依然存在一个基本差异：法律研究者处理的素材总是以日常语言来表达的。它是以这样的语言展现在他面前的，即这种语言的意义，他（作为特定文化共同体的成员）在之前已经通过某种方式学会了。在许多方面，这一点都是重要的。

这些案件常常是建立在非常复杂的事实基础之上的。如果某人通过诉诸这些事实，而主张在法院的行为中存在可以发现的不变量， 169
那么，为了确立某种规律性，他必须对这些案件进行简化。这种规律所蕴含的不同案件之间的相似性，只有通过相对较少的特征才能被确立。研究者要努力找到，其所考察的这些案件的本质特征。正如我之前所评论的那样，旨在确定相似性的比较，对两种事情提出了要求：将案件分解成基本要素部分，以及通过诉诸某个要点，确定这些基本要素部分彼此之间的相符性。准确来说，这个要点处于一个关键的位置。正如之前所强调的那样，这个类比要点是有价值负载的，即它是与社会的价值基础纠缠在一起的。这种类比的关系得以确定，当且仅当案件之间的相似性从法律视角来看是相关的。这意味着，在法院的实践中，这种相关性标准是不断持续变化的。

让我们假设，在某一生活领域中，一个非常统一的法院实践已经建立起来。法院已经给出了 n 个裁决（$A_1 \cdots\cdots A_n$），在所有这些裁决中，法律后果 g_i 都被与事态 f_i 相关联。这个不变量——并没有像自然科学中的那种情况一样——表达了两个事态集（法律事实与法律后果）之间的因果法则。相反，我们可以认为，这种统一性是源于这一事实的，即法院在给出后续裁决（例如 A_2）时，参照了有拘束力的每一个之前的裁决（例如 A_1）；对于后续裁决来说，之前的裁决是判例。这样的观点是非常常见的，有关判例拘束力的理论讨论清楚地指明了这一点。但是，当我们以这种方式来展现前述观念时似乎忽视了一个事实，即与判例相关的整体建构的特点。

在法典法体系中，正如在芬兰的法律体系，在法院作出裁决时，不能直接援引之前的既有裁决作为（唯一的）裁决标准。一个很好的范例是由这种情况建构的，即在不存在成文法条款的地方，法律中就存在一个所谓的缝隙。但是，法院依然要通过某种特定的方式来解决这个难题。如果在这之后某个相似的案件出现在法院之中待其裁决，且法院将先前的那个裁决当作是有拘束力的，那么，这并不是源于这种意识观念——即先前裁决总是会课予法官义务——的训诫，而是源于这样的事实，即先前的裁决被认为表达了一个法院觉得其有义务去遵从的规则。正是因为这些规则，那些案件才以那种方式被裁决。另一方面，这些规则也使得既有的裁决是可理解的，
170 因为在某人能够弄清楚为什么后果 g_i 要重复地附属于一个既有的事态结构 f_i 之前，他应当知道引导这个解决方案的法律规则。

在任一案件中，这都是很明显的：在预测被作出的那个时刻（t_n），有关要被适用的那些规则的精确信息，是不够的。这些规则确实使我们能够理解已经被作出的裁决，但预测者还应该能够预测在时刻 t_{n+1} 时被适用的是哪些规则，或者，换句话说，在时刻 t_{n+1} 时，特定的规则依然会被当作是有拘束力的吗？如果他（几乎）能够确定这些内容，那么，他显然拥有作出他的预测的充分基础。就案件 A_{n+1} 而言，法官所知晓的一些新信息，将在预测中获得一个非

常关键的地位。它可能会证明法院之前的实践是不充分的，或者甚至是与制定法的目的相悖的。新的信息通常是在律师书面陈述或法学家的权威意见中提供给法官的。它也会从社会中持续地不断流动。

社会结构的变化常常造就这样的情境，即法律条款的传统解释会带来不妥当的结果。在新的裁决中，可能要消除先前的解释与社会结构之变化所带来的要求之间的矛盾。总之，有待适用的法律素材的变化，可以以许多不同的方式发生，预测应当能够准确地确定这样的变化。

在阿尔夫·罗斯对于法学的研究，尤其对于法律科学中的预测的研究中，这一点以一种非常有趣的方式表现出来。通过将阿尔夫·罗斯的观点纳入我们的讨论，我们同时也就以某种重要的方式阐明了预测观念本身。一旦涉及到背后的哲学的话，我们在这里只是讨论某些粗略的要点，因为有效规范的理论在前文中已经被讨论过了。

1.2.2.1.2. 阿尔夫·罗斯的预测理论

根据罗斯的基本哲学假设，法律规范是可以根据经验科学的一般原则来进行探究的。法律研究的每一个科学陈述，都必须在经验上被证实。正如之前已经评论的那样，在这一点上，阿尔夫·罗斯是一个真正的逻辑经验主义者。另一方面，罗斯也对法律研究的主题进行了界定。在这里，我们看到了罗斯所接受的法哲学背景假设。它是作为一种有效法的理论得以表述的。〔13〕

根据这一基础，我们可以为法律规范陈述找到一个妥当的理论 171
身份：法律研究的任务是去预测权威将来的行为。而一个预测意指

〔13〕 Aarnio, *On Legal Reasoning*, pp. 243 ff.

的是某个陈述确认了：某一既有的法律规范将被包括在那些支持某个未来判断的理由之中。但这种表达预测理论之关键理念的方式，会使得特定的核心问题悬而未决。首先，被包括在支持某个裁决的诸多理由之中的法律规范，究竟是可以指导这个裁决，还是使它正当化，或者使得这个裁决是可理解的。让我们简要探讨一下这些选项：〔14〕

（a）研究者努力去预测的是，法院事实上将其当作是有拘束力的那种规范的意识观念（规则）。在这种情况中，预测的对象是用来指引裁决的那些情况。因此，预测的形式可能是诸如下面这样的：

P_1 这是很可能的，即有效规范 N_i 会实际影响法院的裁决。

（b）研究者提出了这样的评价，即法律规范 N_i 将（很可能）被包括在证实（corroborating）这个裁决的那些法律理由之中：

P_2 这是很可能的，即法院将援引 N_i 作为其裁决之证成的一部分，即使这个证成可能是一种纯粹的理性化，即一个被设计来支持裁决客观性之信念的门面。

如果某人想要为预测给予一个理性主义的形式，那么下面的表述似乎就是非常适合的：

P'_2 在既定背景 B 之下，法院**将会**援引 N_i 作为其案件 C_n-C_m 的证成理由之一部分的概率是 P，如果法院是以一种最佳的、理性的、社会充分的（等等）方式行动的话。*

（c）这一预测仅仅表示法院未来的裁决是可以理解的，当且仅

〔14〕 参见 Aarnio and Peczenik, Beyond the Behavioural Idealism, Section 3. 比较 Bulygin, Eugenio, 'El Concepto de Vigensia en Alf Ross', pp. 6 ff.

* "C_n - C_m"，原文为"C_n-C_n"，似为印刷错误——译者注。

当对它的说明是建立在规范 N_i 之上的。这意味着，这种预测并不依赖于裁决在事实上将如何被证成，也不依赖于通过何种方式它可以被正当化。这种预测的目的只是去指明，如果将来的裁决——即当 172
事态 f_i 发生时将给出的那个裁决——没有被规范 N_i 所“说明”，那么，诸法律现象间的适当意义关联就没有建立。

一旦涉及的是罗斯的预测理论的话，选项（b）似乎就是非常有问题的。如果这个理念是去预测法官将来的行为，那么，关注点必须放到诸论据与结论之间的实际关联之上。当且仅当法官使自己服从于当前规范时——换句话说，当且仅当这个规范是指引法官行为之动机背景的一部分时，这个规范才属于这个案件相关的规范意识观念。从这个视角来看，法官如何正当化这个裁决，是与此无关的。这种裁决的外壳并不是行为理由，而是另外一回事。因此，选项（b）不能成为真正的罗斯式预测的基础。

符合选项（c）的陈述很难称之为是在这个语词的正确意义上的预测。它并没有基于当前的知识而提前透露任何未来的事件或事态。人们可能更倾向于说，它蕴含的是这一主张：无论发生什么，这个发生的事件只有通过诉诸特定某组规则才能被理解。

另一方面，上面第一个选项似乎符合罗斯式预测的要求。在这种情况中，预测的形式是这样的：由于决策的边界、法官的动机以及他的因果性信念（被推定）是如此这些，而且由于它们很可能不会变化，所以，在时刻 t_{n+1} 时，如果事态 f_i 发生，那么法院将会确认后果 g_i。很明显，如果前提是正确的，那么，当前的情况就是符合这种预测的。然而，这种预测并没有表现出这一点——最多也就像诸如自然科学中的相关预测就其自身的对象所表现的那样。

另一方面，这种法律预测并没有显著区别于法教义学中所提出的常规解释立场。在许多应该作出预测的情境中，预测者应该首先弄清楚法官所自觉服从的那个规范的意识观念的知识。人们可以通过考察相关法律文本的语词意义、不同的法律解释方式以及在解释中可以利用的素材（例如立法草案和判例），从而阐明这一意识观
173 念。属于用于阐明这个规范意识观念的素材还包括习惯法以及——诸如不同方面的利益等——一系列所谓的现实论据。简短来说，预测者应该尽可能地了解这个在社会中普遍运行的规则体系、规则可推定的支持作用以及这些规则的适用标准。

然而，法教义学者也正是以同样的方式推进工作的。他也“直接地”从不同的法律渊源中获取他的结果。换句话说，上文所进行的分析，其方法论上的推论是，预测者与适用常规法教义学的学者，他们在很大程度上是依照同样的原则行动的。

在实践中，这很容易导致某种伪预测（pseudo - predictions）。这个概念是由汉斯·阿尔贝特（Hans Albert）引入的。〔15〕在某些情况中，研究者可能会想当然地认为，他提出的是一个预测，或者通过这种方式表达了自己的看法，尽管他事实上提出的只是他自己对于事情应当如何的评价。他可能已经从通常的法律渊源中抽象归纳出了决策的特定边界，但他并没有关于决策者的目标和信念的证据，也没有关于这个预测框架的不变量的证据。准确来说，在这种情况中，我们涉及的就是一个伪预测。根据阿尔贝特的说法，这种伪预测的特点是，它们是隐藏的评价，且事实上并没有包含任何有关未

〔15〕 Albert, Hans, ‘Theorie und Prognose in den Sozialwissenschaften’, pp. 60 ff. 也可参见布柳金有关预测的处分性（dispositive）特点的说法。Bulygin, *op. cit.*, pp. 11 – 14.

来事件的实际信息。

当我们对主流的法律研究进行探究时，似乎许多“预测”最终都被证明在更大程度上只是伪预测而已。通常来说，这源于这个事实，即获取相关的预测框架及其不变量的信息是困难的。另一方面，至少在芬兰法中，有一条“不成文的规则”，根据这个规则，研究者应当不仅仅要提出纯粹的决策（或可选择裁决）的边界：他还应该表达有论据实质支持的观点。那么，如果这样的观点被披上了预测的形式外衣，那么，它绝对是一个伪预测。

上面所说的这些内容并不意味着，在法律研究中根本不可能提出实质意义上的预测。不过，一旦要做这件事时，我们就遇到了一个困难。实际上，如果在复杂情境中，决策的边界必须从法律渊源中“直接”推导出来的话，那么，很可能在这一阶段，就已经在与这个推论的相互纠缠中作出了评价。这意味着，至少在某些情况中，这个框架的知识仅仅具有非实证性的确定性。在诠释学中，这种知识被称为附属于意义的知识。因此，即使我们可以在阿尔贝特所说 174
的那个意义上归纳出有关这个框架之不变量的证据，但这个框架之内容的问题可能依然在部分上是独立于这个证据的。这又蕴涵了这一点，即事实上，在我们学习了解作出预测的方法论之前，我们还应该在一般层面上了解法教义学的方法论。因此，在预测领域中，我们最终也将以这样一个影响深远且困难的问题作为结尾，即是否有可能以某种方式对解释立场从特定法律渊源中推出的过程进行方法上的控制。

在任何情况中，这都是显然的，即在法律研究中运用存在于自然科学中的那种预测模型是有误导性的。这适用于——以诸如阿尔夫·罗斯为代表的——与逻辑实证主义相对应的那种观念。所有的这些实证主义的观念——或者与此相关的观念——都没有对规则的重要性投以必要的注意力。实际上：规则最终会赋予社会现实中的那些事物以某种意义。除此之外，这些观念也没有——或者在任何情况中都太不重视——对能动者的目的性行为进行分析。能动者的目的以及他的理由（法院或其他权威的理由），可能只在特定情况中且只在相对较小的程度上，是从他的行为中推导出来的。无论预测所触及的那个领域是什么样子的，当缺乏法官的实践时，这样的“行为主义”就无法完全地被贯彻。在这种情况中，对于法官所使用的理由的分析可以建立在——例如，在相关的法律共同体中，这些事项通常是如何被考虑的——这个基础之上；预测者和法院都属于这个共同体。

总而言之，预测者仍然需要某些他无法从先前的司法裁决中获取到的信息。作出一个预测并不完全是一个经验研究的问题。如果我们将这一点——即对作出预测与提出法教义学相关观点之间进行的区分是有问题的——考虑进来且将其牢记在心，那么，我们就要再一次回到有关在法律思维领域中知识是什么的问题。

1.2.2.2. 伊尔卡·尼尼洛托的进路

在不同的语境中，伊尔卡·尼尼洛托都捍卫过一个观点，通常将之称为现实主义的观点，〔16〕虽然如此，但尼尼洛托的分析却成功

〔16〕 参见 Niiniluoto, ‘On the Truth of Norm Propositions’, *Rechtstheorie*, Beiheft 3 (1981), pp. 171 ff. 以及 Niiniluoto, On the ‘Truth and Argumentation in Legal Dogmatics’, *Rechtstheorie*, Beiheft 2, (1981) pp. 53 ff. 参见 also Wikström, Kauko, ‘How to Prove Propositions in Legal Dogmatics’, pp. 297 ff. , especially p. 306.

避免了许多传统现实主义学说的经典错误。因此，这种观点需要得到更为认真地对待，这不仅是因为它的来源，更是因为这一事实，即它显示出两个重要的特点：与法律现实主义存在某种关联，以及 175
试图从符合论的角度来表述唯一正确答案学说。

尼尼洛托的出发点在于，有关规范的陈述通常是一个命题。在塔尔斯基的意义上，它是真的还是假的，依赖于它是否与实在相符合。真的概念是建立在陈述与外部实在之间的符合之上的。根据尼尼洛托的观点，这种符合是与法律规范的效力纠缠在一起的。

在他的第一个主张中，伊尔卡·尼尼洛托区分了两种效力的概念，它们可以通过缩写词 VO_1 和 VO_2 来表示。第一种意义上的效力（VO_1）可以通过三个命题来予以界定：

（i）规范 N 在社会 C 中是有效的。

（ii）规范 N 是社会 C 的法律秩序的一部分。

（iii）社会 C 的法律共同体接受规范 N 作为法律秩序的一部分。

效力 VO_1 的内容因而可以从命题（iii）中获取。换句话说，规范 N 是有效的，如果法律共同体接受它。因此，规范命题表达的总是有关经验事实的某些内容，即社会 C 的共同体成员所给予的接受。尼尼洛托进一步把法律共同体界定如下：法律共同体是由法律工作者以及在法律相关位置中（例如在立法、行政中以及作为陪审团成员等）发挥作用的能动者所构成的。

接受意指的内容与“合理的合意”（reasonable consensus）是相同的。法律共同体的大多数成员都接受规范 N，也相信其他人中的大多数人也会接受 N，而且相信这些其他人会像 N 是有效的那样做

出行动。〔17〕

在对效力 VO_2进行阐释时，尼尼洛托举了一个科学知识的范例。如果在时刻 t 命题 p 是科学知识的一部分，且如果命题 q 可以从 p 演绎得出，那么，q 也是科学知识的一部分。以一种相似的方式，我们可以认为，所有那些实际上没有被法律共同体所接受的但可以从已被接受的解释（规范）中推导出来的规范，在那个共同体中也是有效的，因此，我们将得到 VO_2的下列定义：

176 （i'）规范 N 在社会 C 中是有效的，当法律共同体对接受 N 是有效的有承诺时。

某人对某事物"有承诺"，如果他对——从中可以演绎出它的——特定法律规范与原则有承诺的话。

其后，在他第二次回答这一问题时，尼尼洛托通过将有关法律秩序的命题与语言（例如芬兰语）相类比，发展且澄清了他关于规范命题之真值的理念。他的出发点是，（芬兰）有效的法律秩序是一个复杂历史过程的结果。这同样适用于语言。"支配芬兰语的正确用法的语形学与语义学的原则体系，是芬兰语共同体的在历史上

〔17〕 Niiniluoto, *Rechtstheorie*, Beiheft 3 (1981), p. 176. 对于尼尼洛托而言，社会中的许多规则都是成规，即使它们并不是建立在"某项合意"的基础之上的。成规，尼尼洛托——跟随 D. 刘易斯（D. Lewis）的做法——将其界定为共同体 C 的成员之行为的规律 R，以至于它是真的且是 C 中的常识，即：在社会合作情境 S 的几乎每一个情况中，

（i）C 中几乎每一个人都遵守 R；

（ii）C 中几乎每一个人都期待其他所有人都遵守 R；

（iii）C 中几乎每一个人在其他大多数人都遵守 R 的条件下选择遵守 R。

更进一步来说，p 是共同体 C 中的**常识**，当且仅当：

（a）C 中（几乎）每一个人都有理由相信 p；

（b）C 中（几乎）每一个人都有理由相信：C 中（几乎）每一个人都有理由相信 p。

参见 Niiniluoto, Truth and Legal Norms, *Proceedings of XI World Congress on Philosophy of Law and Social Philosophy*, p. 180.

不断变化的社会产物。”法律秩序和语言都是偶然的历史问题。

因此，尼尼洛托主张，有关语言之命题的真，以某种与有关法律秩序之命题的真相对应的方式来进行界定，是有正当理由的。“规范 N 在芬兰语中是有效的”这个陈述是真的，当且仅当这个语言共同体接受此一规范作为语言适当使用的一个原则时。〔18〕

也正因为在语言领域中，我们无法认定，语言共同体的每一个成员都实际接受了每一条语言规范，因此，关于语言规范的接受，尼尼洛托也作了同样的保留，就像刚刚对法律规范所作的那样。对于芬兰语中的规范 N 之效力的陈述是真的，当且仅当这个规范是芬兰语言共同体所接受的其他语言规范的后承时。

尼尼洛托承认，如果没有保留的话，语言规范是不能与法律规范进行比较的。对于语言来说，并没有与立法者相对应的社会规范权威。违反规范的惩罚也是不同的，语言共同体并没有法律共同体所拥有的那种官方解释组织。尽管有这些区别，但就规范命题的真值问题而言，尼尼洛托依然决定对语言规范和法律规范进行比较。根据尼尼洛托的观点，两种规范似乎都属于波普尔的世界 3。语言规范和法律规范都是在这个意义上“存在”的。因为接受是一个偶然的社会事实，于是它也可以使用经验社会科学的方式来进行研究。换句话说，有关接受的命题是可以基于经验基础而被证实的。就此

---

〔18〕 有关上述内容，参见 Niiniluoto，‘Language，Norms and Truth’，pp. 186 ff. 特别是有关语言作为社会现象和偶然现象的问题，参见拉尔斯·赫茨贝里与马蒂·辛托宁（Matti Sintonen）的文章：‘On Language as an Object of Empirical Investigation’，*Ajatus* 38，pp. 149 ff. 例如，两位作者说道：“知道哪些范畴对于某个既定语言是相关的，也就已经知道了有关语言的某些东西。”（p. 150）。除了这一文本中所提出的观点之外，还可以指出的是，语言是与生活形式关联在一起的（参见第四章 2. 5）。它是与生俱来的背景；它与合意无关。

而言，尼尼洛托的思维方式是和那些其他版本的法律现实主义者类
177 似的，后者将存在与规范受信人的行为相关联。但是，尼尼洛托并没有通过法律信服（conviction）的概念对接受进行解释，他也没有像阿尔夫·罗斯那样使用权威之行为的概念来解释接受。在尼尼洛托的模型中，法律共同体在本质上是比法官共同体更广的东西。它包含了所有在这一共同体中扮演着“法律角色”的那些人。

尽管从中受益良多且具有显著的原创性，但由尼尼洛托所提出的这一进路却也深受诸多难题的困扰，这些难题使得它极易受到攻击。首先，在法律规范和语言规范之间进行类比，其所带来的难题，远比尼尼洛托似乎所相信的那些难题更多。作为一个事实问题，当他注意到，在语言领域不存在立法者、解释机构或规范违反的强制制裁时，他提出了这些难题。但正是这些方面才明证了法律以及权力之使用的本质特征。在某种重要的意义上，法律秩序是一个权力秩序，是某种语言所不是的东西。语言是交流的方式和基础。从这个视角来看，语言也是权力使用的前提条件。当我们注意到法律秩序与道德准则彼此紧密关联的时候，这些相同的主题也会被提出。

当我们谈论法律规范在法律共同体中的接受时，我们无法略过这样的事实，即这些规范是在某一特定价值体系的基础上被接受的。接受是一个评价的过程。语言规范的接受并不是——至少不是同等意义上和同等程度上的——一个基于价值的选择。作为一个事实问题，法律规范从某一特定视角来看是一个道德规范。它是社会的道德准则得到官方固化的一部分。因此，尽管我们一方面说到法律规范的接受，另一方面也说到语言规范的接受，但这里接受却是在表示不同的事情。这样的表达——当语言规范被接受时，它就变成有

效的了，换句话说，当且仅当特定的语言规范在语言共同体中被接受，或者它能够从已接受的规范中（演绎）推导出来时，就变成有效的了——是有问题的。

为了使接受某个语言规范（N_i）是可能的，我们必须已经有一门语言才行。因此，语言是接受的必要前提条件。在这个意义上，语言是在个体“外部的”，用维特根斯坦的一个表达来说，它是一个继承而来的背景，独立于个体。在尼尼洛托的观念中，语言的这一传统的本质就有些让人困惑不解了。[19]这确实如此，例如，芬兰 178
语这门语言以随时准备“接受”的新的建议为基础，持续地在更新。但即使如此，下述表示也是鲁莽的，即这些芬兰语规则是有效的，是因为芬兰人接受了这些规则。困难之处在于“接受”这个概念。我们如何对——规范N_i被（芬兰）语言共同体接受了——这样的主张进行控制呢？诉诸诸如访谈或者使用这一规范的实际方式，是不够的。人们也可能——甚至因此可能——会违反这些语言的适当规范。换句话说，我们总是会质疑人们是否是以正确的方式在说话。因此，语言规范的正确用法并不能仅仅在接受的基础上得到正当化。对规范的每一次新的接受，都必须符合（芬兰）语言的有效规范集。如果我们不这样假设的话，那么，“接受”概念就可能会获得某些不符合这个概念常规用法的内容。规范 N 可以因为它符合语言的有效规范集而被接受，但它却不能仅仅以接受为基础而是有效的。效力优先于“接受”，而不是反过来。

---

〔19〕 伊尔卡·尼尼洛托也承认，只要涉及的是这些规范的“官方身份”，那么，语言规范与法律规范之间就存在区别。但是，在尼尼洛托的想法中，这种区别并不重要。参见‘Language, Norms and Truth’, pp. 181 ff.

尤其是对于法律规范的接受而言，我们应该去讨论一下下面的细节。首先，让我们假设有一个新的规范，它还没有在法律共同体中被接受。甚至可能这个规范还没有得到法律共同体的关注。在它被第一次适用时，在什么样的情况下，我们才能说这个规范是有效的呢？对于缝隙案件也同样如此。根据这个概念，对于这些案件并不存在被普遍接受的规范。很显然，尼尼洛托会说我们必须转向效力概念 VO_2，以此来回答这一问题。

如果法律共同体必须基于已被接受的素材而承诺去服从这个规范的话，那么，对于第一个去处理这个问题的权威而言，这个新的规范是有效的。实际的接受并不是被预设的。但是，法律共同体从没接受这样的规范基础——它如此地毫不含混，以至于从中可以演绎推导出新的法律规范或缝隙的解决方案。其中的渊源素材是不充分的，推论规则是十分松垮的，等等。即使达到最佳状态，它们也只能给出裁决的框架而已。另一方面，尼尼洛托似乎并不接受这种可能性，即法律共同体的大多数成员在接受特定起点时会出现错误。例如，这可能是这样的情况，在一个权威式共同体中，大多数人可能会被少数强的意见所“操纵”。如果这些意见并不符合有效规范，那么，在那个共同体中就存在一个“整体的错误”。让我们通过一个简化的范例来例证这一点。

179 某徒步旅行者必须在 T_1 与 T_2 两条道路之间作出选择。他知道大部分徒步旅行者都接受了事实 X，且从这些事实演绎推导出，必然地，大多数人一定会接受道路 T_1。而且，他也看到非常多的人都选择了这条道路。但是，演绎和观察并没有完全排除这种可能性，即如果他想要到达他的目的地的话，T_2 这条道路才是（唯一）正确的道路。这是一个经典情境。将这一点扩展到伽利略·伽利莱（Galileo Galilei）与其同时代的那些学者之间的争论，也并不算太过。当伽利略告诉那些学者，通过他的望远镜的观察，已经证实了木星卫星的存在，但他们反驳道，有关这一主题的所有重要的教科书都证明了这样的卫星并不存在。于是，通过望远镜所观察到的内容并不能被用来演绎推出这些被看到的东西是存在的，因为它违反了科学共同体所普遍接受的内容。

徒步旅行者的情况与法律规范效力的问题，显然是类似的。一旦涉及的是效力，那么，知道有关这一问题的通行观点实际如何，就可能是有意义的，甚至是重要的。这种观点作为间接证据——即作为效力的一个标准——可能是重要的。不过，最终的问题依然是，这个证据是不是充分的。我们可以发问的是："被选择的这个选项是正确的选项吗？"

也应当记住这一点，即法教义学的意图并不是对这一点——即有关被（普遍）接受的是什么的陈述——的展示。换句话说，实践法教义学并不是按照尼尼洛托的建议来运行的。因此，这个建议应该被当成是规范性的，至少是一种较弱意义上的规范性的。尼尼洛托的观点应该通过一句话来表达：为了成为一门对在经验上可证实的命题进行展示的科学，法教义学应该以这种方式来运行。

与唯一正确答案理念的关联，可以在这样的事实——即社会C中的法律共同体，在尼尼洛托所主张的那些条件的基础之上，在时刻t_1，接受了一个且只接受了一个规范N作为有效规范——中被发现。正如前文所述，接受是根据多数人的观点来界定的。转而，捍卫这样一个观点——即在同一法律秩序、同一时刻存在两个或两个以上的有效规范以同一方式对同一事项进行调整——在逻辑上似乎是不可能的。它蕴涵着矛盾的可能，这反过来又意味着接受这个概念也可能会遭遇矛盾。

180 尼尼洛托的主张，与罗纳德·德沃金所主张的唯一正确答案学说，有着相当大的不同。后者是基于特定假设建构的，即“最佳可能的理论”以及法官赫拉克利斯的概念。尼尼洛托所捍卫的唯一正确答案的立场，却并不是建立在假设的基础之上的，而是建立在经验要素之上的。另一方面，准确来说，正是在这里，我们可以发现尼尼洛托这种思维方式的弱点。

我们的法律意识观念，并没有无条件地接受这样的理念，即任何被普遍接受的事物都是正确的。正如我们已经指出的那样，接受可能仅仅是基于纯粹的说服和权威的，甚至可能是基于压力或强制力的。不过，这种操纵的可能性，与法的安定性理念，却是不相容的。但是，效力 VO_1 是建立在实际接受这个理念之上的：一个规范是有效的，当且仅当它在事实上被法律共同体接受了。效力 VO_2 的出发点是基于已被接受的规范基础所作出的演绎推论。因此，尼尼洛托的理论允许这两种效力都建立在外在强制力或说服的使用之上，而且还允许效力完全建立在错误之上。这意味着，尼尼洛托的效力概念，以一种与我们所继承的法律之概念所不相容的方式，使自己容易遭到随机因素的干扰。

效力概念的基础并不能建立在实际接受之上，而是要建立在理性可接受性之上，这才符合我们的法律意识观念。[20]在这个意义上，法律——如果经过理性的考量，根据主流的价值体系，它被普遍接受了——是有效的。[21]可接受性是法律秩序之合法性的测量尺。它是用来评估和批判那些形式有效且有实效的法律规范的一个理想。

1.2.2.3. 作为技术性规范的规范命题

1.2.2.3.1. 一般性评论

让我们假设表达 L 可能意指两个理念 I_1 和 I_2。某位学者——他还未对这些可选择意义的“优先性次序”实际抱持任何立场——可以表达他有关对于任一选项的选择将会导向何方的评价。根据他的评价，选择 I_1 得到的是 C_1，选择 I_2 得到的是 C_2。以此为基础，那么，这位学者可能会形成一个所谓的技术性规范：如果你想要后果 C_1，那么，你必须以 I_1 的方式来行动。因此，对于可选择解释的纯粹分析，从本质上就发生了改变。[22]

为了界定技术性规范的特点，我们可以回顾一下所谓实践三段

---

〔20〕 参见 Helin, Markku, ‘On the Semantics of the Interpretative Sentences in Legal Dogmatics’, pp. 63 ff. especially pp. 83 ff. 对于理性可接受性的理论，海林（Helin）进行了一以贯之的重要批判。这种批判是建立在塞尔式的语言分析之上的。海林批判的核心之处在于，理性可接受性的理念会使得法律学者成为“吹毛求疵者”，“他们的任务是告诉被误导的法律共同体，他们真正的法律是什么”（第 86 页）。就此而言，这一批判是站不住脚的。如果人们认真对待理性的要求，那么，他就不可能采取一种“吹毛求疵者”的态度。理性可接受性，对于他来讲，仅仅是一个理想，一个研究的调整性原则，而非一个表达真实解释的真正手段。也可参见 Gizbert - Studnicki, Tomasz, ‘How Many Theories of Truth Are needed in Jurisprudence’, pp. 157 ff.

〔21〕 将这一点牢记在心，我们就可以说，使用所主张的这个标准，某个解释可能会被证明是符合法律的，但却并不必然是符合法律秩序的。也可参见 Perelman, Juristische Logik als Argumentationslehre, p. 118. 以及 Aarnio, *Rechtstheorie*, Beiheft 2 (1980), p. 44 ff.

〔22〕 也可参见伊尔卡·尼尼洛托在这篇文章中所论述的，‘Truth, and Legal Norms’, *ARSP*, Beiheft 25, pp. 181 ff.

论在语言形式上的轮廓：[23]

181 A 目的在于 E

A 认为，除非他做 T，否则他将无法达至 E

A 着手去做 T

这里令人感兴趣的是后一个前提："A 认为，除非他做 T，否则他将无法达至 E。"这最终意味着，如果这个人想要达至目标 E，他实际上必须做 T。换句话说，对于他来说，做这件事对于达到那个目标是必要的。正是这样一个表达了"必须"（"应当"）的语句，我们称之为技术性规范，或者，用另一个术语，目的论规范。有关这种类型的规范，冯·赖特写道："第三种主要类别的规范是表达了这一点的规则或指令，即为了达至特定目的，做某事是应当的、可以的或不可以的。技术性规范常常以这种形式来表达：'为了事情是这样的，那就做这事或那事'；例如，'如果你想放松一下，就去看电影吧……'"。[24]

并没有任何命令的要素与这种技术性规范相关联。它不是一个指令（prescription），而是一个基于上面所讲的实践必要性的规范。正是因为这个缘故，技术性规范的概念似乎为理解它——即常常被包含在解释语句之中的"必须"（has）特性（规范 N 必须以方式 I 来进行解释）——提供了一个适当的可能。在这里，我们实际上可能表达了这样的简短评论："为了达至目标 E，解释 I 必须被选择"。换句话说，这个解释在此种情境中带有实践必要性。

但是，我们还可以识别两种不同类型的技术性规范：主要的技

〔23〕 有关这种类型的三段论，参见 Aarnio，*On Legal Reasoning*，pp. 147 ff.

〔24〕 *Ibid.*，pp. 304 ff.

术性规范为权威所用，而次要的技术性规范指向个体公民。在作出这样的区分时，我发现，在阿尔夫·罗斯对于规范的讨论中，也有类似的论述。罗斯坚信，行为规范总是指向法官的，而为个体公民所用的规范是前一种规范的某种映像。但是，这仅仅是一个类似之处而已。毕竟，技术性规范不是规定，它们也并不以“适当规范”的方式“指向”任何个体。它的目的仅仅是为了表明，个体公民以及法官为了达至某个特定目标必须去做什么。

1.2.2.3.2. 次要的技术规范

根据芬兰的法律，不动产的出售应当以书面形式。学者或律师可以通过援引这一规定表示：“不动产的交易必须以书面形式。”这不是一个指令而是一个技术性规范，它在法律语境中非常典型。它 182
建立在某种实践必要性之上：“如果你想要作出一个有效的出售，那么，你必须根据法律文本中所规定的内容行动。”因此，这种陈述揭示了某些有关法律秩序的内容。遵从特定的程式是义务性的。

这种“如果—那么”的陈述可以至少通过两种方式进行解释。“如果你想要作出一个有效的出售”与下一语句的意思大体上是相同的，即“如果你想要作出一种这样的出售——基于这种出售，你将获得同时指向卖方以及其他各方的法律保护，那么，你必须……”。在现实主义的意义上，法律保护的获得意味着权威要以某种方式作出回应以保护买方来对抗外界干涉。如果这一预测是有正当理由的（似真的），那么，相应的技术性规范也就是真的。正如在前文中已经注意到的那样，这种预测的本质是有问题的。预测和规范立场之间的区分，就像在水中画线一样。因此，这种“如果—

那么”的陈述通常可以被理解成有关有效法律的解释立场。〔25〕

适用行为规范的许多前提条件，都可以通过技术性规范来予以表达。一个例子是芬兰婚姻法的一个规定，它关涉的是在未经另一方配偶同意的条件下，一方配偶转让特定不动产的权利。学理陈述“这种出售要求得到另一方配偶的同意”最终证明是一个技术性规范，它表示的是使出售有效而必须去做的事情。在它的底层，我们再次发现有关此一问题——即相关权威必须如何去做，如果没有取得法律所规定的同意的话——的陈述。前述技术性规范是真还是假，依赖于这个陈述的真值。

1.2.2.3.3. 主要的技术规范

正如之前所述，可以被纳入这种类型的规范是那些“指向”权威（例如法官或行政官员）的那些技术性规范。从结构上来说，它们满足了刚开始所提出的所有那些要求。例如，刑法中有这样的技术性规范，它表示的是“如果你想要——通过你的裁决——获得预防效果 E，那你必须通过方式 I 来解释当前的法律。”〔26〕

如果我们认为解释陈述在其逻辑状态上与技术性规范是类似的，那么，这里似乎就可以对它的效力进行讨论。这一点就很清楚地显露出来，当我们对此——即如果学者 B 对学者 A 提出的某个技术性规范的效力展开质疑的话，那他可以指向这一规范的哪些方面——
183 进行分析时。假设这个技术性规范是语句“法律文本必须以方式 I_1 进行解释。”B 的质疑可能就尤其要指向解释 I_1 与目标 E 之间的实践必要性。B 会主张，如果目标依然是 E，以方式 I_2 来行动却并不与

〔25〕 *Ibid.*, pp. 307 ff.

〔26〕 *Ibid.*, pp. 309 ff.

之相矛盾。换句话说，为了取得目标 E，并不必然要作出解释 I_1。

这种类型的陈述，自然会要求对原因－效果的关系进行细致分析，或者在关涉体系关系的情况中要求对法律体系本身进行分析。

在像这样的情况中，这位学者甚至可能主张，解释 I_1 是唯一正确的解释。他能够这样做，如果他意指的是，在实践中，为了达成目标 E，I_1 是必要的，而且没有任何其他一种方式可以导向这个目标。不过，我们不能一般性地主张，某个解释是唯一的可能，除非同时我们也表达了一个有关这一效果——即为了努力达至某个目标，这个目标即 E，此解释是唯一的可能——的主张。但在这样的情况中，我们不仅要表述一个技术性规范，而且也要表达某些关于目标本身的内容。我们提出了一个评价，这个评价的效力无法——以像因果性假设的效力那样的方式——被证实。

根据上面所说的内容可以得出，某段法律的文字，之所以可以被建议给予许多可选择的解释，是源于——它可能指向了诸多不同的目标——这样的事实，以及——可能有许多不同的方式都可以达至一个同样的目标——这样的事实。因此，为了达至 E_1，以方式 I_1 来解释某个表达是必要的，进一步地，为了达至 E_2……E_n，以方式 I_2……I_n 来解释这个表达是必要的。许多技术性规范因而可以是同时为真的（或者相应地，同时为假）。那么，从这个视角来看，在这样的法教义学——它表述的是技术性规范——中，不可能存在任何普遍的真理。它无法提供唯一正确的解释。法教义学所提出的技术性规范的真总是相对的；它依赖于特定目标与被选择方式之间的某种特定关系。

如果解释者满足于对实践必要性的提供，那他的活动就不能被断言是纯粹建言式的（recommendative）或“影响型的”（influencing）或“不科学的”。对目标-设置（E）与方式（I）的分析，可以以——在韦伯的意义上的——价值无涉的方式被提出，它与（诸如）任何实证主义者的社会学分析所具有的价值无涉程度都是一样的。在实际的事实上，指出这一点是重要的，即以这种方式来理解的解释方法论实质上是社会问题研究的方法论。就这一点而言，
184 传统上认为的那种法教义学与法社会学的严格边界，实际消失了。主流的学说认为，法教义学只研究规范，而社会学则只研究经验现实，但如果我们将——技术性规范是如何被确立的——这一点纳入考虑的话，那么，这种学说就被证明是难以维持的。

在实践中，解释主要是这样运作的，以至它依赖于解释者的日常经验和直觉。但要指出的是：建立在日常经验之上的信息，也是有关现实的信息。它是经验性知识。它与通过法社会学的方法获取的知识之间的区别，在于这一事实——即日常经验是以某种非系统化的形式产出知识的，而社会学则要对经验进行深思熟虑的系统化。[27]不过，当人们试图展现实践必要性的时候，没有人可以完全避免对经验现实的考量。

解释的实践表明，在技术性规范的形成中，只有法律-技术的（juridico-technical）后果，才会被一般地纳入考量之中；它们包括解释的有利条件或不利条件，证据搜集的难度，以及与登记注册相关的好处，等等。不同各方的利益，也常常会以某种重要的方式对之施以影响。另一方面，在法教义学解释中，不同的可选择裁决的

---

〔27〕 *Ibid.*, pp. 310 ff.

社会后果，似乎很少会被纳入考量。因此，不同解释对多元社会群体与阶层的地位带来的效果，常常并没有得到关注。这种设置技术性规范的解释，就此而言，因而依然是“纯粹法律的”。

但是，注意到这一点也很重要，即如果这些后果的本质，在性质上并不具有法律体系性，而是具有社会色彩的话，这些陈述的结构——它们作为技术性规范的身份——却也并没有变化。在这两种情况中，相关的解释都可以表达实践必要性：如果你想要这，你必须做那。〔28〕

如果你关注一下实际进行的法律研究，那么，这一点——即通过技术性规范的方式来对解释的整个领域进行全面描述是不可能的——似乎就是很明显的。对于社会中立的解释，以及那种将社会后果纳入考量的解释来说，都是如此。最多也就只可以说，诸如语句“法律文本必须以方式 I 来进行解释”那样的表达，在特定环境中可以被理解成技术性规范。但是，在任何情况下，法教义学的主要内容都是由解释立场——即在“疑难案件”－类型的情境中有关法律之意义内容的立场——构成的。正如前述，在这些情况中，法教义学的目标并不是达至接受，而是理性的可接受性。因此，在本书中，185
最后评论的焦点就在于理性可接受性这个概念。

〔28〕 例如，参见 Eriksson, Lars, D., ‘Om olika argumentationsmodeller’, *JFT* 1979, pp. 25 ff. 以及 Eriksson, *Marxistisk teori och rättsvetenskap*, pp. 106 ff. 也可参见 Pöyhönen, Juha, Knowledge in Law and the Possibility of an Alternative Legal Dogmatics, *passim* 以及 Simmonds, N. E., ‘Law as a Rational Science’, *ARSP* 1980, pp. 535 ff. especially, pp. 538 ff.

2. 可接受性与理性

2.1. 解释立场之证成的普遍前提条件

解释立场总是与所谓的疑难案件情境关联在一起的。解释者要有至少两个选项可供选择。但是，为了使其成为一个关涉立场的问题，而不仅仅是一个基于权威的建言问题，那它还必须是被证成的。无论何人都能作出一个纯粹的选择而不提供任何理由，而且能够——可能——向其他人建言它。但是，这种偶然的选择无法成为理性可接受性的基础。它正是我们在从程序视角对解释进行描述时所讨论的内容。证成是一个理性实践商谈的程序。在某种程度上，对于解释立场的证成就是要遵循那个程序。

这一证成的最后一个步骤至今仍然没有处理。这个问题是：理由链何时可以被截断？换句话说，提出一个被证成的解释立场，这意指的是什么？

以此为基础，一个被证成的解释立场的初步性特征可以被界定如下：

（P）通过将所有的法律渊源（S）纳入考量，法律文本 L_i 的解释 I_i 获得了最佳的证成。

让我们假设，根据早先确定的出发点，疑难案件情境包括两个相竞争的解释选项：I_1 和 I_2。解释者 A 提出了一个关涉内容 I_1 的立场，为了“获得最佳的证成”，解释 I_1 必须至少满足下面这些前提

条件：〔29〕

(a) 法律渊源 (S) 已经通过诸法律解释规则所预设的方式得到了运用。例如，这意味着法律渊源的分类标准没有被破坏，法律渊源的优先性标准得到了遵循，例如，禁止类比的禁令没有被违反。〔30〕这些解释标准锁定了这样一个框架，在这个范围之内，相关的法律渊源应当、可以或不可以被使用。但是，正如前文所指出的那样，遵循这些解释标准，并不能保证证成的充分性。这里的理由是非常 186
明显的。这些一般性前提条件的实现，只能证明这个解释在法律上是可能的。〔31〕通过法律渊源或法律解释的标准，解释者可以从语义上可能的解释选项中选择那些法律上可能且法律上相关的选项。

(b) 也正如前面所讨论的那样，所有的法律解释标准在内容上都是开放的。这些标准属于原则类型，而非规则类型。因此，在法教义学中，每一个疑难案件情境，以及每一次对于解释选项的选择，都是向评价标准保持开放的。法律渊源的优先性次序，已经预设了对于评价的引用。

另一方面，如果我们不同意认知主义者的价值理论，那么，我们也就必须承认，对于某个疑难案件，可以同时有一个以上的有充分根据的解释，且在法教义学中可以有一个以上的可能立场，这时学者必须在不同的意义可能之间进行选择。那么，一个解决方案或一个立场“获得了最佳证成”，这意味着什么呢？

---

〔29〕 参见 Aarnio, *Denkweisen der Rechtwissenschaft*, pp. 144 ff.

〔30〕 这里正是整个法律解释的关键所在。只有当解释是符合这些规则和原则时，它在本质上才是合法的。

〔31〕 尤其参见 Aarnio, ‘Argumentation Theory and Beyond’, *Rechtstheorie* 4 (1983) p. 387，这里讨论了语义上可能的选项和法律上可能的选项之间的区分。

为了梳理出这个故事的关键情节，我们要界定一个这样的陈述簇Q，它将由描述法律渊源的陈述S以及建立在特定价值体系之上的价值判断V构成。除此之外，这些陈述还必须以一种融贯的方式M，建立起其与解释立场P之间的关联。这个立场所关涉的是解释选项I。

让我们假设有两个立场：P_i和P_j，它们分别表示相应的解释选项。在这种情况中，我们得到了两簇陈述：

$Q_i\ M_i\ (S_1 \cdots S_n\ \&\ V^i_1 \cdots V^i_n)$

$Q_j\ M_j\ (S_1 \cdots S_n\ \&\ V^j_1 \cdots V^j_n)$

作为对有关某一特定制定法之解释的适当证成，Q_i与Q_j两簇陈述是彼此“相竞争”的。正如前面所说，用来界定此一簇集特点的那种融贯性，并不是选择这个立场而不选择那个立场的充分标准。与之相反，Q_i与Q_j这两簇陈述可以都满足融贯性标准。对于一个立场（诸如P_i）的证成，就要依赖于其他三个问题：

187 (i) 哪些陈述被作为Q的一部分接受，即何种类型的法律渊源清单以及哪些价值判断会替换S和V，

(ii) 构成簇集Q的那些陈述的实质内容是什么，以及

(iii) 描述法律渊源的那些陈述，是通过何种方式彼此关联在一起的，换句话说，陈述S的相对次序和分量是什么？

对于前两个问题的回答依赖于三个问题：(1) 法律渊源的分类标准，(2) 被作为证成基础接受的价值体系，(3) 证成的对象问题，即有待解决的法律问题。而不同陈述的次序和分量——问题(iii)——依赖于作为实践推理一部分的法律推理的标准，也依赖于上面提到的价值体系。

在这一阶段，我们有充足的理由去再次说明，证成的程序本质上是一个对话。它是发问与应答的承继，据此，不同的支持性论据和反对性论据会被提出来。通过这种方式，解释者最终会找到这一证成所需要的一个支持性论据的组合。只有在这一证成所带来的是一个融贯的陈述簇，且这个簇集满足了标准（i）–（iii）的时候，受信人才能理性地接受这个解释。这意味着，这个商谈的程序必须是可接受的，而且解释者必须与受信人分享他的论证。之所以如此，是因为法律推理的标准无法独立地保障这些证成素材的融贯性。所有的理由还必须以理性的方式被使用。因此，如果一般的理性前提条件被满足了，且特定的法律解释标准没有被违反，一旦接受者使自己同样接受如同解释者一样的理由体系的拘束，那么，他自己就会确信这一证成。

就此而言，只要涉及的是“获得最佳证成的”解释，那么，毫无疑问，决定性的关键点就在于价值判断的区分。这一点也可以被表达如下：以特定的价值体系 V_s^i 为基础，当前陈述集可想象的最大程度的融贯性，将给予最大程度的理性可接受性。从一种稍微不同的视角来看，我们可以说，这个特点使得——法律推理中可以有一个以上的正确答案——这种说法变得更加合理了。换句话说，法律 188
解释中有两簇（或两簇以上）Q 的难题，就是有关价值相对主义及其在证成程序中的角色的难题。

因此，我们只剩下两个问题需要回答：（1）如何界定理性这个概念，以使得它在法律证成中是充分的；以及（2）有没有可能以价值相对主义命题为基础来界定理性可接受性？换句话说，理性与价值判断的相对性之间的内在关联是什么？

2.2. 理性可接受性的概念

一个雄心勃勃的基础，似乎是由沙伊姆·佩雷尔曼的“理性的”（rational）与“合理的”（reasonable）这个概念对所提供的，它们在许多地方都被讨论过。〔32〕这两个表达，特别是后者，可以以多种方式来解释。正如 J. R. 卢卡斯（J. R. Lucas）所指出的那样：“在当代英语中，语词‘合理的’与‘理性的’在意义上有轻微的区别，前者带有某种道德意味，主张适当地考虑其他人，而后者在内涵上是严格的自我中心的。”〔33〕在下文中，当谈及“理性的”和“可接受的”的时候，这些概念也会被涉及到。这两个概念似乎都需要给予某种初步的阐明。

理性（rationality）这个概念可以通过许多不同的方式来使用。首先，我们可能谈及法律理性以及一般层面的理性。在这里，“法律理性”这个概念所指涉的是法教义学（审判）的范式。赫尔穆特·舍尔斯基（Helmut Schelsky）讨论了法律工具理性，根据这个概念，法律证成必须遵循特定的解释标准，而且它必须以特定的法律渊源为基础。〔34〕我们把它称为法律理性。它和那些遵循法律推理传统范式的进程是一样的。遵循这种传统的模型，人们实现了法律实证主义的理性。就此而言，这种理性提供了将法律结论从（例如）社会

---

〔32〕 Perelman, *Juristische Logik als Argumentationslehre*, p. 144 以及 Perelman, '*The Rational and the Reasonable*', pp. 117 ff.

〔33〕 Lucas, J. R., *On Justice*, p. 37.

〔34〕 Schelsky, Helmut, *Die juristische Rationalität*, pp. 5 ff. and pp. 16 ff. *et passim*. 舍尔斯基指出，“法的科学与（作为立法或司法的、具有法律性－制度性的）法的实践之间具有理性统一性或同一性，这是一种幻想。”即使如此，法律－制度理性也是法律人的一个理想。也可参见 Krawietz, Werner, 'Begründung des Rechts-anthropologisch betrachtet: zur Institutionentheorie von Weinberger und Schelsky', pp. 546 ff.

学结论中区分出来的标准。

但是，还有其他类型的理性。其中一种是目的论（teleological）理性，即终极目的论理性。目的论推理——在前文中已经有过讨论——是建立在与法律实证主义理性相异的诸多标准之上的。因此，根据法律秩序之结构的不同，目的论体系具有的重要性也不同。如果法律规范体系是由弹性（灵活）规范构成的，那么，这个目的论模型，即目标推理——与它在充分表述（well formulated）之规范的解释中的作用相比——就有着更多的用处。

制度理性之概念指涉的是法律体系本身所关涉的理性。每一个 189
法律秩序都有其自身的一般原则、规范之间的体系性关系，等等。这种体系有其“内在的”意义。维尔纳·克拉维茨在许多地方都指出，对于法律规范以及一般层面的法律秩序的功能及其运转的理解，预设了人们已经将体系－理论意义上的理性纳入考量了。〔35〕最后这种类型的理性——粗略地说——是对制度理性的一种体系－理论解释。

一旦涉及到本项研究的基本假设，那么，制度性理论就是所有法律推理的社会前提条件。更甚则可以说：法教义学的社会角色正是要对这种理性（法律秩序的“内在意义”）的内容进行解释。另一方面，体系理论理性可以为法律推理提供有价值的信息。它指出了法律秩序的功能。就此而言，体系理论理性不仅是法律推理的前提条件，而且也是信息的来源——与其他这种类型的渊源一起。

---

〔35〕 Krawietz, Werner, ‘Rechtssystem und Rationalität in der juristischen Dogmatik’, *Rechtstheorie*, Beiheft 2 (1981), pp. 299 ff. 也可参见 Krawietz, *Recht als Regelsystem*, e. g. pp. 110 ff.

理性可接受性这个概念指涉的是一种与上面所述的那些理性有着很大区别的现象。理性可接受性是法律证成程序之最终结果的属性。因此，人们会谈及解释立场的理性可接受性。而法律解释，就其本质来说，是一个对话，即在这个意义上，它是人类交往的一种形式。根据哈贝马斯的观点，我们因而可以称这种理性为交往理性(communicative rationality)。〔36〕它关涉的是论证和信服。因此，交往理性是人类理解的基础，也是可接受性的基础。

另一方面，这种类型的理性至少可以以两种方式来理解。首先，理性可能指涉的是推理的方式。在这种观点看来，逻辑（演绎）推论总是理性的。这种推理模式遵循特定的法则，而且它是重言式的。所有从前提到结论是以演绎方式推进的推理链，都是理性的。〔37〕这意味着，弗罗布莱夫斯基所提出的内部证成，在这个意义上，就总是理性的。我们把逻辑理性简称为 L－理性。

但是，这只是交往理性的一个方面而已。正如前文所述，法律证成是实践商谈的一种形式。这里，它不仅仅是推理形式的问题，
190 而且也是非逻辑规则所约束的商谈程序的问题。以哈贝马斯的理念为基础，罗伯特·阿列克西指出，法律推理的理性商谈总是与外部证成相关联的。它处理的是对于前提的证成所依赖的那种程序。这种与商谈相关联的理性被称为 D－理性。〔38〕

因此，我们有了两种理性的特征描述：

---

〔36〕 Habermas, Jürgen, *Theorie des kommunikativen Handelns* II, pp. 51 ff. 也可参见 Habermas, Moralbewusstsein und kommunikatives Handeln, pp. 31 ff.

〔37〕 Alexy, Robert, *op. cit.*, pp. 219 ff.

〔38〕 参见 Aarnio, Argumentation Theory-and Beyond, *Rechtstheorie*, 4 (1983), p. 393 ff.

（1）狭义的理性 = L－理性，以及

（2）广义的理性 = L－理性 + D－理性

下文的关注点尤其在于上面（2）意义上的理性。它指涉的是推理的逻辑形式以及对前提进行证成的商谈。根据随后就将指出的那些理由，本文主要的关注点就在于理性商谈，即外部证成。

接着来说，可接受性的概念是与结论相关联的，换句话说，它是与解释的实质内容——而非推理的形式以及证成程序本身的属性——相关联的。我们不会说推理的过程是合理的，但我们会谈论解释的合理结果。为了成为可接受的，这个结果必须符合法律共同体的知识和价值体系。我们常常提到的是，这个承接的（receiving）共同体的期待。在法教义学解释（证成）中，价值或评价的特定角色已经得到了强调。因此，这里的可接受性最终是作为价值可接受性来考察的。如果我们使用字母 R 来表示（广义）理性，使用字母 A 来表示可接受性，我们就可以得到图示 29 所表现的结果：

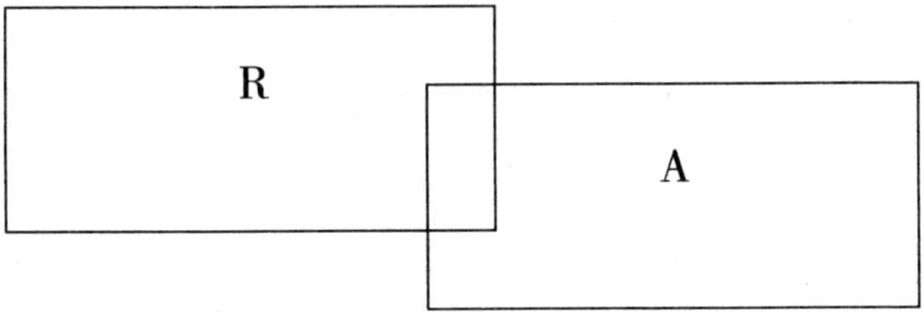

图示 29

这个表格提供了四种可能的总体：（a）R & A，（b）R & ¬A，（c）¬R & A 以及（d）¬R & ¬A。在第一种情况中，我们正位于这个表格的核心区域。这种解释立场既是理性推理（理性商谈）的结果，也是可接受的（合理的）。由于价值判断的非认知性，可接受性

191 不是普遍的。法律共同体的某一部分人可能抱有这样的价值，基于这些价值，那个理性达至的结果是可接受性的，但在另一部分人那里，同样的结果却并没有引起共鸣。因此，选项（b）尤其有意义。在它那里，这是真的，即商谈程序是（广义）理性的，但这个结果却依然不是可接受的。换句话说，某些受众或者某组受信人不能接受这个解释，即使它的成员是尽可能理性行动的。然而，选项（a）也并没有被排除。相反，根据我们的相对主义命题，它总是情境（b）的一种可能选项。在受信的共同体中，部分群体也可以基于价值判断取得共识。

另一方面，选项（c）是有难题的。沙伊姆·佩雷尔曼曾指出，解释即使是不理性的，也可以是合理的（可接受的）。[39]就此而言，佩雷尔曼部分地指涉了L－理性，部分地指涉了受信的共同体实际接受的立场。事实上，法律共同体接受一个没有满足L－理性标准的结果为可接受的，是可能的。另一方面，佩雷尔曼的观点似乎并不具有信服力。如果某个解释是根据在不同选项之间的随意选择作出的，那么，它就并不符合法的安定性标准。就此而言，原则上来说，一个专断的解释也可以是合理的。不过，只有基于D－理性的可接受性，才能满足我们对于法的安定性的期待。因此，这是理性可接受性这个概念的一个后承，即选项（c）在下文中将不会被讨论。

为了简便而言，当前的问题将只从选项（a）的视角来切入。这个问题是：基于哪些前提条件，一个解释才能获取一个理性行动

---

〔39〕 Perelman, Chaim, 'The Rational and the Reasonable', p. 118.

的法律共同体的接受？

为了回答这个问题，我们假定了两种类型的理论：法律推理的程序理论，以及有关实质（material）可接受性的实质（substantial）理论。对它们的比较如下：

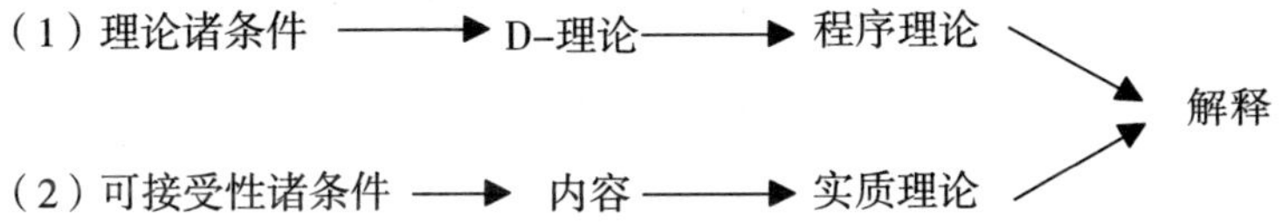

图示 30

理性商谈规则在层级上是最高的——约束着法律渊源到解释结 192
果——基础。它们构成了所有解释（包括法教义学解释）的框架。以一种粗线条的方式，理性的角色就像图示 31 所展现的那样。

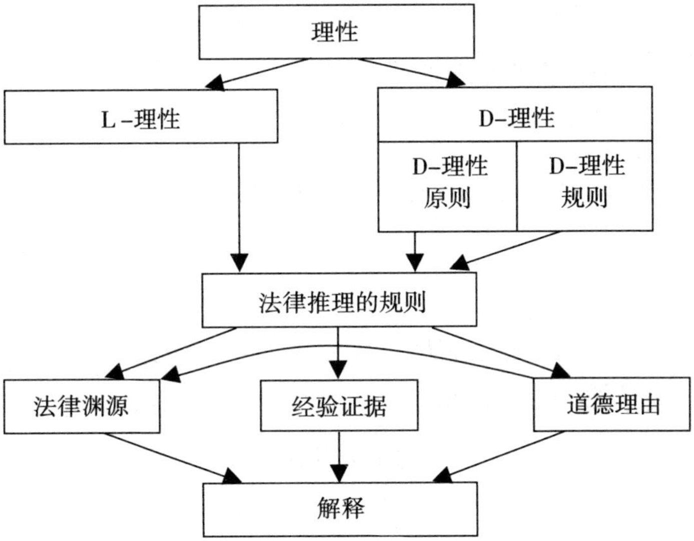

图示 31

在这个型式中，这些“方框”相互之间的所有可能关系并不是都被描述了。这里所要展现的理念是，要努力找出理性在推理结构中的位置，同时也确定法律推理的其他不同类型的要素。在这里，法律证成的核心是法律论据、经验论据和道德论据的**混合体**。在疑难情境中，这样的混合体是无法避免的。解释者总是必须找到这些不同要素之间的均衡结合。显然就此而言，讨论解释的合理性似乎是有充分根据的。

另一方面，解释的内容是建立在特定的（D－）理性一般原则以及特定的法律推理之具体标准——例如，语法解释的规则以及类比的规则——的基础之上的。这些原则和规则是所有的法律证成的
193 方法论核心。它们提供了法律渊源的使用指引，它们展现出经验性证据以及道德理由在法律语境中的位置。

2.3. 为什么要是理性的？

在法教义学的实践中，常规的问题是这样的：一个解释立场 I_i 如何才能被证成？回答此一问题将要援引法律渊源、法律解释的标准，等等。换句话说，我们要为这个解释立场提供语境充分的法律证成。[40]它是语境充分的，是因为这个回答给出了法律背景，而根据此一背景，这个解释在法律共同体中是可接受的。

正如之前所指出的那样，法哲学家提出的常常是完全另一种类型的问题：为什么（语境充分的）法律证成是可能的？对于一个妥当的法律证成而言，它的一般性前提条件是什么？换句话说，我们

---

〔40〕 Peczenik, Aleksander, *Grundlagen der juristischen Argumentation*, p. I ff.，参见 p. 28.

必须如何对证成本身进行证成。亚历山大·佩策尼克称其为“深度证成”。[41]只要涉及的是理性可接受性，那么，基本问题可以表述如下：在法律证成中，为什么要是理性的？或者：为什么D－理性在法律推理的理论中是如此重要的背景要素？

让我们暂时跟随一个批判者的意见，他断言到，D－理性总是且只能是一种被建构的概念，即使对于法律证成的目的来说它是非常合适的。然而，根据这位批判者的意见，分析一种以上的D－理性是可能的。换句话说，他说的是，如果D－理性不是纯粹逻辑的，那么，为什么我们通常可以谈论理性呢？在这个语境中，可能最好使用其他的概念，而非理性。

当这位批判者说的是，理性的概念且因此理性可接受性的概念，都是一种重构，那他就是对的。它们是法律推理的理想模型。然而，这种重构本身并不是任意的重构。它并不仅仅是对下一问题的一个规定性定义或字典定义，即术语“理性的”意指的是什么，或者在“语言的正确用法”中它应当意指什么。这一分析的意图并不是要描述主流的语言用法。

对于D－理性的深度证成不能仅仅建立在经验性事实的基础之上。这个理念并不是要断言，人们在他们的日常生活是理性的，或 194
者在其发展的某一后期阶段，人们的需求和思维是理性的。在许多方面来说，人们都是生来就有许多非理性特征的人类。

理性的根基在于我们的文化，即我们在日常语言中使用这个概念的方式。我们的生活形式是以这样一种方式来建构的，以至于我

〔41〕 *Ibid.*, p. 28 ff.

们期待在人类的交互过程中人们是理性的。就此而言，在我们的文化中，理性是一种主体间的（超个人的）既有事实。举个例子来说。A 所提出的所有解释在每一个方面都完全是不合逻辑的（inconsequent）且不融贯的。那我们对 A 又将做何感想呢？我们倾向于说，要么是 A 疯了，要么是他属于某种不为我们所知的文化。我们是不可能理解他的。一种合逻辑且融贯的思维方式是深深根植于我们文化之中的，我们将它作为评价其他人的行为的测度尺。在这个意义上，合逻辑和融贯的概念就是我们共有的理性概念的必要要素。它们属于人类交往的基础。我们的社会生活以及我们人类交往的互动，只有在这些前提条件被满足时，才可以进行。通过诉诸这些特点，这种说法似乎就是正确的，即理性的重构只是为了将深藏在现代西方人共同的语言用法中的那些东西阐释清楚。〔42〕

在这个意义上，理性是一个贯穿整个社会生活的理念。因此，纯粹的 L – 理性是一个过于有限的理性形式。某个个体可以作出逻

---

〔42〕 参见 Alexy, Robert, *op. cit.*, p. 225. 也可参见 Aarnio, ‘Argumentation Theory-and Beyond’, *Rechtstheorie* 4 (1983), pp. 394 – 395.

原则上来讲，我们可以想象到许多理性规则的证成类型。阿列克西列举出来四种证成的可能：（a）技术性证成，它假定理性是达至某一目标的手段；（b）经验性证成，它指涉的是实际的实践；（c）定义导向的证成，它试图为证成的语言游戏设置规则；（d）超验证成，它以语言交往的必要条件作为出发点；换句话说，它试图建构的是，理解过程的一般的且必要的条件。参见 Alexy, *op. cit.*, p. 225. 也可参见 Perelman, *Juristische Logik als Argumentationslehre*, p. 155. 佩雷尔曼说道：“因此，健全的人类知性观念与关于它的理性观念之间具有最紧密的关联。”这篇文章所说的内容，主要是与最后一个方面即阿列克西的“普遍语用”证成联系在一起的。但是，在证成某种主张的诸多方式中，存在着分量的区别。我自己的出发点是作为语言之构成部分的理性的概念；它是人类交流的核心要素。就此而言，我的理念与 G. H. 冯·赖特的观点是一样的，他也对行为和行动的概念进行了分析。参见 von Wright, *Explanation and Understanding*, pp. 86 ff. 以及 von Wright, *An Essay in Deontic Logic and the General Theory of Action*, pp. 41 ff. 对于这一点的评论，参见 Aarnio, *On Legal Reasoning*, pp. 142 ff. 对于阿列克西的规则列表，也可参见 MacCormick, ‘Legal Reasoning and Practical Reason’, *Passim*.

辑上完美的推论，但他却可能完全不能参与一个理性的**社会**商谈。对于这样的人来说，理性——作为一种逻辑概念——并不必然属于社会生活、法律思维、道德话语或政治的领域。在所有的这些领域中，这个人都可能会接受人类交往中的武断，即使他能够对 L－理性进行可靠的评价。这一点正是那些接受 L－理性作为唯一一种理性形式的人，与那些还要通过 D－理性来判断人类交往的人（笔者也在其中），二者之间的一个深层且重要的分界线。

另一方面，理性（理性可接受性）仅仅是一个理想。它是一个标准，通过这个标准，人们可以对实际的（法律）商谈进行衡量。但是，理性和理性可接受性并不仅仅是康德意义上的超验概念，也不是与自然法的基本理念类似的概念。D－理性的规则并不是用来 195
规制人们思维程序的普遍有效的永恒规则。就此而言，理性可接受性并没有预设某种形而上学的解释。

相反，总是存在这样一种真切的可能性，即在对我们来说是非常异类的特定文化中：人们——在一种—与我们这里所界定的理性非常不同的意义上——是理性的。**对我们来说，**他们不是理性的——尽管对于他们自己来说，他们是理性的。然而，在这两种类型的文化中，这样的理性商谈对于（法律）学术工作和决策的日常实践都是重要的。正是从这种视角，我们可以说，理性可接受性（作为一个概念）——根据本书作者所展现的方式来理解——是文化分析的结果。这种结果可能是粗糙的或者在概念中存在缝隙，但是，如果没有这个概念的话，对于法律理念以及法律秩序的理念的理解就是不可能的。

但是，为“理性”概念的下列解释给出直接的证据是不可能的。我们没有“经验的”方法来证实我们分析的结果。唯一的检测，就其本质来讲，也并不是直接的检测。如果我们的主张符合理性观念的通常用法，那么，我们就有充足的理由说，这个主张在我们的文化是可行的。它使得某些被默示接受为人类交往基础的东西变得清晰。

2.4. 理性商谈的普遍条件

2.4.1. 起点

指引理性商谈的那些规则构成了一个整体，用尤尔根·哈贝马斯和罗伯特·阿列克西的术语来说，我们可以称之为理性商谈的程序理论。对于阿列克西来说，存在以下的（实践）理性原则：一致性、实效性、融贯性、可一般性（generalisability）以及真诚性。但是，根据亚历山大·佩策尼克的观点来看，这样的原则清单是多余的。最小的理性化——佩策尼克这样称之——是某种“实践，它满足了逻辑一致性的要求，并且导向了这两个调整性理念的最佳整合：通常人们应该能够表达描述和评价的理念，以及描述和评价应该有理由支持的理念”。[43]人们不能为一致性分等级，佩策尼克说，但人们可以为支持与一般化（generality）分等级，因此也可以为理性分等级。一般性的减弱有时候会伴随着相互支持的增强，相反也一
196 样。在这种情况下，理性是一般性和支持的最佳的“混合”。另一方面，对于这种最佳化来说，并没有任何普遍的标准。我们无法具体地知道，绝对最佳的究竟是哪一个，即这个商谈在普遍意义上是

〔43〕 Peczenik, Aleksander, *Grundlagen der juristischen Argumentation*, pp. 167 ff and pp. 189 ff.

不是理性的。我认为，只要涉及的是理性的最佳化，佩策尼克就是正确的。另一方面，在佩策尼克的分析中，理性这个概念“太小了”。真诚性以及实效性不能仅仅被还原为一般性和支持。为了概念的明晰性，正如阿列克西所为，理性商谈的必要条件可以被列为五个要素：一致性、实效性、真诚性、一般性与支持。但是，在阿列克西的原则（以及基于原则的规则）清单中，还有不同种类的元素的混合。特定规则或原则具有自然法的特点，其他则可能有经验色彩。因此，下列理性原则和理性规则的清单——在其严格意义上——并不属于“阿列克西式的类型”。只有 D－理性的基本理念是根据哈贝马斯和阿列克西所提出的模型来表述的。对我们的目的来说，重要的是，尽可能——以一种可以将 D－理性的概念与法教义学的日常研究实践充分关联的方式——展现当前的分析。因此，选择（诸如）下面这个展现模型是可能的。

2.4.2. 商谈理性的一般原则与规则

2.4.2.1. 一致性规则

理性商谈程序的每一个步骤都要满足一致性的标准，这是自然的。因而，L－理性的规则就是一致性规则。

首先，逻辑一致性原则涵盖了（例如）无内部冲突的要求、排除第三值法则（the third excluded law）以及可传递性规则。〔44〕这些在上文中都被简要讨论过。无内部冲突意味着，某个陈述与它的否

〔44〕 参见 Alexy, *op. cit.*, pp. 234 ff.，他提出了关于一致性的四个基础规则。它们分别是：（a）任何一个言谈者均不得自相矛盾，（b）任何一个言谈者只许主张其本人所相信的东西，（c）相似的案件的处理必须是一致的，（d）任何一个言谈者必须使用意义相同的表达。

定陈述不可能在同一个证成结构中同时为真。

根据排除第三值法则，一个命题要么是真的，要么是假的，不存在第三种可能性。〔45〕这一法则还可以以许多种其他方式来表述，例如，可以说，如果成为X要有P属性，那么，要成为X，这个属性就不可能同时是缺失的。根据可传递性规则，下一表述是真的：如果某人接受了这些陈述："如果p那么q"与"如果q那么r"，那么，他必然也接受"如果p那么r"这个表述。

2.4.2.2. 实效性规则

为了是理性的，实践商谈预设了实效性：这个商谈必须导向一
197 个结论。一个没有实效的商谈处于异常状态。例如，这意味着在人们使用语言时，要以同样的方式使用这些表达。换句话说，参与者（A与B）没有显然的语言分歧。所有语言性的意见差异必须被消除，在这之后，才可能基于合理的基础来讨论实质的分歧。这也可以被称为相似意义（相似性）原则。〔46〕

不仅解释的各方必须使用共同的语言，他们还必须以一种统一的范式来使用每一种表达。在解释的一方没有证成这种语言用法的改变之前，他不能以不可预期的方式改变语言游戏。如果语言成规被以不可预期的方式改变了，整个商谈都将受到干扰。以这种类型的一致性原则进行自我约束，我们就防止了这种可能性，即在解释的过程中，某个实质分歧最终被证明是一个语言分歧。

2.4.2.3. 真诚性规则

每一个使用当前语言的人，都有权利参与到这个讨论中来。我

〔45〕 von Wright, *Logiikka, filosofia ja kieli*, 1958, pp. 100 ff.

〔46〕 Alexy, *op. cit.*, pp. 234 ff.

们可以将其称为主体开放原则。[47]除此之外，这还意味着，禁止诉诸权威。如果讨论者的一方因为无权威可以依赖而遭到淘汰，那么，这个讨论就失去了理性的基础。理性商谈总是基于实质的基础而非参与者的威望进行的。

对强制的禁止。不能使用身体的或心理的强制来对抗讨论者。根据上述要点，我们已经可以得出，理性假设排除了权威性说服。只有在一个所有方面都与强制无涉的框架中，实质基础才能够根据其力量发挥作用。

每一个讨论者都有权利就被提出的陈述进行发问。在讨论中，不存在任何被禁止的主题，没有禁忌。这可以被称为实质开放性原则。[48]它补充了上一标准，使批判成为可能。

诚实的要求意味着，讨论者不得诉诸他自知无效的证成。故意运用无效证成的人，不是在以实质根据而是想通过说服来影响结果。换句话说，违反了诚实原则的人也违反了理性的条件。

这组规则还涵盖了——尽管是以一种更宽松的形式——这样的

---

〔47〕 Alexy, *op. cit.*, pp. 250 ff. 也可参见 Hare. R. M., *Moral Thinking*, 1981, pp. 107 ff. 在这里，有人可能会反对说，在特定情况中，主体开放原则无法被遵循。如果讨论的参与者意在建立一种残忍的独裁，我们可能会质问自己，接受这样一个人作为讨论的参与者是不是一个“理性的应尽义务”（这个问题是安蒂·库拉［Antti Koura］与马蒂·维贝里［Matti Wiberg］提出的）。

这种批判并没有触及我们的理性概念，因为后者关涉的是**程序性**商谈，而非实质的结果。因此，主张不同价值或不可接受之信念的人们，也应当被接受为对话的参与者。就这个讨论的实质内容而言，理性商谈的标准是中立的。

这同样适用于（在本书中所讨论的）诚实原则。在特定情况中，相关人员不去展现其所有的论据，将是“有利可图的”。这样的一种行为，从道德观点来看，反而可能是有充分根据的。但是，他如此的做法并不是以理性的方式进行行动的。再一次强调，我们应当区分理性商谈的标准和结论的可接受性。

〔48〕 Alexy, *op. cit.*, p. 240.

活动，即某人努力表明这个证成是有效的，即使他并不确定这一点。
198 例如，在有关人类食物之构成成分的讨论中，有人说，某一实质成分 X，作为食物是无毒害的，即使在这一时刻他并不可能确定它的危害性和危险性。

如果某人希望能使另一个人基于理性的根据来确信他的观点，他必须是不偏不倚的，换句话说，在这个意义上他必须是客观的。[49] 当我们将目光投向证成时，这意味着首先这个解释者必须不仅提出他自己的观点，而且必须提出反对他理由的论据。换句话说，他必须遵守“兼听则明，偏听则暗”（*audiatur et altera pars*）的原则。阿列克西援引了这一原则，他说道：“它所讲的是言谈（讲话）者的无偏向性，与此吻合的是有关讨论本身的一项要求，据此要求，任何人有权引进任何论述。”[50]

2.4.2.4. 一般化规则

讨论者不能援引一个他不愿意将之一般化从而涵盖其他类似情况的价值判断。罗伯特·阿列克西写道：“如果有谁想说服所有的人，那他只能提出任何人都可以接受的规范。”[51] 让我们称其为评

---

〔49〕 Alexy, *op. cit.*, p. 240. 有关不偏不倚的重要性，参见 Niiniluoto, *Tiede* 2000 1 (1980), p. 4.

〔50〕 Alexy, *op. cit.*, p. 240. 对于这一方面，批判者可能也会主张，在实践中，客观性原则不可能总是被遵循。让我们举一个（由安蒂·库拉与马蒂·维贝里所表述的）例子：(1) A 知道 p，(2) 他无法展现用来证明 p 的所有证据，(3) p 已经发生了。换句话说，A 知道的东西比他（或她）所能说出的东西“更多”。在下面这样一种情况中，对于 A 来说，不说出他拥有的有关 p 的所有信息，可能会更好。他这样行为的理由可能在于，他想要保护他的朋友，使其免受刑事指控。在这里，这个情境与注释 47 所讨论的情境是一样的。理性商谈的标准预设了，客观性是与实质后果无关的。显然，A 可以为了保护他朋友安全的缘故而避免使用特定论据，但他这样做的话，就不是在以理性的方式来行为，尽管他的行为从实质视角来看可以得到赞同。

〔51〕 *Ibid.*, p. 214. 也可参见 Perelman, ‘Fünf Vorlesungen’, pp. 85 ff., esp. p. 157.

价（以及规范性立场）的可一般化规则。例如，在佩雷尔曼看来，努力做到普遍性是所有理性论证的基本根基。违反可一般化规则会导致对于根据的运用仅仅是与当前情境相关的。可以说，它们是特殊的（*ad hoc*）论证，它们的证成力量并没有超越特殊的情境。因此，它们也就没有满足理性的要求。

可一般化规则还包括下面几点：（i）我们必须接受我们所接受的规范的后果，即使它们同时也对我们的立场产生了影响；以及（ii）满足了某人利益的一个规范，它的后果必须对其他所有人来说也都是可接受的：你必须如此行为，以使得你的行动是一般化的。

一旦涉及到经验性陈述，自然也同样如此：我们应当能够以一种一般性的方式来表达对于数据的描述。

2.4.2.5. 支持性－规则

证成之必要性的规则表示的是，只要它是被要求的，那么，每一个命题都必须被证成。[52]很容易看到，这一点以及前文提到的某些条件都是与禁止诉诸权威联系在一起的。如果解释中的一个讨论者对某一已表达的陈述提出发问，那么，通过诉诸提出这个陈述的那个人的威信，是没有办法避免这种批判的——即不违反理性原则是无法避免的。对于陈述的发问将导致一个回应的责任，这个回应 199
只能基于实质根据作出。[53]

只要涉及的是实质的支持，那么，关键的概念就是融贯性。解释立场（P_i）必须与所有的——被当作 P_i 的支持性理由使用的——

〔52〕 *Ibid.*, p. 239. 阿列克西为这个规则赋予了一个一般性的表述，作为言谈之理性的基础规则："任何一个言谈者必须就他所主张的内容进行证成……"

〔53〕 Alexy, *op. cit.*, p. 242.

那些素材（法律渊源）保持一种融贯的关系。另一方面，融贯这个概念本身也需要进一步的分析。为了阐释清楚，我们需要回头看看这两簇陈述：

$Q_i\ M_i\ (S_1 \cdots S_n\ \&\ V^i_1 \cdots V^i_n)$

$Q_j\ M_j\ (S_1 \cdots S_n\ \&\ V^j_1 \cdots V^j_n)$

在这里，我们并不必然要指出融贯概念所涉及的难题。这里我们只是试着去指出，融贯概念对法教义学来讲有着特别的价值。正如在导论一章中所指出的那样，只要法教义学涉及的是规范陈述的结构，那么它就不是一个经验科学。它处理的是语言，是制定法的意义内容。就此而言，法教义学就其本质来说是解释性的，它属于与人文科学（Geisteswissenschaften）同样的研究家族。所有这些都是为什么融贯概念比符合概念更接近法教义学的原因。这里的难题在于这一事实，何时以及在什么条件下，我们可以说，所有的论证素材为这个解释提供了融贯的支持。

融贯与支持之间的关系是有争议的。对一个立场进行证成就等于是为那个立场提供支持。另一方面，支持是与融贯是相关联的。如果 p 支持 q，那么，p 是 q 的好的理由。就此而言，佩策尼克这样写道：如果 p 是 q 的一个好的理由，那么 p 与 q 之间是彼此相融贯的。[54]但是，在这种界定之中似乎有一个循环论证（*circulus vitiosus*）。支持的概念早已经包含了融贯。因此，融贯无法通过支持的方式来获得界定。在这里，融贯被理解成支持的一种标准：p 是 q 的一个好的理由，如果 p 与 q 之间彼此相融贯。另一方面，这种融贯

〔54〕 Peczenik, *The Basis of Justification*, p. 86. 参见 Baum Levenbook, Barbara, 'The Role of Coherence in Legal Reasoning', pp. 362 ff.

关系存在，当：

（a）这些陈述在逻辑上是不相矛盾的。[55]除此之外，这些陈述必须满足至少两个要求。

首先，任何个体的法律渊源都不能同时既是支持论据又是反对论据。

其次，法律渊源 S_i 及其他的对立 $\neg S_i$ 不能同时被用作
证成理由。但是，不能有矛盾这个条件作为融贯的标准还 200
是太宽松了。它并没有为证成陈述设置任何内在的要求。无论如何，陈述是融贯的，只要它在逻辑上是不矛盾的，且它满足了其他的给定条件。

（b）因此，我们必须要求这些陈述组成整体（fit together）。重复一下查尔斯·泰勒（Charles Taylor）已经指出的这一点，这是解释立场与证成性素材之间的一个似真的而非演绎的关联。[56]在这种观点中，法律渊源 S_1 和 S_2 与解释选项 I_i 组成了整体，如果这些论据进一步增强了这个证成的可信度的话。

但是，关于融贯的真正问题恰恰在于“组成整体”这个概念。在这里，只能提出一些概述来说明这个问题的本质。如果要说 S_i 的集合与立场 I_i 是彼此相融贯的，那么，至少还有两个其他条件需要被满足：

（i）从解释 I_i 的视角来看，证成 S_i 必须是相关的。* 也可以说，

---

〔55〕 Aarnio, *Denkweisen der Rechtswissenschaft*.

〔56〕 Taylor, Charles, ‘Interpretation and the Sciences of Man’, pp. 8 ff.

* 原文此处漏印了标点符号——译者注。

这种证成必须具有特定的证成性力量。[57]首先，这种相关性条件只关涉那些 S_i 和 I_i 是偶然的之情境。这一证成的效力，必须是——毋需将 I_i 当作是被证成的——也能够被予以决定的。换句话说，S_i 与 I_i 之间的逻辑关系或概念关系，并不是这种相关性条件的一部分。

（ii）这种相关性自身可以被界定如下。如果毋需诉诸法律渊源 S_i，对 I_i 进行证成也是可能的，那么，从 I_i 的角度来看，S_i 就是不相关的。以宽松一些的方式来说，相关性意味着，证成与可选择解释之间存在事实上的关联。融贯的作用也可以通过回顾内部证成与外部证成的理念来予以例证。正如已经指出的那样，事后将每一个解释都置入这一型式之中是可能的：

三段论 I　　前提 P_1

前提 P_2

结论 I_i

201 法律证成的核心在于支持性论据和反对性论据，通过这种方式，我们可以给出对前提（或前提之一）的支持。因此，从外部视角来看，这整个程序可以被写成下面这样：

结论 I_i

论据：　　三段论 II

三段论 III

·

·

三段论 N

---

〔57〕 Perelman, 'Fünf Vorlesungen', p. 92.

每一个论据都以三段论（演绎）形式，即所谓内部证成的模型来表述，是可能的。但是，就其本质来讲，这个论据链——从前提P_i到最后的三段论（三段论N）——并不是演绎的。它仅仅是由理性商谈的规则和原则（再加上法律解释的标准）引导的。

因此，融贯的概念是与论据的总体关联在一起的。结论I_i被证成了，当且仅当这个论据链满足了融贯性标准，即当且仅当论据S_1－S_n与I_i组成整体，构成了一个同质的（homogenous）部分－整体的总体。另一方面，这也意味着，理性（L－理性与D－理性）的规则并不能保证这种融贯的论据集——融贯性也可以因为偶然事件而达至，但是，这些规则却将这种可能性——即在社会中创生出用来支持法律解释的一个融贯的论证基础——予以最大化了。证成的目标是达至融贯性，并且通过融贯性，达至在法律共同体中的可接受性。服务于这个目的的那些方式，正是法律解释的规则以及理性的一般规则。

2.4.3. 证明负担的规则

证明负担的规则，粗略来说，可以被分为两组。第一组包括证成的程序性规则。在特定情境中，提出证成的那个人有义务提出证明，而不论这个证成的类型如何。第二组显然是由有关证成内容的规则构成的。它们是证明负担的实质性规则。

就这两组规则而言，这里有必要强调一下，它们是规则而非原 202
则。对于证明负担规则而言，只有两个选项：要么被遵循，要么不被遵循。就此而言，它们与那些具有原则特点的规范是不同的。

2.4.3.1. 证明负担的程序性规则

（a）根据佩雷尔曼的说法，我们可以说，智识生活和社会生活的基础在于连续性。[58]没有任何正当理由而放弃那些已经被普遍采纳的观点，是不明智的。这并不是维持现状（*status quo*）的保守主义的训诫。它仅仅是一个证明负担的规则：这是必要的，即主流情境的某种变化必须获得证成。罗伯特·阿列克西将这个原则表述如下：“过去一度被承认的观点，若没有足够的理由不可以加以抛弃。”[59]主流情境或主流理解，按照当前它的事实情况，就已经有了证成。这是出发点。证明负担被赋予了那个对主流情境进行批判，并想要改变它的人。但是，因为这个批判，证明负担也可能会发生变化，以至于主流的情境，若想维持当前它的事实情况，也必须被证成。因此，证明负担的价值所处理的是社会动态学。

这里所提到的规则是从上面讨论的那个一般原则中推导出来的。根据这个一般原则，并不是任何事情都是需要证成的。只有在某人质疑已经提出的观点时，证成的必要性才会出现。因而，我们转向关于证明负担的第二个规则。

（b）某人为他的命题或立场提出了证成，只有在这个证成被质疑的情况下，他才有义务去提出额外的证成。[60]根据禁止不必要证成的禁令，在没有人要求时，为最后的那个证成再提供进一步的证成是不理性的。证成的问题所能带来的，要么是对新的证成的需要，要么是对已经提出的证成进行正当化的必要性，或者使之更为准确的必要性。

（c）一个人如果诉诸了与证成无关或者不具有任何证成力量的

---

〔58〕 Perelman, 'Fünf Vorlesungen', p. 92.（原文有两个引注 57——译者注。）

〔59〕 Alexy, *op. cit.* p. 216.

〔60〕 *Ibid.*, p. 244

命题或立场，他就负有说出自己为什么使用这一证成的证明负担。如果他使用了那些与有待证成之问题无关的东西作为证成素材，那他就违反了理性商谈的原则。至少，我们预设了，提出这一证成的人要为他的行为给出理由。通过这种方式，这种可能性——即当前 203
的讨论被为了操纵这一讨论而提出的意外理由带上歧路——就被消除了。

2.4.3.2. 证明负担的实质性规则

（a）公平对待的原则规定了，类似的案件必须以类似的方式予以处理。换句话说，这个原则的目的是保证实质的平等。当它被表述成证明负担规则的时候，它表示的是，若某人违反了公平对待原则，他就有义务为他的行动路线提出证成。〔61〕它并不是一个以同样的立场、同样的方式来处理这些案件的实质义务。这个规则只是关注于提出证明的义务。我们必须表达为什么在相似的情境中 A 和 B 被以不平等的方式对待。

在规范理论这个层面上，这种区别似乎在于这一事实，即实质的平等对待的要求，属于原则的范畴，而非规则的范畴。公平对待的原则可以获得许多不同的适用。而没有一个适用违反了这个原则本身。那种提出证明的义务却是由一个普通的类似规则的规范界定的。如果它被违反了，解释者就不是在理性地行动。

（b）特定科学分科中的证明负担规则是与这个分科的方法论关联在一起的。在法教义学中，至少有两个规则属于这个范畴。它们处理的是所谓的弱拘束力的法律渊源。

〔61〕 *Ibid.*

——如果立法准备资料被忽视了，那么，如此做的这个人必须对他的这一过程进行证成；以及

——如果某人没有援引有关当前问题的法院实践，那么，他必须对他的这一过程进行证成。

2.4.4. 总结

根据上面的讨论，可以说，解释者 A 与解释的受众 B 之间的对话遵循了理性商谈的标准，如果这个对话满足了理性的普遍条件且没有违反特定的证明负担规则的话。这个商谈因而是符合 D－理性的。根据 D－理性的规则以及法律解释的标准，人们将法律秩序的制度理性转化进当前这个被解释的法律中。换句话说，对于社会中的这种制度理性是什么，他提供了一个解释。

但是，D－理性并不能独立地确保，这个解释在法律共同体中
204 是可接受的。除了理性商谈之外，可接受性还要求（去重复上文所述的）下列条件：（a）对话诸方拥有共同的知识基础，即他们关于现实的证据是具有同样广度的，且（b）双方必须为同样的价值所约束。证据的积聚可以消除分歧，以达到这种程度——即分歧是一个认知差异的问题。对于价值来说，情况并不是这样的。

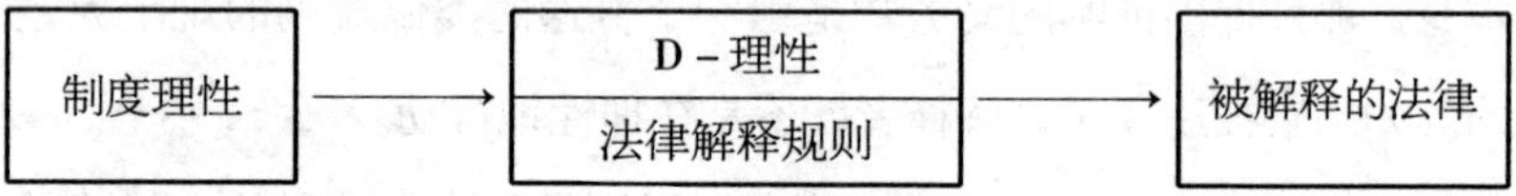

就价值而言，在下文中，我们将采纳一个温和的价值相对主义的立场。这意味着，价值不能被客观地解释，价值判断不能在某种强的真假意义上是真的或假的。我们只能在真之标准已经达成共识的前提条件下，才能谈论真。因此，语句“这里的景色很美”是真

的，当且仅当相关的真之标准已经被提前界定好了。标准之于时间和地点来说并不是普遍的。相反，这种标准是根据历史的相对性进行分类的。这并不仅仅是由于这一事实，即人的价值知识是随着时间和文化而改变的。这个问题在于更深层的东西。价值并不是一个超越其主体而存在的本体论实体。就此而言，物理实在和“价值实在”之间存在区别。我们关于物理实在的知识也可能是非常有限的；但是，物理世界依然在——外在于我们的——“那里”。但对于价值来说，就不是这样了。

这并不意味着，价值不能在主体间的意义上具有客观性。价值并不会随着个体的改变而改变，以至于达到这一程度，即我们每个人都有我们自己自主的价值宪章。准确来说，在对关于法律解释之专断的批判进行的回应中，正是这个方面有着决定性的意义，我们有理由进一步讨论有关价值和价值判断的主体间性的问题。

2.5. 解释与评价

价值与评价可以以多种方式进入到解释程序之中：

（a）当法律解释者必须在那些——为不同类型的解释选项提供
支持的——法律渊源之间作出选择时，那么，这些法律渊源必须根 205
据它们在法律证成中的论证分量而被排列出优先性次序。例如，一般认为，与委员会报告或相似类型的渊源相比，判例具有更大的论证分量。因而，在那些可以被用作法律裁决之证成理由的不同渊源之间进行的选择，是有价值负载的。

（b）法律类比——它在法律解释实践中有着广泛用途——也必然是有价值负载的。这源于类比推论中所使用的相似性要点。这种使得法律类比得以证成的相似性，它的存在无法通过纯粹的客观性或认知性标准予以界定。

（c）实践推理，即法律裁决之后果的裁量，同样是有价值约束的。法律裁决的后果，在本质上要么是因果性的（关涉的是这个裁决在现实世界中的效果），要么是体系性的（关涉的是这个裁决之于法律体系的效果）。在两种情况中，裁决的后果在认知标准的帮助下都是可得见的。但是，在那些导向不同后果的不同解释选项之间的选择，部分上是有价值负载的，因为这些结果也必须被排列出优先性次序。

（d）在法律裁决的证成中，也可以直接诉诸某一特定的价值或道德原则。让我们举一个芬兰堕胎法的例子。根据这个法律，堕胎只有在以这项法案所提及的那些理由为根据时才是合法的。其中，堕胎的一个可接受的根据被称为“社会理由”。这个概念的内容是由诸如生命价值本身、母亲的健康价值以及母亲和孩子的幸福等考量来决定的。类似的受价值约束的解释，也可以追溯到家庭法的其他部分；例如，对于离婚的法定根据的解释。我们可以非常一般化地表示说，只要法律规范关涉的是作为道德存在物的人，那么，伦理学与道德观点就会进入到法律证成之中。但是，在法律解释中，价值的内在存在并不意味着，法律解释者必须将裁决立基于他自身的评价。例如，在合同法领域中，如果法律解释的结果是建立在对消费者和销售者的利益进行比较的基础之上的，那么，得出的裁决
206 也会反映出主流的社会价值，正如解释者所构想的那样。再例如，在对两个普通公民所签订的协议进行解释时，也是这样的情况。因而，解释者也可以从“外部视角”来对这个问题进行探究。但这个

解释立场并不是一个适当的规范立场。它只有在解释者本身已经在（a）至（d）所意指的那些意义上作出选择后，才会是这样的一种立场。在消费者与出售者之间的关系中，例如，其中一方是私人，另一方则是公共行政机构的代表，一个规范立场就可以被构想出来。这个案件的结果，可能会依赖于解释者对公共行政机构的态度。如果他系统性地倾向于保护私人利益而牺牲公共利益，那么，他的解释就会倾向于在冲突情境中保护前者的利益。在这样一种情况中，解释者并没有将自己限制于仅仅"客观地"表述当前主流的社会价值，而是作出了一个他自己的选择。同样的问题也可以通过上文所涉及的家庭法的解释来予以例证。在下文中，我们将探讨的是价值构成的种类。

我们将事物分成是有价值的事物和无价值的事物。据此，价值（以及相应地，无价值）是某个事态或某个对象的一种属性。它是那种有价值的属性。对象 X 拥有属性 Y。评价则是主体的信念，即某个特定问题是有价值的，还是没有价值的。因此，评价总是与主体相联系的。A 有他的评价。B 也有他的评价，依次类推。评价是这种形式的："X 有这种价值（属性）Y。"〔62〕

价值并不是一种——在诸如坚硬或柔软等可以成为某个对象之属性的那种意义上的——客观属性。若没有其他内容，从客观事物

〔62〕参见 Rescher, Nicholas, *Introduction to Value Theory*, p. 9. 也可参见 Toulmin, Stephen, *Reason in Ethics*, pp. 43 ff. 亚勒堡又注意到："价值不是事实。但是，如果 V 是价值这是真的，那么 V 是价值就是个事实。" Jareborg, Värderingar, p. 187（这个内容是翻译的）。有关这一问题，也可参见 Hare, What is a Value Judgement ?, pp. 383 ff.

参见 Brandt, Richard B., *Ethical Theory*, pp. 271 ff. 在这里我已经探讨过这些主题：*Denkweisen der Rechtswissenschaft*, pp. 155 ff. 也可参见 Hermerén, Göran, *Värdering och objektivitet*, pp. 82 ff. 以及 Raphael, D. D., *Moral Philosophy*, pp. 11 ff.

中推出价值，或者运用客观事物证成价值，都是不可能的。例如，证明人的生物需求客观上证成了某种价值，是不可能的。我们举个例证。我们可以说，为了维持其能量的供给，并且以此维持人类物种的繁衍，那食物对人来说是必要的。这是一个生物学事实，在这里就不需要进行证明了。即使如此，食物的保障对于所有人来讲都不是客观的价值。生物必需品是某种超越营养价值的东西。当我们说食物的保障对于每一个人都是有价值的时候，我们已经赋予了这个事物以价值。无论我们承认与否，评价都已经与生物学命题纠缠在一起了。以人类为名，所有人的生存都毫无疑问地应该被给予一
207 切支持，但是，对于食物的生物性需求，作为一个事实，并不能使得生存本身成为一种价值。例如，如果某人表示，仅仅对于那些属于“优良人种”的人们来说，生存的那些条件才是应当被予以保障的，那么，我们就会把这个人看作是无人性的，而且我们也不会支持他的这些观点。但是，我们无法（仅仅）根据对于食物的生物性需求，来捍卫我们自身的观点。其他的东西滑入了我们推理之中。它包括将人类生命本身当作一种价值的尊重。确实如此，这一点可以通过不同的经验论据予以证成，但在某一阶段，价值与属于现实的事物之间的关系被斩断了。

但是，“X 是好的”这个陈述也可能只具有技术性本质。例如，对于砍树枝来说，一把砍刀是好的。这里，某一特定事物是达至某一特定目的（或目标）的手段。“X 是好的”这个陈述是真的还是假的，依赖于当前实际存在的事态。从当前进路的实际视角来看，这种善好（goodness）是没有意义的。我们的特定难题是与所谓内在价值相关联的。此处我们无法找到手段－目的关系。

从上文中可以得出，例如，这些——被当作“好的”的——内在的价值，在某种意义上，并不是客观可控的。因此，我索性就没有探讨“价值的本质是什么”这个难题。与此不同，我努力分析的是评价的结构，尤其是评价之证成的结构。“X 是好的”这个陈述，既不是对说话者之心理状态的态度或立场的纯粹描述，也不是对于某一特定实体的纯粹描述。它不是有关与某一事态相符合的陈述的问题。如果 A 说 X 是好的，而 B 与这一陈述相悖，那么，两者都可以坚持自己的立场，却也无法找到客观的基础来证明他们之中的某个人的立场是错的。就此而言，有关内在价值的评价与有关事实的命题是不同的。如果某一事实陈述（p）是真的，那么，它的否命题（陈述¬p）就不可能同时为真。如果陈述 q 表示，X 作为一种内在价值是好的，那么，它的否命题¬q，也可以有正当理由的同时是有效的。这种价值判断的否定，是某种不同于事实陈述之否定的东西。

正如蒂莫西斯·斯特鲁普（Timothy Stroup）所言，并不存在理性的方式来解决 A 和 B 之间的纠纷，因为在这个纠纷之中总是会涉及到许多非理性的方法。[63]因此，如果 A 或 B 真的成功地使另一人
改变了自己的想法，那么，这将归功于这样的事情，即前者的说服 208
起到了效果。如果它确实是一个有关事实的且终极的评价（内在价值）的问题，那这些意见的不断加入就不可能是那种客观证成之展现的后果。这意味着，从某种不同的视角来看，在普遍的层面上表明某件事物是好的或者其本身是好的，是不可能的。

---

〔63〕 Stroup, Timothy, 'Edward Westermarck: A Reappraisal', *Man* (*N. S.*) 19, p. 578.

但是，如果以这种方式进行界定的话，那主观性和相对性就都没有使评价陷入武断之中，即使在道德王国中，意见的分立才是支配规则。并没有什么理由将我们自己归属于幼稚的相对主义，根据这种观点，道德分歧的纯粹事实就已然说明，没有任何单个的道德原则可以是绝对正确的。“主观性”和“相对性”这些术语，都没有言及任何关于以某种方式固化（solidify）评价是否可能的问题。尤其是，下面这一问题仍然是保持开放的：以某种——至少在某种意义上允许我们讨论评价关联之控制的——方式对评价进行证成，是可能的吗？如果将评价与法律解释的纽带纳入考量的话，这同时又会涉及到论证的理性以及理性的哲学条件等问题。

我们可以以下面这一命题作为起点：“X是好的。”如果我们不赞同这一命题的话，我们必须问出下一问题：“为什么？”根据前一起点，对此的回答将是，例如，X是好的，因为它带来了如此这般的后果。道德哲学家将这种证成称为目的论证成：它关涉的是某个事件或某个行为的后果。因此，它的难题便在于这种手段－目的的关系，而且此种类型的技术性评价是可以根据事实而为真或为假的。另一种类型的答案可以被称为道义论（deontological）证成。在这种情况中，证成关涉的是一个给这种评价以支持的规范。涵盖了当前案件的那个支持性规范，就其本质来说，也可能是目的论的。但即使在得到这些回答之后，我们依然可能问一个新的问题：“为什么是这样呢？”这个问题指涉的并不是手段－目的关系，而是这个目的本身。因此，这个问答链会继续下去，而且每一个回答都会为“好”（或者“最好”）这个概念带来一些的新东西。但在某个阶段，我们会达至一个界限。在这个回答链的最后，已经不可能再提出进一步的证成。X 被当成好的，仅仅因为它带来了如此这般好的目的，或者，简单来说，X 是好的，就因为它是好的。

这意味着，在某种特定的界限内，评价是可以被证成的，而那 209
个被提出的最后证成并不是固定的。如果在这种情境中，对于 X 的价值，另有他人提出了不同的意见，那就没有什么办法可以消除这种分歧了。但是，证成链已经得到展现这个事实并不是没有意义的。达到这种程度——即各方都已经确认了彼此的意见并找到了分歧的最终原因——完全是可能的。

因此，对评价之理性的讨论在某种意义上是可能的，而在另一种意义上是不可能的。在其与某个价值体系的关系中，某个终极评价是可以被理解成真的。因此，在已选的价值体系内，在这个语词的强意义上，基于理性的基础，提出诸多支持某一评价的论据，是可能的。另一方面，价值体系本身并不是某种可以基于客观基础而被证成的东西，而且通过诉诸问题的此一面向，我们有理由表示，每一个评价就其本质来说都是相对的。

这是否意味着价值体系本身就是任意之事，评价最终依赖于个人的“品味”呢？我的回答是否定的。正如爱德华·韦斯特马克（Edward Westermarck）所指出的那样，只要道德意见的差异取决于知识或事实不明，取决于特定的宗教信仰或迷信，取决于反思的不同程度，或者取决于社会生活或其他外部环境的不同条件，那它们就不会与那种——蕴涵在有关道德判断之客观效力的观念中的——普遍性相碰撞。之所以这样，是因为在人类的结构中存在实质的统一性。[64]只要关涉的是关于道德争论之认知原因的问题，我就同意韦斯特马克的意见，但对于这个结论，我有另外一种理由。

在社会实践中，价值体系并不是通过某个个体或某个群体自主建立的。在逻辑意义上，“决定”采纳某一价值体系是可能的。为什么？为了努力避免极端的成规主义，我自己的观点是建立在对“生活形式”概念的特定解释之上的。为了推进这一讨论向前发展，我同意，每一个评价陈述都是与有关其他陈述的一个复合总体关联在一起的。跟随路德维希·维特根斯坦的观念，我们会论及陈述巢（a nest of statements）。但这个陈述巢并不是任意的。作为一个整体，它是与特定的基础——即与生活形式——相关联的。这意味着，价值体系是“受我们的生活所拘束的”，它们是与我们的“生活实践”关联在一起的。因此，评价的标准是在我们的外部被确定的。

粗略来看，这意指的是与 R. M. 黑尔（R. M. Hare）在这段话中
210 所指涉之事一样的东西，“……偏好我们所偏好的东西，道德强迫我们要使得自己的偏好与其他人的偏好相适应，这就带来了这样的效果，即当我们以道德的方式思维并且理性地做事的时候，我们都偏好于那也会影响其他人的有关事项的同一道德规定。”[65]一方面，黑尔将他的立场称为是非描述主义的，另一方面，他将其命名为理性的普遍规定主义（rational universal prescriptivism）。就此而言，我的思维线索将如下述。

---

〔64〕 Westermarck, Edward, *Ethical Relativity*, 1932, pp. 195 – 196.

〔65〕 Hare, *Moral Thinking*, p. 228. 也可参见 MacCormick, *Legal Reasoning and Legal Theory*, p. 274：“无论人们自身的信念如何，他都生活在一个共同体或多个共同体之中。他的同伴们拥有，而且他知道他们拥有指向他自身的道德态度以及对于他自身的道德期待，这反映了他们的道德原则以及（也可能是）规则——它们的道德准则。”

作为一个个体，一个人可以抱持任何他希望抱持的意见，对于价值和道德原则也是如此。但是，如果他希望参与社会互动，那他必须将其他人也纳入考虑之中。道德是一种一般化的方式，它是对社会互动和交往的参与。在这种语境中，一个个体不可能以任意一种他希望的方式来自主地行动。我们可以将这一论证推得更远。

社会共同体是一个合作的共同体。开放和民主的社会生活不能允许任何人都有他自己的价值准则。它也不能允许每个个体都仅仅依据直觉来支持他的价值判断。社会生活要求我们参与各种形式的共同活动。而且最为重要的是，对于这些价值判断的控制必须满足理性的标准。它也必须服从 D – 理性。价值判断必须是由尽可能理性的证成来支持的。例如，将某些在原则上已经超过了人的实际（身体）潜能的东西看作是有价值的，就不是理性的。理性的实践本质尊重人的能力，也尊重人的必然性。许多类型的证成都可以用来支持这个观点。在下文中，我将以路德维希·维特根斯坦的某些洞见为基础，努力给出证成。在这些洞见的帮助下，我将努力证明，证成一个非描述性的却依然是理性的价值理论是可能的。

有时候，人们会说，在维特根斯坦的哲学中，并没有什么地方涉及到伦理学或道德立场。这种观点似乎可以从这一事实中得到支持，即维特根斯坦并没有抱持任何一种特定的价值理论，例如，他的《论确定性》这本书，仅仅处理了我称之为“经验性”命题的确定性基础的东西。正如亨利·勒罗伊·芬奇所注意到的，这样一种观点似乎是错误的。〔66〕作为事实问题，伦理学在维特根斯坦的思想

〔66〕 Finch, *op. cit.*, p. 217.

中到处都可以找到。我将只从这个问题的一个方面着手；这个方面与我们的主题有着最为密切的关系。

正如我们所注意到的，行动这个概念在维特根斯坦后期哲学中
211 扮演着一个关键的角色。语言游戏是行动，而且语言游戏的基础也在于行动，在于构成生活形式的（原初）行动。伦理选择（价值判断的表达）就如同在从事一种语言游戏。它是行动，同时它的基础也是在特定行动中才能找到。

在某种意义上，这里隐藏着维特根斯坦伦理学的核心。伦理选择是建立在行动基础之上的，而这些行动却是未获最终证成的。它们只为我们的生活形式所约束；我们可以说，证成就在这儿，在我们的生活之中。亨利·勒罗伊·芬奇写到，“在维特根斯坦的哲学中，我们拥有（未命名但预设的）一个原初的自由，作为语言、生活形式、仪式典礼、宗教信仰与思维的基础，所有这些渊源都在于这种原初的无根据性。”〔67〕

因此，维特根斯坦并没有赋予伦理选择以任何外在内容，没有手段、没有标准可以永久地被建构出来，以使得每一个伦理选择都可以根据那个标准进行衡量。所有的行动在这种意义上都是有价值的，即它可以从原初的无根据性中无我地（selflessly）出现。

每一个价值判断都可以在某种游戏——它是那个提供评价手段的游戏——的框架之中得到证成，但是，这个游戏本身却是无法获得证成的。在这个意义上，生活形式之间不可能有理性的证成。从一个生活形式到另一个生活形式——且因此从一个价值体系到另一

〔67〕 *Ibid.*, p. 218.

个价值体系——是一个说服的问题。

保罗·泰勒（Paul Taylor）也考虑过这个问题，他注意到，特定价值体系的基础规范仅仅是被接受了的。特定规范成为基础规范，是通过“仅仅这样的事实，即这个人接受它们为最高的规范，当他被要求对他所采纳的标准和规则进行证成时”〔68〕。此中有趣之处在于，泰勒也将价值体系明确地与生活形式关联起来。他写道：“生活形式可能包括道德体系、审美体系、政治体系、礼仪体系，等等。每一个体系都是根据按照层级排列的标准和规则构成的，而且所有的这些体系也都是按照层级排列在一起的。”〔69〕另一方面，在泰勒那里，在不同的价值体系之间如何作出选择，似乎并不是十分清楚，而且在我看来，这也正是它与前文所论述的观点之间的差异。如果我正确地理解了他，那么，泰勒是倾向于认为，不同价值体系之间的选择在某种意义上是理性的。但是，它与生活形式的关联——在上文所指涉的意义上——就被截断了。正如前述，生活形式最终是 212
行动。它并不是一个理性选择的事情；它创立了理性选择的**基础**。

因此，严格来说，评价的相对性，与语言游戏和生活形式之排列的相对性，是同等程度的。但是，这并不能使我们走向混沌和专断。正如我们一再重复的那样，生活形式之间存在家族相似性的关系。因此，我们可以挑选出很多价值判断的标准，而这些标准彼此之间“重叠”。而且正是因为这种特征，使得价值相对主义成为我所捍卫的“温和相对主义”。如果生活形式（语言游戏）之间具有充分的家族相似性，那么，在那些属于不同生活形式的人们之间，

〔68〕 Taylor, Paul W., *Normative Discourse*, p. 168.

〔69〕 *Ibid.* p. 171.

就相应的评价标准达成**共识**就是可能的。不仅他们可以彼此理解，而且他们也能够接受彼此的观点，即使这种接受并**不**是建立在理性根据之上的。非常粗略地说，我们这里可以称之为“妥协”。

在这种情况下，没有充分的“家族相似性”，共识是不可能的。正是在这里，最容易观察到生活形式之间的裂缝。在当前这个世界里，确实如此，大多数生活形式之间存在某种关系。处于不同生活形式中的人们因此可以相互理解。即使如此，这些生活形式在基本方式上依然彼此有所不同，以至于对于那些价值立基的立场的接受，都变得不可能了。我将试着通过那些从查尔斯·泰勒那里借用的术语来对我的理念进行例证。〔70〕

为了阐明与社会行为的理解相关的特定问题，以及使社会行为变得可以理解的那个过程，泰勒使用了“共同意义”（common meaning）这个概念。共同意义的一个例子就是“芬兰的生活方式”这个概念。在某种一般的意义上，这种生活方式维系了芬兰社会的整合。但是，一种共同意义，与不同个体已采纳的那些评价的共同指向，并不是相同的东西。通过最后这个评论，我指涉的是这样的情况：不同的人们使用相同的或相似的方式来评价某些东西。共同意义可以通过不同的方式进行解释。对于芬兰的生活方式包含了哪些内容，不同的群体有着不同的观点。这种特征也将不同的社会群体推到了相互碰撞的路线上。可以说，如果共同意义（在概念意义上）就是使得芬兰社会整合在一起的那种力量，那么，共同意义的解释是一个有关那个支持它的群体的问题。让我们使用 Y 来表示共

〔70〕 Taylor, Charles, ‘Interpretation and the Sciences of Man’, p. 11.

同意义。共同意义的解释 Y_1，就是建立在这一基础之上的，即某一 213
特定群体的成员，就芬兰社会应该是什么样子的，所作出的指向相似方向的评价。另一个解释也是以相应的方式建立在评价之上的，但它的内容与 Y_1 是不同的，第三种解释的情况也是一样，以此类推。

就共同的生活形式应该如何被理解来说，只有有了充分的家族相似性，两种解释之间的“合意”才可以达至。基于这个前提条件，A 和 B（他们代表了对于共同意义的不同解释），可以接受一个妥协。这是人类可以在道德裁量中所能获致的大部分情况。正如蒂莫西斯·斯特鲁普所说，“终极道德争议（如果它们真的存在）的要点是，使你的图式与我的图式更相仿，如果这一点无法做到的话，那么，它就不是客观主义者以及相对主义者所能做到的。”通过援引爱德华·韦斯特马克的观点，斯特鲁普继续说道：“我们的道德判断——并不是对我们自身的满意，对其他人的批判——被认为，对我们自己的批判更多，对于他人及其环境的宽容更多。”〔71〕这是符合本书的核心理念的。有关评价的理性论证被证明并不是无用的，尽管意见的终极差异是建立在非理性标准之上的。

另一方面，两种解释的不可通约性并不意味着，在每一种情况下，对于共同意义，都只有两种或者非常有限数值的解释。相反，可能同时有大批这样的解释是有效的。一个个体根据其生活情境的不同可能归属于一个以上的解释阵营。因此，一旦关涉的是性道德，某个人 A 就可以接受解释 Y_1，但同时，当涉及的是社会之经济秩序

〔71〕 Stroup, *op. cit.* pp. 580 - 581.

的基本预设时，他可能又属于接受解释 Y_2 的那个群体。从稍有不同的一个角度来看，我们可以说，生活形式和共同意义这些概念是由无数的碎片之网构成的，特定的个体可能参与其中某些种类的生活形式，但不必然参与其中的每一种生活形式。但是，这样的话，我们就使得生活形式这个概念是开放的了。

2.6. 知识、确定性与生活形式

从 1949 年到 1951 年，维特根斯坦主要处理的是知识和确定性
214 的难题；可能更为重要的一点是，他努力证明的是概念之间的区别。就此而言，一个重要的起点是知识与信念之间的概念性区分。根据维特根斯坦的说法，“我相信”这个陈述，具有主观的（“个人的”）真值。这个陈述是一个表达：它并不需要被证成，即使它可以建立在特定根据之上。在某种程度上，这样的证成将不再属于有关信念之语言游戏的“逻辑学”。[72]例如，如果在我的面前有一个十字路口，我可以——基于特定的根据——相信路径 A 是正确的道路。最后，我的信念可能是错的。那么，我必须说，我那时并不知道这些事情究竟是怎样的。不过，也正是在这种情况中，我曾以某种特定的方式相信事情究竟是怎样的。

我也可以没有任何根据地相信它；我只是相信而已。在这个意义上，证成并不属于相信－游戏之“逻辑”的必要要素。与此相反，如果我断言我知道某些事情，那我必须准备为我的立场提供证

〔72〕 这一部分是建立在维特根斯坦《论确定性》（*On Certainty*）的基础之上的（芬兰语版本是 1975 年出版的《确定性》［*Varmuudesta*］）。关于这本书，我已经写过一篇文章：‘Linguistic Philosophy and Legal Theory’，*Rechtstheorie*，Beiheft 1（1979），pp. 17 ff. 一般层面上，参见 Ayer，A. J.，Wittgenstein on Certainty，p. 226.

成。这是与信念之间的差异。为了能够向其他人表述有关某些事情如何可能被知道的观点，我们必须知道那个以知识概念为对象的语言游戏。我们必须能够参与这个游戏。当我们能够参与它的时候，我们就知道了，为了支持有关知识的命题，而应该被提出的那种证成的类型。这并不是说，个体情境中的具体论据不能加以怀疑。相反，对这些论据加以怀疑，是以知识概念为对象的那个语言游戏的一个自然组成部分。这带给我们另一个难题，有关论据之证成的难题。

用来支援某个断言的那些保证和证成组成了一个链条。每当另一方对在这个链条的某个点上已经提出的保证加以质疑的时候，这个链条就必须要继续进行下去。我们简要地讨论一下在支持解释立场的论据与绳索之间的类比：使用这些术语，人们也可以说，每当由于新增加的问题而使绳索变得强度太弱时，绳索就必须被加强强度。但是，这并不能无限地（*ad infinitum*）继续下去。我们不能怀疑一切事情。“如果你试图怀疑一切事情，那么你将得不到任何你怀疑的事情。怀疑的游戏本身就预设了确定性。”〔73〕既然如此，那么，对于不断提出的根据和证成，就必须有一个终点。存在这样的时候，此时我们必须要说：这个绳索不能再增加强度了，或者，如维特根斯坦观察到的那样，我们必须要信任某些东西。不过，终结这种怀疑并不是“轻率的”。它是判断行为的一部分。例如，如果 215
我假定我们所有的运算都是不确定的，人们可能会说，我疯了，而不是说我错了。〔74〕

〔73〕 *On Certainty*，§ 115，cf. § 163. 2.
〔74〕 *Ibid.*，§ 217.

但是，我们作出判断的“终极根基”，即用来支持判断的那个纵队，它——在我们能够通过从经验中学习，找到这个证成链的终点这个意义上说——并不依赖于我们的经验。[75]这一论据链上的终极联结是这样的命题，它们“在我们经验命题的体系中有着特殊的……角色”。[76]我认为，这里的理念是，这些终点是先于经验，也先于建立在经验之上的知识的。我们所相信之事的体系一点一点地才得以形成。在这个体系中，“某些信念是毫无动摇地坚持不变的，而某些信念或多或少是易于变动的。屹立不动的信念之所以如此，不是因为它是内在清晰的或令人信服的，毋宁说，它是因为它周边所在的那些环境才保持不变的。”[77]通过这些说法，维特根斯坦认为，所有的论证都是在某一体系（即语言游戏）中发生的，[78]而且这个体系是由不可被质疑的特定根基来固定的。这些根基并不是在日常经验中被给予我们的。我们也不是通过直觉（“内心的洞见”）的方式来领悟它们的。它们是**被给予**（given）我们的。“可靠的证据是那些我们接受为可靠的证据。”[79]因此，地球在我出世很久之前就已经存在，这个假定既不是经验的陈述，也不是自觉的领悟。它是“构成了我的信念之起点的那一整幅图像的一部分”。[80]

既然如此，那么，每一个断言的证成，都预设了陈述的某一部分已经提前在某些事物中得到固定了。但是，维特根斯坦说，“我

〔75〕 *Ibid.*, § 131.
〔76〕 *Ibid.*, § 136.
〔77〕 *Ibid.*, § 144.
〔78〕 *Ibid.*, § 105.
〔79〕 *Ibid.*, § 196.
〔80〕 *Ibid.*, § 209.

坚持不变的东西并不是**一个**命题，而是一个命题巢”。〔81〕再次使用有关绳索的那个隐喻，有拘束力的那部分并不是某一个体的线绳，而是诸多线绳整体的缠绕，在它们之间形成了一个新的绳索，即相关命题就附着于此。维特根斯坦注意到，陈述“巢”在某种程度上是融合于我们语言游戏的根基之中的。〔82〕这个巢建构了我们有关真与假、正确与错误的所有考量的框架。同时，这也是使得语言交流成为可能的那个根基。如果没有这个根基来精确化意义的使用，交流就被消解了。〔83〕

上文的内容已经将维特根斯坦的隐含立场限定在知识与确定性之间的关系之上。知识预设了怀疑的可能性，也预设了证成的可能性。被我们当作是确定的东西，是在没有任何保证的情况下被我们当作是确定的，而且我们不再怀疑它。此即确定性是如何成为所有知识的前提条件的。

对于这里所说的构成我们知识之共同根据的那个命题“巢”来 216
讲，维特根斯坦经常使用的术语是“世界的图像”。〔84〕世界－图像不应该被理解为一个诸语句的融贯且不变的集合。相反，它的边界是摇摆不定的，这个语句集本身是由大量的下位体系构成的。每一个这样的下位体系都犹如世界－图像的一个片段，即这个整体的相互连锁的一部分。世界－图像的这些片段——就他们来说——是这些语言游戏的基础。它们固定了这些语言游戏的最终联结。如果我

〔81〕 *Ibid.*，§ 225.

〔82〕 *Ibid.*，§ 558.

〔83〕 von Wright，G. H.，‘Wittgenstein on Certainty’，Section 4.

〔84〕 参见 Taylor，Charles，*op. cit.*，pp. 6 ff.

们将上述有关语言游戏之家族相似性的讨论记在心中，那么，我们很容易理解这样的理念，即世界图像的下位体系是“相互连锁的”。如果采用 G. H. 冯·赖特的术语来说，我们可以将这个构成世界图像的语句集称为前知识（preknowledge，Vorwissen），那么，我们也可以跟随他说，每一个语言游戏都有一个根基，这个根基构成了游戏玩家的前知识的一个碎片。〔85〕这就带我们来到了当前话语的核心主题。

对于维特根斯坦来说，世界图像并不是一种自我满足于自身之正确性的事情。“它是继承而来的背景，我依靠它来区分真与假。”〔86〕属于世界图像的那些语句拥有与游戏规则不同的角色。但是，世界图像并不是永远固定的。它并不是化石，而是处于流动状态的东西。世界图像是一个动态的根基。〔87〕维特根斯坦将之类比为河岸。河岸缓慢地改变着它的形状，每一时刻都在某个地方；它总是在决定着水流的走向。与这个世界图像相关的那些面向，是我在进行综合研究之前所必须要讨论的内容。

就它的根底来说，世界的图像并不是一个命题问题。毋宁说，这个图像的根基在于一种被维特根斯坦称为生活形式的非命题现象。诉诸这一点，维特根斯坦注意到，论证链的终点并不涉及某些有效根据的实现（即“看见”），而是依赖于我们的行为。〔88〕生活方式

---

〔85〕 von Wright, *op. cit.*, Sections 4 to 6.

〔86〕 Wittgenstein, *On Certainty*, § 94.

〔87〕 但是，在这里，我们可以发现一个与语言是有机生长的这一理念的有趣联结。有关这一点以及它与维特根斯坦保守态度的关联，参见 J. C. Nyiri，‘Wittgenstein's Later Work in relation to Conservatism’，in：*Wittgenstein and his Times*（ed. by Brian McGuinness），pp. 48 ff.

〔88〕 Wittgenstein, *On Certainty*, § 204, cf. § 402.

是一个行动问题，一个行为问题。[89]我们通过我们的行动来塑造我们的生活形式，而且在我们的行动中最终显现出的是我们所信任的那些东西。人们也可以说：在特定情境中我可以以特定的方式行为，这显示出，我属于一个特定的生活方式。

就此而言，我们有理由指出，将生活形式（以及它的命题表 217
现，世界的图像）理解成（可以说是）一个“多层面的”现象是可能的。它的基础层面是由非常基本的活动构成的——人类文化的基本构件。它们又使得我们可以说，生活形式之中存在命令、禁止和允许。在某一阶段，法律规范是与生活形式相互交织的，尽管这只能在高度抽象的层次中才能发生。这也正显现出世界图像的网络（冯·赖特所说的“下级体系的无缝之网”）是如何逐步确定了它的形式的。

我们现在需要去理解这个理念，即语言是生活形式的表现，它从根本上讲意指的是什么。生活形式是这个图像的实践性、非命题性“阶段”。另一方面，世界图像，或者更准确来说是世界图像的碎片，构成了（特定）语言游戏的根基。当维特根斯坦说表达在语言的用法中获取意义时，他认为，意义是在语言游戏的游戏方式中变得显明起来的。就其本身而言，它并不是一个作为自主现象的语言的问题。相反，个别表达是语言活动即语言游戏的一部分。而这又是处于与生活形式的关联之中的。除非存在某些行动的共同规则，否则对于行动（游戏的运行）的理解就是不可能的。借用卡尔－奥托·阿佩尔（Karl－Otto Apel）的话说，语言游戏是将语言的用法、

---

〔89〕 *Ibid.*，402.

生活形式以及看待世界的方式整合在一起的实体。〔90〕

劳里·梅赫托宁（Lauri Mehtonen）用下面的话来表述这个问题："因此，语言游戏的研究，对于不同语义维度的分析，是对于这个整体（生活形式）的一个要素但并非唯一一个要素的研究，而且这个研究的开展假定了，作为整体的一个要素，它处于这样的位置，即在这里，焦点在于作为动态整体的那个生活形式"（这是译文）。〔91〕换句话说，语言的分析总是且在所有环境中都是对于生活形式的分析。语言、思想与生活形式以某种方式结合在一起，这使得所谓语言难题成了"实质问题"。

如果我们试图从其抛锚处抽象出语言游戏来，那么，我们就无法理解语言。作为行动的语言，只有在与生活形式的关联中看待它时，它才是可理解的。语言"栖居"在生活形式之中。以此来看，归属于特定的生活形式是参与相应的语言游戏的一个要求。而且反
218 之亦然：参加一个语言游戏也就是参与一种生活形式。如果某人并不是参与者，他就无法理解这个语言，他本身也不可能被理解。

从一种生活形式转到另一种生活形式，并不是一个理性论证的问题。论证只有在一种生活形式之中才是可能的。维特根斯坦观察到，从一种生活形式转到另一种生活形式，只有通过某种说服的方式才能发生。〔92〕如果我们要向属于另一生活形式的其他人进行论

---

〔90〕 Aarnio, *On Legal Reasoning*, pp. 126 ff. 一般层面上，参见 Apel, Karl – Otto, 'Analytic Philosophy of Language and the Geisteswissenschaften', *Foundation of Language*, pp. 37 ff. 也可参见 Tolonen, Thomas, 'Uber die Hermeneutik von Karl – Otto Apel', *Ajatus* XXXIII, pp. 280 ff. , esp. p. 282.

〔91〕 Mehtonen, Lauri, 'Näköaloja Ludwig Wittgensteinin myöhäisfilosofiaan', 1973 (mimeograph), p. 16.

〔92〕 Wittgenstein, *On Certainty*, § 262, cf. § 608 – 612.

争，那我们是无法通过理性的论据对他施加影响的。我们必须要说服他加入我们，因此，我们必须说服他改变他的生活形式和他的世界图像。

现在让我们回到理性可接受性这个概念。它与生活形式的分析有着什么样的关联呢？我相信，这个关联必须在三个方向上去寻求。首先，从解释这个概念本身来看，生活形式的概念是有意义的。在前文中，解释已经被理解成某种所谓的语言问题。解释的焦点是语言，而且解释是通过语言的使用才发生的。这可能很容易带来关于解释是什么的诸多错误画面。常常会有人认为，解释是一个纯粹的语义现象。根据这种观点，解释处理的是语词和语句，而毋需超出语言之外而到达现实本身。因而，解释仅仅是一个语言事项。那些抱持这种观点的人已然误解了语言这个概念。如果语言——作为一种语义范畴——被看作是和生活形式一起的，而且语言中的行动要素可以被挑选出来，那么，语言的分析就可以被说成这种（语言）事项的分析。对语言的分析就是对生活形式的分析。通过它，我们就可以理解我们的生活，以及构成我们生活形式的那些行为。

理性可接受性与生活形式的概念，在另一种意义上也存在某种关联。这种关联是与价值和评价相关的。一个例子是：A 和 B 是同一生活形式 F 的成员。对诸事项，他们有着相同的共享意义。换句话说，他们的共同语言使得他们彼此之间的理解是可能的。但是，这种共同的生活形式 F，可以容许许多不同的变体，即生活形式的不同截面。我们假设有两种这样的截面：F_1 和 F_2。每一个截面都是与它所谓的命题面向（即它的世界图像）相吻合的。在这种情况下，就存在两种世界图像，WP_1 与 WP_2。在这些世界图像的框架之

219 中，有两种语言游戏在运行。我们再假设，这些世界图像的区别（至少部分上）是建立在不同的行为之上的。我将这些行为称为“选择”。选择是这样一种情境，在其中，做 I_1 和 I_2 都是可能的，且 I_1 被做了。在这个世界图像的框架之中，对特定的选择进行证成是可能的。这种证成的提供需要依靠其他行为。但是，依然存在我们无法基于理性基础来证成的基础行为。它们是纯粹的（原初的）行为。即使如此，它们依然在部分上构成了生活形式之截面（F_1 和 F_2）的基础，且进一步构成了世界图像的基础。从这一视角来看，似乎可以这样说——正如亨利·勒罗伊·芬奇所注意到的——这些选择是内在于生活形式这个概念的。当我们是这些行为的参与者时，我们就是这些世界图像的特定截面的参与者。这又意味着，可能我们不会在总体上**接受**建立在其他基础行为和选择之上的世界图像，即使我们可以通过共同的生活形式之根基理解这些其他选择。我们理解它们，是因为我们拥有充足数量的术语去理解它们。WP_1 与 WP_2 之间具有充分的家族相似性。另一方面，从一种世界图像（WP_1）转到另一种世界图像（WP_2），总是一种非理性之事。它也是一个无法获得证成的选择。

因此，属于生活形式的某一特定截面，最终并不是一个自主选择之事。使用维特根斯坦的话说，我们是它们的参与者，因为我们是一种承继而来的背景事项的参与者。复杂的社会机制将人们与其生活形式联系在一起了。在某种较大的程度上，这些过程并没有被识别出来，而且，在这个意义上，它们是处于我们的选择之外的。为什么不同的个体会拥有某种生活形式的共同碎片、某种共同的世界图像，对此，并非只存在一种说明基础。例如，这样的说明能在这一事实——即它们代表了某些共同（例如，经济的）利益——中被发现。人们总是可以问，那些捍卫一切形式的生命、反对堕胎和安乐死的人，他们的共同利益是什么。

对那个社会过程——通过它，可以形成一个共同的世界图像——进行详尽讨论，并不是本项研究的目的。最为重要的是，我们要看到，共同的生活形式同时证成了评价的主体间性。它使得我们可以理解为什么价值并不是一种任意风格的个体之事。评价显然是从生活形式中获得了它们的主体间性。生活形式总是在某种意义上、在某种程度上的共同之事。它就是一种生活形式。个人无法自主地 220
为自己塑造一个完全私人的生活形式、世界图像以及他自己的语言。这样做的话，他就会使自己孤立于社会互动之外。正是生活形式的共同方面，使得交往——且通过交往，互动——成为可能。它是在人们之间带来联系的那个因素。

因此，一方面，生活形式是将语言和现实联系在一起的链环，另一方面，它是创造了个人之间的互动的因素。因此，诠释学的起点仅仅将解释理论当作是语言层面之事而接受，这种做法绝对是误导性的，也是肤浅的。将强调价值之相对性的观点与纯粹的任意性相关联，也是错误的。在很大程度上，社会生活和社会本身创造了人们之间的联系，而且通过这种方式，价值和评价也成为属于个人之群体的社会事项。价值，也正如社会本身一样，是主体间性的。

上面所说的内容，是对这个常常被提出的反对论据的回答，即价值相对主义（非认知主义）冲垮了理性的整个前提条件。如果使用无论何种价值体系，都可能以一种令人满意的方式，在理性基础上证成一个解释立场，那么，任何一个解释都可以被证成。毕竟，它是理性的，而且它是建立在**某种**价值准则的基础之上的。因此，我们能够以我们所采纳的价值体系为基础，为支持解释 I_i “理性地”提供论据。它与另一个建立在另一种价值准则基础之上的解释 I_j，处于“一样好的”位置。

这样的批判强调了价值理论的认知特点，它并没有公正地对待上文概述的那种相对主义。[后者的] 目的并不是要主张，从法的安定性的意识观念来看，无论哪种价值体系都是社会相关的。相反，从这个视角来看，那些在社会中被普遍接受的价值是重要的。温和的价值相对主义与多种类型的认知价值理论之间的分水岭正是在这里，我们有理由对这一问题进行考察，不过是从另一种视角。[93]

在前文中，我们的出发点是，解释是指向某种特定的受信人的，要么是一个个体，要么是一个群体。对于可接受性来说，我们假定，受信人是一种叫作“法律共同体”的群体。在论证理论中，这个受
221 信的群体一般被称为受众或者听众。在某种意义上，这是生活形式的“人类”面向。受众是由那些共享着相同生活形式的个体构成的。而且，准确来说，正是在这个意义上，从温和的价值相对主义的视角来看，受众的概念处于一个关键的位置。

2.7. 受众与生活形式

2.7.1. 佩雷尔曼的受众理论

在知识论中，对以经验为基础的一般化（归纳）与逻辑推理（演绎）之间作出了一个传统的区分。沙伊姆·佩雷尔曼的一个主

---

〔93〕 参见 Perelman, The New Rhetoric, in *Pragmatics of Natural Language* (Y. Bar-Hillel, ed.). 1971, p. 148.

导理念就是以其他形式的理性推理来补充这种二元观点。[94]他所代表的这种进路被称为新修辞学。根据罗伯特·阿列克西的观点，它也可以被称为“理性的实践运用”。[95]

佩雷尔曼将逻辑推理称为“明证”（demonstration）。新修辞学的目标是拓展这种明证，或者用佩雷尔曼自己的话来说，“新修辞学并不旨在取代或替换形式逻辑，而是旨在为它增添一个推理的领域。截至目前，这个推理领域已经避开了理性化的所有努力，这就是实践推理。”[96]佩雷尔曼论证理论的关键概念是受众（auditoire）。证成总会是向某个人提出的，无论是想象的人，还是真实的人。受信人可以是一个具体的群体，例如，课程的听课人员，法庭，或国会的成员。当证成面向一个具体的群体来展现的时候，它常常是一个说服的问题。[97]依赖于这种情境，这个证成要么是有效果的，要么是没有效果的。说服要么是成功的，要么是不成功的。根据佩雷尔曼的说法，理性论证指向的是所谓的普泛受众（universal audience）。这是这样一种受众，其成员是在他们已经为这个立场的证成所信服之后，才以理性论据为基础接受这个立场的。在这种语境中，佩雷尔曼所说的使人信服（convincing）与说服（persuasion）是相

---

〔94〕 Perelman, ‘Eine Studie über Gerichtigkeit’, p. 36 ff.

〔95〕 参见 Alexy, *op. cit.*, pp. 213 ff.

〔96〕 Perelman, ‘Fünf Vorlesungen’, p. 146 ff. 也可参见 p. 153. 对于普泛受众的批判，参见 Weinberger, Ota, ‘Topik und Plausibilitätsargumentation’, *ARSP* 1 (1973), pp. 17 ff.

〔97〕 Perelman, *op. cit.*, pp. 153 – 155. 也可参见 Perelman, ‘Rhetoric and Philosophy’, In: *Philosophy and Rhetoric* I, p. 21 以及 Perelman, Juristische Logik als Argumentationslehre, p. 141，这里面包含了对于普泛受众的如下观点：“在这种情形中，人们唤醒理由并利用每个理性存在者都必然接受的论据。”

对立的。[98]在信服中所使用的证成是妥当的（“有价值的”），它与说服中所使用的论据是相对立的，后者仅仅关涉实效。普泛受众的接受因此是理性和客观论证的标准。[99]

普泛受众是由开明（capability）人士构成的，他们是有能力对
222 证成加以运用的，如果他们运用这种能力的话。简单来说，所有“理性的”人都属于普泛受众。因此，它是一个理想的受众：没有人会假定这种可能性，即他将他的论证指向普泛受众，以至于这种受众的每一个可能的成员都在事实上接受了有关这一问题的某个立场。

佩雷尔曼所使用的普泛受众的概念，其中的重要之处在于，价值判断也获得了客观的本质。佩雷尔曼的出发点是，一个价值判断获得了合理的证成，只有当每一个人（每一个合理的人）都能够接受它时。[100]因此，通过了普泛受众之接受这一筛网的那些评价，同时也就获得了理性的证成，且获得了与现实相关的命题内容。[101]

2.7.2. 某些澄清

佩雷尔曼的受众理论为这个讨论的继续进行提供了一个很好的基础。这种受众主要是被界定成这样的一个群体，它接受了理性的普遍条件，而且在这里也接受了作为解释立场之基础的那个价值体系。但是，佩雷尔曼关于受众概念的立场，有些细节是含混的。例

---

〔98〕 Perelman, Ch and L. Olbrechts - Tyteca, ‘Act and Person in Argument’, In: *The Annual Ethics* 61, 1950/51, p. 252, 重印于 Perelman, *The Idea of Justice and the Problem of Argumentation*, pp. 168 ff. see esp. pp. 188 – 190.

〔99〕 例如，参见 Perelman, ‘Pünf Vorlesungen’, p. 159.

〔100〕 Habermas, Jürgen, ‘Wahrheitstheorien’, pp. 255 ff.

〔101〕 马蒂·辛托宁主张到，即使在同一种受众中，全体一致也是不可能的。参见 *Rechtstheorie*, Beiheft 2, p. 81.

如，他主张，尽管普泛受众是理想化的，但同时也受社会和文化的约束。因此，它部分上依赖于偶然事项。但是，这种受众可以同时既是普泛的又是某种与偶然事实联系在一起的吗？对于这一问题的回答要求我们要对受众这个概念予以进一步探讨。

首先，我们必须对两个层面的观念进行区分，一方面是具体受众和理想受众之间的分立，另一方面是普泛受众和特殊受众之间的分立。有必要以某种方式对这些概念组合进行更具体的分析。

2.7.2.1. 具体受众

具体受众可以由一个或一个以上的人组成。但是，人的数量总会是有限的。这样的受众是现实的；它存在。它的成员是物理上存在的个体。有两种类型的具体受众：

(a) 一种普泛的具体受众，它是由在时刻 t_1 这个世界上生活的所有人类个体构成的，不管他们的其他属性如何。如果它以这种方式被界定的话，在具体受众中，人的数量就是持续变化的。即使如此，在每一个时刻，它都是真实的。

当目光投向论证的时候，有许多难题都是与被当作普泛性的具体受众有关的。的确，我们可以想象，解释者将他的论证指向这种 223
受众的所有成员，但是，认为这些论证可以得到每一个成员的关注，却是不现实的。因此，我们也不能认为，这些论证可以得到这种受众的接受。人们不可能接受自己根本没意识到的东西。因为这个原因，在这里谈论可接受性甚至都是不可能的。因此，在论证理论中，这种受众类型并没有任何现实的意义。

(b) 一种特殊的且具体的受众，它是由那些满足了这种受众的特征集合的、真实存在的人构成的。在前文中，课程的听课人员以及议会委员会的成员已经被当作范例进行了讨论；在法律解释中，有关特定难题的立场是向他们提出的。

我们也可以将这种受众当作是具体受众，即它的成员可以根据特定的特征被识别出来，即使解释立场或/且它的证成并没有得到每一个成员的关注。就此而言，特殊受众与上面所提到的普泛受众是不同的。如果我们考虑到意识到某些事情这个要素，那么，似乎将之称为个体化（individualized）的受众或可以被个体化的受众，更为合适。在前者中，现实中的每一个成员都意识到了这个被讨论的立场。对于课程的听课人员，就是这种情况——至少带有某些保留。对于后者来说，这一条件并未被实现，但原则上那个立场可以得到每一个成员的关注。后一类型的受众的一个范例是，在芬兰从法学专业毕业的那些人组成的群体。

如果特殊受众是以前文中的方式界定的，那么，对于某一特定受众来说，一个解释立场就要么是可接受的，要么是不可接受的。例如，在某一课程中，某些听课者接受了授课人的观点，而另一些听课者却不接受，这是可能的。从理性可接受性的视角来看，这种情况是有意义的。

某一指向特殊受众的证成可能是理性的。解释者可能遵循了理性的条件。但是，也可能是这样的，授课人的唯一意图就是通过说服影响他的受众。在这种情况中，证成是非理性的，或者至少是带有非理性要素的。但是，无论证成本身是有多么理性，上面所接受的那个受众的定义，也并没有给理性可接受性以任何保证。没有任何东西使我们可以去期待，例如，当一个具体的受众 A_i 对解释立场
224 的内容进行考量时，他会理性地行为。可能的接受可以完全建立在

偶然的因素（例如解释者的权威）之上。这种立场被大部分法律人所接受，这一因素并不必然是理论考量的结果。原则上，所谓的通说也可能完全是在非理性观点之上建构的。因此，一个特殊且具体的受众并没有为理性接受这一理念的进一步发展提供基础。法的安定性期待的终极内容，并不能在特定具体的群体（无论它有多大）接受了一个解释这样的事实中被找到，也不能在它可以在这一群体中被接受这样的事实中被找到。理性的要素处于一个关键的位置。

对于这样一种特殊受众——其成员是与同样的现实的证据以及同样的价值联结在一起的——来说，上面所言也都是真的。这样一个群体，例如，可以是以同一种方式来对社会进行思考的法官群体。这里并不能保证，当相关标准胜出时，解释立场将会基于理性考量而被接受。也可能是这样的，它是因为社会心理的因素才得到回应的，而毋需这个群体中的每一个成员都对这个立场的基础进行了考量。还可能是这样的，接受是通过身体或心理的强制而实现的，如同在独裁体制中那样。正如前文所述，这样的一个立场是与所谓的法的安定性期待没有任何关系的。

因为这些理由，普泛具体受众以及特殊具体受众都不能构成理性可接受性理念的基础。必须拿另一种受众概念作为支持——理想受众。

2.7.2.2. 理想受众

这里有理由再对两种类型的受众进行区分。它们不仅可以帮助我们理解上文所概述的佩雷尔曼的受众理论，而且也可以帮助澄清当前这一研究中所采纳的受众概念。

（a）理想的受众可以是普泛的受众。这样的受众可以在诸如佩雷尔曼所指涉的“所有理性人”构成的那种受众中被找到。它包括所有的那些开明人士，这是在他们有能力进行理性商谈这个意义上说的。正如罗伯特·阿列克西已经观察到的那样，佩雷尔曼的普泛受众的概念，与尤尔根·哈贝马斯所采用的“理想言谈情境”这个概念，是相对应的。在这样的情境中，所有的参与者都处于同样的
225 地位。任何说服和操纵的可能性都已经被消除了。如果我们接受这样的观点，即通过理性商谈以某种可以在受众中达至合意的方式对评价进行证成是可能的，那么，我们就得到了某种认知性价值理论。正如前面所述，佩雷尔曼的描述似乎指涉的就是这种可能性。这意味着，在普泛受众中，最初有着不同观点的两个成员，他们的立场可以通过证据的引入而聚拢在一起。但作为本项研究之基础的道德哲学选择，并不接受这种聚合（convergence）命题。因为这个理由，在此处所说的意义上的普泛受众的概念，便不能为理性可接受性提供基础。这里依然存在第四种可能，也就是本研究所依赖的那种可能。

（b）特殊的理想受众是使用两种标准来予以界定的。首先，它的成员使自身接受理想商谈规则的约束。就此而言，这种类型的受众与前面刚刚处理过的那种受众是类似的。它们的区别在于这个事实，即特殊受众的成员已然采纳了共同的价值。使用维特根斯坦式的话语来说，这种受众是和某种特定的生活形式联系在一起的。

在某种重要的方面，这种受众与具体受众是不同的。它的成员满足了理性的条件是被假设的。因为就社会现实而言，这种要求通常并不是充分的，因此，它显然只是一个理想受众的问题。但是，它并不是普泛的（在佩雷尔曼所使用的那个意义上），因为在它背

后并没有普遍（客观）价值的假设。与此相反，它符合佩雷尔曼所设定的另一个条件。一个理想的特殊受众是受文化和社会决定的。

2.7.3. 作为法教义学之调整原则的理性可接受性

总结上文所述，两个人 A 和 B，都可以满足理性的条件，但即使如此，他们的价值体系依然可能在基本价值方面有所不同。例如，对于性道德，他们可能采纳了不同的立场，这些立场无法基于理性根据而被聚拢在一起。A 和 B 因此属于不同的受众。另一方面，这并不意味着，A 和 B 之间无法相互理解。他们能够而且通常会拥有共同的生活形式，比上面的那种更为基础的生活形式；这赋予了他们一种共同的语言。除此之外，对于某一特定道德原则的不同态度，并不意味着 A 和 B 无法拥有在某些其他方面达成一致的可能性，这里说的可以是社会的经济基础。在最后这个方面，他们是同一种受众的成员。换句话说，根据在解释中所要处理的事项不同，某人可 226
以成为许多种受众的参与者。以这种思维方式来看，社会是一个无尽的、相互连锁的、层级式的意见（世界图像）的网络。因此，建立在相对主义之上的受众理论，并不容许带有黑白选项的非此即彼的情境。[102]

---

[102] 重要之处是要指出与理性可接受性的另一种关联。它也可以与国家主权的问题相关联，参见 Tolonen, Juha, 'Oikeustieteen edistymisestä', In:（the mimeograph）*Tieteen puolesta*, pp. 42 ff. 托洛宁在他的文章中检视了合法性的问题。他指出，在理性可接受性的理论中，事实上它是有关对于法国大革命的一个核心困境进行表述的问题：国家是什么，以及它如何成为主权者。

这一点也可以被用来回答这个批判，即指控这种研究是任意性的表达。参见 Klenner, Hermann, a review of Chaim Perelman, *Juristische Logik als Argumentationslehre*, in *Deutsche Literaturzeitung* I（1980）, pp. 74 ff. 克伦纳尤其注意到：“被叫卖为新修辞学的法律人逻辑难道没有受到威胁……即被运用或误用为诡辩术么?” 也可参见 *Backman*, *Eero*, The Concept of Legal Order and the Problem of Its Determination in the Hermeneutical Theory of Law, p. 33 ff.

这样一种受众理论，恰好正是——让我们再次重复——有关评价以及法律解释的某种超个人主义意见的后果。某个特定社会的成员是相对统一的生活形式的参与者，在这里，只有根据特定基本价值将个体分割成诸多阵营的分界线。社会生活本身就已经表明，人们能够进行深入的交流，甚至就社会的本质性事项进行深入交流。正是在这个基础之上，对日常社会事务的管理才得以进行。对于某一共同生活形式（或它的某个碎片）的参与，造就了共同活动的必要条件，而后者又使得共识的诞生成为可能。

作为一个事实问题，我们因此到达了本研究的一个核心主张。一个理想且特殊的受众是一个可以达成理性共识的群体。就法教义学解释的社会关联性而言，这具有重大意义。在上文的许多地方，我们都曾强调过，解释立场之证成的本质是对话。证成获得了成功，当且仅当我们使得接受 D－理性原则的受信人已经信服了这一点：接受这个被提议的解释是正确的。这尤其意味着，对话各方在理性基础上就这一问题取得了共识。根据这种观点，获得了最大理性共识之支持的解释立场具有最大的社会关联性。这个理念需要予以进一步阐明。

我们假设，共同体 C 只是由那些使自己受 D－理性原则约束的成员构成的，而且它存在两个以上的成员。我们也假设，这些成员满足了另外的标准，即以这个标准为基础，我们可以把这个共同体称为法律共同体。根据之前的讨论，我们将这个共同体可以称为理想的受众。它的大部分成员都接受价值体系 V。正是这些成员构成了理想受众的一个特殊部分。

227 我们进一步假设，两个学者 A 和 B，二者都属于共同体 C，即他们都使自己受 D – 理性规则的约束。他们是“明智推理”的人。学者 A 提出了规范立场 P_1，它的效果是规范 N 在共同体 C 中是有效的。另一个学者 B 支持立场 P_2，这个立场包含规范 M（它和 N 并不是同一的）。P_1符合价值体系 V，而 P_2符合价值体系 U。

如果 C 的大部分成员，都基于法律根据（G、D）且以价值体系 V 为基础而接受了 P_1，那么，它在 C 中就是理性可接受的。对于这些共同体成员的大部分人来说，即那些接受了 D – 理性原则且同时使自己受价值体系 V 约束的成员来讲，它是可接受的。就此而言，我们可以说，在共同体 C 中，学者 A 的规范立场比学者 B 的规范立场有着更大的分量。在 C 中，那些使自己受价值体系 V 约束的理性推理的成员，大部分都会得到与 A 一样的结论。另一方面，学者 B 的观点只能被 C 中的少数人所共享。

基于这些条件，我们可以推导出下面的调整性原则：

R：法教义学应该努力达至这样的法律解释，它们能够确保得到一个理性推理的法律共同体中大多数人的支持。

作为法教义学的一个调整性原则，理性可接受性扮演着与真理在经验科学中所扮演的同样的**角色**。与经验研究不断努力接近真理的方式一样，法教义学是要将理性可接受性最大化。另一方面，理性可接受性也使得我们从法的安定性的视角来对规范立场进行评价（衡量）变得有意义了。

这并不意味着对于某种“真理表决论”的接受。这一理念并不是说，就某个规范立场，人们都必须有投票的机会，且如果大部分投票都支持这个立场，那它在那个社会中就是真的。这种思维方式中存在着许多错误：

首先，理性可接受性的理论并不处理真/假二分法。相反，规范立场并不属于真理王国。根据起点的不同，社会中可以存在一个以上的“真的”规范立场。对于唯一正确答案诸理论之批判的核心正是在于这一观念。对于唯一正确答案的拒绝，是价值相对主义命题的直接结果。

228 另一方面，这里所提及的大多数人是一个理想的现象。它是由那些共享着与待决法律难题相关的特定评价的理性人构成的。接受这一立场的理想受众中的理性成员越多，这一立场所具有的社会关联性就越大。如果这个立场**能为**这些成员中的大多数人所接受，那么，在有关这一法律难题的所有竞争性立场中，它就是最相关的。在这个社会中，找不到更好的方式来对那一立场中所指涉的规范的正当性进行“测量”。这样来理解的话，多数决原则是与正当性问题而非真理问题相关联的。

从对于我们共同事务的有益管理这一视角来看，这——即根据作为法律秩序之基础的那个价值体系，我们获得一个有代表性的共识——不仅是必要的而且也是充分的。这是西方民主观点的核心。确定无疑的是，民主并不意味着我们要努力获取真的结果。它的目标在于，从共同体的视角建构一个可接受的行动基础。以此来看，温和的价值相对主义正是民主要求的一部分。它表达了社会事务管理的一个理想：管理的目标在于产生为那些合理的人所支持的结果，这些合理的人代表了那些在社会中已被总体上接受和采纳的价值。因而，它关涉的并不是任意哪种共识的问题，也非因偶然机会才得以出现的共识的问题。相反，在这种意义上，法律规范的接受是与社会机制紧密联系在一起的。法律、它的解释以及通过各种渠道得以塑造的价值共识，构成了一个整体。在这里，如果不破坏这个整体，它的任何一个部分都无法被移除。

理性可接受性在某种非常重要的方面具有社会关联性。如果对法律共同体的大多数成员来说，若他们服从 D－理性，则可以达至这样的结论，即接受这个被主张的立场是理性的且合理的，那么，在 C 中这个立场就比其他相应的立场具有更大的社会关联性。这种相关性并不是建立在说服性论据、运行的权力之上的，也并不是建立在形式权威之上的，而是建立在**证成的理性力量**之上的。这样的一个解释也最大限度地满足了社会中对于法的安定性的期待。而且，这个立场在那个社会中具有最大的正当性。

对于法教义学所遵循的研究策略来讲，这一点也产生了重要的后果。如果研究策略建立在诸如凯尔森式的关于法律规范之形式效 229
力的模型之上，那么，我们就接近于这一理念，即法教义学只肩负着对那些适当可选择的解释进行描述的任务。另一方面，法律现实主义的模型强调的是法律科学的预测面向。在当前的研究中，第三个选项已经被着重强调过了。法律效力的概念是与法的安定性相关联的，且进一步又是与理性可接受的概念相关联的。对于研究策略来讲，这意味着，解释的证成具有关键的角色。而证成对于社会的妥当运转又是必要的。在疑难案件情境中，如果官员拥有关于当前法律秩序的特定基础知识，那么他就可以作出一个裁决。但是，这样的结果并不重要。根据评价标准，它可能是正确的，也可能是错误的，可能是好的，也可能是不好的。如果我们想要对这个裁决的合法性进行批判，那么，这个问题又会具有另外的不同特点。在这种情况中，就我们的批判来说，我们需要一个标尺。法的安定性的期待，只有当（a）裁决（或解释）是位于法律框架之内的；（b）商谈是以理性的方式进行的；（c）裁决符合主流的价值准则时，才能被完全地实现。这意味着，理性可接受性并不仅仅是一个抽象的理想，更是一个在日常实践中运转的有效且有实效的原则。它是决策者和法律学者的一个指引，允许他们发现最适当的解释。在实践中，这种标尺被适用的程度，是随着实践而不断有变化的，因为解释者并不总是遵循理性商谈的标准，也并不能总是以最佳的方式使用法律渊源。有时候，某个解释会因为它背离了主流的价值准则而被拒斥。但是，理性可接受性在这些情况中依然保持着它作为标尺的角色。对于作为一个整体的法律共同体来讲，它是调整性原则。因此，解释可以通过理性可接受性而得到批判。这种“手段”不仅指引着某个个别的解释者，而且也指引着他的批判者。因此，理性可接受性满足了对于现代民主社会中最适当之法律推理的最严格要求。

结 语

本研究的主要关注点指向的是法教义学。就特定方面而言，它 230
与法律的适用是有差异的。研究者没有作出某项裁决的应尽义务。也许最为重要的区别在于这一事实，即法教义学并不处理具体的案件。不过，从解释理论的视角来看，这些区别并不重要。关键之事在于，从认识论层面来看，法律学者与适用法律之人一样，受到相同类型的因素的拘束，必须在相同类型的“情况”中作出裁决。因此，对于法律解释理论来讲，对于二者的类比是清晰有序的。

对于每一种相应的理论来讲，解释理论都具有三种维度：本体论维度、认识论维度和方法论维度。从证成理论的视角来看，每一种维度都是有意义的。如果对于（就法律解释而言）哪些内容应该被假设是存在的，并没有采纳某种立场的话，那么，那些涉及知识和方法的问题也就无法得到令人满意的处理。认识论和研究方法又具有某种重要的内在依赖性。因此，当前的研究就是在这种三重分类的基础上得以系统化的。

本研究的起点在于这一事实，即解释的焦点，以及那些被作为解释结果之证成理由而提出的论据，都是通过日常语言来表达的。不严格地说，解释是一个语言学问题。以这一陈述为基础，法教义学的解释被理解成由所谓语言游戏构成的总体。为了这个总体能够得到理解，我们要建构一个特定的语言游戏，在这个语言游戏中，论据是被最佳化使用的，而且论据的使用要尽可能是合理的。

在本研究中，语言游戏的选择是建立在这种引导性观点之上的，即社会主流的法的安定性的期待要求诸事项要以一种正义且理性的方式得到裁决。因此，这一解释理论是建立在两个核心的焦点之上

231 的。这两个焦点是理性的要求和内容可接受性的要求。正义的期待尤其是与后者相关联的。

为了理解这一点，我们需要记住的是，路德维希·维特根斯坦有关哲学之本质的想法。正如格奥尔格·亨里克·冯·赖特所说，对于维特根斯坦来讲，诸个体的生活并且因而人类文化的诸表现形式都是“深深固化于社会本质的基础性结构之内的”。[1]这里所提及的基础性结构就是所谓的生活形式。它并不是被一劳永逸地给出的，而是在部分上由人类所创造的，且因此，生活形式是随着历史而不断变化的。但是，生活形式是某种“先于我们”的东西，即某种独立于某个个体的东西。语言游戏是根植于这种基础性结构之中的。我们也可以说，语言游戏是生活形式的表现形式，而哲学的最深层本质就在这里。再一次援引冯·赖特的话说，“哲学的难题，其根源在于语言游戏的扭曲或失灵，这些语言游戏又指示出人们生活方式的错误之处。”[2]

在本项研究中，我们并不想对维特根斯坦对于当代思维的影响作出任何结论。即使如此，维特根斯坦的观点所特有的某些基础性特征，依然为重新考量理性商谈理论提供了富有成效的动力。正如

---

〔1〕 von Wright, G. H., *Wittgenstein*, p. 207.

〔2〕 von Wright, *op. cit.*, pp. 207 – 208.

前面所指出的那样，这一理论背后的哲学是尤尔根·哈贝马斯所提出的。如维特根斯坦一样，哈贝马斯也对人们生活方式的错误之处感兴趣。对于维特根斯坦来说，语言的失灵是生活方式本身出现恶变的征兆。哈贝马斯通过他自己的方式为这一方向的研究提供了一个有趣的进路。我主张的并不是，哈贝马斯为“语言游戏的失灵”提供了解释。而是，如同冯·赖特所说的，“如果维特根斯坦能够活着看到我们这个世纪六七十年代的情况，*毫无疑问，他将发现许多加强他的这一观点的东西，即在现代工业社会的本质中内含着自我解构的危险。”哈贝马斯生活在这样一个时期，他努力在不同的语境中使这些现象可以为人所理解。这里就是我要对这两位哲学家（他们在许多意义上都是不同的）进行比较的核心要点。

我将引导读者暂时跟随我的论述，以对哈贝马斯在其前期大量著作中所提出的特定理念，有一个粗略的图像。[3]这些观念中，最为重要的是对系统和生活世界（world of life [*Lebenswelt*]）的区分。 232
后面提及的这个术语是对一个德语语词的拙笨的翻译，这个德文语词所指涉的意义内容很难以一种简短的方式来予以描述。用于这一意图的其他表达可能是“日常生活的现实”（the reality of everyday life）或者“日常世界”（the everyday world）。但是，为了我们的目的，我们选择的是第一次使用的那个表达。

根据哈贝马斯的观点，在社会中存在两种相互纠缠却在理论上

---

* 即二十世纪六七十年代——译者注。

〔3〕 Habermas, Jürgen, *Theorie des kommunikativen Handelns* I – II. 也可参见 Habermas, *Moralbewusstsein und kommunikatives Handeln*, especially pp. 53 ff. and pp. 127 ff. 在这里我只是在一般层面上援引这些作品。也可参见 Panou, Stavros, *Handlungstheorie und Sozialphilosophie*, p. 16 ff.

有所不同的面向：系统和生活世界：

(a) 系统是客观的且系统化的现实，它在社会成员之间的外部关系中得以显现。对于这些活动的协调，是建立在非语言的方式即金钱和权力之上的。在这种系统中，经济活动是以“金钱”概念为方式组织起来的。另一方面，行政和法律活动、社会的层级结构则是以“权力”概念和法律予以调整的。

(b) 然而，在社会中，我们也遇到了另外一种现实，即生活世界。它是建立在社会成员之间的彼此交往之上的。在生活世界中，所有活动的目标都在于彼此的相互理解。在这个意义上，生活世界是所有交往互动的必要前提条件。作为一个主体间的整体，生活世界形成了对于世界的一个既定解释。没有人可以对它进行选择，生活世界也无法被质疑。只要关涉的是社会的一个个别成员，它就真的是“给定的”。作为比较，在这里，我们很容易回想到维特根斯坦的“生活形式”概念。就这一方面而言，它在维特根斯坦的观念中所扮演的角色，与“生活世界”这个理念在哈贝马斯的观念中所扮演的角色，是一样的。

系统和生活世界也表现出两种不同类型的理想，且同时表现出两种社会活动。系统是由工具-技术理性所主导的。例如，它是官僚机构的特点，在这里，所有的活动都是服从于特定的既定目标的。因此，我们也可以称之为目标理性。一个典型的范例可以在技术发展中找到。在系统中，几乎每一件事情都是依照技术性目标予以规定的。它们界定了在现代社会中什么是福利。

在生活世界中，理性是属于完全另一种类型的。哈贝马斯自己将它称为交往理性。就其本质来讲，它并不是工具性的。相反，交往理性会作为一个工具（tool）发挥作用，通过它的种种手段，人们可以达至相互的理解。这种理性处理的是论证和信服，以及（根据哈贝马斯的观点）如果人们遵循理性商谈规则的话，他们能够在理想情境中彼此达至一个完美的理解。因此，哈贝马斯的交往理性 233
的理念是建立在论证逻辑之上的。它的对象事项可以是事实陈述（命题）、规范以及价值。就事实陈述而言，这一理念是要为真实性（真）给出理由。规范是与正当性相关联的，而价值是附着于真诚性的。

交往理性所指引的社会活动，并不试图去推动其自身的旨趣，而是在于达至相互的理解。就此而言，交往理性的概念——在某种意义上——是对格奥力格·赫伯特·米德（Georg Herbert Mead）所提出的“符号互动”这个观念的阐释。

对于系统与生活世界的关系，哈贝马斯又向前迈出了两步。第一，通过对现代社会的发展进行分析，我们可以识别出许多已经与系统相脱离的子系统。这些子系统并不能通过相互理解的理念进行调整。相反，交往已经被非语言手段即被金钱和权力所取代了。以交往活动为基础的社会整合，已经变成了以工具理性所统辖的整合。人类之间的关系不再是交往关系，而是金钱和权力的外部关系。社会的个体成员不再是交往过程的参与者。他们是下级仆人，由系统的“帝王”所统治。

但是，系统和生活世界最初并不是相互分离的。系统（以及作为系统之构成部分的子系统）始终与生活世界相脱离，这是现代社会的特征。系统开始了它自己的生命。与此同时，另一种现象在社会中继续存留。生活世界也不断异化，即这一“层面”的内在诸部分开始相互脱离。从理论视角来看，我们可以识别出下列三个子要素：文化、社会共同体以及人格。这些要素的更新——对文化、社会整合和社会化（使个人适应于社会）的更新——所依赖的那些过程，也在不断异化。但是，哈贝马斯的思想的关键之处，并不是这种异化的过程，而是一个相反的现象。[4]根据哈贝马斯的观点，系
234 统以及系统中所体现的工具理性开始向生活世界进行渗透。哈贝马斯将这称为殖民化（colonization）。生活世界所特有的符号结构和理解系统无法抵御这种进展。因此，可以说，生活世界在不断地变得狭窄，即生活世界的本质形式消失了。换句话说，系统所特有的媒介即金钱和权力开始覆盖生活世界的原本领域。社会个体成员的日常生活开始变得越来越层级化，越来越具有经济色彩，越来越被技术性地建构。

对于哈贝马斯来说，关键之处在于系统与生活世界彼此相遇的地点。例如，在这里，系统会对生活世界进行殖民。但是，批判者常常会指出，哈贝马斯并没有描述系统何时在这个意义上对生活世界进行渗透。根据这种批判，哈贝马斯并没有提出一种对于这一渗透过程的历史性描述。从我们的视角来看，这确实如此，但却并不重要。我要主张的是，我们必须努力在其自身的基础性理念中理解哈贝马斯。交往理性理论并不是对世界正在发生之事的经验性描述，而是一个工具，通过这个工具，我们可以对现代社会进行分析，并识别出其中的病理。这个理论只是要努力澄清，人们的生活方式存

〔4〕 对于哈贝马斯来说，演进是生活世界的典型特征。生活世界的理性一直是不断变化的——且是不断发展的。这意味着，交往理性的形式会异化。因此，生活世界的不同“部分”即特定类型的人类关系构成了其自身的单位。系统从生活世界的脱离预设了生活世界中的这种理性演进。对于脱离来讲，最后提到的这一要点必须是“成熟的”。

在错误之处这种说法到底意味着什么。

就此而言，哈贝马斯的分析，对于我们的目的来讲，似乎是富有成效的。[5]我们要探讨的是作为系统之一部分的法律秩序。法律秩序是由法律规范构成的。作为一个特别的子系统，它和生活世界是相脱离的。实际上，法律秩序是一个系统（的其中一部分）。如此来说，法律秩序也遵循工具理性。一般来说，法律规范是达至特定目标——即根据诸如技术理性而提前给出且予以界定的目标——的手段。

通过使用作为工具的法律规范，社会的权力中心指导着社会的发展。另一方面，在脱离的程序中，法律规范的合法性越来越依赖于形式效力。一个规范 N 是合法的，当且仅当它是根据适当的程序制定的。在系统独立于生活世界而“有其自身生命”的情境中，这种典型的凯尔森式的效力是足够的。

---

〔5〕 在我们的研究中，哈贝马斯的理论并没有被如此地接受。例如，建立在共识理念之上的真之理论就不是本项工作的背景理论。“理想商谈情境”——佩雷尔曼术语体系中的普泛受众——保证了经验性陈述的真值——以及，对于佩雷尔曼来说，也保证了道德陈述的效力。因为理想的理性并没有为法律商谈提供这样的一个保证。法律解释既非真也非假。最多也就是，一个解释之于理性法律共同体来说是可接受的。因而，可接受性与陈述的真值是不一样的。理性只能引导最佳的商谈程序。内容即这个程序的最终结果却依赖于诸如价值和评价等。因此，法律解释不能是普遍“正确的”。价值是相对的，尽管人们可以通过主体间的方式对事物进行评价。

真之共识论因而并不是法律解释理论的适当基础。另一方面，在法律推理中，真之符合论又太强了。一个充分的认知模型位于这两个理论“之间”。然而，一旦涉及的是法律推理的深层证成，交往行动理论以及系统与生活世界的区分，就是一个富有成效的框架。这一点是独立于哈贝马斯的理论细节所可能具有的缺陷的。

总结来说：法律推理，尤其是法律决策，是与社会权力的运用和人类交往都关联在一起的。每一个法律推理理论都必须将这两种因素纳入考量。而且因此，对于如何解决这一困境，哈贝马斯已经为我们提供了有价值的线索。

也可参见安德列斯（Andrés）有关法哲学在上述面向之角色的讨论。Ollero, *Rechtswissenschaft und Philosophie*, pp. 22 – 23.

这指的是当法官或公务员适用法律时的那种情况。在从事这项
235 工作时，他们并不对法律是否是形式有效的进行质疑。他们仅仅是适用法律，即遵循规则。这种态度在前文中被称为法律实证主义。根据这种观点，制定法独自就可以作为裁决的合法性基础。

但是，在现代社会中，形式效力并不是合法性的唯一基础。相反，我们可以说，在这种情境中，即对于某个特定的制定法可以给出一个以上的有正当根据的解释时，存在着合法性危机。在许多国家中，这个问题已经在所谓绿色运动（green movements）的活动中得到了体现。他们所代表的价值体系，可能与法院或行政机构中所参考的官方价值体系，是完全不同的。那么，纯粹的制定法就不足以满足“绿色价值”的要求了。即使不对这些运动抱持任何支持或反对的立场，仅这个现象本身就是有趣的。它使得哈贝马斯的分析变得有意义：在现代社会中，法律规范的合法性并不仅仅建立在形式效力之上，而且也建立在社会已经接受或可（理性）接受的价值之上。合法性的基础因而是在规范“背后”的。它植根于生活世界之中。

以这一背景为基础，我认为，本书的“红线区”可以很容易得到理解。它的理念并不是要建构任何未来世界的图像。因而，这个工作唯独不能是预言式的——使用冯·赖特的表达来说。它的意图仅仅在于识别和分析我们法律文化中的病理，即可以观察到系统失灵的情境。

从这个视角来看，合法性危机常常是价值体系的危机。所以，仅仅通过——作为形式有效的规范体系的法律秩序的——系统对这一难题进行概念化，是不可能的。另一方面，以生活世界的优先性作为合法性的本质基础，这种捍卫无疑是幼稚的。法律秩序是一个

权力秩序，适用法律就是在运用这种权力。这就是为什么法律（同时）是“两个不同世界的子民”的原因。它是一种以可预测的方式对社会生活进行组织化的形式工具，而法律（或者法律解释、法律裁决）的合法性是依赖于语言交往以及这种交往所带来的相互理解的。如果法院的裁决仅仅（盲目地）遵从法律的文义，却代表了一种与社会中大部分人都不同的价值体系，那么，人们就不会再对裁决投以信任。这种争论并不是一个可以在特定社会的特定时刻得以明确识别的现象。但是，假如法院不着手将生活世界中不断出现的那些要求纳入其考量之中的话，法院公信力的缺失会一步一步地导致社会的深层危机。

在这一意义上，合法性的最终渊源是位于社会（生活世界）自 236
身之中的。只有那种指向社会大多数人的期待的解释，长远来看，才能获得这些大多数人所给予的可接受性。就此而言，重要之处在于法的安定性预期。它是一种手段，即理性可接受性如何且何时能够达至。正如我们已经看到的那样，法的安定性是与那个——关于为什么可接受的解释必须不仅是理性的，而且也是合理的——社会的价值体系紧密关联在一起的。

因此，理性可接受性是系统和生活世界彼此邂逅的“相遇点”。优秀的法官或优秀的公务人员总是努力沿着日常生活实践的主线指引方向。那么，他们所给出的决定就能得到最大的可接受性，而且法律权力的运用也不仅仅是纯粹权力的运用了。这是依照普通人的期待而对社会的和平建构。那么，我希望，我们能够更加成熟，以克服“在现代工业社会的本质之中内含着的自我解构的那种危险”（冯·赖特）。

缩略语

ARSP = *Archiv für Rechts – und Sozialphilosophie*

JFT = *Tidskrift utgiven av* 1*uridiska Föreningen i Finland*

LM = *Lakimies* (Journal Published by the Association of Lawyers in Finland)

SSL = *Scandinavian Studies in Law*

参考文献

Aarnio, Aulis: 1981, '150 anni di filosofia del diritto in Finlandia', in: *Rivista Trimestraie Di Diritto e Procedura Civile* 3, 809 ff.

Aarnio, Aulis: 1983, 'Argumentation Theory and Beyond: Some Remarks on the Rationality of Legal Justification', *Rechtstheorie* 4, 385 ff.

Aarnio, Aulis: 1986, 'On Changes in the Systematics of Law', in: *Vernunft und Erfahrungim Rechtsdenken der Gegenwart* (Hrsg. Torstein – Eckhoff, Lawrence M. Friedman, Jyrki Uusitalo. *Rechtstheorie*, Beiheft 10, Berlin, 161 ff.)

Aarnio, Aulis: 1979, *Denkweisen der Rechtswissenschaft* (Wien).

Aarnio, Aulis: 1980, 'En analys av arvinges rättsliga ställning', *JFT* 6, 363 ff.

Aarnio, Aulis: 1983, 'Eternal and Changing Law', in: *Philosophical Perspectives in Jurisprudence*, pp. 94 ff.

Aarnio, Aulis: 1978, 'Kan ett påstående on en rättsregels innehåll vara riktigt?' in: *Uppsalaskolan – och efteråt* (ed. S. Strömholm) (Uppsala), pp. 143 ff.

Aarnio, Aulis: 1969, *Kysymyksiä testamenttioikeuden alalta* (Vammala).

Aarnio, Aulis: 1979, 'Linguistic Philosophy and Legal Theory', *Rechtstheorie*, Beiheft 1, 17 ff.

Aarnio, Aulis: 1982, *Oikeussäännösten tulkinnasta* (Helsinki).

Aarnio, Aulis: 1978, 'On Legal Policy Research', *Rechtstheorie* 3, pp. 301 ff.

Aarnio, Aulis: 1977, *On Legal Reasoning* (Loimaa).

Aarnio, Aulis: 1985, 'On the Justification of Legal Integration', *Revue de Synthèse* 118 – 119, pp. 269 ff.

Aarnio, Aulis: 1981, 'On the Paradigm Articukation in Legal Research', *Rechtstheorie*, Beiheft 3, pp. 45 ff.

Aarnio, Aulis: 1981, 'On the Truth and Acceptability of Interpretative Propositions in Legal Dogmatics', *Rechtstheorie*, Beiheft 2, 33 ff.

Aarnio, Aulis: 1985, 'Outline of a Hermeneutic Approach in Legal Theory', in: *Philosophical Perspectives in Jurisprudence*, pp. 47 ff.

Aarnio, Aulis: 1983, 'Philosophical Perspectives in Jurisprudence', *Acta Acta Philosophica Fennica* 36.

Aarnio, Aulis: 1967, *Perillisen oikeusasemasta* (Vammala).

Aarnio, Aulis: 'The Development of Legal Theory and Philosophy of Law in Finland', in: *Philosophical Perspectives in Jurisprudence*, pp. 9 ff.

Aarnio, Aulis: 1980, 'The Form and Content of Law: Aspects of Legal Positivism', *Archivum Juridicum Cracoviense* XIII, pp. 17 ff.

Aarnio, Aulis: 1979, 'The Grounding Structures of Law: Reflections on Helmut Coing' s Conception of Natural Law', *Rechtstheorie* 9, 281 ff.

Aarnio, Aulis: 'The Significance of the Theoretical Element in Legal

Research', in: *Philosophical Perspectives in Jurisprudence*, pp. 119 ff.

Aarnio, Aulis: 1984, 'Värden a och domarreglerna: Tankar om förhållandet mellan rätt och moral', in: *Festskrift till Jan Hellner* (Stockholm), pp. 7 ff.

Aarnio, Aulis, Robert Alexy, Aleksander Peczenik: 1981, 'The Foundation of Legal Reasoning', *Rechtstheorie* 1981, pp. 133 ff., pp. 257 ff. and pp. 423 ff. (for a German translation of the article, see Krawietz, Werner and Robert Alexy, 'Methatheorie juristischer Argumentation'.)

Aarnio, Aulis and Aleksander Peczenik: 1985, 'Mas alla del realismo: Una critica de lareconstruccion de la dogmatica juridica por Alf Ross', in: *Revista de Ciencias Sociales* 5, 127 ff. (The same in English: Beyond the Reality, A Criticism of Alf Ross' Reconstruction of Legal Dogmatics. In: *Meaning Interpretation and the Law* (ed. by Alexander Peczenik). Helsinki, 1986, pp. 10 ff.)

Ahlander, Bjorn: 1952, *Om rätt och rättstillämpning*.

Ahrens, H.: 1870－71, *Naturrecht oder Philosophie des Rechts und des Staates*, Vols. I－II (Berlin) (orig. 1837).

Ahmavaara, Yrjo: 1969, *Informaatio* (Helsinki).

Alanen, Aatos: 1965, *Yleinen oikeustiede ja kansainvälinen yksityis－oikeus* (Vammala).

Albert, Hans: 1957, 'Theorie und Prognose in den Sozialwissenschaften', *Schweitzerische Zeitschrift für Volkswirtschaft und Statistik* 93, 60 ff.

Alchourron, Carlos E.: 1983, 'Systematization and Change in the

Science of Law', in: *Vernunft und Erfahrung im Rechtsdenken der Gegenwart* (Hrsg. Torstein Eckhoff, Lawrence M. Friedman, Jyrki Uusitalo. *Rechtstheorie*), Beiheft 10, 171.

Alchourrón, Carlos E. and Eugenio Bulygin: 1971, *Normative Systems* (Wien).

Alexy, Robert: 1978, *Theorie der juristischen Argumentation* (Frankfurt am Main).

Alexy, Robert: 1979, 'Zum Begriff des Rechtsprinzips', *Rechtstheorie*, Beiheft 1, 59 ff.

Apel, Karl - Otto: 1967, 'Analytic Philosophy of Language and the Geisteswissenschaften', *Foundation of Language*, Supplementary Series, Vol. 4. (Dordrecht).

Armstrong, D. M.: 1980, 'Nominalism and Realism', *Universals & Scientific Realism*, Volume I (Cambridge).

Ayer, A. J.: 1974, 'Wittgenstein on Certainty', in: *Understanding Wittgenstein*, pp. 266 ff.

Backman, Eero': 1979, 'The Concept of Legal Order and the Problem of Its Determinationin the Hermeneutical Theory of Law', in: *Reasoning on Legal Reasoning*, ed. by A. Peczenik and J. Uusitalo (Helsinki), p. 33 ff.

Ballweg, Ottmar and Thomas - Michael Seibert (Hrsg.): 1984, *Rhetorische Rechtstheorie*.

Baum Levenbook, Barbara: 1984, 'The Role of Coherence in Legal Reasoning', in: *Law and Philosophy* 43, 355 ff.

Benditt, Theodore M. : 1978, *Law as Rule and Principle* (Stanford).

Bjarup, Jes: 1978, *Skandinavischer Realismus* (Freiburg/ München).

Bjorne, Lars: 1984, *Deutsche Rechtssysteme im* 18. *und* 19. *fahrhundert* (Ebelsbach amMain).

Blom, Raimo: 1970, 'Tuomioistuimien toiminnan puolueettomuus rikosasioissa', *Tampereen yliopiston tutkimuslaitos*', D – tiedotteita, No. 40 (Tampere).

Borum, O. A. : 1949, 'Arvefaldet', *Bidrag til arverettens anden del* (København).

Brand, Gerd: 1980: *The Central Texts of Wittgenstein* (Bristol).

Brandt, Richard B. : 1959, *Ethical Theory* (Englewood Cliffs, N. J.).

Brante, Thomas: 1980, *Vetenskapens struktur och förändring* (Lund).

Brusiin, Otto: 1938, *Tuomarin harkinta normin puuttuessa* (Vammala).

Brusiin, Otto: 1959, *Zum Ehescheidungsproblem* (Hyvinkää).

Brusiin, Otto: 1951, *Über das juristische Denken* (Helsinki).

Brusiin, Otto: 1949, *Über die Objektivität der Rechtssprechung* (Helsinki).

Bulygin, Eugenio: 1963, 'EI Concepto de Vigencia en Alf Ross', in: *Revista del Colegio de Abogados de la Plata*, pp. 1 ff.

Bulygin, Eugenio: 1986, 'Legal Dogmatics and the Systemazation of Law', in: *Vernunftund Erfahrung im Rechtsdenken der gegenwart*, Hrsg. Torstein Eckhoff, Lawrence M. Friedman, Jyrki Uusitalo. *Rechtstheorie*. Beiheft 10, 193 ff.

Bydlinski, F.: 1982, *Juristische Methodenlehre und Rechtsbegriff* (Wien).

Coing, Helmut: 1976, *Grundzüge der Rechtsphilosophie*, 3. Aufl. (Berlin).

Cossio, Carlos: 1969, *La "Causa" Y La Comprension En El Derecho* (Buenos Aires).

Dalberg – Larsen, Jørgen: 1984, *Five Essays on Legal Science* (Kopenhagen).

Dalberg – Larsen, Jørgen: 1977, *Retsvidenskab som samfundsvidenskab* (København).

Dietze, H. H.: 1936, *Naturrecht in der Gegenwart* (Berlin).

Dreier, Ralf: 1981, 'Zur Theoriebildung in der Jurisprudenz', in: *Dreier*, *Recht – Moral – Ideologie* (Berlin), pp. 70 ff.

Dworkin, Ronald: 1977, 'No Right Aswer?', in: *Law*, *Morality*, *and Society*: *Essays in Honour of H. L. A. Hart*, ed. by P. M. S. Hacken and J. Raz (Oxford), pp. 58 ff.

Dworkin, Ronald: 1978, *Taking Rights Seriously*, 2nd ed. (London).

Eckhoff, Torstein: 1976, 'Guiding Standards in Legal Reasoning', *Current Legal Problems* 29, 205 ff.

Eckhoff, Torstein and Nils – Kristian Sundby: 1976, *Rettssystemer*: *Systemteoretisk innforing i rettsfilosofien* (Oslo).

Ekelöf, Per Olof: 1966, 'Semantik och juridik', *SvJT*, pp. 497 ff.

Ekelöf, Per Olof: 1958, 'Teleological Construction of Statutes', *SSL*

2, 75 ff.

Ekelöf, Per Olof: 1951, *Är den juridiska Doktrinen en teknik eller en vetenstap*? (Stockholm).

Engish, K.: 1971, *Einführung in das juristische Denken*, 5. Aufl. (Stuttgart, Berlin, Köln, Mainz).

Eriksson, Lars D.: 1980, *Marxistisk teori och rättsvetenskap* (Helsinki).

Eriksson, Lars D.: 1979, 'Om olika argumentationsmodeller', *JFT*, 25 ff.

Esser, Josef: 1972, *Vorverständnis und Methodenwahl in der Rechtsfindung*, 2. Aufl. (Frankfurt am Main).

Finch, Henry LeRoy: 1977, *Wittgenstein – The Later Philosophy* (Atlantic Highlands, N. J.).

Frank, Jerome: 1963, *Law and the Modern Mind* (Garden City, N. J.).

Frändberg, Ake: 1973, *Om analog användning av rättsnormer* (Uppsala).

Furberg, Mats: 1971, *Saying and Meaning, A Main Theme in J. L. Austin' s Philsophy* (Oxford).

Gizbert – Studnicki, Tomasz: 1985, 'How Many Theories of Truth are Needed in Jurisprudence?', in: *Conditions of Validity and Cognition in Modern Legal Thought* (ed. By Neil MacCormick, Stavros Panou and Luigi Lombardi Vallauri), *ARSP*. Beiheft 25 (Stuttgart), pp. 153 ff.

Germann, O. A.: 1946, *Methodische Grundfragen* (Bern).

Golding, Martin P. : 1984, *Legal Reasoning* (New York).

Golding, Martin P. : 1970, 'Principled Decision – Making and the Supreme Court', in: Essays in Legal Philosophy (ed. by Robert S. Summers) (Oxford), pp. 208 ff.

Guastini, Riccardo: 1982/1983, 'Six Concepts of "Constitutive Rule"', in: *Annali della Facolta di Giurisprudenza di Genova* 1 – 2, 487 ff.

Guastini, Riccardo: 1984, 'A Tentative Analysis of Two Juristic Sentences', in: *Theory of Legal Science* (A. Peczenik *et al.* eds.) (Dordrecht), pp. 571 ff.

Habermas, Jürgen: 1983, *Moralbewusstsein und kommunikatives Handeln* (Frankfurt am Main).

Habermas, Jürgen: 1972, *Theorie und Praxis*, 4. Aufl. (Frankfurt am Main).

Habermas, Jürgen: 1981, *Theorie des kommunikativen Handelns: Zur Kritik der funktionalistischen Vernunft* I – II (Frankfurt am Main).

Habermas, Jürgen: 1973, 'Wahrheitstheorien', in: *Wirklichkeit und Reflexion. Festschrift für W. Schulz* (Hrsg. H. Fahrenbach) (Pfullingen).

Hare, R. M. : 1952, *Language of Morals* (London).

Hare, R. M. : 1981, *Moral Thinking* (London).

Hare, R. M. : 195411955, 'Universalisability', in: *Proceedings of the Aristotelian Society* 55, 295 ff.

Hart, H. L. A. : 1961, *The Concept of Law* (Oxford).

Helin, Markku: 1983, 'On the Semantics of the Interpretative Sentences in Legal Dogmatics', in: *Essays in Legal Theory in Honor of Kaarle Makkonen* (Vammala), pp. 63 ff.

Hermerén, Göran: 1972, *Värdering och objektivitet* (Lund).

Hertzberg, Lars and Matti Sintonen: 'On Language as an Object of Emnirical Investigation', *Ajatus* 38, pp. 148 ff.

Hertzberg, Lars: 1981, 'Science an Certainty', in: *Essays in Philosophical Analysis* (ed. Ingemar Pörn) (Helsinki), pp. 60 ff.

Hinderling, Hans-Georg: 1971, *Rechtsnorm und Verstehen* (Bern).

Hintikka, Jaakko: 1957, 'Arvokäsitteistä sosiaalitieteiden metodiopissa', *Ajatus* XX, 27 ff.

Holmes, Oliver Wendell: 1921, 'The Path of the Law', in: *Collective Legal Papers* (NewYork), pp. 173 ff.

Holopainen, Toivo: 1977, 'Normin mukaista vai tavoitteiden suuntaista?', *LM*, pp. 627 ff.

Honkasalo, Brynolf: 1965, *Suomen rikosoikeus. Yleiset opit.* Ensimmainen osa. 2 ed. (Hämeenlinna).

Hutcheson, Joseph c., Jf.: 1928, 'The Judgement Intuitive: The Function of the "Hunch" in Judicial Decision', *Cornell Law Quarterly* 14, 279 ff.

IlIum, Knud: 1945, *Lov og Ret* (København).

IlIum, Knud: 1968, 'Some Reflections on the Method of Legal Science and on Legal Reasoning', *SSL*, pp. 49 ff.

Jareborg, Nils.: 1974, *Begrepp och brottsbeskrivning* (Stockholm).

Jareborg, Nils: 1979, 'Regier och ritlinjer', *TfR*, pp. 385 ff.

Jareborg, Nil: 1975, *Värderingar* (Lund).

Jonsson, Inge: 1982, 'Riktningar inom 1800 – talets hermeneutik', in: *Symposium Proceedings*, "*Tolkning och tolkningsteorier*" (Stockholm), pp. 65 ff.

Jørgensen, Stig: 1969, 'Argumentation and Decision', *Festskrift til professor, dr. jur. & phil. Alf Ross* (København), p. 381.

Jørgensen, Stig: 1983, *Law and Society* (Aarhus).

Jørgensen, Stig: 1970, *Ret og samfund* (København).

Karsten, Rafael: 1941, *Filosofinen etiikka* (Loviisa).

Kaufmann, Arthur: 1982, *Analogie und der Natur der Sache*, 2 Aufl.

Kaufmann, Arthur: 1983, 'Rechtsphilosophie und Nationalsozialismus', *ARSP* Beiheft18, 14 ff.

Kaufmann, Arthur and Winfried Hassemer: 1977, *Einführung in Rechtsphilosophie und Rechtstheorie der Gegenwart* (Heidelberg-Karlsruhe).

Kelsen, Hans: 1928, *Die philosophischen Grundlagen der Naturrechtslehre und Rechtspositivismus* (Charlottenburg).

Kelsen, Hans: 1960, *Reine Rechtslehre*, 2 Aufl. (Wien).

Kenny, Anthony: 1982, 'Wittgenstein on the Nature of Philosophy', in: *Wittgenstein and his Times* (ed. Brian McGuinness) (Oxford), pp. 13ff.

Kerimov, D. A. A.: 1977, *Philosophische Probleme des Rechts* (Berlin).

Kerimov, D. A. A.: 1981, *Verfassung der USSR und politisch – re-*

chtliche Theorie (Berlin).

Kivivuori, Antti: 1969, *Suomen vahingonkorvausiainsäädännön kehitys* (Joensuu) . I.

Klami, Hannu Tapani: 1980, 'Anti – Legalism', *Five Essays in the Finalistic Theory of Law* (Turku).

Klami, Hannu Tapani: Dualism of Law. In: *Objektivierung des Rechtsdenkens: Gedächtnisschrift für Ilmar Tammelo* (Berlin), pp. 471 ff.

Klami, Hannu Tapani: 1979, *Finalistinen oikeusteoria* (Turku).

Klami, Hannu Tapani: 1984, *Gewohnheitsrecht als Rechtsquelle* (Turku).

Klami, Hannu Tapani: 1982, 'Legal Heuristics: A Theoretical Skeleton', in: *Oikeustiede* (Vammala), s. 7ss.

Klemner, Hermann: 1972, *Rechtsleere* (Berlin).

Klemner, Hermann: 1980, Review about: 'Chain Perelman, Juristische Logik als Argumentationslehre', in: *Deutsche Literaturzeitung* 1, 74 ff.

Klemner, Hermann: 1984, *Yom Recht der Natur des Rechts* (Berlin).

Klug, Ulrich: 1966, *Juristische Logik*, 3 Aufl. (Berlin, Heidelberg, New York).

Koch, Hans-Joachim and Helmut Rüssman: 1982, *Juristische Begründungslehre* (München).

Kommentar zum Allgemeinen Gesetzbuch: 1964 (hrsg. von Heinrich Klang und Franz Gschnitzer) . Erster Band, erster Halbband (Wien).

Krawietz, Werner and Robert Alexy (Hrsg.): 1983, *Metatheorie juristischer Argumentation* (Berlin).

Krawietz, Werner: 1984, 'Begründung des Rechts – antropologisch betrachtet: zur Institutionentheorievon Weinberger und Schelsky', in: *Theorie der Normen. Festgabe für Ota Weinberger zum* 65. *Geburtstag* (Hrsg. Werner Krawietz, Helmut Schelsky, Günther Winkler, Alfred Schramm) (Berlin), pp. 541 ff.

Krawietz, Werner: 1978, *Juristische Entscheidung und wissenschaftliche Erkenntnis* (Wien, New York).

Krawietz, Werner: 1981, 'Rechtssystem und Rationalität in der juristischen Dogmatik', *Rechtstheorie*, *Beiheft* 2, 299 ff.

Krawietz, Werner: 1984, 'Recht und Rationalität in der modernen Systemtheorie', in: *Objektivierung des Rechtsdenkens*: *Gedächtnisschrift für Ilmar Tammelo* (Hrsg. Werner Krawietz, Theo Mayer – Maly, Ota Weinberger) (Berlin), pp. 724 ff.

Kripke, Saul, A.: 1982, *Wittgenstein on Rules and Private Language* (Oxford).

Kuhn, Thomas S.: 1970, *The Structure of Scientific Revolutions*, 2 ed. (1 ed. 1962) (Chicago).

Laakso, Seppo: 1980, *Oikeuden systeemiyhteys puhtaassa oikeusopissa* (Tampere).

Laakso, Seppo: 1980, *Puhtaan oikeusopin problematiikkaa. Oikeustiede*, s. 91ss.

Laakso, Seppo: 1980, *Über die Dreidimensionalität des Rechts und des juristischen Denkens* (Tampere).

Lahtinen, Osvi: 1966, 'Von konstruierten Denkschemas und von der Sprache', in: *Ius humanum Studia in honorem Otto Brusiin* (Turku), pp. 87 ff.

Lahtinen, Osvi: 1951, *Zum Aufbau der rechtlichen Grundlagen* (Helsinki).

Larenz, Karl: 1975, *Methodenlehre der Rechtswissenschaft*, 3 Aufl.

Lauridsen, Preben Stuer: 1974, *Studier i retspolitisk argumentation* (København).

Lucas, J. R.: 1980, *On Justice* (Oxford).

MacCormick, Neil: 'Dworkin as Pre – Benthamite', *Philosophical Review* LXXXVII (4), pp. 585 ff.

MacCormick, Neil: 1978, *Legal Reasoning and Legal Theory* (Oxford).

MacCormick, Neil: 1982, 'Legal Reasoning and Practical Reason', *Mid – West Studies in Philosophy.*

MacCormick, Neil: 1974, 'Principles of Law', in: *Juridical Review* 19, pp. 217 ff.

Makkonen, Kaarle: 1959, 'Ajatuksiajuridisen kielen loogisesta analyysista', *LM*, p. 49 ff.

Makkonen, Kaarle: 1966, 'Der Ausdruck "subjektives Recht" in der juristischen Sprache', in: *Ius humanum: Studia in honorem Otto Brusiin* (Turku), pp. 112 ff.

Makkonen, Kaarle: 1965, *Zur Problematik der juridischen Entschei-*

dung (Turku).

Malmström, Åke: 1938, *Succionsrättsliga studier* (Stockholm).

Mehtonen, Lauri: 1973, 'Näköaloja Ludwig Wittgensteinin myöhäisfilosofiaan', *Dialecticary*, *Dilemma ry*: *julkaisusarja nro* 2 (Tampere) (moniste).

Naess, Arne: 1961, *Empirisk semantik* (Oslo).

Naess, Arne: 1953, *Interpretation and Preciseness*: *A Contribution to the Theory of Communication* (Oslo).

Niiniluoto, Ilkka: 1983, 'Analogy and Legal Reasoning', in: *Essays in Legal Theory in Honor of Kaarle Makkonen* (Vammala), pp. 177 ff.

Niiniluoto, Ilkka: 1974, 'Fallibilismista', *Sosiologia* 5 (6), 275 ff.

Niiniluoto, Ilkka: 1980, *Johdatus tieteenfilosofiaan* (Keuruu).

Niiniluoto, Ilkka: 1981, 'Language, Norms and Truth', Essays in Philosophical Analysis (ed. Ingemar Pörn), *Acta Philosophica Fennica* 32, 168 ff.

Niiniluoto, Ilkka: 1981, 'On Truth and Argumentation in Legal Domatics', *Rechtstheorie*, *Beiheft* 2, pp. 53 ff.

Niiniluoto, Ilkka: 1981, 'On the Truth of Norm Propositions', *Rechtstheorie*, *Beiheft* 3, 171 ff.

Niiniluoto, Ilkka: 1980, 'Tieteen tuntomerkit', *Tiede* 2000 1, 5 ff.

Niiniluoto, Ilkka: 1985, Truth and Legal Norms. Condition of Validity and Cognition in Modern Legal Thought' (ed. by Neil MacCormick, Stavros Panou and Luigi Lombardi Vallauri), *ARSP Beiheft* 25, 168 ff.

Oker-Blom, Max: 1968, 'En enda riktig lösning trots alit? Dworkin mot finländsk bakgrund', *JFT*, pp. 251 ff.

Ollero, Andrés: 1978, *Rechtswissenschaft und Philosophie*, Grundlagendiskussion in Deutschland (Edelsbach).

Olivecrona, Karl: 1971, *Law as Fact*, 2nd ed. (London).

Olivecrona, Karl: 1966, *Rättsordningen*, 2 uppl. (Lund).

Panou, Stavros: 1984, *Handlungstheorie und Sozialphilosophie* (München).

Patoluoto, Ilkka: 1975, *Yhteiskuntatieteen ja politiikan suhteet. Jälkipuhe N. G. Runcimaninteoksen Yhteiskuntatiede ja poliittinen teo ria suomennoksen toiseen painokseen* (Helsinki), pp. 194 ff.

Peczenik, Aleksander: 1984, 'Creativity and Transformation in Legal Research', in: *Theorie der Normen. Festgabe für Ota Weinberger zum 65. Geburtstag* (Hrsg. Werner Krawietz, Helmut Schelsky, Günther Winkler, Alfred Schramm) (Berlin), pp. 277ff.

Peczenik, Aleksander: 1969, 'Empirical Foundations of Legal Dogmatics', in: *Essays inLegal Theory* (Copenhagen), pp. 9ff.

Peczenik, Aleksander: 1983, *The Basis of Legal Justification* (Lund).

Peczenik, Aleksander: 1969, *Essays in Legal Theory* (Copenhagen).

Peczenik, Aleksander: 1983, 'Is there Always a Right Answer to a Legal Question?', in: *Essays in Legal Theory in Honor of Kaarle Makkonen* (Vammala), pp. 239 ff.

Peczenik, Aleksander: 1983, *Grundlagen der juristischen Argumentation* (Wien, NewYork).

Peczenik, Aleksander: 1974, *Juridikens metodproblem* (Stockholm).

Peczenik, Aleksander: 1984, 'Legal Data. An Essay about the Ontology of Law', in: *Theory of Legal Science* (eds. A. Peczenik *etal.*) (Dordrecht), pp. 97 ff.

Peczenik, Aleksander: 1984, 'Legal Research. Growth of Science and Moral Theory', in: *Objektivierung des Rechtsdenkens. Gedächtnisschrift für Ilmar Tammelo* (Berlin), pp. 137 ff.

Peczenik, Aleksander: 1979, 'Non – equivalent Transformations and the Law', in: *Reasoning on Legal Reasoning* (eds. A. Peczenik and J. Uusitalo) (Helsinki), pp. 96 ff.

Peczenik, Aleksander: 1969, 'Norms and Reality', in: *Essays in Legal Theory*, pp. 9 ff.

Peczenik, Aleksander: 1981, 'On the Nature and Function of the Grundnorm', *Rechtstheorie*, *Beiheft* 2 (Berlin), pp. 279 ff.

Peczenik, Aleksander: 1975, 'The Structure of a Legal System', *Rechtstheorie* 1 (2), pp. 1 ff.

Perelman, Chaim: 1967, 'Eine Studie über die Gerechtigkeit', in: Über die Gerechtigkeit (München), pp. 9 ff.

Perelman, Chaim: 1967, 'Fünf Vorlesungen über die Gerechtigkeit', in: Über die Gerechtigkeit (München), pp. 85 ff.

Perelman, Chaim: 1979, *Juristische Logik als Argumentationslehre*.

Perelman, Chaim: 1963, *The Idea of Justice and the Problem of Argument* (London).

Perelman, Chaim: 1971, The New Rhetoric', in: *Pragmatics of Natural Language* (ed. Y. Bar – Hillel) (Dordrecht), pp. 148 ff.

Perelman, Chaim: 1979, 'The Rational and the Reasonable', in: *The New Rhetoric and the Humanistics: Essays on Rhetoric and its Applications* (Dordrecht), pp. 117 ff.

Perelman, Chaim: 1968, 'Rhetoric and Philosophy', in: *Philosophy and Rhetoric* I, pp. 15 ff.

Perelman, Chaim and L. Olbrechts – Tyteca: 1950/1951, 'Act and Person in Argument', *Ethics* 61, 252 ff.

Peschka, Vilmos: 1982, *Die Theorie der Rechtsnormen* (Budapest),

Petev, Valentin: 1984, 'Rechtsquellenlehre und Reine Rechtslehre', *Rechtstheorie*, *Beiheft* 5, 273 ff.

Popper, Karl R.: 1972, *Objective Knowledge: An Evolutionary Approac*h (Oxford).

Pöyhönen, Juha: 1985, 'Knowledge in Law and the Possibility of an Alternative Legal Domestics', in: *On the Utility of Legal Theory* (eds. A. Aarnio and M. Van Hoecke (Kangasala).

Pöyhönen, Juha: 1981, *Juridisista teorioista.*

Radin, Max: 1963, 'Case Law and Stare Decisis', in: *Essays on Jurisprudence from the Columbia Law Review*, pp. 3 ff.

Rahlf, Joachim: 1976, 'Die Rolle der historischen Auslegungsmethode in der Rechtsprechungdes BHG', in: *Juristische Dogmatik und Wissenschaftstheorie* (Hrsg. E. van Savigny, V. Neumann and J. Rahlf) (München), pp. 27 ff.

Raphael, D. D.: 1981, *Moral Philosophy* (Oxford).

Raz, Joseph: 1979, *The Authority of Law* (Oxford).

Raz, Joseph: 1970, *The Concept of a Legal System* (Oxford).

Regnell, Hans: 1982, *Aft beskriva och förklara. Vad det kan innebära inom olika forskningsområden* (Stockholm).

Regnell, Hans: 1965, *Semantik* (Stockholm).

Rescher, Nicholas: 1973, *Coherence Theory of Truth* (Oxford).

Rescher, Nicholas: 1969, *Introduction to Value Theory* (Englewood Cliffs, N. J.).

Ross, Alf: 1968, *Directives and Norms* (London).

Ross, Alf: 1953, *Om ret og retfaerdighed* (København).

Ross, Alf: 1958, *On Law and Justice* (London).

Ross, Alf: 1961, 'Validity and the Conflict Between Legal Positivism and Natural Law', *Revista Jurídica de Buenos Aires* IV, 71 ff.

Saarenpää, Ahti E. : 1984, 'Court Decisions as the Focus of Study', in: *SSL*, pp. 123 ff.

Saarenpää, Ahti E. : 1980, *Rutiinijuttu*, Reports from the Project for the Study of Legal Research. No. 2 (Helsinki).

Saarenpää, Ahti E. : 1980, *Tasajaon Periaate* (Vammala).

Searle, J. R. : 1969, *Speech Acts: An Essay in the Philosophy of Language* (London).

Searle, J. R. : 1972, 'What is a Speech Act?', in: *The Philosophy of Language* (ed. J. R. Searle), pp. 39 ff.

Simmonds, N. E. : 1980, 'Law as a Rational Science', *ARSP*, pp. 535 ff.

Sintonen, Matti: 1981, 'Problems of Interpration and Truth in Legal

Dogmatics, *Rechtstheorie*, *Beiheft* 2 (Berlin), pp. 77ff.

Stenius, Erik: 1970, 'Wittgensteinin "puhtaan kielen kritiikki"', in: *Filosofian tila ja tulevaisuus* (eds. J. Hintikka ja L. Routila) (Helsinki), pp. 45 ff.

Stroup, Timothy: *Edward Westermarck: A Reappraisal*, Man (N. S.) 19, pp. 575 ff.

Strömholm, Stig: 1976, *Allgemeine Rechtslehre* (Göttingen).

Strömholm, Stig: 1982, 'Juridisk tolkningsmetodik före 1800 – talets "moderna genombrott"', in: Symposium *Proceedings 'Tolkning och tolkningsteorie'* (Stockholm), pp. 47 ff.

Strömholm, Stig: 1966, 'Legislative Material and Constitution of Statutes', *SSL*, pp. 173 ff.

Strömholm, Stig: 1981, *Rätt, rättskällor och rättstillämpning* (Stockholm).

Summers, Robert S. (ed.): 1970, *Essays in Legal Philosophy* (Reprint Oxford).

Summers, Robert S. (ed.): 1982, *Instrumentalism and American Legal Theory* (Ithaca).

Summers, Robert S. (ed.): 1971, *More Essays in Legal Philosophy* (Oxford).

Summers, Robert S. (ed.): 1981, 'Pragmatic Instrumentalism in Twentieth Century American Legal Thought – A Synthesis and Critique of Our Dominant General Theory aboutLaw and Its Use', *Cornell Law Review* 66, 861 ff.

Summers, Robert S. (ed.): 1978, 'The Types of Substantive Reasons: The Core of a Theory of Common Law Justification', *Cornell Law Review* 63, 724 ff. (Published also in *ARSP*, *Beiheft* 11).

Summers, Robert S. and Leigh B. Kelley: 1981, ' "Economist Reasons" for Common Law Decisions – A Preliminary Inquiry', *Oxford Journal of Legal Studies* 1 (2), 213 ff.

Tammelo, Ilmar: 1977, *Theorie der Gerechtigkeit* (Freiburg-München).

Tammelo, Ilmar: 1978, 'Zetetische Verfahren für juristischen Aufweisen', *Rechtstheorie* 4, 421 ff.

Tammelo, Ilmar and Helmut Schreiner: 1974, *Grundzüge und Grundverfahren der Rechtslogik*. I (Pullach bei München).

Taylor, Charles: 1971, 'Interpretation and the Sciences of Man', *Review of Metaphysics*, pp. 1 ff.

Taylor, Paul W.: 1961, *Normative Discourse* (Englewood Cliffs, N. J.).

Tolonen, Juha: 1974, *Der allgemeine Erklärungshintergrund der wirtschaftlichen Ordnung und seine Anwendung auf das Aktiengesellschaftsrecht* (Helsinki).

Tolonen, Juha: 1982, 'Oikeustieteen edistymisestä', in: *Tieteen puolesta* (Turku), pp. 49 ff.

Tolonen, Tuomas: 'Über die Hermeneutik von Karl – Otto Apel', *Ajatus* XXXIII, pp. 280 ff.

Toulmin, Stephen: 1976, *Knowing & Acting. An Invitation to Philos-*

ophy (New York).

Toulmin, Stephen: 1968, *Reason in Ethics* (Cambridge).

Toulmin, Stephen: 1958, *The Uses of Argument* (Cambridge).

Toulmin, Stephen, Richard Rielke, and Allan Janik: 1979, *An Introduction to Reasoning* (New York).

Tuori, Kaarlo: 1985, 'Oikeusnormien asettamismenettelyt ja oikeuden krüsitendenssit', *Politiikka* 3, 189 ff.

Uusitalo, Jyrki: 1980, *Tieteen dynamiikka tutkimusilmiönä.* Reports from the Project for the Study of Legal Research: No. 1 (Helsinki).

Vernengo, Roberto J.: 1976, *Curso De Teoria General Del Derecho* (Buenos Aires).

Vernengo, Roberto J.: 1960, 'La Funcion sistematica de la Norma Fundamental', in: *Revistaluridica de Buenos Aires* I – II, 3 ff.

Victor, Dag: 1977, *Rättsystem och vetenske* (Stockholm).

Villa, Vittorio: 1984, 'Legal Science and Hermeneutic Point of View', in: *Theory of Legal Science* (eds. A. Peczenik *et al.*) (Dordrecht), pp. 509 ff.

Villa, Vittorio: 1984, *Teorie della Scienza Giuridica e Teorie Delle Scienze Naturali.* Modelli Ed Analogie.

Walter, Robert: 1983, 'Das Auslegungsproblem im Lichte der Reinen Rechtslehre', in: *Festschrift für Ulrich Klug zum* 70. *Geburtstag* (Mainz), pp. 187 ff.

Weinberger, Ota: 1981, 'Analytisch – Dialektische Gerechtigkeitstheorie', *Rechtstheorie*, *Beiheft* 3, 307 ff.

Weinberger, Ota: 1984, ' "Is" and "Ought" Reconsidered', *ARSP*, pp. 474 ff.

Weinberger, Ota: 1984, 'Logik und Objektivierung der juristischen Argumentation', in: *Objektivierung des Rechtsdenkens. Gedächtnisschrift für Ilmar Tammelo* (Hrsg. Werner Krawietz, Theo Mayer - Maly, and Ota Weinberger) (Berlin).

Weinberger, Ota: 1984, 'Logik, Wirklichkeit und Positivität in der Reinen Rechtslehre', *Rechtstheorie*, *Beiheft* 5, 425 ff.

Weinberger, Ota: 1973, 'Topik und Plausibilitätsargumentation', *ARSP* 1, 17 ff.

Weinberger, Christiane & Ota: 1979, Logik, Semantik und Hermeneutik. Westermark, Edward: 1908, *The Origin and Development of the Moral Ideas*, Vol. II (Vol. I 1906).

Wikström, Kauko: 1983, 'How to Prove Propositions in Legal Dogmatics', in: *Essays in Legal Theory in Honor of Kaarle Makkonen* (Vammala), pp. 297 ff.

Wikström, Kauko: 1979, Oikeuskäytännön tulkinnasta. Erittely oikeusnormien soveltamlstoimmnasta esitettävien väitteiden teoreettisista perusteista ja oikeuskäytännön rakenteesta (Vammala).

Wimmer, Franz: 1981, 'By What Criteria Can Progress in Legal Theory be Determined?', *Rechtstheorie*, *Beiheft* 3, 35 ff.

Wimmer, Franz: 1979, 'Überlegungen zu Tammelos Unterscheidung von Euduktion, Perduktionund Seduktion', *Rechtstheorie* 3, 338 ff.

Winch, Peter: 1970, *The Idea of a Social Science and Its Relation to*

Philosophy, Sixth Impression (London).

Wittgenstein, Ludwig: 1969, *On Certainty*, eds. G. E. M. Anscombe and G. H. von Wright (Oxford).

Wittgenstein, Ludwig: 1967, *Philosophical Investigations* (Oxford).

Wittgenstein, Ludwig: 1967, *Zettel* (eds. G. E. M. Anscombe and G. H. von Wright).

von Wright, Georg Henrik: 1968, 'An Essay in Deontic Logic and the General Theory of Action', *Acta Philosophica Fennica.*

von Wright, Georg Henrik: 1985, 'Is and Ought', in: *Man, Law and Modern Forms of Life*, Law and Philosophy Library, pp. 263 ff.

von Wright, Georg Henrik: 1971, *Explanation and Understanding* (London).

von Wright, Georg Henrik: 1985, 'Is and Ought', in: *Man, Law and Modern Forms of Life* (eds. E. Bulygin, J. – L. Gardles, and J. Niiniluoto), pp. 263ff.

von Wright, Georg Henrik: 1981, *Humanismi elämänasenteena* (Keuruu).

von Wright, Georg Henrik: 1958, *Logiikka, filosofia ja kieli* (Keuruu).

von Wright, Georg Henrik: 1963, *Norm and Action* (London).

von Wright, Georg Henrik: 1968, *Normien eksistenssi*, Lecture (Mimeograph) (Helsinki).

von Wright, Georg Henrik: 1963, 'Normit ja logiikka', *Ajatus*, pp. 255 ff.

von Wright, Georg Henrik: 1982, ‘Wittgenstein in Relation to His Times’, in: *Wittgenstein and His Times* (ed. Brian McGuinness) (Oxford), pp. 117 ff.

von Wright, Georg Henrik: 1972, ‘Wittgenstein on Certainty’, in: *Problems in the Theory of Knowledge* (ed. G. H. von Wright) (Den Haag).

von Wright, Georg Henrik: 1982, *Wittgenstein* (Oxford).

Wróblewski, Jerzy: 1984, ‘Dilemmas of the Normativistic Concept of Legal System’, *Rechtstheorie*, *Beiheft* 5, 319 ff.

Wróblewski, Jerzy: 1983, ‘Fuzziness of Legal System’, in: *Essays in Legal Theory in Honor of Kaarle Makkonen* (Vammala), pp. 311 ff.

Wróblewski, Jerzy: 1979, ‘Justification of Legal Decisions. Revue Internale de Philosophie’, *La Nouvelle Rhetorique. Essais en hommage a Chaim Perelman* 127 – 128, pp. 277 ff.

Wróblewski, Jerzy: 1971, *Legal Decision and Its Justification*, Proceeding of the World Congress for Legal and Social Philosophy (Brussels) (ed. H. Hubien), pp. 233 ff.

Wróblewski, Jerzy: 1983, *Meaning and Truth in Judicial Decision*, 2nd edition (ed. AulisAarnio).

Wróblewski, Jerzy: 1974, ‘Legal Syllogism and Rationality of Judicial Decision’, *Rechtstheorie* 5, pp. 33 ff.

Wróblewski, Jerzy: 1984, ‘Paradigms of Justifying Legal Decisions’, in: *Theory of Legal Science* (eds. A. Peczenik et al.) (Dordrecht), pp. 253 ff.

Wróblewski, Jerzy: 1972, 'System of Norms and Legal System', *Rivista Internationale difilosofia del Diritto* 2, pp. 281 ff.

Wróblewski, Jerzy: 1979, 'Verification and Justification in the Legal Sciences', *Rechtstheorie*, *Beiheft* 1, 195 ff.

Zippelius, Reinhold: 1982, Rechtsphilosophie (München).

Zitting, Simo: 1952, 'Omistajan oikeuksista ja velvoHisuuksista I – II', *LM*, pp. 378 ff and 501ff.

Zitting, Simo: 1951, *Omistajanvaihdoksesta silmälläpitäen erityisesti lainhuudatuksen vaikutuksia* (Vammala).

Zuleta Puceiro, Enrique: 1981, *Paradigma Dogmatico y Ciencia del Derecho* (Madrid).

Zuleta Puceiro, Enrique: 1983, 'Scientific Paradigms and Legal Change', in: *Essays in Legal Theory in Honor of Kaarle Makkonen* (Vammala), pp. 331 ff.

Zuleta Puceiro, Enrique: 1981, 'System and Function in Legal Dogmatics', *Rechtstheorie*, *Beiheft* 2, 349 ff.

索 引

（这一索引只包括作者在正文中提及的作者）

＊（索引中的页码是原文页码，请按中文版相应边页码查找——译者注。）

译后记

阿尔尼奥的这本书是我独立完成的第一部译著，虽然其后翻译完成的《当代德语法哲学》比它出版的更早。译事汝成，首先要感谢雷磊教授。在即将只身赴南国时，曾与他有过一次关于未来的谈话，他建议我可适当关注一下北欧，在他看来，作为法理论和法学方法论的重镇，北欧学者的作品在国内的引介尚有不足。而我也是从来没有掩饰过自己对于斯堪的纳维亚法学风格的喜爱。于是，一拍即合，翻译芬兰当代法学家阿尔尼奥《作为合理性的理性：论法律证成》一书便成为我走近北欧法学方法论的重要一步，这项工作也被纳入到他和舒国滢老师主持的《法学方法论译丛》之中。

在这里，还要特别感谢我的导师舒国滢教授允诺将其撰写的“奥利斯·阿尔尼奥的法律解释之证成理论”一文作为本译著的“代译序”，为我们提供一个更为权威和全面的导读。正如舒老师所讲，阿尔尼奥这个名字在国内学界并不算响亮，尤其是与他的同行佩策尼克、阿列克西以及麦考密克等人相比。但实际上，国内对于阿尔尼奥的介绍并不算晚。早在1993年，刘星教授就在《外国法译丛》(即《环球法律评论》) 发表过《阿尔诺的“法律确证”理论》一文，对这本书的内容进行过较为系统的介绍。令人遗憾的是，时间的齿轮转到了今天，除了他与阿列克西、佩策尼克三人合作的

《法律论证的基础》一文被冯威博士翻译发表之外（译文载于《法理》第2卷），阿尔尼奥的其他作品依然还没有被引介到汉语世界中来。而本书的翻译终于为大家理解阿尔尼奥的理论提供了一个更容易的渠道。

在我看来，阿尔尼奥的理论，对于当前中国的司法实践有着非常重要的意义。中国现在处于社会转型时期，司法裁判工作面临着巨大的双重压力：一方面是“依法裁判”的法治要求，另一方面是社会大众对于公平正义的期待。如果法官只是僵守法律的字面意义而无视正在发生深刻变化的社会要求，就会导致社会大众对于司法的不满，甚至造成司法公信力的丧失。正如阿尔尼奥在书的末尾所言：“法院公信力的缺失会一步一步地导致社会的深层危机。”当然，但这并不意味着法官必然要放弃对于法律以及法律之治的忠诚，裁判的可接受性并不反对法治，它反而是法治的必然要求。认真对待法律规范，其所要求的并不是将法律规范看作是僵硬死板的教条，而是更多看到法律规范所具有的弹性意义空间以及其中所蕴含的合理裁量的要求。法律解释的关键并不仅仅在于各种解释准则和法律渊源的运用，而更在于对这些准则和渊源的合理运用。想必在读过阿尔尼奥这本书之后，不仅法理论家能收获到一些学术上的洞见，而且法律实务工作者们也能从中受益良多。

这是我博士毕业来深圳工作之后完成的第一份作品。总是感觉自己是一个幸运的人，在人生的每一阶段，都会遇到正确的人。再次感谢那些在我学术路上给我过帮助、给我过启发的人们。青椒难为，感谢深大能“赏碗饭吃”，感谢深大法学院的各位同事和朋友，在我刚刚来到这个陌生城市的时候，给了我许多关心和帮助。感谢

1309 办公室的主人，尤其是慷慨允诺我借用这间办公室的陈曦老师，这部译著相当大的一部分都是在那里完成的，一向“乱七八糟”的我，将其搞得“书横遍野”、“满室狼藉”。每天拉开窗帘，迎面而对的都是一排排“形而下”的高楼大厦，而我就缩在一个小角落里完成了这本书的译稿。感谢那些时刻提醒我、给我力量的朋友们，是你们让我在这片文化荒漠中没有完全走失，面对钢筋水泥的大厦丛林，匆匆而过的各色人群，没有那么孤独。在这块自由空气和浮躁气息并存的城市里，只有变得坚强，才能继续坚守自己的学术之路！路漫漫其修远，愿我不会在这个年轻的城市走丢了自己。

最后还要感谢本书的编辑袁笋冰老师，没有他的辛勤工作，本书的翻译依然还只是规划而已。

宋旭光
于深圳·塘朗山下
初稿于 2017 年 11 月 13 日
修改于 2020 年 6 月 25 日

图书在版编目（CIP）数据

作为合理性的理性：论法律证成／（芬）奥利斯·阿尔尼奥（Aulis Aarnio）著；宋旭光译．—北京：中国法制出版社，2020.12

（法学方法论译丛/舒国滢，雷磊主编）

书名原文：The Rational as Reasonable：A Treatise on Legal Justification

ISBN 978-7-5216-1234-9

Ⅰ．①作…　Ⅱ．①奥…②宋…　Ⅲ．①法律适用-研究　Ⅳ．①D90

中国版本图书馆CIP数据核字（2020）第154508号

北京市版权局著作权合同登记：图字：01-2016-5426号

责任编辑　李璞娜　　　　封面设计　蒋　怡

作为合理性的理性：论法律证成
ZUOWEI HELIXING DE LIXING：LUN FALÜ ZHENGCHENG

著者/〔芬兰〕奥利斯·阿尔尼奥
译者/宋旭光
经销/新华书店
印刷/三河市紫恒印装有限公司
开本/880毫米×1230毫米　32开　　　　印张/13.125　字数/288千
版次/2020年12月第1版　　　　2020年12月第1次印刷

中国法制出版社出版
书号 ISBN 978-7-5216-1234-9　　　　定价：52.00元

北京西单横二条2号
邮政编码 100031　　　　传真：010-66031119
网址：http：//www.zgfzs.com　　　　**编辑部电话：010-66066627**
市场营销部电话：010-66033393　　　　**邮购部电话：010-66033288**

（如有印装质量问题，请与本社印务部联系调换。电话：010-66033296）